KB068200

잠수네
초등 1,2학년
공부법

잠수네 초등 1,2학년 공부법

이신애 〈잠수네 커가는 아이들〉 대표 지음

국어교과 수록도서
+
통합교과 연계도서
+
1년 독서플랜

1999년 12월 25일 문을 연 '잠수네 커가는 아이들'(이하 잠수네)은 이 시대를 살아가는 부모들의 집단지성과 잠수네의 철학이 씨줄과 날줄로 엮여 만들어진 거대한 교육 지식망입니다. 잠수네에서 출간한 책들은 오랜 기간 축적된 잠수네 콘텐츠와 부모들의 경험을 총정리한 결과물입니다.《잠수네 아이들의 소문난 교육로드맵》은 교육 전반에 대한 잠수네의 생각과 한글책 읽기, 국어, 영어, 수학, 사회, 과학 공부방법을 담은 책입니다.《잠수네 아이들의 소문난 영어공부법—통합로드맵》은 잠수네 영어 콘텐츠와 잠수네 회원들의 경험을 담았고,《잠수네 아이들의 소문난 수학공부법》은 수학을 집중적으로 다루었습니다.

그러나 영역별로 책을 내다 보니 예상치 못한 문제점이 보였습니다. 유아나 초등 저학년이 초등 고학년 아이들이나 할 만한 방법을 따라 하기도 하고, 초등 고학년이나 중학생이 엉뚱한 데 에너지를 쏟는 경우가 자주 눈에 띄었습니다. 아이 나이에 맞는 구체적인 방법과 교재를 찾지 못해 막막해하는 분도 종종 있었습니다. 이런 현상을 보며 이제는 학년별로 구체적인 방법론이 필요하다는 생각을 하게 되었습니다. 그 첫 발걸음이《잠수네 프리스쿨 영어공부법》입니다. 취학 전 아이들의 영어교육 방향과 한글책의 중요성을 강조한 책이지요. 그다음 준비한 책이 바로《잠수네 초등 1, 2학년 공부법—영어 · 수학 · 국어》입니다.

이 책의 〈1부〉 영어 편에서는 초등 1, 2학년 자녀를 둔 분들이 바로 따라 할 수 있노록 잠수네 과정별(적응1→적응2→발전1→발전2→심화)로 구체적인 방법과 추천 영어교재를 실었습니다. 영어교육에 대한 고민과 궁금증도 과정별로 최대한 상세하게 담았습니다. 〈1부〉 뒷부분에 실은 '초등 1, 2학년을 위한 영어DVD & 영어책'을 참조하면 DVD와 영어책을 연계해서 보고 싶을 때, 재미있는 책을 만났을 때 작가별, 시리즈별로 확장할 수 있을 것입니다.

〈2부〉 수학 편은 수학과 친해지는 방법과 개념 이해를 도와줄 방법을 상세하게 싣고, 재미있게 개념을 익힐 수 있는 수학퍼즐과 수학보드게임을 교과서 단원에 맞춰 소개했습니다. 학년별, 단원별로 참조해서 볼 수 있는 수학 동화책도 함께 실어 수학 교과과정을 좀 더 쉽게 이해하도록 했습니다.

〈3부〉 국어 편은 자칫 소홀하기 쉬운 국어에 대한 전체 흐름을 잡고, 초등 1학년과 2학년을 각각 어떻게 이끌어주면 될지 구체적인 방법을 실었습니다. 뒷부분에는 '국어, 통합교과 수록도서'와 함께 잠수네에서 심사숙고해서 고른 '통합교과 연계도서'를 실었습니다. 이 책들은 학교 수업의 이해도를 높이고, 좀 더 심화된 내용을 알기 원할 때 좋은 자료가 될 것입니다. '초등 1, 2학년을 위한 1년 독서플랜'은 잠수네 아이들에게 반응이 좋은 책들을 학년별로 나누고 매주 창작책 5~6권과 지식책 2권을 읽도록 만든 목록입니다. '시리즈별, 작가별 베스트 한글책' 역시 잠수네의 초등 1, 2학년에게 폭발적인 인기를 얻은 책들입니다. '독서플랜'에 들어간 한글책과 '베스트 한글책'은 어떤 책을 골라야 할지 막연한 부모들에게 이정표 역할을 해줄 것입니다.

잠수네에서 내 아이에게 맞는 맞춤 정보를 찾기 어려웠던 잠수네 회원뿐 아니라, 아이들 교육을 고민하는 초등 1, 2학년 부모들에게 이 책에 실린 내용이 힘이 되었으면 합니다.

함께 가면 길이 보입니다.

2019년 1월 이신애

차례

1

초등 1, 2학년을 위한 잠수네 영어공부법

잠수네 영어 큰 그림 그리기

잠수네 영어 이해하기

잠수네 영어로드맵

2

초등 1, 2학년을 위한 잠수네 수학공부법

3

초등 1, 2학년을 위한 잠수네 국어공부법

일러두기

1. 용어 정리

- 오디오북 : 책의 내용을 Tape/CD/MP3 등으로 녹음한 교재
  (🎧: 오디오북이 있는 교재)
- DVD : 영어방송, VOD, DVD 등 영상물 전체
- 잠수네 단계
  - 잠수네 영어책 단계: J1~J10 (자세한 내용은 59쪽 참고)
  - 잠수네 DVD 단계 : JD1~JD9 (자세한 내용은 70쪽 참고)
  - 잠수네 한글책 단계 : JK1~JK10
    JK1(1~4세), JK2(5~7세), JK3(초1)~JK8(초6), JK9~JK10(중등, 고등)

  ※ 잠수네 단계[영어책(J), 한글책(JK), DVD(JD)]는 조금씩 변동될 수 있습니다.

2. 사례글

이 책에는 초등 1, 2학년 때 잠수네 영어·수학·국어를 진행한 〈잠수네 커가는 아이들〉 회원들의 글이 실려 있습니다.

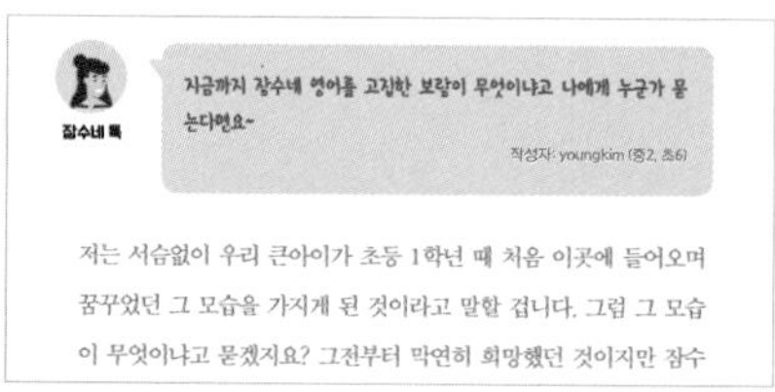
잠수네 톡

지금까지 잠수네 영어를 고집한 보람이 무엇이냐고 나에게 누군가 물는다면요~

작성자: youngkim (중2, 초6)

저는 서슴없이 우리 큰아이가 초등 1학년 때 처음 이곳에 들어오며 꿈꾸었던 그 모습을 가지게 된 것이라고 말할 겁니다. 그럼 그 모습이 무엇이냐고 묻겠지요? 그전부터 막연히 희망했던 것이지만 잠수

- 자녀의 학년 표시
  글을 쓸 당시를 기준으로 했습니다.
- 리얼리티를 살리기 위해 맞춤법에 어긋나더라도 그대로 둔 부분이 있습니다.

- 사례글에 나오는 약어

  포폴 – 〈잠수네 포트폴리오〉의 약자

  적응방, 발전방, 심화방, 고수방 – 〈잠수네 영어교실〉의 적응·발전·심화·고수 과정의 약자

  집듣, 흘듣 – 집중듣기, 흘려듣기의 약자

  영교테스트, 수교테스트 – 잠수네 영어교실/수학교실 테스트

3. 참고사항

1) 이 책에 실린 영어책, 한글책 중 절판되거나 구입이 어려운 책은 도서관을 이용해 주세요.
2) 음원이 있다고 표시된 책(🎧)이라도 때에 따라 음원을 구하기 어려울 수 있습니다.
3) 영어책 시리즈 중 음원이 있다고 표시한 책이라도 일부는 음원이 없을 수 있습니다.
4) 이 책에서 사용한 〈수학동화책〉은 수학그림책과 수학동화책을 모두 일컫습니다.
5) 〈잠수네 커가는 아이들〉 프로그램

프로그램명	용도
잠수네 포트폴리오	전체학습 기록 관리
잠수네 영어교실	영어 진행 관리
잠수네 수학교실	수학 진행 관리
잠수네 책벌레	한글책/영어책 스스로 읽기 동기 부여
잠수네 책나무	한글책/영어책/DVD 교재 정보

초등 1,2학년을 위한

잠수네 영어공부법

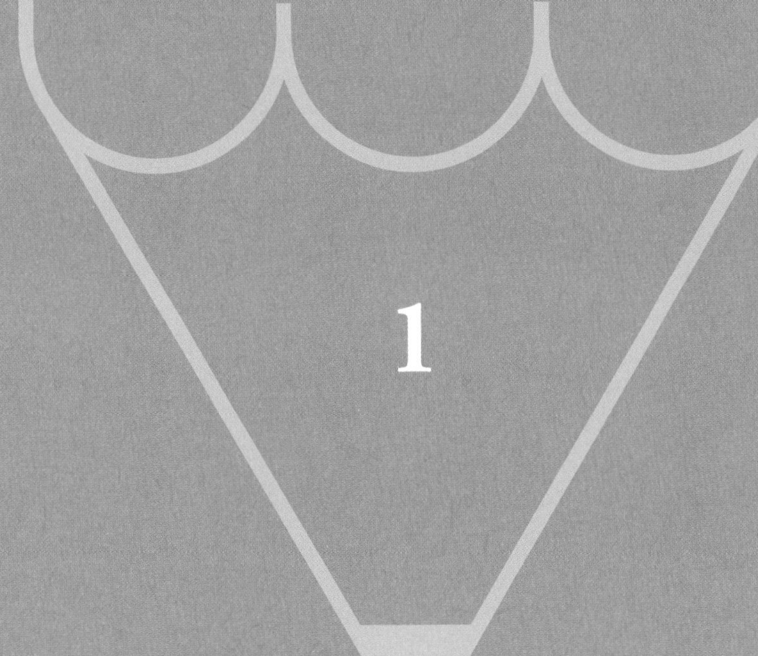

잠수네 영어
큰 그림 그리기

영어교육 목표를 확실하게 정하세요

• • •

왜 영어를 공부해야 하는가?

아이의 영어교육에 대한 생각은 저마다 다를 수 있습니다. 영어 때문에 고생했던 내 전철을 밟게 하고 싶지 않다는 마음도 있겠고, 세계 어디서든 자신의 꿈을 펼치는 데 어려움이 없도록 세계어로서의 영어를 익히게 하고픈 소망도 있을 겁니다. 학교 영어시험, 수능영어, 영어인증시험(토플, 텝스) 고득점이 목표일 수도 있습니다. 남들 다 하니까 우리도 뒤질 수 없다는 분도 있을 겁니다.

영어를 공부하는 이유를 물은 것은 목표 지점에 따라 구체적인 공부

방법이 달라지기 때문입니다. 수능영어 만점이 목표라면 열심히 문법 공부하고 독해문제 풀고 단어 암기하면 됩니다. 남들 하는 대로 학원, 과외, 조기유학 등에서 방법을 찾을 수도 있겠지요. 그러나 영어교육의 목표를 '세계 어디서든 살아갈 수 있는 도구를 익히는 것'에 둔다면, 영어 소리를 많이 듣고 영어책을 꾸준히 읽지 않고서는 원하는 목표를 이루기 어렵습니다.

잠수네 영어는 처음 시작했을 때나 지금이나 변함없이 '세계인으로 살아가는 데 지장 없는 영어실력을 키우는 것'을 목표로 합니다. 잠수네 영어를 한 아이들이 중고등학교 시절뿐 아니라 대학, 사회, 해외에 나가서도 탁월한 영어실력을 인정받는 것은 영어교육의 목표가 처음부터 달랐기 때문입니다.

안타까운 사실은 잠수네 영어가 알려진 지 20년이 넘었지만 여전히 예전 방식으로 영어를 배우는 아이들이 많다는 점입니다. 초등 고학년이나 중고등학생도 아닌 초등 1, 2학년 아이들에게 단어 암기, 문법 공부, 한글 해석, 문제풀이를 시키는 곳이 수두룩합니다. 같은 대한민국에 살면서도 누군가는 미래를 바라보는 영어교육을 하고, 누군가는 과거의 방식을 되풀이하는 것이 현실입니다.

아이들 영어교육, 목표가 어디인가요?

잠수네 영어를 해볼까 생각하는 분들을 보면 초등 저학년 때부터 영어학원에 보내는 것이 싫어서인 경우가 많습니다. 아이가 먼저 영어학원은 절대 안 간다고 해서 잠수네 영어를 선택하기도 합니다. 그러나 교육방법만 생각해서는 의지가 쉽게 흔들립니다. 주위 엄마들이 왜 학원을 안 보내느냐고 설득하고, 누군가 더 좋은 방법이 있다고 알려주면 팔랑귀가 되는 것은 순식간입니다. 먼저 '왜 아이에게 영어교육을 시켜야 하는가' 곰곰이 생각해 보시기 바랍니다. '어떤 방법으로, 무슨 교재로'는 그다음입니다.

아이가 어린 시절, 영어교육에 대해 처음 고민하던 당시만 해도 부모의 마음은 분명 저 높은 곳에 있었을 겁니다. 자신이 영어 때문에 받은 고통을 대물림하지 않겠다고요. 그러나 아이가 학교에 들어가면 주변 목소리에 휘둘립니다. 초심을 잃고 그들의 말에 휩쓸리다 보면 어느새 내 과거를 답습하고 있는 아이의 모습을 발견합니다. '내가 꿈꿨던 것이 이런 것은 아니잖아?' 하고 자각해야 비로소 다른 길이 보입니다.

잠수네 아이들이 얼마나 많은 양의 영어 소리를 듣고 영어책을 읽는지 알면 '내가 알고 있는 세상이 바다인 줄 알았는데 알고 보니 우물이었어, 우물을 더듬으며 바다를 안다고 착각해 왔구나!' 하고 깨닫습니다. 1년간 배우는 고등학교 영어교과서가 잠수네 영어를 2~3년간 꾸준히 한 아이면 하루에 다 읽는 영어책 한 권 분량에 불과하다는 사실을 알아야 영어교육의 목표를 새로 정할 수 있습니다.

잠수네 톡

지금까지 잠수네 영어를 고집한 보람이 무엇이냐고 나에게 누군가 묻는다면요~

작성자: youngkim (중2, 초6)

저는 서슴없이 우리 큰아이가 초등 1학년 때 처음 이곳에 들어오며 꿈꾸었던 그 모습을 가지게 된 것이라고 말할 겁니다. 그럼 그 모습이 무엇이냐고 묻겠지요? 그전부터 막연히 희망했던 것이지만 잠수네에 와서 그것이 무엇인지 똑바로 알게 되었습니다. 그 뒤 우리 아이들에게 영어를 접하게 해주는 가장 으뜸 목표는 영어가 우리 아이가 살아가는 데 아주 요긴한 도구가 되는 것이었습니다.

처음 이곳에 와서 《Magic Tree House》를 알게 되었고, 그 책을 재미있게 읽는 아이의 모습을 보며 가슴 뛰던 순간이 생각나네요.^^ 그간 수없이 사다 날랐던 영어책도 사실 영어공부를 위한 것이 아니라 우리 아이가 즐겁게 영어라는 언어를 접하고, 유용하게 쓰기를 바라는 마음으로 구입한 것이었습니다.

이제 중학 2학년이 된 큰아이는 점심시간마다 원어민 선생님을 만나러 영어 전용실에 갑니다. 속 시원하게 영어로 이야기하고 싶은데 주변에 그럴 수 있는 상대는 그분뿐이라네요. 캐나다인 선생님과 매일 이야기를 나누며 자기가 몰랐던 다른 세상 사람들에 대해 알아가는 게 무척 재미있다고 합니다.

아빠가 사다 준 아이패드를 가지고 먼 세상과 소통하며 알고 싶은 것들을 찾을 때도 영어는 걸림돌이 아니라 더없이 소중한 도구가 되고 있습니다. 오늘도 TED에서 어떤 사진작가의 이야기를 찾아내, 들을수록 재미있다고 나에게도 들어보라며 팔을 잡아끄는 아이를 보며 문득 7년 전 잠수네에 처음 들어오면서 꾸었던 막연한 꿈이 조금씩 내 눈앞에 모습을 드러내는 것 같아 기쁘고 벅찬 마음을 감출 수가 없습니다.

더 많은 언어를 영어처럼 익혀 사용할 수 있다면 더할 나위 없이 좋겠지만 그럴 여유가 없기에 영어만이라도 건질 수 있었던 걸 정말 감사하게 생각합니다.

고3/고1이 된 현재

많은 잠수네 아이들처럼 저희 아이들도 영어를 자유롭게 구사합니다. 듣고 쓰고 말하고 읽는 모든 영역에서요. 아이가 어릴 때, 소파에 누워서 두꺼운 소설책을 들고 읽는 모습을 늘 상상했었습니다. 수능 끝나는 날 바로 600쪽 정도 되는 소설책 10여 권을 주문해서 소파테이블에 쌓아놓고 읽는 모습을 보면서 그 상상이 현실이 된 것에 깊이 감사했습니다. 이제 잠수네를 시작하는 많은 부모님들, 꿈꾸시기 바랍니다. 아이를 놓고 구체적으로 꿈꾸시기 바랍니다. 그럼 언젠가 그 꿈이 이루어질 거라고 생각합니다.

초등 1, 2학년 아이들을 둔 부모들의 영어 고민

• • •

스트레스 받지 않고 영어 잘하는 방법 없을까?

많은 아이들이 유치원에서 영어를 접하고 초등학교에 입학합니다. 영어를 재미있어하는 아이도 있겠지만 유치원 때부터 진작 영어에 학을 떼서 마음이 돌아설 때를 기다리는 집도 있습니다. 아이가 영어학원에 잘 다니더라도 벌써부터 학원에 매여 영어를 해야 하나 회의적인 부모들도 많습니다. 사실 대부분의 부모들이 아이와 갈등하지 않고 영어, 수학, 책읽기 등 일련의 학습을 잘할 수 있는 방법을 찾고 싶을 것입니다.

어떻게 익힌 영어인데, 지금까지 시킨 것이 아깝다

영어유치원을 나온 아이들 중 상당수가 초등학교에 입학한 뒤에도 주5회, 1~2시간씩 매일 영어학원에 다닙니다. 영어에 올인한다고 할 정도로 많은 시간을 투자하는 이유는 그동안 시킨 것이 아깝고, 안 시키면 잊어버릴까 봐 걱정스러워서입니다. 다들 하니까, 학원 가야 영어가 는다고 하니까 무작정 보내는 경우도 많습니다. 심지어 전문가에게 영어를 배워야지, 영어 못 하는 엄마가 가르치면 아이를 버린다는 악담까지 듣습니다. 그러나 학원 시간에 쫓기고 숙제, 시험에 치여 영어가 싫다고 짜증 내거나 우는 아이를 보면 더 이상 이렇게 가면 안 될 것 같아 고민스럽습니다.

영어학원을 안 다니는 것이 너무 불안하다

잠수네 영어를 하겠다고 마음먹었다가도 '주위에 잠수네 영어를 하는 집은 하나도 없는데 나만 외롭게 이 길을 선택했다 실패하면 어쩌지?' 하는 두려움이 생겨 가시방석에 앉은 것같이 안절부절 못하는 분이 많습니다. 다들 영어학원에 보내는데 나만 집에서 시키다 뒤처지지 않을까 걱정되고, 주위 엄마들이 '얼마나 잘할지 두고 보자, 저리 해서 오래가겠어?' 하며 뒤에서 속닥이는 소리가 들리는 듯합니다. 학원 그만두었다가 나중에는 들어갈 반이 없다는 소리라도 들을라치면 계속 학원에 다녀야 할 것만 같습니다. 학원 다니는 아이들은 뭔가 팍팍 실력이 올라가는 것처럼 보이는데 우리 아이는 제자리걸음인 것 같아 애가 탑니다.

앞서가는 아이를 보면 불안하다

앞서가는 아이들을 보며 불안해하는 부모들이 많습니다. 어릴 때부터 일찍 영어를 시작한 아이들은 먼저 했으니 그렇다 쳐도 같이 시작한 또래 1, 2학년들이 앞서 나가는 것을 보면 기가 팍 죽습니다. 한참 앞선 아이들을 보며 언제 따라잡을 수 있을지 막막해합니다. '아이고, 우리는 언제쯤 두꺼운 책을 읽게 되나……. 어떻게 이런 단어도 모르는 거야?' 하며 한숨과 울분이 교차합니다. 머리로는 '아이마다 속도가 다르다'라고 생각하지만 가슴에서는 열불이 납니다. 감정이 오락가락하며 멀쩡한 아이를 다그치다 보니 죄책감만 쌓이고 우울한 마음이 가시지 않습니다. '과연 제대로 진행하는 걸까?' 하는 의구심이 스멀스멀 기어올라 옵니다.

시간이 없다

꼭 필요하지 않은 것들을 정리 못 하면서 시간이 없다고 한탄하는 분들이 많습니다. 운동, 악기는 기본이고 남들 다 하는 미술, 한자, 글쓰기나 논술도 해야 할 것 같고 아이가 원한다는 명목 하에 방과후 수업까지 두어 가지 시키다 보면 당최 영어할 시간이 안 나옵니다. 직장에 다니는 엄마들은 아이 혼자 집에 있는 것이 불안해서 학원에 보내는 경우가 많습니다. 밖에 나가 노는 게 습관이 된 아이들도 시간 없기는 매한가지입니다. 학교 갔다 오면 바로 뛰쳐나가거나 동생과 놀기 바빠 학교숙제도 간신히 해가는데 어떻게 영어할 시간을 낼 수 있겠어요? '아직 어린 나이인데 더 놀아야 하지 않을까? 아이가 너무 힘들지 않을까?' 고민하다 초등 6학년까지 지지부진하게 끌고 가는 분들이 많습니다. TV에 중독되어 영어DVD는 쳐다보지도 않는 아이도 있고, 천방지축 활동적인 남자아이와의 불협화음도 문제입니다. 첫발부터 삐그덕대니 아무리 팔을 걷어붙이고 의욕적으로 해보려 해도 헛발질만 할 뿐 제대로 진행하지 못하고 근근이 연명하다 결국 포기하게 됩니다.

잠수네 영어가 '진짜 될까?' 의심한다

잠수네 영어를 알면서 시작도 못 하는 것은 '의심병'을 거두지 못해서입니다. 잠수네가 좋다는 말에 한번 해볼까 마음먹었다가도 '알아듣지도 못하는 영어DVD를 보여주라는데(흘려듣기) 얼마나 이해할까?' 의심하고, '알파벳도 모르는 아이가 영어 소리에 맞춰 글자를 듣는다고(집중듣기) 영어책을 읽고 이해할 수 있나?' 고개를 갸우뚱하기도 합니다. '단어는 안 외워도 되나? 뜻을 모르는데 단어를 한번쯤은 짚어줘야 하지 않나? 문법을 모르는데 내용을 제대로 이해할 수 있을까?' 끝없이 의문이 꼬리를 들고 일어나면 시작도 하기 전에 지쳐버립니다.

자신 없어……

'잠수네 영어가 되는 애는 따로 있어! 엄마가 보통 독하지 않으면 못 한다던데……' 하며 옆에서 조금만 흔들어도 불안해하고, '내가 과연 할 수 있을까?'란 생각에 머뭇거리기만 하면 게임 끝입니다. "잠수네 책은 읽었는데 무엇부터 시작하면 좋을지 모르겠어요~" 하며 다른 사람이 해결해 주기만 기다리며 처음부터 헤매면 갈 길이 아득합니다. 잠수네 영어를 착착 진행하는 분들을 보며 '참 대단해~'라고 부러워하기만 하고 실천이 없으면 결과는 보나마나입니다. '해야지, 해야지' 하며 차일피일 미루다간 애꿎은 시간만 지나갈 뿐입니다.

잠수네 톡

아이를 영어학원에 반드시 보내는 이유가 있나요? 사교육, 필수는 아니에요.

작성자: 시나몬진저 (초2)

저는 10년 정도 경력이 있는 영어강사였답니다. 그동안 초2부터 고3까지 수많은 아이들을 가르치며 '내 아이만은 절대로 학원에 보내지 말자'라는 확고한 의지를 가지게 되었고, 지금 초2인 아들도 다른 영어 관련 사교육은 절대 시키지 않고 있습니다.

주변을 보면 영어유치원 3년에 초등학교 입학 후에도 매일 2시간씩 영어학원에 다니며 그야말로 영어에 올인하는 분들이 계셔서 그

분들께 조심스레 영어를 시키는 이유를 물으면, 가까운 시기에 영어권 학교에 진학 예정 계획이 있는 것도 아니고, 아이가 영어공부를 무척 하고 싶어 해서는 더욱 아니고(아이는 이미 영어를 공부로 받아들여 질린 상태) 그냥 이때까지 시킨 게 아깝고 안 시키면 금방 잊어버리고, 다들 영어공부 하고 있으니까 계속 보내야 한다고, 대체로 이렇게 두리뭉실하게 대답하세요.

저는 우리 아들이 우리글로 된 책뿐 아니라 영어로 된 책도 읽을 수 있게 되길 바라며, 아이가 한글을 깨쳤듯 영어도 책으로 접하며 자연스레 익혀갈 방법(잠수네 방식^^)을 선택해서 실천할 수 있도록 하고 있습니다. 하지만 그것 역시 잠수네에서 열심히 하고 계신 분들의 실천보다는 수십 배 게으른 방식으로 진행 중입니다.

제 목표는 아이가 초등 4학년 때《Magic Tree House》정도를 재미나게 읽어줬으면 하는 것입니다. 말하기나 작문은 그 이후에 시작해도 전혀 늦지 않다고 봅니다. 오히려 영어독서가 기본이 되어있는 아이라면 영어 말하기나 작문도 그렇지 않은 아이들보다 익혀나가기가 훨씬 수월하고 효과적이라고 감히 말할 수 있습니다.

그렇게 마음먹으면 제 아무리 기적의 영어교육법을 가진 영어 사교육기관이 있다고 해도 솔깃하거나 불안해할 염려가 없지 않을까요?

초등 1, 2학년 영어, 안 해도 되는 10가지

• • •

많은 아이들이 하고 있는 영어학습을 잠수네 관점에서 하나씩 짚어봤습니다. 잠수네 영어를 해보자니 남과 다른 길이라 불안한 분, 그동안 했던 것들과 이별하는 것이 막막한 분들께 결단의 계기가 되었으면 합니다. '끈기 없는 내가 과연 할 수 있을까' 걱정스러운 분이라도 잠수네가 추구하는 방향을 이해하면 배수의 진을 치고 힘차게 시작할 수 있을 것입니다.

1. 단어 외워야 하나요? (X)

초등 1, 2학년이라도 영어를 하려면 단어부터 외워야 한다는 강박관념을 갖는 부모들이 있습니다. 모르는 단어를 찾아 외우게 하면 당장은 내용을 이해하는 것 같겠지요. 단어를 다 아는 영어책은 자신 있게 읽는 듯 보입니다. 그러나 이 방법으로는 오래가지 못합니다. 책 한 권 읽는 데 긴 시간이 들기도 하지만, 단어를 다 외울 때까지 같은 책을 반복하는 것을 좋아할 아이는 없으니까요. 외우면 까먹는 것이 다반사니 아이를 다그치게 되고, 싫어하는 아이를 싸우다시피 끌고 가다 보면 아이와 부모 모두 지칩니다. 잠수네 영어는 좋아하는 책만 읽어도 되는 방법입니다. 이 책에서 본 단어를 다른 책에서 자꾸 마주치다 보면 단어가 저절로 습득됩니다. 어린아이들에게 억지로 단어를 암기시키지 마세요. 힘들게 외우지 않아도 얼마든지 즐겁게 영어를 익힐 수 있습니다(단, 중고등학교 학교시험이나 인증시험을 보려면 꼭 암기해야 합니다).

2. 영어책 워크북이라도 풀면 좋지 않을까요? (X)

"워크북이 붙은 전집으로 살까요? 없는 것으로 살까요?" 질문하는 분들이 있습니다. "리더스북에 딸려있는 워크북도 같이 해줘야 할까요?"라고 묻고요. 엄마가 재미있는 영어놀이를 구상해 낼 실력이 안 되니 워크북이라도 풀면 좋지 않을까 걱정하는 분도 있습니다. 조금씩 다른 질문 같아

보여도 핵심은 같습니다. '영어책만 읽어서는 영어가 늘지 않을 것이다'라는 것. 워크북을 해서 영어실력이 오른다면 당연히 해야겠죠. 그러나 워크북은 푸나 안 푸나 큰 차이가 없습니다. 잠수네에는 워크북 한 권 안 풀었어도 영어 잘하는 아이들이 수없이 많습니다. 아이가 워크북 푸는 것을 좋아한다면 몰라도 자칫하면 오만상 찌푸리며 대충대충 하는 아이의 모습에 화만 벌컥 내는 상황이 오기 쉽습니다. 영어책의 재미를 느끼기도 전에 지겨워서 나가떨어지느니, 그 시간에 DVD 보고 영어책 듣고 읽는 것이 훨씬 효율적입니다.

3. 코스북, 학습서를 해야 체계적으로 영어를 배우는 것 아닌가요? (X)

'코스북(Course Book)'은 영어를 외국어로 배우는 아이들을 위한 교재입니다. 회화, 어휘, 듣기, 파닉스, 문법, 쓰기를 모두 담았다고 하지만 실제는 간단한 단어와 문장을 가르치는 수준입니다. 몇 달에 걸쳐 코스북을 여러 권 뗐다고 해봐야 턱없이 적은 양입니다. 영어책 한 권 제대로 못 읽습니다. 겉으로만 그럴싸해 보일 뿐 잠수네 영어를 하겠다면 관심 가질 필요가 없는 교재입니다.

'학습서'는 영어권 아이들이 공부하는 교재입니다. 독해, 어휘 등 영역별로 나눠져 있고 학년별로 나옵니다. 학습서의 1~2학년 수준이 우리나라 중등 1~2학년 영어 정도지요. 겉으로는 괜찮아 보이는 교재입니다.

그러나 학습서만으로는 영어실력을 키우기 어렵습니다. 교재 한 권에 들어있는 지문의 분량이 일반 책에 비하면 턱없이 적기 때문입니다. 초등 1, 2학년은 영어보다 한글책에 더 비중을 두어야 할 때입니다. 한글책과 영어책을 읽으면서 영어학습서까지 하기에는 나이도 어리고 시간도 부족합니다. 꼭 하고 싶다면 100여 쪽자리 미국 2학년 수준의 영어책을 편하게 읽을 때, 그 수준보다 한 단계 쉬운 교재로 접근해 보세요.

4. 전화영어나 화상영어라도 해야 하지 않을까요? (X)

초1, 2 아이에게 전화영어, 화상영어를 시키는 분들을 보면 답답합니다. 말로는 아이가 말하고 싶어해서라고 하지만 사실은 부모의 불안감이 원인입니다. 다른 아이들은 다 영어학원에 다니는데 전화영어라도 하면 괜찮지 않을까, 영어를 잘하려면 말하기 연습을 해야 하는 것이 아닌가 하고요. 하지만 가만히 생각해 보세요. 외국에서 살다 왔어도 귀국하는 순간부터 말하기 능력이 하락곡선을 그립니다. 중단하는 즉시 그나마 조금 떠듬거리던 것도 연기처럼 사라집니다. 영어 말하기는 걱정 푹 놓으세요. 영어책을 술술 읽을 줄 알면 회화 연습을 한번도 안 했어도 말해야 하는 환경에 놓이면 봇물처럼 말이 터져나옵니다. 우리말을 잘하는 아이가 영어말도 잘합니다. 전화영어 할 시간과 돈이면 한글책을 사서 읽게 하는 것이 훨씬 더 낫습니다. 그래도 꼭 하고 싶다면 빵빵하게 풍선이 부풀어 바늘을 살짝만 갖다 대도 터져나올 정도로 실력이 탄탄하게 갖춰진 상황에서, 아이 스스로 외국인과 말해보고 싶다고 할 때 검토해 보세요.

5. 영어 글쓰기도 해야 하는 거 아닌가요? (X)

쓰기는 아웃풋(Output)입니다. 아는 것, 생각한 것을 글로 표현하는 것이지요. 그래서 아는 것이 별로 없고 생각이 정리되지 않은 수준에서는 한글 글쓰기도 힘듭니다. 영어는 두말하면 잔소리죠. 아이가 쓴 일기를 살펴보세요. 읽을 줄 아는 한글책보다 한참 아래 수준의 글을 씁니다. 영어라고 다르지 않습니다. 한두 문장 정도의 영어책도 제대로 못 읽는데 영어 글쓰기 운운하는 것 자체가 말이 안 됩니다. 철자 틀리지 않게 쓰고 문법 틀리지 않게 영작한다고 글을 잘 쓴다고 하지 않습니다. 자신의 생각을 조리 있게 표현하는 것이 진짜 글쓰기입니다. 영어 글쓰기가 걱정된다면 한글책을 많이 읽어 '생각하는 힘'과 '배경지식'을 키우는 것이 우선입니다. 영어책을 많이 읽어 영어표현이 몸에 배어야 하고요. 한글과 영어로 많이 써보는 과정도 필요합니다. 그러나 지금은 한글 글쓰기도 익숙지 않을 때입니다. 쓸데없이 영어 글쓰기에 애면글면할 필요가 없습니다. 한글로 잘 쓰고 영어실력이 차오르면 한글 글쓰기를 영어 글쓰기로 전환하는 것은 시간문제입니다.

6. 간단한 문법이라도 해야 하지 않나요? (X)

영어 글쓰기와 문법은 불가분의 관계입니다. 문법을 배우는 이유가 결국은 정확하게 쓰기 위해서니까요. 초등 1, 2 학년 아이에게 영어 글쓰기를 위해 문법을 가르쳐야겠다는 생각이 든다면 국어교과서부터 들춰보세요. 문법이라고 해봐야 낱자 쓰기 정도만 나옵니다. 국어가 이 정도인데 영어 문법(복수/단수, 문장 형식, 명사/동사/형용사/부사 등)을 가르친다고요? 초등 저학년 아이에게 문법을 가르치는 학원이나 과외교사가 있다면 이런 구조를 알면서도 모른 척하거나 아이의 발달과정을 모른 채 문법을 가르치는 선무당일 뿐입니다. 문법을 몰라도 영어책 읽는 데 전혀 문제없습니다. 문법을 몰라도 말하고 들을 수 있습니다. 글도 자유롭게 쓸 수 있습니다. 한글문법을 몰라도 읽고 말하고 듣고 쓸 수 있는 것처럼요. 중고등학교 시험 대비용 문법은 그때 가서 공부해도 충분합니다.

7. 원어민 과외하면 말문이 터질 것 같은데요? (X)

원어민 과외로 외국인을 낯설어하지 않고 영어를 술술 할 수 있기를 기대하는 부모들이 많습니다. 아이들은 외국인이라서가 아니라 모르는 사람은 다 낯설어합니다. 말문이 터진다고 해봐야 간단한 회화 수준에 불과합니다. 대부분의 원어민 수업은 영어실력 향상과 무관합니다. 원어민 교사가 아이들과 재밌게 놀아주는 것에 흐뭇해서 돈만 주고 있을 뿐입니다. 내가 다른 집 초등 1, 2학년 아이와 매주 한두 번 만나 한국말로 이야기한다고 생각해 보세요. 어린아이들과 얼마나 다양한 대화를 나누겠어요? "너 참 잘한다, 멋져!" 하며 아이를 기분 좋게 해주고 "아이가 참 똑똑하네요"라는 말로 부모를 안심시키는 것에 연연해하지 마세요. 팀을 짜서 원어민에게 영어 말하기를 배우자는 제안을 받아본 적 있나요? 단칼에 거절하셔도 됩니다.

8. 방학 때 짧은 어학연수라도 가면 좋지 않을까요? (X)

동남아 단기 연수를 생각한다면 영미권 조기유학 붐이 가라앉은 이유부터 생각해 보시기 바랍니다. 환율이 치솟은 영향도 있지만 그보다는 해외에 1년 남짓 갔다 와봐야 생각만큼 영어실력이 늘지 않기 때문입니다. 오히려 한국에서 열심히 한 아이들보다 못 한 경우도 많았습니다. 해외에 나간 새 국어능력이 떨어져 애를 먹는 집들이 수두룩했고요. 이런 현상을 보고 '조기유학은 갈 필요가 없구나!' 하는 분위기가 형성된 것입니다. 영어실력이 충분히 차올랐을 때 경험 차원에서, 노는 의미로 가서 자신감을 얻는 목적이라면 몰라도 단기 어학연수로 영어실력이 크게 오르리라 기대하지 마세요.

9. 영어학습지라도 해야 하는 것 아닐까요? (X)

잠수네 영어를 하면서도 영어학습지의 끈을 못 놓는 분들이 보입니다. 남들과 다르게 가는 것이 불안해서입니다. 학습지라도 하나 해야 무언가 꾸준히 한다는 마음이 들어서이고요. 영어학습지라도 시키면 도움이 되지 않겠느냐고요? 학습지도 코스북과 유사한 구조입니다. 매일 30분~1시간을 한다 해도 턱없이 적은 양이라 영어실력이 쌓이기 어렵습니다. 얼마든지 재미있게 영어를 할 수 있는데 영어를 공부로 받아들이는 길로 아이를 끌고 가는 상황입니다. 영어학습지 할 시간에 DVD를 보면 수백 배의 영어 소리를 듣습니다. 영어책을 듣거나 읽으면 비교가 안 될 만큼 많은 단어에 노출됩니다. 어느 쪽이 더 즐기는 영어, 효율적인 영어 습득 방법일지 판단해 보세요.

10. 영어학원을 다녀야 영어를 잘하는 거 아닌가요? (X)

초등 1, 2학년 중 영어학원에 다니는 아이들은 크게 세 유형이 있습니다. 우선 영어유치원 출신. '그동안 시킨 것이 아깝고 안 하면 잊어버리니까……' 하며 영어학원 매일반에 많이 보냅니다. 아이의 연령과 정서에 비해 어려운 교재, 단어 암기, 시험, 문법, 쓰기 등으로 수업이 진행돼도 심각하게 여기지 않습니다. 그러다 나중에야 깨닫습니다. 학원숙제에 아이가 얼마나 지치고 힘들어했는지를요.

두 번째는 직장맘의 경우입니다. 오후에 아이 혼자 집에 있는 것이 불안해서 학원을 보내는 분들이 많습니다. 그러나 아무리 스트레스 안 받고 재미있게 수업하는 영어학원을 골라도 학원만으로는 영어실력이 오르지 않는다는 것이 한계입니다.

마지막 유형은 '집에서 제대로 시키지도 못하면서 방치하는 것 같아, 영어유치원 출신 아이들에게 밀리지 않으려고, 남들이 다 가니까' 보내는 경우입니다. 문제는 '믿고 맡긴다'는 자세로 보내면 몇 년을 다녀도 영어 실력이 올라가지 않는다는 것이죠.

영어실력은 영어책을 읽어야 올라갑니다. 영어책을 읽으려면 영어 단어를 많이 알아야 하고, 단어를 많이 알려면 많이 듣고 봐야 하지요. 학원에서 특출하게 영어를 잘한다면 집에서 영어책을 읽는 아이들일 가능성이 매우 높습니다. 또한 아무리 소문난 영어학원이라도 집에서 하는 것만큼 많은 시간을 꾸준히 듣고 보기란 불가능합니다. 영어책 읽기의 중요성을 깨달은 부모 중에는 학원과 영어책 읽기를 병행하려는 분도 있지만 십중팔구 오래가기 어렵습니다. 도저히 책을 읽을 시간이 나지 않거든요. 설혹 학원을 다니면서 어찌어찌 영어책을 많이 읽힌다 해도 더 근본적인 문제는 해결되지 않습니다. 바로 '한글책 읽기'가 거의 실종된다는 것. 학원 테스트나 숙제에 신경을 곤두세우다 보면 놀고 싶은 아이와 실랑이하느라 '부모와의 관계'에도 금이 가기 시작합니다.

초등 저학년 때는 영어보다 중요한 것이 한글책 읽기, 부모와의 관계입니다. 영어에 올인하느라 이 두 가지를 잃는다면 시한폭탄을 앞에 두고도 째깍째깍 소리를 못 듣고 있는 상황이나 마찬가지입니다. 한글책을 안 읽어 우리말 어휘력과 독해력이 부족하면 교과성적이 슬금슬금 떨어집니다. 부모와의 관계가 틀어지면 이것도 싫다, 저것도 싫다 하며 초등 3~4학년부터 이른 사춘기 증상을 보입니다. 본격적인 사춘기가 시작되는 초등 고, 중학생 때는 감정이 폭발할 가능성이 높습니다.

영어학원, 초등 저학년 때는 얻는 것보다 잃는 것이 더 많습니다. 영어학원은 필요에 따라 넣고 뺄 수 있는 옵션일 뿐입니다. 실력을 확 올린 다음 어떤 학원이든 최고반에 들어갈 자신이 있을 때 고민해도 늦지 않습니다. 핵심은 영어책 듣고 읽기입니다.

잠수네 톡

잠수 초기 엄마들의 착각, 실수들 한번 알려드려봐요~.^^

작성자: 민들네맘 (초2, 5세)

(1) 우리 아이 실력, 이 정도는 되겠지

이건 정말 아무것도 시키지 않은 맘들 빼고는 대부분 공통적으로 나타나는 증상 같아요. '유치원에서 매일 조금씩 하고 DVD도 가끔 틀어줬고, 영어유치원을 1년 보냈는데 이 정도는 읽겠지, 영어학원에 몇 년을 보냈는데 이 정도는 알겠지.' 그런데요, 대부분의 엄마들이 잠수네 영어 테스트 결과를 보고 무너집니다. 이 정도일 줄은 몰랐다며, "아이가 정말 쉬운 것도 몰라요"라고 합니다. 책을 읽혀보고 그동안 헛돈 썼다는 사실을 알게 되요.

(2) 어휘, 외우면 외워진다?

절대 아니에요. 특히 3학년 이하 저학년 아이들은 오래가지 않아요 (정말 똑똑한 아이를 두신 분들은 그냥 눈감으세요~^^). 정말이지 friend를 가리키며 이건 친구야 해놓고 1분만 있다가 다시 물어보면 멍하는 경우가 대부분이지요. 그런데 이건 많이 듣고 읽으면 저절로 되는 거예요. 엊그제 DVD를 같이 보는데 'nightmare'라는 단어가 나오더라구요. 이 정도는 알겠지 하고 물었더니 뭐 그런 걸 물어보느냐는 듯 악몽이라 말하더군요.

"옛날에 배웠어?"

"아니~."

"그럼 어떻게 알아?"

"그냥 알게 됐어."

(3) 문법 설명해 주면 이해한다?

문법, 이건 더해요. 3인칭에서는 's'를 붙이는 거라고 10번 이상 알려줘요. 그래도 막상 문제 속에서는 엉뚱한 답을 골라요. 어휘도 문법도 자꾸자꾸 듣고 읽다 보면 저절로 알게 되는 거예요. 어른들은 그게 힘든데 우리 아이들은 그게 가능한 시기인 것이지요.

(4) 남들이 재밌다 하면 우리 아이도 좋아할 거다?

이것도 많이 하는 실수지요. 좋다고 하며 덥석 읽고 들으면 좋겠지만 처음엔 아닌 책들이 더 많습니다. 잠수에서 베스트인데 왜 우리 아이는 싫어하지? 하지만 우리 아이도 분명히 좋아할 때가 오긴 옵니다. 지금 당장 좋아하지 않을 뿐이에요(끝까지 안 좋아하는 책도 있긴 합니다만^^;;), 너무 어렵거나 힘들어서.

(5) 화상영어, 원어민 영어 이런 거라도 좀 해야 하지 않을까

화상영어 하면 말할 기회가 더 생기니까? 아이들은 선생님이 하는 질문도 잘 이해 못 해요. 이해했어도 말이 안 나와요. 아이가 원래 알고 있는 어휘 문형만 반복하고 'What? / I don't know'만 하다 끝나기 십상이지요. 물론 꾸준히 하면 좋겠지만 그 시간에 집듣이랑 책읽기 하는 편이 더 낫다는 거예요. 베이스를 깔아놓고 뭘 해야 하지 않겠어요? 원어민 영어도 마찬가지고 인강도 마찬가지예요. 기본적으로 아는 게 있어야 그 수업을 들으며 궁금한 점도 생기고 정리도 되지요.

여기까지 제가 했던 실수들 정리한 거예요. 이런 실수 없이 잘 진행하시는 분들 많으시지만. 제가 시행착오를 하고 '아, 내가 잘못 생각했구나' 하고 나서 보니 저랑 같은 실수를 하신 분들이 정말 많더라구요.

잠수네 영어를 시작하기 위해 꼭 지켜야 할 7가지

● ● ●

1. 영어교육에 대한 소신이 있어야 합니다

잠수네 영어를 한다면서 이것저것 섞어 진행하는 분들은, 십중팔구 중간에 포기합니다. '효과가 있으니까 다들 하는 거 아니겠어? 철저히, 체계적으로 해야 영어가 늘지 않을까?' 하는 생각에 단어 암기, 문장 암기, 파닉스, 문법, 워크북, 독후활동 등 인터넷에 떠도는 온갖 방법을 다 따라 하다 보면 아이가 먼저 하기 싫다고 거부합니다. 공부로, 학습으로 영어에 접근하니 재미있을 리 없습니다.

신문이나 잡지에 나오는 영어 잘하는 초등학생, 중고생의 인터뷰를 잘 살펴보세요. 영어DVD 보고, 영어책을 많이 읽은 것이 비결이라고 이구동성으로 말합니다(이 중에는 잠수네 회원들도 꽤 있습니다).

내가 받았던 영어교육과 지금 아이가 하고 있는 영어교육이 만족스럽다면, 또는 수능영어 만점으로 만족한다면 대부분의 사람들이 하는 대로 따라가면 됩니다. 잠수네 영어학습법이 과연 될까 의심스럽다면 확신이 들 때까지 안 해도 됩니다. 미심쩍다면 잠수네 방법이 맞는지 더 알아보세요.

2. 아이와 좋은 관계를 유지하도록 노력하세요

초등 1, 2학년은 아직 어린 나이입니다. 부모를 전적으로 신뢰하고 부모와 관계가 좋으면 무엇이든지 쉽게 받아들입니다. "잠수네 영어라고 있는데 엄마랑 재미있게 해볼까?" 하고 손을 내밀면 순순히 따라오지요. 자기주장이 조금 강한 아이라면 잠수네 영어를 시작하는 이유를 찬찬히 설명해 주세요. 커서 어떤 일을 하고 싶은지 물어보고, 그 일을 하는 데 영어가 필요하다고 설득하면서요. 꿈이 명확하지 않은 아이의 경우 영어를 잘하면 어떤 점이 좋은지 구체적으로 알려주고요.

그러나 처음은 순조로웠어도 부모가 재촉하면 아이와의 관계가 삐그덕 소리를 내는 것은 시간문제입니다. '다른 아이들은 다 잘하는데 너는 이것도 제대로 못 하느냐'고 윽박지르면 잠수네 영어가 싫어질 수밖에 없습니다. '다른 집 엄마는 야단도 안 치고 맛있는 간식도 해 주고 즐겁게 놀아주는데 엄마는 해주는 게 뭐가 있느냐'고 되묻는다면 어떤 마음이 들까 생각해 보세요. 자꾸 질책하기보다 조금이라도 잘하는 것을 칭찬하며 이끄는 것이 아이와의 관계도 좋아지고 잠수네 영어 진행에도 도움이 되는 길입니다. 아이가 하기로 약속한 것을 제대로 지키지 않는다고 화내기 전에 나는 아이와의 약속을 얼마나 잘 지키고 있는지도 돌아보세요. 아이의 눈높이에 맞춰 아이 입장에서 바라봐야 아이의 마음을 이해할 수 있습니다.

3. 가지치기가 필요합니다

잠수네 영어를 하려면 시간 확보가 필수입니다. 시간과의 싸움에서 이기고 싶다면 사교육을 최대한 정리하세요. 그래야 잠수네 영어를 할 시간이 나옵니다. 또래 엄마끼리 "이건 꼭 해야 돼!"라고 말하는 사교육 정보 중 대다수는 안 해도 되는 것들입니다. 아이가 시켜달라고 하는 것도 유심히 살펴보세요. 염불보다 잿밥에 더 관심이 있다는 말이 있듯 굳이 돈과 시간을 들여 할 필요가 없는 것도 많습니다. 초등 1, 2학년 때는 자잘하게 여러 개 시키는 것보다 하나를 해도 기본을 챙기는 것이 훨씬 중요합니다. 논술, 수학학원 필요 없습니다. 영어학원도 안 다녀도 됩니다. 운동 하나, 악기 하나 정도면 충분해요. 여유로운 시간에 한글책 한 권이라도 더 읽히고, 많은 것을 경험하게 해주세요. 놀기도 하고요. 학원, 과외를 많이 한 아이들이 잘할 것 같지만 초등 고학년부터는 부작용이 슬슬 나타납니다. 스스로 하겠다는 의지는 줄고 대충 눈가림으로 넘어가거나 짬만 나면 놀려는 것이지요. 나중에 아이가 크고 나면 대부분의 아이들이 학원에 몰려가는 현실에서 자기를 자유롭게 키워준 부모에게 감사할 날이 옵니다.

부모의 욕심과 아이의 시샘, 욕구를 모두 채우려다 보면 무엇 하나 딱 부러지게 하는 것 없이 초등 저학년이 순식간에 지나갑니다. 다 중요해서 무엇을 정리해야 할지 모르겠다면 종이에 써보세요. ① 아이도 좋아하고 꼭 해야 하는 것 ② 아이가 싫어하는데도 꼭 해야 한다는 생각에 시키는 것 ③ 안 해도 되는데 아이가 좋아해서 정리 못 하는 것 ④ 아이도 안 좋아하고 굳이 할 필요도 없는데 정리 못 하고 있는 것으로 나누고 현재 하고 있는 것들을 항목에 맞춰 써보세요. ①번만 제외하고 나머지는 다 정리해도 됩니다. 만약 ②번 항목에 잠수네 영어가 들어가 있다면 좀 더 시간이 지난 후 해도 됩니다. 초등 3, 4학년에 잠수네 영어를 시작하는 아이들도 많으니까요.

4. 긍정적인 자세가 중요합니다

잠수네 영어는 평범한 부모와 아이라도 굳게 마음먹고 꾸준히 하면 누구나 성공할 수 있습니다. 부모가 영어를 잘하지 못해도, ABC조차 모르는 아이라도 전혀 문제없습니다. 영어 못 한다고 기죽지 마세요. 우리나라에서 영어에 자신 있는 부모는 극소수에 지나지 않습니다. 다 나같이 영어 못 하는 사람들이에요. 꾸준하지 못하다고 미리 겁먹을 필요도 없습니다.

잠수네 영어는 '재미'란 엔진만 달면 저절로 굴러갑니다. 우리 집도 "영어 DVD 좀 그만 봐라, 영어책 좀 그만 보고 한글책 봐라~" 하고 잔소리할 날이 옵니다. '고진감래'란 말처럼 그때까지만 노력하세요.

사람의 뇌에는 '거울신경'이 있어 자주 보는 사람의 행동이나 말투를 그대로 따라 하는 경향이 있다고 합니다. 아이들이 제일 많이 보는 사람이 부모입니다. 당연히 부모의 말과 행동을 그대로 따라 하게 되겠지요. 부모가 불안해하면 아이도 불안합니다. "할 수 있어! 할 거야!"라는 믿음과 자신감으로 가득 차 있으면 아이도 잠수네 영어를 믿고 잘 해낼 수 있다고 확신하게 됩니다.

5. 부모가 부지런해야 합니다

아이에게는 매일 해야 할 것을 안 한다고 잔소리하면서 정작 부모 자신은 귀차니즘으로 초지일관하는 분들이 많습니다. '학교 행사가 있어서, 시험 때라서, 가족모임이 있어서……' 등 오늘 못 한 이유를 대며 합리화합니다. 하는 것도 아니고, 안 하는 것도 아닌 상태로 몇 년을 잠수네에 발 담그고 있다 막판에 '잠수네 영어는 아무나 못 해' 하며 종적을 감춰버립니다. 제대로 해보지도 않고 가늘게, 가늘게 진행하다 용두사미가 되는 거죠.

잠수네 영어를 하려면 DVD나 영어책이 많이 필요합니다. 아이가 재미있어할 만한 것을 찾아야 하기 때문입니다. 그러려면 학원 보내는 비용 정도는 도서와 DVD 구입에 지출할 마음을 먹어야 하지요. 비용을 줄이려면 도서관에 열심히 다니거나 대여점을 찾아보는 등 발로 뛰는 노력이 필요합니다. 그러나 돈도 투자하기 아깝고, 발품도 팔기 귀찮아 집에 있는 영어교재로만 계속 돌리는 분들이 생각 외로 많습니다. 우리 집 근처 도서관에는 영어책이 많지 않다며 투덜거리기만 할 뿐, 버스나 전철을 타고서라도 찾아 나설 생각을 안 합니다. 내 아이가 좋아할 만한 것을 '연구'하기보다는 한두 집에서 대박 난 것만 따라가 놓고 우리 아이는 재미있게 보는 책이 하나도 없다며 울상을 짓는 분도 많습니다. 아이의 성향은 고려하지 않은 채 서점이나 카페의 공동구매로 산 영어전집을 반복한들 어떤 아이가 재미있게 보겠어요?

잠수네 영어는 부모 말고 누가 대신 해주기 어려운 공부입니다. 매일 두서너 시간씩 꾸준히 진행하기란 같은 집에서 같이 사는 부모가 아니고선 거의 불가능하기 때문입니다. 이 말을 뒤집으면 매일 꾸준히만 해도 영어실력이 쑥쑥 올라간다는 의미입니다.

6. 아이의 학습 습관을 잡아주세요

아무 데도 안 다녀도 하루가 정신 없이 지나는 집이 많습니다. 학교 갔다 와서 간식 먹고 좀 놀다가, 저녁 먹고 숙제하고 준비물 챙기며 어영부영 하다 보면 어느새 잘 시간이니까요. 이러면 초등 1, 2학년도 시간이 없다고 동동거릴 수밖에 없습니다. 학습 습관이 잡혀있지 않은 상태에서는 잠수네 영어를 할 시간이 나오지 않습니다. 습관이란 여러 번 되풀이해서 저절로 몸에 익는 것입니다. 학습 습관을 잡아준다는 것 역시 매일 일정 시간에 일정한 학습을 반복해 몸에 익도록 하는 겁니다. 학교 갔다 오면 바로 숙제하기, 한글책 읽기 등 제일 중요한 것부터 하나씩 습관을 들여 주세요. 습관이 자리 잡힐 때까지 아이의 기분을 살피고 맛있는 간식이나 칭찬으로 동기부여해 주고요. 그래야 잠수네 영어도 매일 할 수 있습니다.

간혹 학창 시절 공부 좀 했다는 부모 중 "공부는 자기가 알아서 하는 거야"라고 말하는 분들이 계신데요, 고등학생 정도면 몰라도 나이 어린 초등 1, 2학년이 알아서 학습습관을 들이기란 매우 어렵습니다. "초등 저학년 때는 무조건 놀아야 해!"라고 생각하는 부모라면 부모의 교육철학에 충실한 것도 나쁘지 않습니다. 대신 초등 고학년, 중학생이 되어 뒤늦게 학습 습관을 잡으려 닦달하지 않을 자신이 있어야 합니다. 다 커서까지 노는 습관이 몸에 배어있으면 그동안의 생활 방식을 학습모드로 전환하는 데 아이나 부모 모두 힘들다는 사실을 잊지 마세요.

7. 직장맘은 시간 활용이 관건입니다

직장맘이라 시간 내기가 어렵다고 하소연하는 분이 많습니다. 퇴근 후 저녁 먹이고 숙제 봐주고 한글책 읽기만 해도 바쁜데 잠수네 영어는 생각도 못 한다고요.

엄마가 없는 낮 동안에는 운동이나 악기 하나 정도 보내면서 아이를 돌봐주는 분에게 한글책 읽고, 학교 숙제하고, 나머지 시간에는 놀거나 DVD를 보게 해달라고 부탁해 보세요. 그런 다음 퇴근해서부터 영어책 집중듣기나 읽기를 하면 됩니다. 저녁에 일찍 오기 힘든 직장이라면 아침 시간을 최대한 활용해야 합니다. 대신 아침식사는 저녁에 준비해 두거나 아빠에게 도움을 요청해 보세요. 아침에 한두 시간만 확보해도 잠수네 진행이 수월해집니다.

간혹 아이와 호흡이 안 맞아 영어를 진행하는 것이 어렵다면 영어 이전에 아이가 무엇을 원하는지 차분하게 살펴보세요. 엄마가 직장 생활을 하다 보니 아이와 애착이 덜 이루어져 사사건건 트집을 잡고 거부할 수 있거든요. 퇴근하면 스킨십 많이 해주고 주말에는 실컷 놀아주세요. 그래도 어렵다면 영어를 완전히 접지는 말고 아이 마음에 드는 것으로 가늘게라도 꾸준히 진행해 보세요. 아이가 왜 영어를 해야 하는지 알아들을 만한 나이가 되면 그때 본격적으로 시작해도 됩니다.

잠수네 톡

아이 스스로 오늘 해야 할 일을 챙기게 하는 '아이 습관 길들이기' 비법을 공유합니다.

작성자 : 비우기 (초2, 6세, 4세)

제가 직장에 다니기 때문에 낮 시간 동안 나비꽃밭 혼자서 시간을 보냅니다. 방과후도 월요일 하나밖에 없어, 빨리 마치고 오는 날은 오후 1시부터 놀기 바쁩니다. 아이에게 충분히 쉴 시간과 뒹굴 시간, 밖에서 뛰어놀 시간을 주고 싶은 마음이 크기도 하구요.

그런데 항상 퇴근해서 잠수 진행을 하다 보니 일기, 숙제가 뒤로 밀려 제대로 하기 힘든 사태가 생깁니다. 나비꽃밭에게 숙제나 한글책 읽기를 낮 시간 동안 먼저 하라고 아무리 말해도 노는 습관이 들어버리니 쉽지 않더군요.

특히나, 1~2학년 아이들은 아직 시간개념이 정확히 잡혀있지 않아 마땅히 해야 할 것들을 알아서 해주기를 바라면 안 된다는 것을 알게 되었지요.

위의 왼쪽 사진처럼 부직포로 여러 색깔의 꽃잎을 오려놓고 아이들에게 마음에 드는 꽃잎을 고르게 했습니다. 한 아이당 6~7장 정도의 꽃잎을 고르게 했어요. 그럼 엄마는 글루건으로 꽃잎을 붙여주지요. 완성된 뒤 꽃잎 뒷면에 매일 빠트리지 않고 해야 할 일을 스스로 생각해서 쓰게 했어요. 꽃잎의 끝에는 찍찍이를 달아서 붙이고 뗄 수 있게 만들었구요. 그날 할 일을 해나갈 때마다 꽃잎 1장씩 펼칠 수 있어요.

오른쪽 사진은 나비꽃밭이 할 일을 하나씩 남겨놓은 꽃이네요. 이렇게 꽃봉오리 상태의 꽃을 활~짝 피우는 게 하루 목표이지요. 꽃을 다 피우면 예쁜 꽃 스티커를 줍니다. 각자 꽃 아래에 꽃병이 하나씩 있는데, 그곳에 꽃 스티커를 붙이는 거죠. 꽃이 30개, 50개 단위로 완성되면 아이랑 이야기 된 당근을 하나씩 지급하고 있어요.

그리고 꽃 스티커를 주면서 오늘도 해야 할 일을 열심히 해주어 예쁜 꽃 한 송이 피웠다고 꼭~ 안아줍니다. 언제 어디서든 기본적으로 해야 할 일만 스스로 해내도 이렇게 예쁜 꽃을 피울 수 있다고, 그리고 네가 바로 그 꽃이라고 아이들에게 늘 말합니다.

하루 한 송이씩 꽃을 피우기로 한 뒤 저희 집 잔소리가 없어졌습니다. 나비꽃밭 습관 잡으려고 시작한 건데, 아이 셋 다 습관이 거저 잡히고 있네요.

잠수네 영어 이해하기

아는 게 힘! ❶

잠수네 영어, 빠르게 이해하기

• • •

잠수네 영어의 핵심은 많이 듣고 읽다 보면(Input), 자연스럽게 말하고 쓰게(Output) 된다는 겁니다. 단순하고 상식적인 이야기죠? 이것만 꾸준히 실천하면 됩니다.

잠수네 영어 3종 세트란?

잠수네 영어 3종 세트는 〈흘려듣기, 집중듣기, 책읽기〉를 말합니다.

1. 흘려듣기 → 재미있게 보고 듣기만 하면 끝!

흘려듣기는 '생활 속에서 부담 없이 영어 소리를 듣는 것'을 말합니다. 흘려듣기에는 두 종류가 있습니다.

❶ DVD 흘려듣기: 자막 없이 애니메이션이나 영화를 '보는 것'

❷ 오디오 흘려듣기: 영어노래, 영어책의 오디오CD, DVD의 영어 소리만 따로 '듣는 것'

※ 흘려듣기는 〈DVD 흘려듣기〉가 중심입니다. 〈오디오 흘려듣기〉는 선택사항입니다.

2. 집중듣기 → 영어책을 읽도록 도와주는 견인차

집중듣기는 영어책을 읽어주는 오디오 소리를 들으며 소리에 맞춰 글자를 따라 영어책을 보는 것입니다.

※ 영어책을 펴고 손가락이나 연필로 오디오CD가 읽어주는 곳을 맞춰가며 듣습니다(접은 종이, 자, 젓가락 등 아이가 좋아하는 것을 활용해도 됩니다).

3. 영어책 읽기 → 한글책처럼 읽어간다

영어책을 단어 암기, 문법, 문장 해석 없이 한글책처럼 죽죽 읽어가는 것을 말합니다.

흘려듣기와 집중듣기의 관계

영어듣기에서 제일 힘든 것이 단어 구분이 안 되는 것인데요, 흘려듣기를 많이 하면 듣고 있는 단어가 쏙쏙 귀에 박히는 경험을 하게 됩니다. 그야말로 귀가 뚫리는 거죠. 계속 보다 보면 '말의 의미'도 대충 짐작할 수 있게 됩니다. 자연히 아는 말(단어와 문장)도 많아집니다. 이렇게 귀가 뚫리고 아는 말이 많아진 상태에서 집중듣기를 하면 영어 글자를 하나도 몰라도 '글자의 의미'가 절로 깨달아집니다. 이미 아는 말이니 글자가 어떻게 소리 나는지 깨닫기만 하면 바로 이해할 수 있거든요.

그래서 잠수네 영어를 시작할 때는 우선 흘려듣기를 충분히 하도록 해줘야 해요. 공부라는 생각 없이, 논다는 느낌으로 영어를 접하는 방법인 동시에 그다음 단계인 집중듣기를 편하게 해주는 동력이니까요. 기관차가 없으면 기차가 움직이지 못하죠? 흘려듣기야말로 잠수네 영어의 맨 앞에 놓인 기관차예요.

흘려듣기와 집중듣기의 이점을 정리해 볼까요?

☑ 흘려듣기의 이점

1. 논다는 느낌으로 재미있게 영어를 익힐 수 있다.
2. 영어 소리 노출 시간을 많이 확보할 수 있다.
3. 아는 단어와 문장이 점점 늘어난다.
4. 화면을 보며 단어와 문장의 의미를 유추하게 된다.
5. 외국에서 살았던 아이처럼 발음이 좋아진다.
6. 긴 문장도 거침없이 말한다.
7. 실제 사용하는 영국식, 미국식 표현을 자유롭게 구사한다.
8. 영미권 아이들의 생활(집, 학교)을 잘 알게 된다.

☑ 집중듣기의 이점

1. 발음이 좋아진다.
2. 누가 가르쳐 주지 않아도 혼자 글을 읽게 된다.
3. 저절로 단어, 문장의 의미를 알게 된다.
4. 우리말 해석 단계 없이 바로 이해하게 된다.
5. 한글책 읽는 속도로 영어책을 읽게 된다.
6. 자기 수준보다 조금 어려운 책을 읽도록 끌어준다.
7. 관심이 덜한 분야의 책을 읽을 때 도움이 된다.
8. 집중력이 키워진다.

흘려듣기, 집중듣기, 영어책 읽기의 관계

흘려듣기를 많이 해두면 집중듣기가 수월해지는 것처럼, 집중듣기가 충분하면 읽기는 자연스럽게 따라옵니다.

1. 흘려듣기와 집중듣기를 하면 영어책을 읽을 수 있습니다

흘려듣기를 하면 아는 말이 늘어납니다. 집중듣기를 하면 단어와 문장을 읽을 수 있지요. 흘려듣기와 집중듣기를 계속 하다 보면 읽을 수 있는 책이 한 권, 두 권 생겨납니다. 외우지 않고도 많은 단어를 알게 되고요. 읽을 줄 아는 단어가 500개쯤 되면 오디오CD가 없는 쉬운 영어책을 술술 읽게 됩니다. 흘려듣기와 집중듣기를 하면서 쉬운 영어책 읽기까지 병행하면 아는 단어가 점점 늘어납니다. 그림이 많은 쉬운 책을 읽을 때는 그림에서 모르는 단어와 문장의 의미를 짐작하고, 글밥이 많은 책을 읽기 시작하면 전후좌우 문맥에서 의미를 유추할 수 있거든요. 마치 눈덩이가 굴러 내려가며 커지듯 영어책 읽기능력이 성장하는 거죠. 따로 문법을 안 배워도 글을 이해하고요. 어떤가요? 우리말 책을 읽을 때와 똑같지요?

2. 영어책을 많이 읽으면 듣기, 말하기, 쓰기가 해결됩니다

한편 다양한 어휘와 문장을 책에서 충분히 접하고 나면 DVD를 볼 때 훨씬 이해가 잘 됩니다. 초기에 흘려듣기가 집중듣기와 책읽기를 끌어준 것에 비해 순서가 바뀐 거죠. 영어책을 읽은 것이 흘려듣기의 이해력을 더 높여주는 거예요. 영어책을 많이 읽으면 영어로 말할 기회가 왔을 때 조

리 있게 자기 생각을 표현할 수 있습니다. 한글책을 많이 읽은 아이가 똑부러지게 말하는 것과 마찬가지예요. 단어 암기와 문법 공부로 영어를 배운 우리 부모 세대들이 영어로 글 한 줄 못 써 버벅거리는 것에 비해 영어책을 많이 읽은 아이들은 영어글도 술술 씁니다. 콩글리시가 아닌 영어적인 표현을 사용하면서요.

3. 영어책을 한글책처럼 읽어갑니다

영어책 읽기가 소중한 것은 이를 통해 영어를 공부나 학습이 아닌 삶의 일부로 받아들인다는 점입니다. 한글책을 좋아하는 아이들이 시간 가는 줄 모르고 독서삼매경에 빠지듯 영어책도 마찬가지입니다. 힘들 때, 쉬고 싶을 때 영어책을 잡으며 위안과 재미를 얻는 것이죠. 아이의 인생에 영어란 외국어를 평생 친구로 선물한 것과 같습니다.

☑ 영어책 읽기의 이점

1. 단어 암기를 안 해도 아는 어휘가 는다.
2. 문법을 몰라도 글을 이해할 수 있다.
3. 듣기 이해력이 올라간다.
4. 정확한 말하기가 된다.
5. 영어글을 술술 쓰고, 영어적 표현도 자유롭게 구사한다.
6. 영어를 공부가 아닌 생활로 받아들인다.
7. 각종 영어시험 준비에 과도한 시간을 들이지 않아도 된다.

잠수네 톡

초등학교 1학년, 3가지만 놓치지 않고 꾸준히 했는데요. 아이가 영어를 잘하게 되더라구요.

작성자: 엘라그레이트 (초2)

엘라가 잠수 영어 한 지가 정확히 1년이 지났어요. 가입 후 꾸준히 한 걸로 따지면 8개월 되어 가네요. 어떻게 달려왔는지 모르겠지만 참 편안하게 해왔네요. 물론 앞으로도 계속 ~ing.

(1) 집중듣기

아이 옆에 항상 있어줍니다.(★아주 중요) 손가락으로 책과 소리가 매치되는지 확인하면서 짚어요. 아이를 믿고 혼자 식사 준비나 집안 청소를 할까도 했지만 다 내려놓고(?) 아이 옆에 앉아있었네요. 엘라는 중간중간 재미난 이야기가 있으면 같이 보자고 하는데 저는 보는 시늉만 합니다. 뭔 뜻인지도 모르겠구요, 어느 타이밍에서 웃어야 할지 대략 난감합니다.^^; 전 잠수네 책에 있는 기본을 따라가는 편이네요. 집중듣기 시간은 웬만하면 30분은 넘기지 않으려 해요. 엘라가 워낙에 집중듣기를 좋아하는지라 가끔 시간을 넘길 때도 있구요. 아니면 저녁에 한 번 더 한답니다. 제가 집중듣기 해봐도 참 힘들더라구요. 정말 아이들이 대단해요. 그래서 더 한다고 하면 못 하게 말리는 편이에요.

(2) 영어책 읽기

잠수 영어 시작하면서 영어책 읽기는 바로 하지 않았네요. 6개월 지나고 본격적으로 했어요.

한 줄짜리를 읽는데 어찌나 뿌듯하던지요. 파닉스를 몰라도 읽는 게 가능하더라구요. 그때의 떨림~. 얼굴도 모르는 잠수네에 감사하다고, 이거 정말 된다고 온 동네방네에 떠들고 싶었지요. 그렇게 꾸준히 읽기를 하니 발음이 나날이 좋아지더라구요. 주위 엘라 친구 맘한테 이야기했는데 엘라 맘이니깐 가능하다고 부정적으로 나왔어요. 다들 학원에, 학습지에 익숙한 사람들이라 좋은 방법인지는 알겠으나 본인들은 못 한다고 하더라고요. 그래서 깨달았네요. 아무리 이야기해도 스스로 느끼지 못하면 아무 소용없다는 거.

그치만 오지랖 넓은 저라서 일단 이야기를 해줘요. 선택은 알아서~. 저처럼 이야기만 듣고도 하는 사람이 있을지 모르니까요. 저도 처음에는 가입비에 망설였었네요.^^; 그치만 책을 읽고 방법이 좋은 것 같아서 실행에 옮겼고요. 성공한 거죠.

(3) 흘려듣기

흘려듣기는 잠수네를 알기 전부터 했었네요. 꾸준히는 아니고 가끔 아이가 원하는 애니를 볼 때 자막 없이 보여주곤 했네요. 물론 한국어로 보여줄 때도 있었지만, 잠수네 알고 한글로 된 거 싹 지웠구요. 처음에는 원어로 보는 거 싫어했답니다. 하지만 계속 이야기하고 보다 보니 익숙해졌는지 이젠 당연히 모두 원어로 본답니다. 흘듣은 거의 DVD 보기입니다. 책오디오는 엘라가 좋아하지 않아서요. 흘듣은 아이가 원하는 캐릭터를 구해주거나 산답니다. 이때도 엘라가 좋아하는 건 무한 반복하나 싫으면 한 번 보고 땡입니다.

초1에 시작한 잠수네 영어, 하라는 대로 꾸준히 하다 보니 엘라가 영어를 눈에 띄게 잘하더라구요.

아는 게 힘! ❷

잠수네 영어책 단계

● ● ●

잠수네에서는 영어책을 총 10단계로 나눕니다.

J1단계: 쉬운 단어만 있거나 1줄 정도의 아주 간단한 문장

J2단계: 쉬운 단어로 쓰인 1~2줄의 간단한 문장

J3단계: 미국 초등 1학년 수준

J4단계: 미국 초등 2학년 수준

J5단계: 미국 초등 3학년 수준

J6단계: 미국 초등 4학년 수준

J7단계: 미국 초등 5학년 수준

J8단계: 미국 초등 6학년 수준

J9단계: 미국 중등 1~3학년 수준

J10단계: 미국 고등 1~3학년 수준

잠수네 영어 로드맵은 '영어책을 어느 정도 읽을 수 있는가'를 기준으로 잡습니다. 그동안의 수많은 사례를 통해 듣기, 읽기, 말하기, 쓰기를 좌우하는 가장 중요한 척도가 영어책을 읽는 양과 수준이라는 것을 알았기 때문입니다.

초등 1, 2학년이 볼 만한 영어책의 각 단계별 문장 수준은 어느 정도인지 볼까요?

J1단계

그림책
Rain

리더스북
Top Dog (Oxford Reading Tree Stage 1+)

J2단계

그림책
Five Little Monkeys Jumping on the Bed

리더스북
Eloise Breaks Some Eggs (Ready to Read Level 1)

J3단계

그림책
Suddenly

리더스북
Henry and Mudge and the Funny Lunch (Ready to Read Level 2)

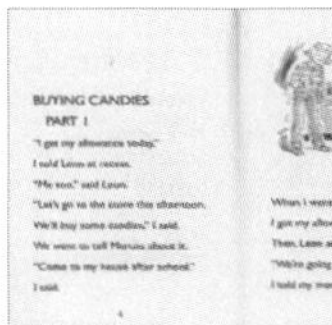

챕터북
Don't Forget! (Spooky Tales 시리즈)

J4단계

그림책
Diary of a Worm

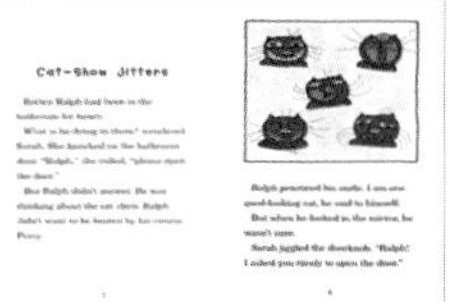

리더스북
Best in Show for Rotten Ralph (Rotten Ralph Rotten Readers 시리즈)

챕터북
Junie B. Jones and a Little Monkey Business (Junie B. Jones 시리즈)

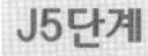

J5단계

그림책
Tikki Tikki Tembo

챕터북
Knights of the Ruby Wand (Secrets of Droon 시리즈)

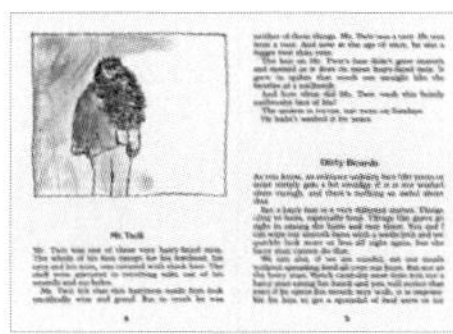

소설
The Twits

아는 게 힘! ❸

잠수네 영어책 분류

● ● ●

잠수네에서는 영어책을 〈그림책, 리더스북, 그림책 같은 리더스북, 챕터북, 소설, 지식책〉의 여섯 분야로 나눕니다.

1. 그림책

그림 위주로 이야기가 전개되는 책입니다. 한마디로 재미있습니다. 그림만 봐도 재미있으니 영어를 전혀 몰라도 자꾸 반복해서 보게 됩니다. 작가가 심혈을 기울여 낸 문학작품이라 생각할 거리가 많고 어휘도 다양합니다. 그래서 그림책을 많이 본 아이들은 나중에 영어실력이 올라갔을 때 소설 읽기로도 자연스럽게 넘어가지요.

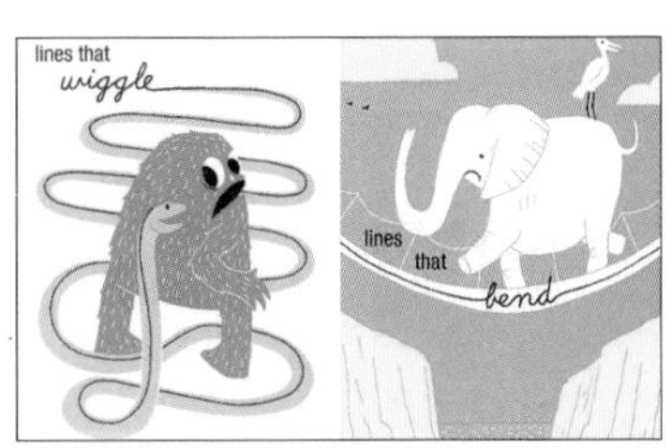

Lines That Wiggle

뱀이 구불구불 지나가다 몬스터와 만났네요. 오른쪽의 코끼리는 구부러진 다리를 위태위태하게 건너고 있습니다. 그림만 봐도 line이 '선'이라는 것, wiggle과 bend의 뜻을 바로 알 수 있어요. '몬스터가 왜 놀라지? 코끼리는 왜 찡그리고 있을까?' 하는 생각도 들지 않나요?

초등 1, 2학년이라면 다양한 그림책을 꾸준히 보여주세요. 재미, 어휘력, 사고력 3가지를 한 번에 챙길 수 있습니다. 그림책은 가격이 조금 부담되더라도 매월 일정량을 꾸준히 구입하면 좋겠습니다. 구입이 어려운 그림책은 도서관에서 대여하거나 희망도서신청을 하세요. 오디오CD가 없는 그림책은 엄마아빠가 읽어주려고 노력해 보고요.

2. 리더스북

영미권의 읽기용 교재입니다. 대부분 단계별로 글자 수, 단어가 제한되어 있습니다. 시리즈로 나와 한 번에 구입하기도 편합니다. 오디오CD가 함께 있는 책들이 많아 집중듣기와 읽기용으로 활용하기 좋아요.

How Many? (Learn to Reading 시리즈)

문어의 다리가 몇 개인지, 곤충의 다리가 몇 개인지 계속 'How many~'를 사용해서 반복하지요? 리더스북은 이렇게 비슷한 단어와 문장이 계속돼 초보자도 쉽게 기본 문형과 어휘를 익힐 수 있습니다. 책 권수가 많아 읽기 연습용으로도 그만입니다. 그러나 반복할 만큼 재미있는 시리즈가 많지 않다는 것이 한계입니다. 싸다고 덜컥 세트로 구입해 놓고 반복해서 안 본다고 속상해 말고, 잠수네 베스트 위주로 하나씩 구입하는 것을 고려해 보세요.

3. 그림책 같은 리더스북

캐릭터의 인기에 힘입어 수십 권의 시리즈로 나온 책들이 있습니다. 언뜻 보기에는 그림책 같지만 작가가 한 권씩 공들여 그린 그림책과는 많이 다릅니다. 감동이나 생각할 거리가 많지 않아요. 단계별로 읽기 연습용으로 나온 책도 아니라 리더스북이라고 보기도 어렵습니다. J1~J2단계는 거의 없고 J3~J5단계 책이 많다는 점도 특징입니다. 대신 재미는 보장합니다. 오디오CD가 붙은 책도 많고요. 잠수네에서는 이런 책들을 〈그림책 같은 리더스북〉으로 따로 분류했습니다.

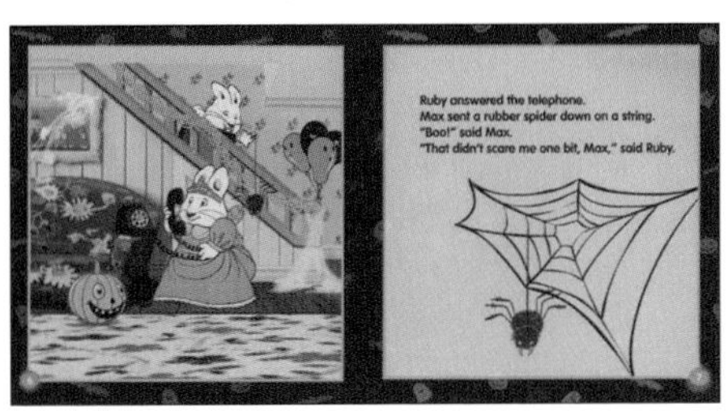

Happy Halloween! (Max and Ruby TV 시리즈)

전화를 받고 있는 누나 루비 등 뒤에서 장난감 거미를 늘어뜨리고 있는 장난꾸러기 맥스. 누나를 깜짝 놀래키려 했지만 강심장 누나는 눈 하나 깜짝 안 하네요. 이 책처럼 TV에서 방영한 내용과 똑같이 만든 책들도 〈그림책 같은 리더스북〉으로 넣었습니다. 그림만 봐도 재미있는 책들이지요.

〈그림책 같은 리더스북〉을 읽을 수준만 되면 잠수네 영어 진행이 힘들지 않습니다. 조금 어려워도 재미있다며 집중듣기 하고, 글밥이 많아도 지루해하지 않고 수십 권을 반복해서 읽으니까요. 그야말로 '재미와 양' 두 가지를 동시에 챙길 수 있어요. 초등 1, 2학년이라면 이것만 잘 듣고 읽어도 두꺼운 챕터북을 읽을 수 있습니다. 다만 아직 책을 읽을 수준이 안 되는데 재미있다고 붙잡고 있는 경우에는, 글자는 안 보고 그림만 보고 있을 가능성이 높습니다. 영어책을 전혀 못 읽는 아이라면 조금 나중에 봐야 합니다. J1~J2단계의 쉬운 영어책을 술술 읽을 수 있을 때 권하세요.

4. 챕터북

챕터(Chapter)로 나눠진 쉬운 책을 말합니다. 챕터북은 그림책과 소설 사이에서 징검다리 역할을 해줍니다. 20~40여 쪽의 그림책을 읽다가 바로 100쪽이 넘는 소설을 읽기는 힘드니, 60~80여 쪽의 챕터북으로 긴 글을 읽는 연습을 하는 것이죠. 줄거리도 초등 저학년 아이들의 정서에 맞춰 있습니다. 재미있는 것은 당연하고요. 한 시리즈에 수십 권은 기본이고 100여 권이 넘는 경우도 많습니다. 읽기 호흡을 늘리는 데 그만이에요.

"It's not Bladdermouth. It's blabbermouth, May," I said. "*Blabbermouth* is spelled with *B's* . . . not *d's*."

Mr. Scary stood up at his desk.

"Girls . . . *please*," he said.

Then he was going to growl at us, probably. But the phone rang from the office. *And* he had to answer it.

I crossed my arms at May. "*B* is the same letter that you always forget when you say my name, remember? *And* so maybe I should use *B* in a sentence for you."

I leaned close to her eardrum.

"Dear Blabbermouth May: My name is Junie *B.* Jones. How come you can't remember *B's*? Huh, May? Huh? Are you a *blockhead* or something?"

May's face got very puffery.

Then, all of a sudden, she grabbed my

4

journal right off my desk. And she started to rip out the page!

Junie B. First Grader: Jingle Bells, Batman Smells!
(Junie B. Jones 시리즈)

초등학교 1학년이 된 Junie B. Jones. 학교에서 친구하고 다투고 있네요. 이처럼 챕터북은 초등 저학년 아이들의 학교생활이나 일상을 소재로 한 경우가 많습니다. 아이들의 시선을 끌기 위해 공주, 요정, 로봇, 공룡,

모험, 판타지 등 소재도 다양합니다. 그러나 괴기, 좀비같이 아이들의 정서에 좋지 않은 챕터북도 있어요. 인기가 좀 있다 싶으면 비슷비슷한 내용으로 끝없이 후속편이 나오는 시리즈도 많고요.

초등 1, 2학년은 챕터북을 읽기 좋은 나이입니다. 주인공이 거의 비슷한 나이거든요. 같은 주인공과 등장인물, 비슷비슷한 줄거리에 어휘 수준도 제한되어 있어 읽기에도 편합니다. 누런 갱지로 된 챕터북에 거부감을 느끼는 아이들을 위해 하얀 종이에 컬러 삽화가 들어간 챕터북도 있습니다. 종류가 다양하니 아이의 성향에 맞게 밀어주다 보면 책읽기에 자신감이 생기고 영어실력도 올라갑니다. 그러나 장점을 뒤집으면 단점이 됩니다. 챕터북만 읽어서는 일정 수준 이상으로 어휘가 늘지 않아요. 그림책, 소설 같은 문학작품처럼 내용에 깊이가 없어 사고력을 키우기도 어렵습니다. 언젠가는 소설로 넘어가야 해요.

5. 소설

감동과 재미, 생각할 거리를 주는 문학작품입니다. 책마다 어휘가 제각기 다르기 때문에 일정한 수준의 어휘로 쓰인 챕터북보다 읽는 데 힘듭니다. 그러나 탄탄한 줄거리의 소설에 맛 들이면 비슷비슷한 줄거리의 챕터북이 시시해 보입니다. 소설을 몰입해서 읽기 시작하면 영어실력이 올라가는 것은 시간문제입니다.

Jennifer, Hecate, Macbeth, William

1

I FIRST MET JENNIFER ON MY WAY TO school. It was Halloween, and she was sitting in a tree. I was going back to school from lunch. This particular lunch hour was only a little different from usual because of Halloween. We were told to dress in costume for the school Halloween parade. I was dressed as a Pilgrim.

I always walked the back road to school, and I always walked alone. We had moved to the apartment house in town in September just before school started, and I walked alone because I didn't have anyone to walk with. I walked the back way because it passed through a little woods that I liked. Jennifer was sitting in one of the trees in this woods.

Our apartment house had grown on a farm about ten years before. There was still a small farm across the street; it included a big white house, a greenhouse, a caretaker's house, and a pump painted green without a handle. The greenhouse had clean windows; they shone in the sun. I could see only the roof windows from our second floor apartment. The rest were hidden by trees and shrubs. My mother never called the place a farm; she always called it THE ESTATE. It was old; the lady who owned it was old. She had given part of her land to the town for a park, and the town named the park after her: Samellson Park. THE ESTATE gave us a beautiful view from our apartment. My mother liked trees.

Our new town was not full of apartments. Almost everyone else lived in houses. There were only three apartment buildings as big as ours. All three sat on the top of the hill from the train station. Hundreds of men rode the train to New York City every morning and rode it home every night. My father did. In the mornings the elevators would be full of kids going to school and fathers going to the train. The kids left the building by the back door and ran down one side of the hill to the school. The fathers left the building by the front door and ran down the other side of the hill to the station.

Other kids from the apartment chose to walk to school through the little woods. The footsteps of all of them for ten years had worn away the soil so that the roots of the trees were bare and made steps for walking up and down the steep slope. The little woods made better company than the sidewalks. I liked the smells of the trees and the colors of the trees. I liked to walk with my head way up, prac-

Jennifer, Hecate, MacBeth, William McKinley, and Me, Elizabeth

그러나 초등 1, 2학년이 읽을 만한 소설을 찾기란 쉽지 않습니다. 왼쪽의 속지처럼 글씨가 작은 데다 글밥이 많고 두꺼운 책이 대부분이라서요. 주인공도 초등 4학년 이상 고학년이나 중고생인 경우가 많아 정서에 맞는 책을 고르기도 어렵습니다. 어릴 때부터 리더스북, 챕터북 위주로 읽었다면 어휘 때문에 소설 읽기가 힘듭니다. 한글책 읽기가 탄탄하지 않으면 영어소설 역시 읽기 버겁습니다. 생각하는 습관(사고력)과 배경지식이 없기 때문입니다.

반대로 영어그림책을 많이 본 아이들은 자기 성향과 정서에 맞는 소설이라면 재미있게 봅니다. 한글책 수준이 높은 아이라면 영어실력이 올라가고 한 해, 두 해 자라나면서 영어소설에 저절로 손이 갑니다. 초등 1, 2학년이라면 소설 읽기보다 영어그림책과 한글책 읽기에 비중을 두는 것이 먼 미래를 봤을 때 더 낫습니다.

6. 지식책

영어로 된 수학, 과학, 사회, 음악, 미술지식을 담은 책입니다. 지식책은 해당 영역의 배경지식과 어휘를 모르면 읽기 어렵습니다.

How a Seed Grows (Let's Read and Find Out 시리즈)

위의 그림은 날아온 씨가 커다란 나무가 되고, 씨앗이 해바라기가 되는 과정을 설명한 과학지식책입니다. 식물의 생태에 관심이 많은 아이라면 재미있게 읽겠지요. 그러나 한글과학책도 잘 안 보는 아이라면 재미없어 해요. 지식책은 '지식습득'을 목적으로 읽는 책입니다. 관심 있는 분야라야 읽고 싶은 마음이 들고, 어느 정도 아는 것(배경지식)이 있어야 모르는 사실을 알아가는 재미가 있습니다.

영어지식책은 억지로 보여주려 하지 마세요. 골고루 읽힌들 지식이 머리에 들어가지 않습니다. 많이 읽는다고 영어실력이 올라가지도 않아요. 지식은 한글책으로 익히는 편이 훨씬 낫습니다. 좋아하는 영역을 읽어야 재미있고요. 영어로 된 지식책은 영어실력이 충분히 차올랐을 때 잘 알고 좋아하는 분야의 책을 보도록 해주세요.

아는 게 힘! ❹

잠수네 DVD 단계

● ● ●

잠수네에서는 DVD 단계를 총 9단계로 나눕니다.

JD1단계: 그림책을 간단한 동영상으로 만든 것

JD2단계: 천천히 말하는 TV애니메이션

JD3단계: 약간 빠르게 말하는 TV애니메이션

JD4단계: 빠르게 말하는 TV애니메이션 & 잔잔한 극장 애니메이션

JD5단계: 아주 빠르게 말하는 TV애니메이션 & 대부분의 극장 애니메이션

JD6~JD7단계: 초등 고학년 이상에게 권하는 TV드라마 & 극장 상영작

JD8~JD9단계 : 중학생 이상에게 권하는 TV드라마 & 극장 상영작

이렇게 나눈 이유는 좀 더 효과적으로 DVD 흘려듣기를 하기 위해서입니다. 영어학습도 좋지만 아이의 나이와 정서를 고려하자는 의도도 있고요.

잠수네 DVD 분류와 단계를 좀 더 알아볼까요?

구분	JD1	JD2	JD3	JD4	JD5	JD6	JD7	JD8	JD9
그림책DVD									
TV애니메이션									
애니메이션									
TV드라마									
영화									

- 그림책DVD: 그림책을 간단한 동영상으로 만든 것
- TV애니메이션: 미국(PBS, 닉켈로디언), 영국(BBC) TV시리즈
- 애니메이션: 극장 개봉 애니메이션. 극장에서 상영하지 않고 DVD로 출시된 애니메이션도 포함. 주로 디즈니, 픽사, 드림웍스 등에서 제작함.
- TV드라마, 영화: 미국, 영국 등에서 방영한 TV드라마나 영화

초등 1, 2학년 권장 영역은 위의 표에서 주황색으로 박스 표시된 부분입니다.

영어교육은 '재미있고 쉬운 DVD를 반복해서 볼 때' 가장 효과가 큽니다. 그러나 아이들이 볼 만한 DVD를 잘 모르면 실수하기 쉬워요. 별 생각 없이 말이 빠른 극장 개봉 애니메이션을 보여주게 되거든요. 화면

이 휙휙 바뀌는 현란한 DVD에 재미를 붙이고 나면, 느리게 말하는 쉬운 DVD는 재미없다며 안 보게 됩니다. 달고 짠 음식만 먹다가 싱겁고 순한 음식을 먹으면 맛없게 느껴지는 것처럼요.

초등 1, 2학년은 되도록이면 JD2 → JD3 → JD4 → JD5단계 순으로 시간을 두고 보여주면 좋겠습니다. JD6단계 이후는 실사영화가 대부분이라 초등 1, 2학년 정서에 맞는 작품이 별로 없습니다. 좀 더 크면 보여주세요. 한글그림책을 좋아하는 아이라면 그림책을 동영상으로 만든 JD1단계의 〈그림책 DVD〉도 찾아보세요.

JD1단계 DVD: 그림책을 간단한 동영상으로 만든 것

DVD

[JD1] How Do Dinosaurs Say Goodnight?… and more classic dinosaur tales

[JD1] Knuffle Bunny… and More Great Childhood Adventure Stories

[JD1] Harry the Dirty Dog… and More Playful Puppy Stories

[JD1] Treasury of 100 Storybook Classics

영어책

[J3] Knuffle Bunny

[J3] Planting a Rainbow

[J3] Will I Have a Friend?

[J4] Possum Magic

[J5] Brave Irene

JD1단계로 지정한 〈그림책DVD〉는 유아용이라고 무시하기에는 아쉬운 DVD입니다. 1개의 DVD에 3~5편의 영어그림책이 들어있는데요, 분류상 JD1단계라고 했지만 여기에 해당하는 영어책 수준은 J3~J5단계로 꽤 높습니다. 잘만 봐준다면 대단히 효과적입니다. 영어책 읽기로 바로 연결이 되니까요. 〈그림책DVD〉의 소리로 그림책 집중듣기를 할 수도 있고요. 대부분 좋은 그림책들이고 감동적인 장면이 많아 정서 발달에도 도움이 됩니다.

〈그림책DVD〉는 초등학생이 되어 처음 보면 지루해하는 경우가 많습니다. 흥미를 갖게 하려면 한글책이나 영어책을 먼저 보여주세요. 자기가 읽은 한글책이 DVD에 나오면 눈을 반짝이며 봅니다. DVD를 충분히 보고 나면 영어책도 재미있게 볼 수 있어요. 한글책이 없다면 영어책을 먼저 보고 〈그림책DVD〉를 봐도 좋습니다. 정리하자면 '한글책 → 그림책DVD → 영어책' 순서나 '그림책DVD → 영어책' 순으로 보여주라는 것이죠.

※ 〈그림책DVD〉는 지역코드가 1번(미주지역)입니다. DVD플레이어에서 아시아용 3번으로 자동전환이 안 되면 인터넷에서 '코드프리'를 검색하세요. 지역번호를 푸는 방법을 찾을 수 있습니다.

JD2단계 DVD: 천천히 말하는 TV애니메이션

※ QR마크를 찍으면 유튜브 보기로 바로 갑니다.

[JD2] Max & Ruby 시리즈 (토끼네 집으로 오세요)
[JD2] Caillou 시리즈 (까이유)
[JD2] Timothy Goes To School 시리즈 (티모시네 유치원)
[JD2] Peppa Pig 시리즈 (꿀꿀 페파는 즐거워)
[JD2] Maisy 시리즈 (메이지)

[J3] Max and Ruby TV 시리즈 🎧
[J3] Caillou 시리즈 🎧
[J4] Timothy: Get Set for Kindergarten 시리즈
[J3] Peppa Pig시리즈 🎧
[J3] Maisy TV시리즈 🎧

〈잠수네 책나무〉에서 초등 1, 2학년 아이들이 즐겨 보는 JD2단계 DVD 베스트 5편을 갖고 왔습니다. 표지만 봐서는 "애개개, 유아들이나 보는 유치한 거잖아?"라는 소리가 절로 나오죠? 그런데 의외로 초1, 2 아이들이 재미있게 봐요. 아이들의 일상을 코믹하게 그리니 100% 공감이 되거든요. "귀여워, 귀여워" 소리가 절로 나고요. 리뷰수가 제일 많은 〈Max and Ruby 시리즈〉의 리뷰를 일부 볼까요?

(초1/여) 맥스와 루비를 한 달 보더니 신기하게 말문이 트이네요. 맥스와 루비의 대화를 따라 해요.

(초1/남) 자동차, 로봇 DVD만 찾던 아이인데 맥스 하는 짓이 무척 귀여워 재미있다고 난리예요.

(초2/여) 초2 둘째는 물론이고 중학생 큰아이도 깔깔거리며 같이 봐요.

(초2/남) 토끼를 좋아하는 아들, 자막 없이도 정말 즐거워하면서 보네요.

J 〈잠수네 책나무〉 리뷰는 같은 학년, 성별의 리뷰를 따로 볼 수 있습니다.

낮은 단계의 DVD는 유튜브에서 거의 볼 수 있습니다. 어떤 것이 재미있을지 샘플로 보다가 아이가 좋아하는 것을 구입하면 시행착오를 줄일 수 있어요. 시리즈당 편수도 많아 한두 달은 DVD 흘려듣기가 저절로 굴러갑니다. 대박 DVD를 만나면 무한 반복하니 당분간은 재미있는 DVD 찾느라 헉헉대지 않아도 됩니다. 유아용이니 재미없을 거라는 고정관념을 버려주세요. 단어 쉽고, 대화 속도 적당하고, 재미까지 있으니 이 이상 좋을 수 없습니다. 알아서 반복까지 하면 영어학습 효과 면에서 최고입니다.

JD3단계 DVD: 약간 빠르게 말하는 TV애니메이션

DVD

[JD3] Berenstain Bears 시리즈 (우리는 곰돌이 가족)

[JD3] The Magic Key 시리즈 (매직키)

[JD3] Clifford 시리즈 (클리포드)

[JD3] Olivia 시리즈 (올리비아)

[JD3] Madeline TV 시리즈

영어책

[J5] Berenstain Bears 시리즈

[J3] Oxford Reading Tree 시리즈: Stage 5

[J3] Clifford 시리즈

[J4] Olivia 시리즈

[J4] Madeline 시리즈

이번에는 〈잠수네 책나무〉의 리뷰 순으로 JD3단계 DVD 베스트를 찾아 봤습니다. JD2단계보다 주인공의 나이가 약간 올라갔죠? 사실 JD3단계 DVD의 내용만 다 알아들어도 대단한 영어실력입니다. JD2단계에 비해 말도 조금 빠르고 어휘도 어려워지거든요. 반복해서 보다 보면 일상생활에서 필요한 말하기는 거의 해결될 정도입니다.

더 좋은 점은 인성 발달에도 도움이 된다는 것이지요. 가족간의 사랑, 형제자매의 갈등, 친구 관계, 유치원이나 학교 등에서 일어날 수 있는 상황들을 따스한 시선으로 그려내기에 부모도 같이 보면 좋아요. 아이들과 매일 부대끼다 보면 자신도 모르게 감정이 솟구치고 큰소리가 나오기 마련입니다. DVD에 나오는 부모들을 가만히 보세요. 단호하지만 부드럽고 나지막한 목소리로 아이들과 이야기합니다. 그대로만 따라 해보세요. 부모교육 받으러 여기저기 다닐 필요가 없습니다.

JD3단계 베스트는 연계해서 볼 '영어책+오디오CD'세트가 많다는 것이 특징입니다. DVD 흘려듣기로 사랑해 준 시리즈라면 'DVD 흘려듣기 → 집중듣기 → 읽기'로 연결할 수 있습니다.

JD4단계 DVD: 빠르게 말하는 TV애니메이션 & 잔잔한 극장애니메이션

DVD

[JD4] Arthur 시리즈 (아서)

[JD4] Horrid Henry 시리즈 (호리드 헨리)

[JD4] Barbie 시리즈 (바비)

[JD4] Sofia the First 시리즈 (리틀 프린세스 소피아)

[JD4] A Bunch of Munsch (Robert Munsch DVD 콜렉션)

영어책

[J4] Arthur Adventure 시리즈

[J4] Horrid Henry 시리즈

[J3] Step into Reading 시리즈: Barbie

[J4] Sofia the First 시리즈

[J4] Robert Munsch 시리즈

JD4단계 DVD는 전 단계보다 말이 훨씬 빠릅니다. 일상생활을 다룬 것도 있지만 좌충우돌 말썽꾸러기, 공주, 모험, 판타지 등 아이들이 좋아할 만한 이야기들이 대부분입니다. 아이들이 마르고 닳게 볼 정도로 재미있어합니다. 그래서 JD4단계를 먼저 보고 나면 JD2, JD3단계는 시시하다, 지루하다며 안 보려고 해요. 가능한 한 쉬운 단계부터 보여주시기 바랍니다.

JD4단계는 내용도 잘 살펴야 해요. 아서 시리즈처럼 일상생활의 에피소드를 차분하게 다루는 내용도 있지만, 호리드 헨리같이 날뛰는 행동을 여과 없이 보여주는 시리즈도 있거든요. 바비, 소피아 시리즈 같은 경우는 '여자니까'를 강조하거나 '공주병'을 자극하기도 하고, DVD를 보며 나이에 어울리지 않는 행동을 하는 부작용도 낳습니다. 따라서 JD4단계 DVD는 유튜브에서 검색해서 샘플 영상을 먼저 확인한 후 보여주시기 바랍니다.

JD4단계 DVD도 연결해서 볼 수 있는 '영어책+오디오CD' 세트가 꽤 됩니다. 무한 반복해서 보는 DVD가 있으면 영어책과 최대한 연결시켜 주세요.

JD5단계 DVD: 아주 빠르게 말하는 TV애니메이션 & 대부분의 극장 애니메이션

[JD5] Tangled
(라푼젤)

[JD5] Phineas and Ferb 시리즈
(피니와 퍼브)

[JD5] Frozen
(겨울왕국)

[JD5] Geronimo Stilton 시리즈
(제로니모의 모험)

[JD5] Toy Story 시리즈
(토이 스토리)

JD5단계 DVD는 그야말로 속사포처럼 말이 쏟아집니다. 현란한 화면, 정신 없는 대사에 혼이 쏙 빠질 정도입니다. 극장 개봉 애니메이션은 한 편당 상영시간이 1시간 30분~2시간 가까이 됩니다. 한 편만 봐도 다른 것들을 할 시간이 나지 않습니다. 위의 DVD 중 〈제로니모의 모험〉 빼고는 연결해서 볼 만한 영어책도 찾기 어렵습니다. 재미있게 반복해서 봐도 영어실력이 늘지 않는 아이들이 훨씬 더 많습니다. 청각이 예민한 극소수 아이들을 제외하고는 그림만 신나게 보는 것에 불과해요. 소리를 알아듣지 못해도 전혀 불편하지 않으니까요. 매번 새로운 것만 찾는 아이라면 영어학습 효과 면에서 효과 제로입니다.

또한 이 단계의 DVD는 미국에서 PG*등급을 받은 애니메이션이 대부분입니다. 우리나라 영화등급이 '전체'로 매겨져 있다고 안심하면 안 됩니다. 자세히 들여다보면 초등 1, 2학년이 보기 적당하지 않은 내용이 많습니다. 폭력적이고 눈살이 찌푸려지는 장면도 종종 나옵니다. 어린아이들이라 가치판단 없이 안 좋은 행동을 그대로 따라 하기도 합니다.

초등 1, 2학년 때 JD5단계를 섭렵하면 정작 초등 3, 4학년에 가서 볼 DVD가 없어집니다. 이제 막 시작하는 초보라면 JD5단계 DVD는 보여주지 마세요. DVD 내용을 거의 이해하는 영어실력이라도 아이의 정서와 잘 맞는지, 교육적으로 문제가 없는지 살핀 뒤 보여주세요. 정 보고 싶어 한다면 시간 여유 있는 주말에 당근용으로 사용하세요. 이때도 아이 혼자 두지 말고 부모가 옆에서 꼭 같이 보시고요.

* PG(Parental Guidance Suggested) - 연령제한은 없으나 만 10세 미만은 부모의 지도하에 관람 권유

잠수네 영어 할 때 도움이 되는 기기들

흘려듣기, 집중듣기를 하려면 꼭 필요한 것이 각종 기기들입니다. 하루가 멀다 하고 새로운 제품과 서비스가 나오는 세상입니다. 이왕이면 좀 더 편리한 방법을 찾으면 좋겠지요?

✱ 클래식 기기

오랫동안 사랑받은 기기들입니다. 시대 변화에 밀려 쇠퇴하는 것도 있지만 나름대로의 장점이 있습니다.

❶ DVD 플레이어
DVD 볼 때 화질 하나만큼은 최고. 디빅스가 나오면서 한물간 느낌.

❷ 노트북
흘려듣기, 집중듣기 등 다방면으로 활용 가능. 태블릿의 인기에 밀리는 추세.

❸ 휴대용 DVD 플레이어
언제, 어디서나 손쉽게 동영상을 보기에는 최고. 집중듣기용으로도 활용. 화질이 안 좋다는 것이 단점.

❹ 디빅스 플레이어
저장한 동영상을 파일전환 없이 편하게 TV로 보게 해주는 기기. 외장하드와 구분이 없어지는 추세.

❺ DVD재생 플레이어
DVD를 넣으면 영어로 자동재생. USB, 오디오CD, MP4, 카세트, 라디오까지 지원하는 만능기기.

❋ 스마트 기기

내 손 안의 컴퓨터인 스마트폰과 태블릿. 기계와 친하지 않다고 외면하지 말고 잘만 활용하면 잠수네 영어를 편하게 진행할 수 있습니다.

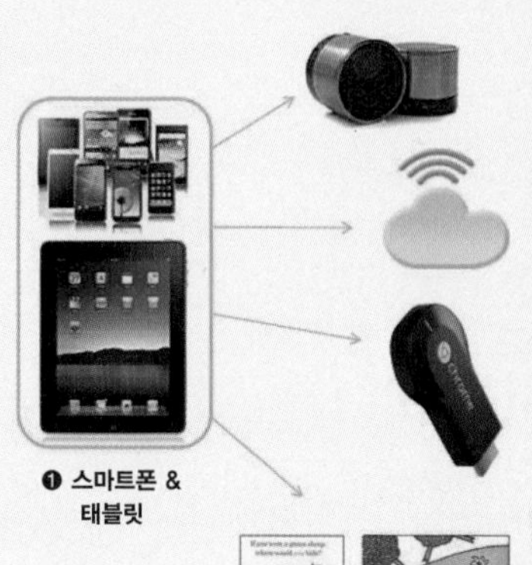

❶ 스마트폰 & 태블릿

❷ 블루투스 스피커
스마트폰, 태블릿의 소리를 빵빵하게 들을 수 있음. 노트북 등 블루투스 지원되는 각종 전자기기와 연결 가능. 흘려듣기, 집중듣기 할 때 유용.

❸ 클라우드 서비스
동영상이나 음원을 온라인에 저장해 두고, 각종 스마트 기기로 꺼내볼 수 있는 서비스. 와이파이가 되는 곳이라면 어디서든 흘려듣기, 집중듣기 가능.

❹ 미러링기기
TV에 끼우고 앱을 깔면 스마트폰의 화면이 TV에서 바로 재생됨. 최신 스마트TV는 번거롭게 미러링기기를 안 끼워도 스마트폰 화면을 TV로 재생하는 기능이 추가됨.

❺ 〈잠수네 책벌레〉, 〈책나무 앱〉
잠수네 회원 전용. 스마트폰에 〈잠수네 앱〉을 깔고 책의 바코드를 찍으면 잠수네 단계와 회원리뷰 즉시 검색됨.

❋ 그 밖에 유용한 기기

❶ 전자펜 (세이펜 등)
스티커 인식 기능이 있는 연필 모양의 MP3플레이어. 음원 스티커 작업을 해서 영어책에 붙이면 오디오CD 갈아 끼우는 불편 해소. 너무 편해지면 오디오CD를 듣기 싫어할 수 있다는 것이 단점.

❷ 누적타이머, 큐브타이머
누적 시간을 잴 수 있는 누적타이머. 시간을 맞춰두면 알아서 척척 진행하는 큐브타이머. 흘려듣기, 집중듣기 할 때 편리.

❸ 소형 빔 프로젝트
화면 없는 스마트TV. 불 끄고 흰 벽이나 스크린에 비추면 집이 영화관이 되지만, 어두우면 졸립다는 것이 옥의 티.

도서관, 이용 마인드를 바꾸자

잠수네 영어를 하려면 많은 양의 영어DVD와 영어책, 오디오CD가 필요합니다. 재미있는 것을 보여주면 된다지만 아이의 선호도를 잘 모르는 상태에서는 무작정 사들이기가 겁납니다. 이럴 땐 도서관을 이용해 보세요. 생각을 조금만 바꾸면 새로운 세상이 열립니다.

✱ 도서관은 우리 집 책장이다

책을 빌려오는 것이 아니라, 우리 집 밖에 책장을 두었다고 생각해 보세요. 서가별로 꽂혀있는 책 종류도 파악해 보고요.

✱ 도서관 나들이, 나를 위한 힐링 시간

나는 도서관으로 출근하는 여자, 이왕이면 예쁘게 차려입고 기분도 내보세요. 도서관 자판기에서 커피도 한 잔 뽑아 30분 정도 나를 위한 책읽기 시간을 가져도 좋습니다. 간 김에 내가 볼 책도 한 권씩 빌리고요.

✱ 도서관의 프로그램이나 이벤트를 즐기자

도서관 홈페이지에서 강연, 작가 사인회 등 참여할 만한 것이 없나 수시로 살펴보세요. 책을 많이 빌려보면 대여 권수도 늘어나고 다독상까지 받습니다.

영어책, DVD 대여 노하우 10

❶ 집 근처에 영어책이 많은 도서관 세 곳을 고른다. (DVD, 오디오CD 대여 여부도 체크)

❷ 가족 수만큼 대출증을 만든다. (일주일간 최대 30~50권을 대여할 수 있다)

❸ 각 도서관별로 가방을 준비한다. (가방 주머니에 대출증을 넣어두면 도움이 된다)

❹ 잠수네 베스트 참조, 대여 목록을 작성한다. (도서관 홈페이지에서 미리 검색, 시간을 절약한다)

❺ DVD와 영어책의 반응을 기록한다. (아이의 성향, 좋아하는 분야를 알 수 있다)

❻ 사는 지역의 도서관 앱을 스마트폰에 설치한다. (검색, 대여가 편리해진다)

❼ 정기적으로 방문해서 책을 빌린다. (우수회원이 되면 대여 권수가 늘어난다)

❽ 원하는 책이 없으면 〈희망도서신청〉을 한다. (신청자는 첫 번째로 대여할 수 있다)

❾ 학교도서관 사서로 참여한다. (학교 일도 돕고, 영어책 구입과 대여가 편해진다)

❿ 〈상호대차서비스〉를 적극 이용한다. (근처에 도서관이 없어도, 영어책이 적어도 문제없다)

✱ 상호대차서비스란?

도서관 자료 공동 활용 서비스입니다. 원하는 책이 집 근처 도서관에 없어도 협약을 맺은 다른 도서관에 신청하면 가까운 도서관에서 받을 수 있는 제도입니다.

1) 국가상호대차서비스(책바다)

전국 도서관의 책을 검색해서 택배비를 지불하고 사는 지역의 도서관에서 수령하는 제도입니다. 책바다의 최대 장점은 수백 군데의 전국 도서관을 한번에 검색할 수 있어 인기 책이라도 대부분 대출이 가능하다는 것입니다. 단점이라면 택배비가 3권 기준 4500

원으로 비싸다는 것인데요, 서울/경기/여수/목포/광주 등 일부 지역은 1인당 3권 기준, 1500원(지자체가 3000원 부담)만 내면 저렴하게 상호대차서비스(책바다)를 이용할 수 있습니다.

※ 국가상호대차서비스 〈책바다〉 홈페이지 : http://www.nl.go.kr/nill/

2) 지역도서관의 상호대차서비스

지역의 도서관 몇 곳을 통합해서 상호대차서비스를 제공하는 제도입니다. 통합 도서관 홈페이지에서 타 도서관의 책을 검색하고 대출 예약한 후 원하는 도서관에서 수령/반납하면 됩니다. 〈국가상호대차서비스(책바다)〉와 달리 무료로 이용할 수 있다는 것이 가장 큰 장점입니다. 스마트폰에 도서관 앱을 깔면 더욱 편리하게 이용할 수 있습니다. 직장인, 가까운 도서관에 찾는 책이 없거나 도서관이 멀어 책 빌리기가 어려울 때 활용해 보세요.

잠수네 톡

직장맘을 위한 도서관 이용 팁입니다. 상호대차서비스 활용법이에요!

작성자: 부족한사람 (초1, 6세)

제가 직장을 다녀서 사실 일주일에 한 번, 그나마 토요일에 가는 것조차 힘들지만 이틀 내지 3일은 꼭 다니려고 작심삼일을 외치는 1인입니다. 도서관은 6시에 문을 닫아서 퇴근 후 가기엔 힘드니 직장맘이라면 상호대차서비스를 활용해보세요.

(1) 대출증을 친척. 식구 수대로 만든다

대출증 가입할 때 휴대 전화 번호는 본인 것으로 씁니다. 문자가 오거든요. 그 지역에 살면 대출증을 만들 수 있어 저희는 9개입니다. 개당 5권 대출, 상호대차는 개당 3권 대출. 그러니까 한 번에 최대 82권을 대출할 수 있습니다. 그렇게는 많이 못 하지만요.

(2) 상호대차를 이용한다

잠수네 베스트 목록으로 읽은 거 줄 치면서 빠진 책은 도서관에 상호대차 신청합니다. 한꺼번에 해야 한꺼번에 받으러 갈 수 있습니다. 조금 늦더라도 도착한 날부터 3일은 기다려 주니 날짜 계산 잘하세요. 한 번에 27권까지 신청 가능합니다. 예를 들어 큰딸 베스트 13권, 작은딸 베스트 13권을 신청하면 하루나 이틀 뒤 책이 도착했다는 문자가 옵니다.

상호대차를 신청한 후 책을 받으면 또 상호대차 신청할 수가 없습니다. 먼저 빌린 책을 반납해야만 가능합니다. 만약 이틀 후 반납할 수 있으면 밤이라도 도서관에 냅니다. 그런 후 하루가 지나면 다시 상호대차신청을 합니다. 즉, 일주일을 기준으로 '월요일: 상호대차신청 → 수요일: 책 받음(읽음) → 빠르면 목요일 반납 → 금요일: 상호대차신청 → 월요일: 책 받음……' 이렇게 하면 됩니다.

(3) 신착도서신청 이용

저는 두 번 이용해 보았습니다. 원하는 영어책이 없을 때 신청하면, 신청한 사람 먼저 빌려줍니다. 그러면 가져와서 리핑한 후 반납합니다. 한글책도 없으면 마구 이용하면 좋겠더라구요.

(4) 도서관 내 책 대출할 때

직장 다니고 시간에 쫓기다 보면 도서관 가서 잠수네 베스트 검색 후 책을 찾기란 쉽지 않습니다. 틈틈이 도서관 사이트에서 잠수네 베스트 도서를 검색한 후 번호를 용지에 쓰시든가, 문자 전송을 눌러 도서관 가 그 번호대로 찾으시면 됩니다.

(5) 주말 이용

전 주로 토요일에 갑니다. 토요일엔 두 딸을 데리고 가서 각자 읽고 싶은 책 20권씩 골라 오라고 합니다. 그런 다음 그 책을 빌려옵니다.

(6) 남편 도움

제가 잠수 시작한 후(7월 중순) 방학 때는 거의 매일 도서관 도장을 찍었습니다. 그렇다고 책을 아주 많이 읽은 건 아니지만 노력했습니다. 그때부터 지금까지 제가 나른 책이 무거웠던지 왼쪽 팔목에 신호가 오더라구요. 제가 좀 저질체력이라 흑흑. 요즘엔 인대가 늘어나 남편이 야밤에 도서관에 책 반납하러 갑니다. 그래서 책 나르는 부담이 조금 줄었습니다. 남편분 도움 받을 수 있다면 최대한 받으심이 좋지 않을까요? ㅎㅎ

(7) 주의할 점

마지막으로 주의점입니다. 수십 권이 왔다갔다 하다 보니 저도, 도서관 사서선생님도 제대로 반납완료 체크를 못 한 적이 있습니다. 저는 제대로 반납했는데 도서관 쪽에서 연체되었다는 문자가 오더라구요. 몇 번 그런 후엔 사진을 찍어놓습니다. 반납한 책들 사진을 보여주면 도서관 쪽에서 책이 서고에 있다고 연락 오더라구요.

잠수네 톡

알면 쓸모 있는 우리 집의 공공 도서관 활용법을 알려드려요~

작성자: 땡삼이 (초1, 6세)

(1) 주변에 놀고 있는 도서관 카드 모으기

저는 친정부모님과 같은 지역에 살고 있습니다. 부모님 모두 도서관으로 모시고 가서 도서관 카드를 만들어 드리고 제가 활용하고 있네요. 그래서 제가 지금 가지고 있는 카드는 우리 가족 4장, 부모님 2장 해서 모두 6장입니다.

(2) 내가 살고 있는 도시의 도서관을 두루두루 다녀보기

저도 처음에 집 주변 도서관을 갔는데 주말 나들이하듯 여기저기 도서관을 다녀 보니 도서관마다 특색이 있더군요. 예를 들면 점심식사가 가능한 곳, 아이들이 들어가는 유아실 분위기가 좋은 곳, 영어책이 많이 비치되어 있는 곳, 1인당 대출 권수가 많은 곳 등등이요.

여러 군데를 다니다 보니 교육열이 높은 곳에 위치한 도서관은 책 대출 권수가 적고 영어책 비치율이 높은 반면, 교육열이 그다지 높지 않은 지역은 1인당 책 대출 권수가 많고 영어책 비치율이 높지 않다는 재미있는 결과가 나오더라구요. 읽고 싶은 책을 도서관 이용자가 추천하고 신청하는 시스템이 갖추어져 있어 아무래도 교육열이 높은 지역에는 좋은 책은 많이 비치되어 있으나 그만큼 회전율이 높아 나온 결과인 듯 싶더라구요.

(3) 도서관 홈페이지 검색해 보기

제가 사는 지역에서 가장 큰 도서관에서는 도서관 홈페이지에서 도서 검색을 할 경우 그 책이 어느 도서관에 있는지까지 검색되더라구요. 잠수네 책나무의 '전국 도서관에서 찾기' 기능과 유사하게요. 이 기능을 이용하면 제가 거주하는 도시의 모든 도서관의 비치 상태를 확인할 수 있어 아주 유용하게 활용하고 있습니다.

(4) 도서관 가는 요일을 정하고 일정하게 도서관 방문하기

두루두루 찾아본 결과 지금 제가 다니는 도서관은 이렇습니다.

- 영어 리더스가 많은 영어 도서관
- 도서 비치량이 가장 많은 중앙 도서관
- 교육열이 가장 높은 것으로 알려진 지역의 도서관
- 어린이 도서가 많은 어린이 도서관

이곳 중 3군데만 다녀도 총 70권을 빌릴 수 있습니다. 다니는 곳이 늘다 보니 무척 바쁘긴 하지만 이렇게 여러 곳을 이용하면 한 지역에서 누락되어 있는 자료가 다른 곳에는 비치되어 있어 도움이 되더군요. 아무래도 공공 도서관이다 보니 책은 있는데 음원이 없거나 파손된 경우도 있고 분실한 경우도 있는데 다른 지역에는 있는 경우도 있습니다.

영어책, DVD 대여점 이용은 이렇게

✱ 영어책, DVD 구입 노하우 10

1. 아이의 선호도를 잘 모르겠으면 '잠수네 베스트 목록'에서 하나씩 구입한다.
2. 대여했는데 재미있어하는 책은 바로 구입한다. (국내에 없으면 해외직구, 구매대행 이용)
3. J1~J2단계 잠수네 베스트는 가급적 구입한다. (쉬운 책일수록 수십 번 보게 된다)
4. 잠수네 베스트 영어책은 표지를 기억해 둔다. (아주 싸게 중고책을 구할 수 있다)
5. 특가상품은 잠수네 베스트인지 꼭 확인한다. (대형서점, 쇼핑몰 등의 공동구매)
6. 재미있어할 만한 책은 인터넷 서점의 보관함(Wish List)에 담아두고 아이와 상의해서 구입한다.
7. DVD는 유튜브에서 먼저 보고 좋아하는 것으로 구입한다. (유튜브로 바로 보는 것은 피한다)
8. 둘째, 셋째 아이를 위한 책도 꼭 구입한다. (아이마다 성향이 매우 다르다)
9. 한 달 일정액을 구입한다. (집에 책이 있어야 보고 싶을 때 꺼내 읽게 된다)
10. 1~3개월간 볼 영어책과 DVD는 미리 구비해 둔다. (영어책, DVD가 부족하면 맥이 끊긴다)

※ 잠수네 베스트 영어책, DVD 목록

20년간 〈잠수네 책벌레〉에 등록된 18만 권의 영어책, 4700편의 DVD 중 잠수네 아이들에게 좋은 평가를 받은 것들입니다. 수많은 아이들에게 검증받은 데이터인 만큼 인터넷상의 리뷰나 홍보성 안내문보다 훨씬 정확합니다.

✽ 영어 전문서점

- **웬디북** www.wendybook.co.kr

  가장 많은 종류의 영어책을 보유하고 있습니다. 캐릭터별 묶음판매도 편리합니다.

- **하프잉글리쉬** www.halfenglish.co.kr

  20만 원 이상 주문시 반값에 영어그림책을 구입할 수 있습니다.

- **키즈북세종** www.kidsbooksejong.com

  서점의 역사가 긴 곳으로, 리더스북이 많으며 영어학습서 대부분을 보유하고 있습니다.

- **동방북스** www.tongbangbooks.com

  오디오 없는 영어책 저렴하게 구입 가능. 일년에 두 번 하는 창고개방을 잘 활용하세요.

- **쑥쑥몰** eshopmall.suksuk.co.kr

  공동구매 세트 가격이 저렴한 편입니다.

※ 예스24, 알라딘 등 대형서점은 이벤트하는 영어책이 저렴합니다.

✽ 중고서점

- **하프프라이스북** www.halfpricebook.co.kr

  하루 세 번 벼룩시장이 열리며, 좋은 책을 저렴한 가격에 구입할 수 있는 곳입니다.

- **북웨어하우스** www.bookwarehouse.kr

  오프라인에서 박스단위로 판매하며 좋은 영어책을 잘 알면 대박인 곳입니다. 온라인도 판매합니다.

- **알라딘 중고서점** used.aladin.co.kr

  잠수네 베스트 영어책이 보이면 장바구니에 담아 두고 무료배송될 만큼 책이 모이면 구입하세요.

- **네이버 중고나라** cafe.naver.com/joonggonara

  네이버 카페 앱을 깔고 '잠수네' '노부영' '문진' 으로 키워드를 설정해 두고 알림메시지를 받으세요.

❋ 해외 직구

- 북디포지토리 www.bookdepository.com (영문 홈페이지)
- 왓더북 ko.whatthebook.com (영문 홈페이지)
- 아마존 www.amazon.com (영문 홈페이지)

❋ 영어책, DVD 대여점

어떤 분야를 좋아하는지 모를 때 맛보기용으로 활용하기에 좋습니다. 단, 인기 영어책은 대여 중인 경우가 많고 장기간 이용하면 비용이 만만치 않습니다.

- 민키즈 http://www.minkids.co.kr
- 리틀코리아 http://www.littlekorea.kr
- 리딩플래닛 http://www.goreading.co.kr
- 리브피아 http://www.libpia.com
- 북빌 http://www.bookvill.co.kr

❋ DVD 스트리밍 서비스

흘려듣기용 DVD를 구하려고 애쓰지 않아도 다양하게 볼 수 있는 것이 최대 장점이나, 한글더빙(자막)으로 보거나 어린이가 보면 안 되는 DVD도 접하게 된다는 점을 고려하세요.

- IPTV : 올레TV(KT), B tv(SK브로드밴드), U+TV(LG유플러스)
- 정액제 : 넷플릭스, 유튜브 레드

영어책은 도서관에서 간을 본 다음에 구매하는 게 좋아요.^^;;

작성자: 열정과끈기로 (초1)

저는 잠수네 책나무 영어 J1~J3 베스트 그림책은 영어도서관 대여 등을 통해 대부분 집듣 했구요. 중간중간 그동안 모아놨던 리더스류를 추가해 봤어요.

저희 애는 과학과 모험류를 좋아하는 남아인데요, 아직도 그림책 집듣을 좋아합니다. 앞으로도 거의 그림책 위주로 집듣 진행할 예정이구요. 리더스류는 등장인물이 거의 똑같고 반복되는 문장도 많아서인지 지루해했어요. 그래도 선배맘님들 글을 읽어보면 책읽기로 나아가기 위해서 리더스 류를 반드시 거쳐야 할 것 같긴 해요.

저 같은 경우는 아파트 바로 옆에 어린이 도서관이 있어, 어지간한 베스트 그림책이나 리더스류는 거기서 매주 빌려다 집듣을 진행했어요. 그러다가 좋아하는 그림책은 구매하고 있구요.

유명한 리더스책이라도 아이들마다 달라서(저희 아이는 《Learn to Read》나 《ORT》는 싫어라 하네요) CD 포함된 건 거의 세트로 고가에 팔리고 있는지라 선뜻 들였다가 팽 당해 황당할 수도 있구요. 리더스를 염두에 두신다면 가능하면 인근 도서관에서 먼저 빌린 뒤 이것저것 간(?)을 본 다음 구입하는 걸 추천하고 싶어요.

페어북 제대로 활용하기

잠수네에서 말하는 페어북(Pair Book)은 '영어책 원서와 한글번역본'을 의미합니다. 페어북은 양날의 검입니다. 좋은 점도 있지만 미처 예상치 못한 문제점도 많습니다.

❀ 페어북의 장점 vs 단점

1. 한글책으로 본 영어책은 더 잘 본다 vs 한글책으로 본 영어책은 안 본다

처음 보는 영어책을 재미있게 보기란 쉽지 않습니다. 잠수네 영어를 막 시작했거나 영어를 싫어하는 아이, 아직 영어책에 재미를 못 느끼는 아이라면 내용을 아는 영어책으로 시작하는 것이 거부감을 줄이는 요령입니다. 그러나 반대로 한글책으로 본 것은 영어책으로 절대 안 보려는 아이도 있습니다. 내용을 다 아니 재미없다고요.

2. 영어책의 의미를 파악하는 데 도움을 준다 vs 대충 읽는다

부모들이 페어북에 관심을 갖는 이유 중 하나가 번역본을 먼저 읽으면 조금 어려운 영어책을 쉽게 읽지 않을까 하는 바람 때문일 것입니다. 물론 내용을 알면 모르는 단어가 나와도 의미를 짐작할 수 있습니다. 사전을 찾지 않아도 별로 답답해하지 않습니다. 전체적인 의미 파악도 어렵지 않습니다. 아주 좋아하는 책은 한글책, 영어책 가리지 않고 번갈아 가며 반복해 읽으며 영어실력이 일취월장하기도 합니다. 그러나 다 아는 내용이라고 건성으로 읽는 아이도 많습니다. 모르는 단어가 수두룩해도 이해에 어려움이 없거든요. 마치 영어로 읽어도 한글책을 읽는 느낌이라고나 할까요? 한글책으로 본 영어책은 읽어도, 같은 단계의 다른 책은 못 읽는 경우는 이 때문입니다. 어설프게 읽는 습관만 드는 거예요.

✱ 페어북에 대해 정확하게 알고, 제대로 활용하기

1. 좋은 〈그림책〉은 영어책, 번역본 가리지 말고 읽게 하자

한글 번역본이 있는 〈영어그림책〉은 '한 번 걸러진 책'입니다. 영미권에서 인기 있는 책, 유명 작가의 책들 위주로 번역본이 나옵니다. 번역본이 있는 영어그림책이라면 작품성, 재미 면에서 검증된 책이라고 보아도 무방합니다. 좋은 영어책을 찾는 기준으로 삼아도 됩니다. 영어책으로 읽든 한글책으로 읽든 상관없습니다. 그러나 둘 다 재미있게 보려면 약간의 요령이 필요합니다.

❶ 번역본으로 읽었다면, 원서는 시간 간격을 둔 뒤 보여주자

페어북의 장점은 익숙하다는 것, 단점은 내용을 다 안다는 것입니다. 따라서 장점은 최대화, 단점은 최소화하는 방법을 찾는 것이 현명하겠죠? 해법은 시간차를 두는 거예요. 한글책을 읽고 바로 영어책을 보여주면 안다고 팽하거나 건성으로 볼 가능성이 높습니다. 너무 많이 읽은 한글책을 영어책으로 읽으면 재미가 줄 수 있습니다. 가능하면 1년 이상 시차를 두고 읽는 것이 좋아요. 어쩔 수 없다면 최소한 1달은 간격을 두세요.

❷ 원서를 먼저 읽었다면 나중에 번역본도 보여주자

어린이 책은 전문번역가보다 영어책을 많이 접한 아이들이 더 정확하게 이해하는 경우가 많습니다. 의역하는 과정에서 원문과 다른 표현으로 바뀌기도 하고, 아이들이 사용하는 용어를 잘못 이해해서 오역하기도 하거든요. 이 때문에 재미있게 읽은 영어책의 번역본을 보여주는 것도 의미 있습니다. 번역본과 원서를 비교하며 영어 원문의 참맛도 느끼고, 번역본의 오류를 발견하는 재미를 만끽할 수도 있으니까요.

2. 〈챕터북〉은 최대한 영어책으로만 읽게 하자

잠수네에서 말하는 〈챕터북〉은 비슷한 줄거리, 같은 주인공이 나오는 흥미 위주의 시리즈

입니다. 아직 어려운 소설을 읽기 힘든 아이들을 위해 난이도를 조절해서 나오는 책들입니다. 리더스북이 초급용 읽기 연습 시리즈라면 챕터북은 중급용 읽기 연습 시리즈라고나 할까요? 이 때문에 일부 시리즈를 제외한 대다수의 챕터북들은 재미는 있지만 가슴을 울리는 좋은 책이라고 하기는 어렵습니다. 당연히 번역본도 챙겨 읽을 필요가 없지요.

❶ 원서가 아주 재미있는 챕터북은 미리 알고 있자

챕터북은 두꺼운 영어책을 읽는 데 두려움을 없애주는 아주 고마운 책들입니다. 그러나 한글책을 먼저 보고 나면 김이 팍 샙니다. 되풀이해서 볼 만큼 줄거리가 탄탄하지 않아 영어책까지 보고 싶은 생각이 안 드는 것이죠. 자칫하면 영어로 진짜 재미있게 읽을 수 있는 책을 한글책으로 먼저 읽어버리는 실수를 하게 됩니다. 아이들에게 인기 있는 챕터북의 영어책과 한글책 표지를 알려드립니다. 표지를 잘 기억해 두었다가 학교 친구들이 많이 읽는다고 사달라고 하거나 도서관에서 빌리겠다고 하면 영어책으로 읽는 것이 훨씬 더 재미있으니 아껴두자고 이야기해 주세요.

※ 한글책 No, 영어책 Yes! – 이 책은 영어책으로 읽는 것이 더 좋아요

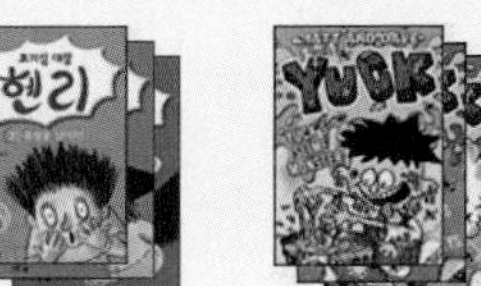

[J4] Horrid Henry 시리즈 🎧
[JK5] 호기심 대장 헨리 시리즈

[J4] Yuck 시리즈
[JK5] 정말 못 말리는 웩 시리즈

[J4] Dirty Bertie 시리즈 🎧
[JK5] 꼬질이 버티 시리즈

[J4] Kung Pow Chicken 시리즈 🎧
[JK4] 치키치키 쿵푸치킨 시리즈

[J4] Zack Files 시리즈 🎧
[JK5] 책의 미스터리 파일 시리즈

[J4] Ivy + Bean 시리즈 🎧
[JK5] 아이비랑 빈이 만났을 때 시리즈

[J4] Happy Ever After 시리즈
[JK4] 명작 그 뒷이야기 시리즈

[J4] Ricky Ricotta's Mighty Robot 시리즈
[JK5] 지구를 지켜라! 초강력 로봇 시리즈

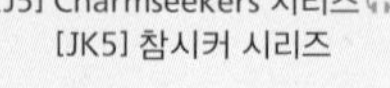

[J5] Charmseekers 시리즈
[JK5] 참시커 시리즈

[J5] Captain Underpants 시리즈
[JK5] 빰빠라밤! 빤스맨 시리즈

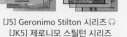

[J5] Geronimo Stilton 시리즈
[JK5] 제로니모 스틸턴 시리즈

[J5] Go Girl! 시리즈
[JK5] 슈퍼 걸스! 시리즈

[J5] Franny K. Stein 시리즈
[JK5] 엽기 과학자 프래니 시리즈

[J5] Tiara Club 시리즈
[JK4] Princess Academy at Silver Towers 시리즈

[J5] Rainbow Magic 시리즈
[JK4] 레인보우 매직 시리즈

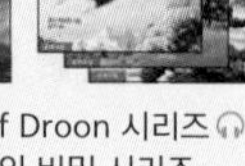

[J5] Secrets of Droon 시리즈
[JK5] 드룬의 비밀 시리즈

[J5] Winnie the Witch 챕터북 시리즈
[JK4] 마녀 위니 동화 시리즈

[J5] My Weird School 시리즈
[JK5] 괴짜 초딩 스쿨 시리즈

❷ 공포, 유령 등의 소재로 정서에 도움이 안 되는 챕터북은 가급적 읽히지 말자

아무리 영어책 읽기가 영어실력 향상에 도움이 된다고 해도 괴기, 공포물을 소재로 한 챕터북은 영어책이든 한글책이든 안 보여주는 것이 바람직합니다. 아이들의 정서에 해로운 면도 많지만 더 큰 문제는 중독성입니다. 수십 권의 시리즈로 되어있어 자칫하면 다양한 분야의 좋은 책을 멀리하고 이 분야만 읽으려고 할 공산이 큽니다. 영어책, 한글책 모두 절대 보여주지 마세요.

3. 한글책을 읽었던 경험을 토대로 재미있는 영어책을 찾자

재미있는 영어책 찾는 데 페어북을 현명하게 활용해 보세요. 한글책으로 재미있게 본 작가의 작품이나 시리즈를 영어 원서로 찾는 것이죠. 한글책에서 좋아했던 캐릭터가 나오는 영어책을 골라보는 것도 요령입니다.

잠수네 영어로드맵

적응 / 발전 / 심화 과정
한눈에 파악하기

● ● ●

잠수네 영어학습 과정

잠수네 영어는 영어책을 읽는 수준에 따라 〈적응1, 적응2, 발전1, 발전2, 심화1, 심화2, 심화3, 고수1, 고수2, 고수3〉 과정으로 나눕니다.

❶ 적응과정

영어책을 거의 읽지 못한다 ······················ 〈적응1〉

J1단계 영어책을 거의 읽고 이해한다 ········· 〈적응2〉

❷ 발전과정

J2단계 영어책을 거의 읽고 이해한다 ……… 〈발전1〉

J3단계 영어책을 거의 읽고 이해한다 ……… 〈발전2〉

❸ 심화과정

J4단계 영어책을 거의 읽고 이해한다 ……… 〈심화1〉

J5단계 영어책을 거의 읽고 이해한다 ……… 〈심화2〉

J6단계 영어책을 거의 읽고 이해한다 ……… 〈심화3〉

❹ 고수과정

J7단계 영어책을 거의 읽고 이해한다 ……… 〈고수1〉

J8단계 영어책을 거의 읽고 이해한다 ……… 〈고수2〉

J9단계 영어책을 거의 읽고 이해한다 ……… 〈고수3〉

우리나라 중고등학교 영어교과서와 비교해 볼까요?

중1 영어교과서 …………………… J3단계(미국 초1 수준)

중2~중3 영어교과서 ……… J4~5단계(미국 초2~초3 수준)

고1~고3 영어 교과서 ……… J6~J7단계(미국 초4~초5 수준)

이를 기준으로 잠수네 〈발전2〉과정이면 중1 영어실력이라고 봐도 됩니다. 〈심화2〉라면 중학교 영어수준은 뛰어넘었고, 〈심화3〉 이상이라면 고등학교 영어는 걱정하지 않아도 된다는 의미입니다(물론 문법 등 시험을 위한 영어공부는 따로 필요합니다).

잠수네 초등 1, 2학년의 분포는?

잠수네에서는 〈영어교실〉 회원이 되면 1년에 4회 〈영어 읽기단계 테스트〉를 볼 수 있습니다. 이 테스트 결과를 토대로 초등 1, 2학년들의 영어 수준 분포를 그래프로 그려봤습니다.(2013년 12월~2018년 12월까지 5년간 자료)

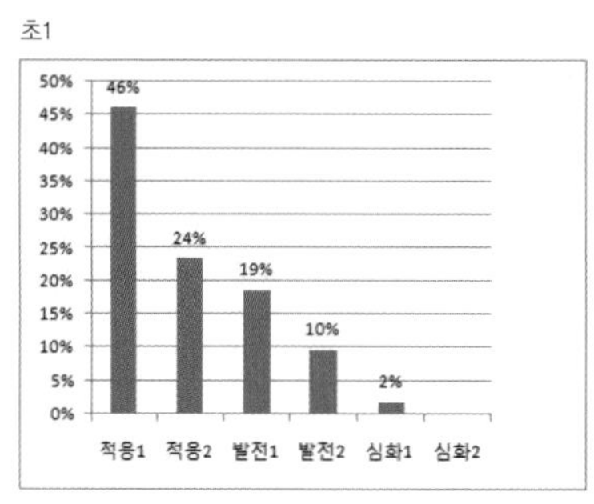

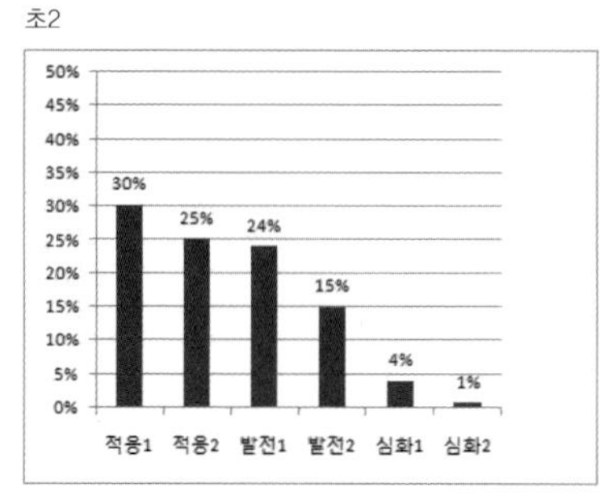

많은 분들이 잠수네 테스트를 보고 허탈해합니다. 그동안 영어를 꽤 한다고 생각했는데 의외의 결과에 놀라서요.

우선 영어책을 거의 읽지 못하는 〈적응1〉과정. 영어를 접한 경험이 없거나 유치원에서 조금씩 영어수업을 했어도 영어책을 읽은 적이 없다면

〈적응1〉이 나옵니다. 영어유치원을 3~4년 다녔어도, 영어책을 꽤 읽는다고 생각했는데 이 단계가 나오기도 해요. 읽은 양이 너무 적거나 외워서 읽은 경우지요. 초1의 46%, 초2의 30% 정도가 이 과정에 해당됩니다. 많은 아이들이 여기에 속하므로 우리 아이는 아직 ABC도 모른다고 걱정하지 마시기 바랍니다.

J1단계 영어책을 편안하게 읽는 〈적응2〉과정을 볼까요? 초1은 24%, 초2는 25%네요. 영어유치원 출신, 영어학원을 다니는 아이들이 대부분 이 수준입니다. 서너 살 무렵부터 집에서 DVD를 보고 영어책을 들었어도 마찬가지입니다. 영어를 몇 년 했는가는 중요하지 않아요. 처음 본 쉬운 영어책을 혼자 읽지 못한다면 여기까지가 한계입니다. 아무리 파닉스를 확실하게 알고, 영어로 말을 잘 하더라도요. 대신 그동안 투자한 시간을 아까워하지 마세요. 충분히 터잡기가 되어있는 상태이므로 습관 만들기와 같은 준비과정 없이 바로 잠수네를 진행할 수 있어요. 아이가 영어를 재미있게 여긴다면 진행 과정도 순조롭습니다.

J2, J3단계 영어책을 편하게 읽을 수 있는 〈발전〉과정은 집에서 영어책을 꾸준히 읽었어야 나올 수 있는 단계입니다. 미국의 자기 또래만큼 영어를 하는 수준이지요. 지역에 따라서는 '영어영재' 소리를 듣기도 합니다. 마음 내키면 공책 한쪽 가득 영어글도 술술 씁니다. 철자나 문법은 많이 틀려도요. 영어로 말해야 할 상황이 되면 상대방의 말을 거의 알아듣고, 생활영어 수준은 문제없습니다.

〈심화〉과정은 특별한 경우입니다. 언어 감각이 매우 뛰어난 데다, 빠져들 만큼 재미있게 영어책을 많이 읽은 아이들이 〈심화〉과정이 나옵니다.

100여 쪽의 두꺼운 J4~J5단계 영어책을 편안하게, 겁 없이 읽어 가니 남들이 보기에는 참 부러운 케이스입니다. 그러나 정작 부모들은 고민이 많습니다. 정서와 수준에 맞는 영어책 고르기가 보통 어려운 일이 아니거든요. 이후로 영어실력이 정체하는 경우가 많다는 것도 함정입니다.

잠수네 회원이 아니거나, 잠수네 읽기 단계 테스트를 아직 받지 않아 정확한 과정을 모른다고 걱정하지 마세요. 〈적응1〉과정부터 한다는 자세로 잠수네 영어를 시작하면 됩니다.

잠수네 영어 시작하기 전에 잠깐!

1. 확신을 갖고 시작하세요

- 어디서부터 해야 할지 막막해요.
- 무엇부터 시작하나요?
- 이렇게 해도 되나요?

잠수네 영어를 해야겠다고 마음은 먹었지만 확신이 없는 분들입니다. '내가 아이를 잘못 이끄는 것이 아닐까? 괜히 허송세월만 하는 것은 아닐까?' 불안하다면 원점에서 다시 생각해 보세요. 남들이 좋다고 해서 아무 생각 없이 시작하는 것은 나침반 없이 배를 타고 망망대해로 나가는 것이나 다름없습니다. 중간에 조금만 날씨가 나빠져도 포기하고 맙니다. 중요한 것은 '어떤 교재와 방법으로 할 것인가?'가 아니라 '왜 하려고 하는가?'입니다. 잠수네 영어는 이 길밖에 없다는 믿음이 확고할 때 시작해도 늦지 않습니다.

2. 영어책보다 한글책이 먼저입니다

영어수준이 착착 올라가는 아이들을 보면 대부분 한글책을 좋아하는 아이입니다. 한글책 읽는 엉덩이 힘이 영어책 읽는 힘으로 바뀌어 순풍에 돛 단 듯 영어책 읽기도 쉽게 진행됩니다. 그러나 반대의 경우에는 앞에서 불어오는 맞바람을 맞으며 가는 셈입니다. 한글책을 싫어하면 영어책도 좋아할 수 없습니다. 싫어하는 아이를 억지로 끌고 가면 부모와 아이 모두 힘듭니다. 영어는커녕 아이와 관계만 나빠질 수도 있습니다.

한글책을 싫어하거나 혼자 읽기 힘든 아이라면 잠수네 영어는 조금 천천히 하세요. 대신 엄마아빠가 한글책을 많이 읽어주세요. 꾸준히, 열심히 읽어주다 보면 한글책을 좋아하는 아이로 거듭나게 됩니다.

3. 3시간 집중할 시기를 정해보세요

잠수네 영어는 매일 3시간씩 3년을 영어에 집중하는 방식입니다. 그러나 초등 1, 2학년은 매일 3시간씩 영어만 하기에 아직 어린 나이입니다. 먼저 언제 3년을 몰입할지 그 시기를 잘 가늠해 보세요. 만약 초2 겨울방학부터 시작한다면 초5 겨울방학 전까지가 되겠지요. 그 전후로는 영어에 지나치게 올인하지 않았으면 합니다.

잠수네 영어 진행 중 이것 3가지는 꼭!

잠수네 영어의 성패는 '재미'에 달렸습니다. 다음 3가지만 챙겨보세요. 재미 찾기는 식은 죽 먹기입니다.

1. 아이의 의견에 귀 기울여 주세요 – 재미와 관계

재미있는 DVD, 영어책 찾기가 어렵다고요? 길은 아주 가까이에 있습니다. 아이한테 물어보세요. 재미있니? 재미없니? 한 가지만 물어보면 됩니다. 오늘 어떤 DVD와 영어책을 볼까도 아이의 의견을 들어보세요. 스스로 결정했다는 마음이 들게요. 그렇다고 모든 선택권을 주라는 말은 아니에요. 먹는 것도 "마음대로 골라 봐!" 하면 몸에 안 좋은 불량식품, 자극적인 음식에 손이 먼저 가잖아요? 마찬가지로 DVD와 영어책도 일정한 범위를 주어야 해요. 대신 구체적인 선택은 아이가 하는 거죠.

2. 엄마가 달라져야 합니다 – 정성과 감동

학원비는 척척 내면서 영어책과 DVD 구입에는 인색한 분들이 많습니다. 기껏해야 영어책 전집 한두 질 사놓고 아이가 안 본다며 한숨 쉬고요. 한두 푼 하는 것도 아닌데 재미없다고 하면 두려운 것, 충분히 이해합니다. 그러나 잠수네 영어를 하려면 일정량의 영어책과 DVD는 구비해 두어야 합니다. 아이가 원할 때 언제든 볼 수 있도록요.

시행착오는 누구나 피할 수 없습니다. 실패를 최대한 줄이려면 발품을 파는 수밖에요. 잠수네 베스트 목록(잠수네 회원은 잠수네 책나무)이 보물

지도입니다. 이 목록을 들고 차로 1시간 이내의 도서관은 다 이용해 보겠다는 각오로 다녀보세요. 보물찾기(=대박 영어책, DVD) 하는 마음으로요. 이때도 10권을 빌려서 한 권이라도 재미있어하면 대성공이라는 열린 마음이 필요해요. 대여점도 이용해 보세요. 도서관에 없는 오디오CD나 DVD를 빌릴 수 있습니다. 단, 정말 재미있어하는 것은 꼭 구입하시기 바랍니다.

3. 아이의 마음을 움직일 방법을 찾으세요 – 당근과 동기부여

잘 진행하다가도 조금만 삐끗하면 싫다고 뻗대는 것이 아이들입니다. 한 번 고집을 피우면 아직 어린아이들이라 말로 설득하기가 쉽지 않아요. 그래서 늘 재미를 느끼도록 방법을 연구해야지요. 제일 좋은 것은 잠수네 영어 자체가 당근이 되는 것입니다. 아침에 늦잠 자는 습관이 있는 아이라면 기상시간에 맞춰 좋아하는 DVD를 틀어주세요. 벌떡 일어나는 기적을 만날 겁니다. 같이 영어노래 듣고 춤추는 시간, 영어책 읽어주는 시간을 좋아하는 아이들도 많습니다. 이렇게 아이가 좋아하는 것만 꾸준히 해줘도 잠수네 영어가 재미있다는 생각이 뇌리에 콕콕 박힌답니다.

때로는 아이들의 감성을 충족시켜 주는 것만으로도 즐겁게 잠수네 영어를 할 수 있습니다. 집중듣기용 도구 하나라도 아이가 좋아하는 물건으로 만들어 주는 것이죠. 나무젓가락이나 아이스크림 막대기에 좋아하는 캐릭터를 붙여주기도 하고, 하트나 인형 달린 볼펜을 사서 집중듣기를 하면, 예쁜 도구를 사용하는 맛에 신나게 할 수 있습니다. 맛있는 음식이나 간식도 아이들의 마음을 흡족하게 해줍니다.

적응1

과정

기준

영어책을 전혀 못 읽습니다.

현상

- 영어가 아직은 낯설지만, 좋아하는 DVD는 재미있게 봅니다.
- 소리와 글자를 아직 혼자서 집기는 어렵습니다.

<적응1>과정의 시간 배분과 진행

구분	DVD 흘려듣기		집중듣기		집중듣기 한 책 읽기	
D+1개월	JD2	30분~1시간	-	-	-	-
D+2개월	JD2	30분~1시간	J1~2	1분	-	-
D+3개월	JD2	30분~1시간	J1~2	5분	-	-
D+4개월	JD2~3	1시간~1시간30분	J1~2	10분	J1	5분(1~2권)
D+5개월	JD2~3	1시간~1시간30분	J1~2	15분	J1	10분(2~4권)
D+6개월 ~12개월	JD2~3	1시간~1시간30분	J1~2	20분	J1	15분(3~5권)

핵심 포인트

★ 흘려듣기⇒집중듣기⇒집중듣기 했던 책 읽기 순으로 한 번에 하나씩 추가하기
★ 아이에 따라 유동적으로 시간 배분하고 진행하기
★ 또 보고 싶은 마음이 들도록 흘려듣기는 30분부터 짧게 시작하기
★ 집중듣기는 아이가 원하는 시점에 시키기 (야단 금지! 관찰 OK!)
★ 집중듣기 책 중 아이가 신호를 보내는 책부터 소리 내어 읽기
★ 일주일에 6일은 꼭 해서 습관 들이기

〈적응1〉과정의 목표 : 부모와 아이가 함께 잠수네 영어 습관 잡기

잠수네를 알고서 서로 상반된 감정이 충돌하는 경험을 하는 분이 많습니다. '이거다!'란 반가움과 함께 '늦지 않았나' 하는 초조함이 동시에 밀려오는 것이지요.

영어는 천천히 해야지 생각하다 저만큼 멀리 달리고 있는 잠수네 아이들을 보면 나도 모르게 가슴이 띔박질합니다. 그동안 난 뭘 했나 가슴이 쓰라려 잠 못 이루기도 하지요.

불안해하지 마세요. 일찍 시작했다고 빨리 가는 것도 아니고, 지금 빨리 달리는 듯 보이는 아이들도 언제 제자리걸음할지 모릅니다. 누가 더 빨리 가는지는 중요하지 않아요. 내가 가고자 하는 목표점에 원하는 시기에 가 있으면 그걸로 충분합니다. 내 아이만 바라보고 성장하는 모습을 지켜보다 보면 어느새 뿌듯해지고 감동스런 날이 옵니다. 제일 어리석은 것이 남과 비교해서 동동걸음 치며 아이를 잡고 버겁게 진행하는 것입니다.

초등 1, 2학년에 잠수네 영어를 시작한다는 것은 행운입니다. 초등 고학년, 중학생 때 시작하는 것에 비하면 얼마나 여유로운지 모릅니다. 지금 영어 한 글자 몰라도 초등학교 졸업 전까지 충분히 많은 시간이 있습니다. 죽죽 성장할 수 있습니다. 이왕 하는 것 즐겁고 행복하게 이 시간을 즐기시기 바랍니다.

잠수네 영어는 습관만 잘 잡아도 성공합니다. 보통은 아이의 습관 잡기가 문제라고 생각하지만, 실상은 아이를 이끌어 가는 부모가 문제입니다.

초등 1, 2학년은 아직 어린아이들입니다. 처음부터 3시간을 채우려 전전긍긍하지 말고, 거부감 없이 영어를 재미있게 받아들이도록 세심하게 배려해 주세요.

〈적응1〉과정의 시간 배분과 진행표는 잠수네 영어를 시작할 때 쉽게 따라 할 수 있도록 D+1개월, D+2개월과 같이 1개월 단위로 잠수네 단계와 시간 기준을 잡아본 것입니다. 기간은 각자의 상황에 맞춰 적용해 주세요.

〈적응1〉과정의 핵심 포인트

1. 전체 흐름은 흘려듣기 〉 집중듣기 〉 집중듣기 했던 책 읽기 순

처음에는 흘려듣기만, 그다음 집중듣기 추가, 마지막으로 집중듣기 했던 책 읽기 추가…… 이렇게 한 번에 하나씩 추가하는 거예요. 한꺼번에 다 하려고 하지 말고요.

2. 기간은 늘어나거나 줄어들 수 있습니다

편의상 1개월 단위로 일정을 짰지만 기간이 좀 더 늘어나거나 줄어들 수도 있어요. 그동안 영어말만 나오는 DVD를 본 적이 거의 없는 아이라면 흘려듣기만 하는 기간을 더 늘려야 할 거예요. 어릴 때부터 DVD 흘려듣기 습관이 잘 잡힌 경우에는 아이의 반응을 보면서 집중듣기를 바로 시작해도 됩니다.

3. DVD 흘려듣기는 30분부터 시작해요

첫날은 짧은 DVD 한두 편만 보여주세요. 더 보여달라고 해도 이번 주는 이만큼만 본다고 이야기해 주는 것이 좋습니다. 또 보고 싶다는 마음이 들어야 흘려듣기 습관을 잘 잡을 수 있거든요. 자막 없이, 재미있게 본다면 그때 조금씩 시간을 늘려가세요. 학교생활도 적응 안 된 초등 1학년이라면 더 천천히 가는 것이 좋습니다.

4. 집중듣기를 시작할 때는 아이가 정합니다

흘려듣기 습관이 잘 잡혔다 싶으면, 아주 쉽고 짧은 책 한 권만 같이 집중듣기를 해보세요. 아이 옆에 앉아 엄마가 손으로 짚어주면서 눈이 잘 따라가고 있는지, 집중해서 듣는지 살피면서요. 이때 절.대. 야단치지 말고 '관찰'만 해주세요. 한 권을 잘 들었으면 꼭 안아주며 참 잘했다는 칭찬을 아끼지 말고요. 글자는 안 보고 그림만 보거나, 몸을 비비 꼬며 힘들어하면 아직 집중듣기 할 시점이 아닙니다. 집중듣기는 어른에게도 쉽지 않은 과정입니다. 아직 어린아이들이 힘들어하는 것은 당연해요. 집중듣기 안 하고 흘려듣기만 더 해도 괜찮아요. 이번 주에 힘들었으면 다음 주에, 또 다음 주에…… 이렇게 계속 집중듣기 할 시점을 찾아보세요.

5. 집중듣기 한 책읽기는 아주 만만한 것부터 소리 내어 읽습니다

집중듣기를 꾸준히 하다 보면 통째로 외울 수 있는 책이 하나씩 생깁니다. 이 정도는 읽겠다 싶을 때 "읽을 수 있는 책이 있으면 이야기해 줘~" 하고 미리 말해두세요. 아이가 먼저 "엄마, 나 이 책 읽을 수 있어요!" 하며 신호를 보내기도 합니다. 집중듣기 한 책을 읽을 때는 외워서 읽는 아이들이 대부분입니다. 그래도 괜찮습니다. 이렇게 한 권, 두 권 읽어가는 거예요. 외워서 읽을 수 있는 책이 많아지면 읽을 줄 아는 단어가 늘어납니다. 아는 단어가 많아지면 집중듣기 하지 않은 책도 읽는 날이 옵니다.

6. 일주일에 6일은 꼭 해야 합니다

주말 이틀을 다 쉬면 맥이 끊어져요. 공휴일이나 명절까지 쉬다가는 습관 잡기는 물 건너갑니다. 처음 한 달은 매일 진행하는 것이 습관을 들이는데 좋습니다. 익숙해지면 주말 중 하루 정도는 쉬어도 괜찮아요. 놀러 가거나 캠핑, 체험학습, 집안행사 등으로 진행이 어려울 때는 아침 일찍 일어나 집중듣기를 하고, 이동하면서 DVD 흘려듣기나 오디오 흘려듣기를 한다는 마음자세가 필요합니다. 잠수네 영어 3종 세트를 매일 꾸준히 하는 습관만 잡혀도 J1단계 영어책을 편안하게 읽는 〈적응2〉과정으로 쉽게 넘어갑니다.

처음에는 흘려듣기만!

잠수네 영어 3종 세트인 '흘려듣기, 집중듣기, 책읽기'를 한꺼번에 하려면 부작용이 속출합니다. 부작용이란 '영어가 싫다, 엄마가 밉다, 다 하기 싫다' 이런 증상입니다. 그래서 하나씩 진행해야 해요. 체하지 않게요. 제일 먼저 할 일은 'DVD 흘려듣기' 습관 들이기입니다. 습관이 되려면 매일 같은 시간에 보여줘야 해요. 보다 말다 하면 영어 습득 효과도 떨어집니다. 아이가 DVD를 보는 동안 엄마는 재미있어할 만한 영어책과 DVD가 무엇일지 연구해 주세요.

Q1 무엇을 보면 되죠?

먼저 재미있는 DVD를 찾아보세요. 한글TV로 재미있게 봤던 것부터 차근차근 살펴보면 영어로도 재미있게 볼 작품이 나타납니다. JD4, JD5단계부터는 말이 빠르고 그림이 현란해서 재미는 있을지 몰라도 영어 습득 효과는 많이 떨어집니다. 되도록이면 JD2~JD3단계의 쉬운 DVD를 찾아보세요. 한두 편 찾아보고는 재미있는 게 없다, 쉬운 것은 안 보려 한다고 하지 말고요. 쉬운 DVD는 유튜브에서 대부분 검색해 볼 수 있습니다. 분명히 재미있어하는 것이 나올 거예요. 단, 유튜브의 동영상 보기로 DVD 흘려듣기를 하는 것은 금물입니다. 화질 문제도 있고 중간에 엉뚱한 데로 새기 쉬워요. 쿡TV, 하나TV 등 IPTV도 피해주세요. 잠수네 영어를 처음 시작하는 초등 저학년이 보기에 적당하지 않은 것들이 많습니다. 평소 쉬운 DVD를 잘 보던 아이라도 TV에서 방영되는 동영상을 한두 편 보고 나면 원상복귀하기가 어렵습니다. 재미있고 쉬운 DVD를 반복해서 보는 것이 영어실력을 올리는 지름길입니다. 쉬우면서도 아이가 좋아하는 DVD를 찾았다면 꼭 구입해서 보여주세요.

Q2 언제, 얼마나 보여주나요?

간식 시간이나 쉬는 시간에 하면 좋습니다. 식사 시간은 가급적 피해주세요. 화면 보느라 밥 먹는 것을 잊어버리기 쉽습니다. DVD시청은 가능하면 부모와 하는 것이 좋습니다. 아이의 취향도 파악하고 반응도 살필 수 있는 좋은 기회입니다. 시청 시간과 방법은 형편에 맞게 하면 됩니다. 아침에 본다면 20~30분 정도 TV시리즈가 적당해요. 오후 간식 시간이나 주말에는 시간을 늘려도 괜찮습니다.

Q3 못 알아듣겠다고 거부하는데요?

평소 한글TV를 안 보던 집에서는 영어DVD를 보여주면 감지덕지하며 재미있게 봅니다. 어릴 때부터 영어DVD 보는 습관이 잘 잡혀있다면 영어DVD만 보는 것을 당연히 여깁니다. 영어DVD 보기를 제일 좋아하는 아이들도 많습니다. 영어DVD는 못 알아듣겠다고 거부한다면 그동안 한글TV를 많이 본 아이일 가능성이 매우 높습니다. 앞으로 한글TV는 볼 수 없다고 이야기해 주세요. 영어DVD만 볼 수 있다고 단호하게 말해야 합니다. 대신 재미있게 볼 수 있도록 분위기를 조성해 주세요. 부모가 배꼽을 잡으며 봐도 좋고, 간식 시간에는 영어DVD를 본다는 규칙을 정하는 것도 도움이 됩니다.

Q4 자극적인 DVD만 보려고 하는데요?

그동안 자극적인 영상에 많이 노출되었거나 극장 개봉 애니메이션을 자주 보았다면 쉬운 DVD는 시시하다며 안 보려 합니다. 손위 형제자매와 같이 본다면 동생용 쉬운 DVD를 번갈아 보도록 해주세요. 따로 보여주면 더 좋고요. 자극적인 영상만 고집한다면 1~2주 TV시청을 중단하는 것도 좋습니다. 정 고집을 피운다면 당분간 그대로 두는 것도 한 방법입니다. 대신 JD4~JD5단계 DVD를 당근으로 사용하세요. 쉬운 DVD 몇 편을 보고 나면 원하는 것을 보여준다고요. 시간이 지나 점점 알아듣는 내용이 많아지면 JD2~JD3단계 DVD도 잘 보게 됩니다. 이해가 안 돼서 그렇지 다 재미있는 이야기들이니까요.

Q5 한글자막을 보여달라고 해요

한글자막은 보지 말아야 합니다. 외국 영화 볼 때 한글자막을 열고 보면 소리가 들리던가요? 수십 편, 수백 편을 보더라도 글자 보느라 소리가 들어오지 않잖아요. 아이들도 마찬가지입니다. 자막 없이 보는 습관이 되면 자막이 거슬린다고 없애달라고 하는 날이 옵니다. 제일 좋은 방법은 아예 자막이 없는 DVD를 보여주는 겁니다. 단, 아이와 관계가 안 좋아질 것 같다면 한 번은 보여주세요. 대신 약속을 해야 해요. 일주일이나 일정 기간 뒤부터는 자막 없이 보는 거라고요. 미리 예고해 두면 아이도 마음의 준비를 하게 됩니다.

〈선택사항〉 해도 좋고, 안 해도 좋고

〈선택사항1〉 노래 듣기도 짬짬이! – 집중듣기, 책읽기의 벽을 쉽게 넘어가요

초등 1, 2학년 아이들은 노래듣기를 좋아합니다. 노래가 녹음된 영어그림책CD를 들려주세요. 챈트나 리딩까지 죽 들어도 무방합니다. 기상송

으로, 아침에 씻고 옷 입고 밥 먹고 학교 갈 때까지, 놀 때, 차로 이동할 때 등 자투리 시간을 모으면 무시 못 할 양이 됩니다. 그러나 바쁜 시간에 매번 노래를 들려주려면 엄마가 부지런해야 합니다. 조금 귀찮아도 꾸준히 해보세요. 집중듣기, 책읽기를 시작할 때 진가가 발휘됩니다. 노래로 익숙해진 책은 좀 더 수월하게 집중듣기를 할 수 있습니다. 많이 들었던 것을 책으로 보여주면 (외워서 읽는 것이라도) 혼자 떠듬떠듬 읽기도 해요. 집중듣기, 책읽기의 벽을 쉽게 넘어갈 수 있는 긴 사다리가 놓인다고나 할까요?

단, 노래 없이 지루하게 영어책만 읽어주는 오디오CD(특히 리더스북) 소리나 흥미를 보이지 않는 DVD의 소리를 듣는 것은 소음일 뿐입니다. 시끄럽기만 하지 귀에 안 들어온다는 점을 명심하세요.

〈선택사항2〉 영어책 읽어주기 – 영어책의 재미, 부모의 사랑을 느껴요

부모가 영어를 못 해도, 발음이 안 좋아도 괜찮아요. 아이들이 영어책이 재미있다, 부모가 나를 사랑한다는 느낌을 받는 것만으로도 충분합니다. 자신이 없으면 오디오CD가 있는 영어책으로 먼저 들어보세요. 혹시 '부모의 콩글리시 발음을 배우지 않을까?' 하는 걱정은 뚝 떼어두세요. 워낙 많은 영어 소리를 들으므로 콩글리시 발음으로 잠깐 듣는다고 아이들 발음이 이상해지지 않습니다.

사실 문제는 다른 데 있어요. 영어책을 읽어주려 하면 한글책을 읽어달라고 하는 경우가 많거든요. 한글책의 재미를 맛본 초등 저학년 아이들은 내용을 이해할 수 없는 영어책이 재미있을 리 없지요. 최대한 재미있게

읽어주세요. 내용을 모르는 것 같으면 설명도 해주세요. 그림을 보면서 아이가 궁금한 것을 물어보면 머리를 맞대고 같이 이야기하고요. 어릴 때 읽었던 그림책을 원서로 읽어주는 것도 좋은 방법입니다. 줄거리를 거의 이해하고 있으니 아무래도 이해가 쉽습니다. 오디오 흘려듣기로 많이 들었던 그림책도 좋아요. 많이 들었던 내용이어서 거부감이 훨씬 줄어듭니다.

※ 선택사항은 여력이 되면 하고 힘들면 안 해도 됩니다. 둘 다 저학년 아이들의 영어 거부감을 줄이는 데 도움이 되는 방법이지만 안 해도 크게 지장은 없습니다. 단, 이 시간은 잠수네 영어 시간에 포함하지 않습니다. 오디오 흘려듣기나 영어책을 읽어줬다고 DVD 흘려듣기, 집중듣기를 빼먹으면 안 돼요.

그다음, 집중듣기 추가

흘려듣기 습관이 잘 잡혔다 싶으면 집중듣기를 시도해 봅니다. 집중듣기는 영어책의 글과 오디오CD 소리를 맞춰 듣는 것입니다. 처음에는 딱 한 권만 들으세요. 꼭 엄마(또는 아빠와)와 함께 듣도록 하고요. 처음부터 들리는 소리와 글자를 맞추는 아이는 별로 없습니다. 옆에서 엄마가 손(또는 연필 등)으로 같이 짚어주세요. 중간에 몸을 뒤틀거나 하기 싫어하면 중단하고 한 주 뒤에 다시 해보세요. 잘 들을 때까지요. 한 권을 끝까지 들으면 힘든 과정을 잘해냈다고 꼭 안아주고 듬뿍 칭찬해 주는 것 잊지 마시고요. 한 권을 들었다면 다음 주에는 두 권, 그다음 주에는 세 권, 이런 식으로 늘려가면 됩니다.

〈적응1〉과정 일정표에서는 흘려듣기만 한 달 하고 두 달째부터 집중듣기를 시작하는 것으로 나와 있습니다. 그러나 처음 잠수네 영어를 시작하는 아이나 초등 1학년이라면 집중듣기 시작 시점을 더 늦추는 것이 좋습니다. 유아 때 DVD 흘려듣기 습관이 잘 잡혀있고 오디오 흘려듣기나 영어책 읽어주기를 꾸준히 한 아이라면 좀 더 빨리 시작해도 되고요.

Q1 어떤 책으로 듣죠?

그림책과 리더스북을 같이 들으세요. 그림책은 재미와 의미 유추를 위해, 리더스북은 읽기 연습용으로 듣는 거예요. 그림책은 재미있긴 하나 어휘나 문장이 쉽지 않습니다. 대신 노래가 있는 그림책이 있어 아이들이 가벼운 마음으로 듣기 좋아요. 꾸준히 듣다 보면 어휘 유추 능력, 문장 이해 능력이 올라가죠. 리더스북은 그림책에 비해 재미가 덜 하지만 몇 번 들으면 쉽게 읽을 수 있습니다. 그러나 그것으로만 집중듣기 하면 처음에는 편하게 느껴질지 몰라도 갈수록 영어책이 버거워집니다. 따라서 그림책만, 리더스북만 듣기보다는 두 가지를 적절하게 섞는 것이 바람직해요.

Q2 글자는 안 보고 그림만 보는데 괜찮나요?

그림과 글자가 같이 있는데 그림부터 보고 싶은 것은 당연합니다. 특히 그림 속에 여러 가지 이야기가 담겨있는 경우는 더더군다나요. 그래서 그림책은 집중듣기 하기 전에 오디오 흘려듣기를 하거나 직접 읽어주는 분들이 많아요. 집중듣기 하는 것도 거부감이 없거니와, 줄거리를 잘 알고 있어 글자에 집중하기 쉽거든요. 리더스북도 집중듣기 하기 전에 그림을 원 없이 볼 수 있게 해주세요. 이렇게 사전작업을 충분히 했는데도 집중듣기 할 때 그림에 눈이 먼저 간다면 그냥 두세요. 그림 말고 글자를 보라고 자꾸 지적하고 야단치면 집중듣기 시간이 제일 싫어질 수밖에 없습니다. 시간이 촉박한 초등 고학년이라면 이야기가 달라지겠지만, 지금은 소리를 들으며 가만히 앉아있는 것만 해도 대견합니다. 여러 번 반복해서 들으며 글자를 짚어주면 그림에서 글자로 관심이 서서히 옮겨갑니다.

Q3 노래로만 집중듣기 하려고 해요

아이가 원하는 대로 해주세요. 리딩(Reading) 부분으로만 집중듣기를 하라고 강요해서 지겨운 느낌을 갖느니 좋아하는 노래로 하는 편이 훨씬 낫습니다. 반복해서 듣다 보면 외우는 효과까지 있지요. 집중듣기 하다 노래하는 시간으로 바꿔도 괜찮고, 아이랑 신나게 춤추는 시간을 가져도 좋습니다. 어차피 노래로 녹음된 영어책은 한정되어 있습니다. 리더스북은 노래가 없고요. 일시적인 현상이라고 생각하면 됩니다.

Q4 한 책을 몇 번 반복해서 집중듣기 해야 하나요?

10번, 20번씩 횟수를 정해서 시키지 마세요. 집중듣기가 진저리 날 정도로 싫어집니다. 바구니에 일주일간 집중듣기 할 책을 여러 권 담아두고 아이한테 몇 권을 고르게 하세요. 대신 매일 들어야 할 권수(또는 시간)를 미리 정해주고요. 이때도 듣기 싫다고 하는 책은 아예 빼주세요. 아이에게 선택권을 주면 집중듣기가 훨씬 수월해집니다. 자연스러운 반복 효과까지 나고요. 어떤 책을 많이 들었는지 유심히 살피면 아이의 선호도도 알 수 있습니다. 물론 일정 시간이 지나면 바구니에 담은 책들을 바꿔놓아야겠죠?

Q5 집중듣기 할 때 자세가 흐트러져요

집중듣기가 정말 재미있어서 듣는 경우는 몰라도 처음에는 정자세로 앉아 듣도록 해주세요. 눕거나 소파에 엎드린 채 듣는 것은 아이들의 건강에도 좋지 않습니다.

Q6 집중듣기가 제일 싫대요

너무 싫어하면 좀 나중에 하세요(초등 1, 2학년은 그래도 되는 행복한 나이입니다). 아직 영어 소리에 익숙하지 않아서일 수 있습니다. 아는 단어나 글이 많지 않아서일 수도 있고요. 간혹 엄마가 강압적으로 하려는 것에 반발하는 경우도 있습니다. 아이가 영어를 잘했으면 하는 열망을 '좋은 엄마 되기 프로젝트'로 전환해 보세요. 별거 없습니다. 맛있는 거 해주고, 아이의 말을 존중하고 칭찬해 주는 것이죠. 이러면 아이와 관계는 좋아질 수밖에 없습니다. 집중듣기가 힘든 아이의 마음을 헤아려 진행하는 분도 많습니다. 무릎에 앉혀 꼭 껴안고 하거나, 어깨와 다리를 주무르며, 소리 안 나는 간식을 준비해 입에 넣어주기도 하면서요. 우리 집만 힘든 것이 아니라는 것에 위안을 삼고 아이디어를 발휘해 보세요.

Q7 영어책의 오디오CD를 갈아 끼우는 것이 시간도 걸리고 번거로워요

10~20여 쪽 분량의 얇은 영어책은 오디오녹음 시간도 1~5분으로 아주 짧습니다. 갈아 끼우는 것이 번거로우면 오디오CD를 MP3로 리핑해 보세요(개인이 구입한 오디오CD의 리핑은 적법하지만 다른 사람과 공유하면 불법입니다). 이렇게 리핑한 오디오파일은 노트북, 태블릿, 스마트폰, 전자펜(세이펜 등) 등에 넣어 들으면 됩니다. 잠수네 회원 중에는 이 파일을 QR코드로 만들어 영어책에 붙이고 스마트폰으로 QR코드를 찍어 바로 듣게 하는 분도 있을 정도입니다.

마지막으로, 집중듣기 했던 책 읽기 추가

〈적응1〉과정의 진행표에서는 〈D+4개월〉부터 집중듣기 했던 책을 읽도록 되어 있습니다. 그러나 무작정 시작한 지 4개월째부터 읽기를 시작하는 것은 아니에요. 아이마다 차이를 고려해 더 늦추거나 당기는 지혜가 필요합니다. 읽기를 시작할 수 있는 시기가 오면 아이가 먼저 신호를 보냅니다. 많이 들어서(또는 읽어줘서) 자신 있는 책은 읽겠다고 들고 오거든요. 먼저 읽어보겠다는 소리가 없으면 가만히 관찰해 보세요. 제일 많이 들었거나 아주 쉬운 책 중 이 정도는 읽을 수 있겠다 싶은 책이 보이면 "이 책 한 번만 읽어볼래?" 하고 묻는 거죠. 쭈뼛거리며 자신 없어 하면 며칠 뒤 다른 책으로 권해보고요.

집중듣기 한 영어책을 읽기 시작할 때도 아이가 부담을 갖지 않도록

배려해 주세요. 혼자 다 읽어야 한다는 두려움을 떨치게끔요. 엄마 한 줄, 아이 한 줄씩 번갈아 읽는 방법도 좋습니다. 읽다가 막히는 단어는 엄마가 읽어주면 되고요. 단, 아이가 힘들어하면 언제라도 중단하세요. 이 시기에 읽는 책은 모두 음독입니다. 처음에는 소리 내어 읽지만 읽을 수 있는 책이 늘어나면 자연스럽게 묵독으로 넘어갑니다.

막막한 분들을 위해 〈집중듣기 했던 책 읽기〉 목표를 정해 드릴게요.

1단계) 매일 5분, 1~2권 ········ 한 달 읽기 목표 30권

2단계) 매일 10분, 2~4권 ········ 한 달 읽기 목표 60권

3단계) 매일 15분, 3~5권 ········ 한 달 읽기 목표 100권

이렇게 꾸준히 읽으면 영어책 읽기 능력이 죽죽 올라갑니다. 30권, 60권, 100권짜리 북트리를 벽에 붙이고 한 권 읽을 때마다 아이가 좋아하는 스티커를 붙여주면 동기부여가 팍팍 될 거예요. 이때 조심할 점은 부모의 욕심이 앞서 아이가 싫다는데 강요하거나 양을 늘리는 겁니다. 〈적응1〉과정 진행표에서는 〈D+4개월〉부터 〈D+6개월~12개월〉 사이에 권수를 늘려가게 해두었지만 이것은 하나의 예시일 뿐입니다. 빨리 가려고 무리하다가 오히려 오랜 정체기를 맞는 분들이 많아요. 아이가 하기 싫어하면 양을 확 줄이고, 감당할 수 있는 만큼만 읽게 해주세요.

Q1 집중듣기 했던 책을 몇 번 반복해야 읽게 되나요?

어떤 책이냐에 따라 다릅니다. 오디오 흘려듣기를 많이 해서 외우다시피

한 책, 엄마아빠가 많이 읽어주었던 책은 비교적 빨리 읽습니다. 노래로 집중듣기 한 책은 읽다가 막히면 처음부터 다시 읽는 일도 있어요. 재미있게 여러 번 집중듣기 한 책도 쉽게 읽습니다. 아이에 따라서도 다릅니다. 언어적으로 빠른 아이나 학습적인 아이들은 읽기도 빠릅니다. 반면 한글 떼는 데 힘들었거나 한글책 읽기가 느렸던 아이는 영어도 비슷하게 갑니다. 다른 아이들처럼 왜 빨리 안 되느냐고 안달복달하지 마세요. 누구나 자기만의 속도가 있습니다. 빠르면 빠른 대로, 느리면 느린 대로 앞으로 나아갑니다. 부모가 할 일은 옆에서 계속 자극하고 이끄는 것이에요.

Q2 틀리게 읽는 단어는 고쳐줘야 하나요?

그냥 두세요. 고쳐줘도 다음에 또 틀립니다. 설혹 맞게 읽는다 해도 이미 지적받은 이상 아이는 스트레스를 받고 있습니다. 자꾸 읽다 보면 발음이 틀렸다는 사실을 발견하는 날이 와요. 스스로 교정하는 거죠. DVD 흘려듣기, 집중듣기로 매일 엄청난 양을 듣고 있으니까요. 괜히 별 소득 없이 서로 감정만 상할 수도 있습니다. 매번 틀리게 읽는 아이를 고쳐주려다 "이런 쉬운 것도 틀리게 읽냐!"라며 감정 조절을 못 하고 폭발하기 쉬워요. 대신 "우와, 진짜 잘 읽는데? 완전 굴러가는 발음이야!" 하며 잘한다, 잘한다 칭찬해 주고 자신감을 북돋아 주는 편이 훨씬 낫습니다.

Q3 영어책이 재미없다는데요?

푹 빠질 만큼 재미있는 책은 J3단계 이상에 많습니다. J1~J2단계에서는 아이 입맛에 쏙 맞는 책이 별로 없습니다. 그래도 그림이나 줄거리가 재미있는 영어책을 최대한 찾아보세요. 그림책 중에는 글밥이 적어도 재미있는 책이 꽤 있어요. 영어책이 재미있어지려면 영어를 잘해야 합니다. 영어를 잘하면 영어책이 재미있어지고요. 도서관이나 서점에 같이 가서 영어실력이 올라가면 볼 수 있는 재미있는 책들을 구경시켜 주세요. 영어를 잘하고 싶다는 열망이 싹트는 계기가 될 수도 있습니다.

Q4 파닉스를 안 해도 될까요?

지금은 파닉스를 할 때가 아닙니다. 파닉스는 말은 다 하는데 글을 못 읽는 영어원어민 아이들에게 읽기를 가르치기 위한 규칙입니다. 아는 말도 별로 없는 우리 아이들이 하기에는 너무 일러요. 아직 잠수네 영어 3종 세트(DVD 흘려듣기, 집중듣기, 책읽기) 습관도 정착되지 않았습니다. 파닉스까지 가르치려면 시간만 많이 들 뿐 효과는 바닥입니다. 좀 더 있다가 J1단계 영어책을 어느 정도 읽을 수 있게 되면 그때 다시 생각해 보세요.

☑ 집중듣기 한 쉬운 책 읽기 노하우

1. 노래를 외운 책부터 읽는다.
2. 많이 들어서 자신 있는 책을 읽는다.
3. 엄마랑 한 줄씩 번갈아 읽는다.
4. 소리 내어 읽는다. (최대 15분)
5. 틀리게 읽어도 그대로 둔다.

적응과정을 탈출하려면 '재미있니? 재미없니?'만 챙기자

✱ 처음에는 잠수네에서 하라는 대로, 잠수네 베스트로 진행한다

알파벳도 제대로 모른다면 잠수네에서 제시하는 대로 따라 하세요. 잠수네 영어는 20년간 영어교육에 성공한 잠수네 아이들의 발자취를 따라 '한국형 모델'을 만든 것입니다. 잠수네 베스트는 개인이나 전문가가 뽑은 목록이 아니에요. 긴 세월 동안 수많은 잠수네 아이들에게 가장 사랑받은 DVD와 영어책 중 고르고 골라 추천하는 겁니다. 잠수네 'Children's Choice'인 셈입니다. 그야말로 집단지성의 위력이죠. 그래서 잠수네에서 추천하는 베스트 DVD, 영어책을 빌리거나 구입하면 아이들이 좋아할 확률이 매우 높습니다. 심지어 영어가 재미없다고 뻗대던 아이가 잠수네 베스트를 골라주니 신나게 보더라는 후기가 나올 정도입니다. 괜히 베스트가 아니라고요. 몇 개 보여주니 재미없어한다고요? 베스트 목록에서 더 찾아보세요. 그중 한두 개는 흥미를 보이는 것이 꼭 있을 거예요.

✱ 시행착오는 필수다

아이들만 자기주도학습을 해야 하는 것이 아니라, 부모도 자기주도학습이 필요합니다. '아는 만큼 보인다'라는 말처럼 잠수네 영어는 '해본 만큼 보인다'가 진리입니다. '어떻게 하지? 뭘로 하지?' 고민할 시간에 일단 부딪혀 보세요. 시행착오 없이 '대박'은 나오지 않습니다. 한 발 딛기가 어렵지 한 걸음씩 내딛다 보면 조금씩 길이 생깁니다. 막연하게 느껴지던 것이 점점 선명하게 다가옵니다.

잠수네 영어는 '이 책 다음에 이 책' 하는 식의 특정 커리큘럼이 없습니다. 각각의 아이들에 맞춰 1:1 맞춤형으로 진행하는 방법이니까요. 기본 틀(흘려듣기, 집중듣기, 책읽기 3종)은 제시하지만 시간 배분, DVD와 영어책 선정은 개별적으로 합니다.

처음에는 막막해 보일지 모르지만, 꾸준히 하다 보면 모두 같은 교재, 같은 방법으로 영어를 익히는 학원/학습지보다 아이에 맞춰 진행하는 것이 훨씬 효과적이라는 사실을 깨닫는 순간이 옵니다.

✽ 욕심을 버려야 재미가 보인다

'어렵고 두꺼운 영어책'보다 '얇고 쉬운 영어책'이 영어실력을 올리는 데 효과적입니다. 아이의 성향을 고려해 충분히 고민하고 고른 DVD, 영어책이라도 무조건 들이밀지 마세요. 엄마의 강요가 아니라 스스로 선택했다는 마음이 들도록 몇 가지 중 고르게 하는 지혜가 필요합니다. 이 중 그야말로 대박을 만나면, 아이들은 "조금만 더, 더" 하며 그만하자고 말려야 할 정도로 빠져듭니다. 주야장천 듣고 또 듣고, 보고 또 봅니다. 무한 반복해도 지루해하지 않습니다. 재미있게 반복해서 보다 보면 영화에 나오는 대사, 영어책에 나오는 단어와 문장이 머리에 콕콕 박힙니다. 공부하라고 하지 않아도 즐겁게 영어를 습득하게 됩니다.

"엄마가 구해주는 영화랑 영어책은 다 재미있어요!" 이 한마디에 손품, 발품 팔며 고생한 시간이 눈 녹듯 싹 잊힙니다. 아이는 엄마가 정말정말 좋고, 엄마도 아이가 눈에 넣어도 안 아플 만큼 예쁩니다. 관계가 좋아질 수밖에 없습니다.

늘 아이의 마음을 읽으려고 애쓰는 부모, 엄마의 정성을 매일 확인하는 아이가 있는 집은 사춘기도 가볍게 지나갑니다. 그야말로 일석이조, 일석삼조인 셈입니다.

✽ 기록이 힘이다

잠수네 성공 여부는 엄마의 꾸준한 관심과 아이와의 좋은 관계, 얼마나 재미있는 교재를 적기에 공수하는가에 달렸습니다. 그런데 그냥 기록만 꾸준히 해도 이 세 가지가 한 번에 해결되는 놀라운 효과를 얻을 수 있습니다.

노트를 하나 마련해서 잠수네 영어 3종 세트를 진행한 시간을 적고, 아이가 보고 들은 것에 대한 반응을 남겨보세요. "이건 어때? 재미있니? 재미없니?" 물어도 보고, 왜 재미있는지, 왜 재미없는지도 알려달라고 하는 거죠. 이렇게 아이의 반응을 살피고 묻다 보면 '팽'당하는 이유를 꿰뚫을 수 있습니다. 어려워서인지, 줄거리가 신통치 않아서인지, 주인공이 마음에 안 들어서인지를요.

시작할 때 막막한 것은 다 마찬가지입니다. 처음부터 아이가 어떤 분야를 좋아할지 알기도 매우 어렵고요. 그래서 매일 진행 기록을 남기는 것이 더더욱 중요합니다.

J 잠수네 회원이라면 노트 대신 〈잠수네 포트폴리오〉에 기록하세요

〈포트폴리오〉에 진행 과정을 꾸준히 입력해 두면 진행에 큰 도움이 됩니다. 스마트폰으로 흘려듣기, 집중듣기, 영어책 읽기를 〈잠수네 책벌레〉에 입력하고, 〈포트폴리오〉에서 〈책벌레〉 입력 내용을 불러온 후, 한 줄 반응을 기록해 보세요. 진행 시간과 단계를 분석한 것도 살피며 어디가 빈틈이고 부족하고 과한지 챙겨보시기 바랍니다.

파닉스 학습: 처음부터 하면 효과 제로, 최소의 투자로 최대의 효과를 챙기자

파닉스 학습에 관심을 갖는 이유는 '파닉스 규칙을 알아야 영어책을 잘 읽을 수 있다'라는 말 때문일 것입니다. 파닉스 학습이 영어책 읽기에 어느 정도 도움을 주는 것은 사실입니다. 그러나 '해도 그만, 안 해도 그만'이라고 말하거나 파닉스 학습에 투자한 시간을 후회하는 분들도 많습니다. 1년 동안 학원에서 파닉스를 배우고, 선생님까지 붙여 가르치면 파닉스 단어 위주로 쓰인 쉬운 리더스북은 읽을 수 있겠지요. 그러나 생소한 단어가 튀어나오는 영어그림책이나 보통의 리더스북은 읽기 겁냅니다.

일껏 외운 파닉스 규칙을 홀랑 잊어버리는 아이도 있습니다. 파닉스를 반복해서 가르쳐야 한다는 말이 나오는 것은 이런 아이들이 아주 많기 때문이에요. 어떤 책이든 죄다 파닉스 규칙대로만 읽는 아이를 보고 뒷골을 잡는 부모도 있습니다.

이쯤되면 파닉스 학습 효과가 있고 없고를 가르는 기준이 무엇일까 궁금하지 않나요? 잠수네 아이들의 경험을 토대로 파닉스 학습 효과가 있는 경우와 없는 경우를 나눠봤습니다.

파닉스 학습의 효과가 있는 경우	파닉스 학습 효과가 거의 없는 경우
· 영어DVD를 6개월 이상 봤다. · 영어책을 많이 들었다.	· 영어DVD 보기를 시작한 지 얼마 안 됐다. · 영어책을 거의 접하지 않은 상태다.

위의 표에서 왼쪽의 경우라면 파닉스 규칙을 전혀 몰라도 영어책을 술술 잘 읽는 아이들이 많습니다. 파닉스 규칙을 가르치면 하루나 길어도 일주일이면 금방 깨칩니다. 반면 오른쪽처럼 영어 소리를 들은 시간이 많지 않거나, 아는 영어단어도 별로 없고 영어책을

읽은 적이 없는 아이라면 득보다 실이 많습니다. 파닉스 규칙을 깨치는 데 시간도 오래 걸리고, 일껏 가르쳐 놔도 영어책을 읽지 못할 가능성이 매우 높습니다. 한글을 깨치는 데 힘들었던 아이라면 영어글자를 인지하기 위한 파닉스 학습 역시 느릴 거라고 예상해야 합니다.

이처럼 파닉스 학습은 '아이에 따라, 처음부터 했는가 적기에 했는가'에 따라 결과가 천양지차입니다. 학원을 보내거나 선생님을 붙여서 할 정도로 어렵지도 않고, 장기간 파닉스 학습지를 하거나 고가의 파닉스 전집을 구입하지 않아도 됩니다. 복잡한 규칙까지 몰라도 됩니다. 자음과 모음의 음가만 알면 그만입니다. '필수'가 아닌 '선택'일 뿐입니다.

파닉스 학습은 ① 흘려듣기, 집중듣기를 충분히 해서 ② 들어서 아는 단어가 많고 ③ 집중듣기 했던 쉬운 영어책(J1단계)을 읽을 수 있을 때 서점에서 파닉스 학습서 한 권을 구입해서 가볍게 해보세요. 인터넷 사이트나 유튜브에서 무료로 간단한 동영상을 봐도 좋고, 파닉스 학습용으로 나온 DVD 1~2편을 봐도 됩니다. 길어야 1달 정도 투자하면 충분합니다.

※ 파닉스 교재는 〈적응2〉과정을 참조해 주세요.

적응1 과정 추천교재

DVD

❶ [JD2] Caillou 시리즈 (까이유)
❷ [JD2] The Baby Triplets 시리즈 (우리는 세 쌍둥이)
❸ [JD2] Peppa Pig 시리즈 (꿀꿀 페파는 즐거워)
❹ [JD2] Peep and the Big Wide World 시리즈
❺ [JD2] Harold and the Purple Crayon 시리즈 (해롤드와 자주색 크레파스)
❻ [JD2] ALPHABLOCKS 시리즈 (알파블록)
❼ [JD2] Dora the Explorer 시리즈 (도라도라 영어나라)
❽ [JD2] Kipper 시리즈 (키퍼)
❾ [JD2] Max & Ruby 시리즈 (토끼네 집으로 오세요)
❿ [JD2] Wee Sing 시리즈 (위씽)
⓫ [JD2] Wallykazam 시리즈
⓬ [JD2] Wonder Pets 시리즈 (원더펫)
⓭ [JD2] Tilly and Friends 시리즈 (틸리와 친구들)
⓮ [JD2] Clifford's Puppy Days 시리즈 (클리포드 퍼피 데이)
⓯ [JD2] Maisy 시리즈 (메이지)
⓰ [JD3] WordWorld 시리즈 (워드월드)
⓱ [JD3] Super WHY 시리즈 (슈퍼 와이)
⓲ [JD3] Little Bear 시리즈 (리틀베어)
⓳ [JD3] Little Princess 시리즈 (리틀 프린세스)
⓴ [JD3] Peg+Cat 시리즈 (페기+캣의 숫자놀이)

적응1 과정 추천교재

리더스북

❶ [J1] Ready to Read 시리즈: Twins (4권)
❷ [J1] Sight Word Readers 시리즈 (25권)
❸ [J1] Potato Pals 시리즈: 세트1,2 (12권)
❹ [J1] Learn to Read 시리즈: Level 1 (48권)
❺ [J1] Step into Reading 시리즈: Step 1 (52권)
❻ [J2] Little Critter First Readers 시리즈: Level 1 (10권)
❼ [J2] Oxford Reading Tree 시리즈: Stage 3 (44권)
❽ [J2] I Can Read Book 시즈: Biscuit (19권)
❾ [J2] Clifford Phonics Fun 시리즈 (74권)
❿ [J2] My Books 시리즈 (9권)

그림책

❶ [J1] The Artist Who Painted a Blue Horse
❷ [J1] Alphabatics
❸ [J1] Hooray for Fish!
❹ [J1] I Like Books
❺ [J1] Rain
❻ [J1] Monkey and Me
❼ [J1] Big Hugs, Little Hugs
❽ [J1] Have You Seen My Cat?
❾ [J1] Big, Bigger, Biggest
❿ [J1] Orange Pear Apple Bear

그림책

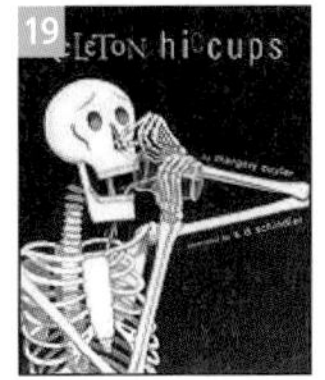

❶ [J1] Count!
❷ [J1] Who Says Woof?
❸ [J1] On Market Street
❹ [J2] One Mole Digging a Hole
❺ [J2] Monster, Monster
❻ [J2] Go Away, Big Green Monster!
❼ [J2] From Head to Toe
❽ [J2] Five Little Monkeys Jumping on the Bed
❾ [J2] If I Had a Dragon
❿ [J2] A Bear-y Tale
⓫ [J2] Inside Mouse, Outside Mouse
⓬ [J2] We All Sing with the Same Voice
⓭ [J2] A Cat and a Dog
⓮ [J2] Walking Through the Jungle
⓯ [J2] Dear Zoo
⓰ [J2] Bear about Town
⓱ [J2] Can You Keep a Secret?
⓲ [J2] Ten Black Dots
⓳ [J2] Skeleton Hiccups
⓴ [J2] The Other Day I Met a Bear

영어 싫어하는 초1 아들과 1년간 잠수하며 많이도 헤맸는데요. 이젠 어느 정도 적응이 됐어요.

작성자: 몽밍맘 (초1)

에너지 넘치고 말대답 꼬박꼬박 하는, 다루기 힘든 야생마 같은 초1 아들. 입학하면서 너무 힘들었어요. 주변 아이들은 학원 스케줄로 바쁜데 놀 친구 없는 아들은 심심해서 저를 하루 종일 들들 볶고……. 하지만 1년이 지난 지금, 수학과 한글책은 한참 멀었지만 영어는 뭔가 자리를 잡아갑니다.

(1) 흘려듣기: 처음에 〈아이언맨〉, 〈트랜스포머〉 보여줬다가 차츰 단계를 낮춰갔어요. 초기엔 영어로만 틀어주니 울고불고 성화가 대단했지요. 1년이 지난 지금은 자기 수준에 맞는 동영상을 유투브로 딱 1시간 30분만 봅니다. TV도 안 보고요. 계속 영어DVD만 보여주니깐 어느 순간 포기하고 그 안에서 좋아하는 목록이 생기더라구요. 아 신기해. 진짜 엄마가 강단지게 끌고 가면 되는 거였어요. 초기엔 그걸 몰랐어요.

(2) 집중듣기와 그림책 읽기: 무조건 리뷰 보고 재밌는 순으로 열 권씩 한 달 대여하고 계속 돌려봤습니다. 초기엔 듣기 싫다고 울기도 했죠. 제발 오디오 좀 꺼달라고도 하구요. 그런데 시간이 흐르니 좋아하는 책이 생기고, 갖고 싶어 하는 책이 생기더라구요. 하루에 5분으로 집중듣기를 시작했다가 지금은 20분씩으로 정착했어요. 주로 노부영, 문진 책들로 진행하는데 5권 정도면 적당하더라구요. 그 이

상 안 합니다. 빨리 끝내고 싶은 아들은 쉬운 책은 그냥 외웁니다. 파일 틀어서 한 문장씩 쉐도잉하는 것보다 자기가 쭉~ 읽는 것이 빨리 끝나니까요. 대여한 책 중 좋아하는 것은 구매합니다. 그런데 재밌는 것이 구매한 책은 시간이 지나 다시 하려 하면 안 해요. 유치하고 쉽다고. 저도 모르게 실력이 올랐나 봅니다. 그냥 느~긋하게 하는 것이 도움된 것 같아요. 현재 제가 무조건 고수하는 아들의 스케줄은

첫째, 흘려듣기 끝나면 6시까지 무조건 밖에서 뛰어놀기

둘째, 에너지 발산하고 얌전해져 돌아온 아들과 영어 집듣 5권, 잠수 연산 1장, 잠들기 전에 책읽기

주위 극성 엄마들의 잘못된 정보에 휩쓸렸던 학기 초에는 너무나 힘들었어요. 불안하고 초조하고 주눅 들고……. 그러다가 어느 순간 귀 닫고 눈감고 그냥 잠수네만 가끔 와서 보며 소신 있게 했더니 뭔가 계속 진행되었습니다. 느~긋하게 하는 게 중요한 것 같아요. 그래야 아이도 엄마도 병 안 납니다.

적응2

과정

기준

J1단계 영어책을 거의 읽고 이해합니다.

현상

- 소리와 글자를 맞출 수 있습니다.
- DVD를 보며 알아듣는 말이 조금씩 많아집니다.
- 반복해서 들은 쉬운 영어책은 혼자 읽을 수 있습니다.
- 많이 들은 말은 입으로 중얼거리는 현상이 나타납니다.

<적응2>과정의 시간 배분과 진행

구분	DVD 흘려듣기		집중듣기				책읽기	
			쉬운 집중듣기		어려운 집중듣기			
D+1개월	JD2~3	1시간~1시간30분	J2	10분	J3	10분	J1~2	20분(4~6권)
D+2개월	JD2~3	1시간~1시간30분	J2	10분	J3	15분	J1~2	25분(5~7권)
D+3개월	JD2~3	1시간~1시간30분	J2	10분	J3	20분	J1~2	30분(6~8권)
D+4개월 ~6개월	JD2~3	1시간~1시간30분	J2	10분	J3~4	20분	J1~2	30분(6~8권)
D+7개월 ~12개월	JD2~3	1시간~1시간30분	J2	10분	J3~4	20분	J1~3	30분(6~8권)

핵심 포인트

★ <쉬운 집중듣기>와 <어려운 집중듣기>를 오전, 오후로 나눠서 병행하기
★ 재미있고 즐거우면 저절로 영어 실력 향상!
★ 잠수네 영어 3종 세트를 매일 빼먹지 말고 진행하기
★ 읽은 책과 시간은 수시로 기록할 것
★ 초등 2학년 겨울방학은 잠수네 영어 시간을 늘리기 제일 좋은 시기

〈적응2〉과정의 목표: 잠수네 영어 3종 세트 균형 잡기

아이가 좋아하는 방향으로 가다 보면 잠시 한쪽으로 쏠릴 가능성이 높습니다. 흘려듣기를 좋아하면 흘려듣기만 하면서 몇 개월을 보내기 쉽습니다. 집중듣기에 신경 쓰다 보면 흘려듣기와 책읽기가 실종되고요. 책읽기에 비중을 두다 보면 흘려듣기는 하는 둥 마는 둥, 집중듣기는 근근이 맥만 이어가는 상황이 될 수 있습니다. 잠수네 영어는 흘려듣기, 집중듣기, 책읽기가 서로 맞물려 가며 시너지 효과를 냅니다. 효과를 극대화하려면 3가지 모두 매일 빼먹지 말아야 해요. 한 가지라도 제대로 안 하면 그만큼 정체됩니다. 3종 세트를 꼬박꼬박 챙기세요. 그래야 영어실력도 죽죽 올라갈 것입니다.

〈적응2〉과정의 시간 배분과 진행표에서 〈D+1개월〉부터 〈D+7개월~12개월〉까지 기간은 임의로 정한 것입니다. 아이가 잘 따라온다면 그대로 가도 되지만, 힘들다면 더 늦춰도 무방합니다. 아이의 반응을 봐가면서 유연하게 적용해 주세요.

※ 책읽기에서 J1~J2단계 영어책은 집중듣기 한 책과 안 한 책을 섞어서 읽어도 됩니다. 그러나 J3단계는 집중듣기 한 책 중 자신있는 책으로 읽게 해주세요.

〈적응2〉과정의 핵심 포인트

1. 〈쉬운 집중듣기〉와 〈어려운 집중듣기〉를 병행합니다

〈쉬운 집중듣기〉는 쉬운 영어책을 읽기 위해, 〈어려운 집중듣기〉는 영어책 수준을 끌어올리기 위한 것입니다. 한 번에 두 종류의 집중듣기를 다 하기는 어렵습니다. 오전, 오후 두 타임으로 나눠서 진행해 주세요.

2. 최대한 즐겁게 가세요

잠수네 영어는 즐겁게 느끼게만 해주면 이보다 쉬운 방법이 없습니다. 노는 것 같은데 저절로 영어가 습득되니까요. 재미있는 DVD를 계속 찾아 주세요. 아이 마음에 쏙 드는 재미있는 그림책 사냥을 늦추지 말고, 쉽고 재미있는 리더스북 집중듣기로 자신감을 북돋아 주시기 바랍니다. 잠자리에 들기 전에는 아이를 꼭 안아주세요. "집중듣기가 힘든데 정말 잘했어! 우리 ○○가 자랑스러워. 영어책을 어쩜 그렇게 술술 읽니? 엄마(아빠)는 네 나이 때 엄두도 못 냈단다" 하고 격려와 칭찬도 꼭 해주고요. 스스로 영어를 아주 잘한다고 생각하면 영어가 재미있습니다. 영어가 재미있고 즐거우면 실력 향상은 시간문제입니다.

3. 잠수네 3종 세트를 매일 빼먹지 말고 진행하세요

습관은 무섭습니다. 꾸준히 하는 것도 습관이지만, 하다 말다 하는 것도 습관입니다. DVD 보기를 하다 말다 하면 집중듣기나 책읽기도 이런저런 핑계를 대며 안 하기 쉽습니다. 잠수네에서는 많은 부모들이 여행, 캠핑,

체험학습 등 가족나들이 계획이 잡히면 아침 일찍 아이를 깨워서 집중듣기를 합니다. 이동할 때 오디오 흘려듣기를 하고, 도착해서 쉴 때 DVD를 보고요. 자기 전에는 한글책과 영어책을 한 권이라도 읽도록 합니다. 명절 때도 마찬가지예요. 중학생이라면 모를까 초등학생은 학교시험 공부한다고 빼먹지 마세요. 반드시 표가 납니다. 며칠 안 하면 다시 습관 잡는데 몇 배의 시간이 걸려요.

초등 저학년, 참 예쁘고 사랑스러운 때입니다. 학교 갔다 와서 쉬고 싶다고 하면 쉴 시간이, 놀고 싶다고 하면 놀 시간도 있어야 합니다. 하지만 계획 없이 하루를 보내면 아이는 아이대로 마음껏 못 놀았다며 부루퉁하고, 엄마는 엄마대로 한 것 없이 분주하게 보낸 것만 같아 찜찜합니다. 계획 없이는 잠수네 영어 3종 세트를 균형 있게 진행하기 어렵습니다. 하루는 책읽기가 밀리고, 또 하루는 집중듣기가 밀리기 일쑤예요. 그날에 해야 할 것, 하기로 한 것은 꼭 진행한다는 단호함이 필요합니다. 그러려면 하루 일정표가 있어야 해요. 노는 시간도 넣고, 영어 하는 시간도 아이와 의논해서 넣어보고요. 필요하다면 약속도장을 받으세요. 한 것은 스티커를 붙이거나 동그라미를 그려보고요.

4. 읽은 책과 시간은 꼭 기록하세요

수첩이나 스마트폰을 들고 다니면서 수시로 기록하거나 한 달에 한 번 결산도 해보세요. 이번 달은 어떠했는지 분석하고, 다음 달 목표와 실천 계획을 세워보는 거죠. 기록하는 습관이 정착되면 좋은 점이 참 많습니다. 그날 본 DVD/영어책 목록과 시간, 아이의 반응을 자세하게 적어두면 나중에 쓱 훑어만 봐도 아이의 취향을 바로 파악할 수 있습니다. 집중듣기 하는 책의 수준이나 분량이 적당한지, 다음에 어떤 책을 주면 아이가 좋아할지도 눈에 들어오고요. 대충 한 날, 제대로 한 날이 한눈에 보이니까 긴장의 끈을 늦추지 않고 꾸준히 갈 수 있는 힘이 됩니다. 슬럼프나 정체기가 와도 미루거나 포기하지 않게 해주지요. 하루하루 기록을 남기는 것이 별것 아닌 일 같습니다. 어린 동생이라도 있으면 짬이 안 나기도 할 거예요. 그러나 기록 없이 진행하면 느릿느릿 게으름 피우기 딱 좋아요. 이 책을 봤는지 안 봤는지 헷갈립니다. 잠수네 영어 3종이 들쑥날쑥 널뛰기해도 알 길이 없습니다.

5. 잠수네 영어 3시간을 꽉 채울 시기는 초등 2학년 겨울방학이 좋아요

〈적응1〉과정에서는 30분부터 시작해서 1시간 30분~2시간까지 야금야금 시간을 늘렸습니다. 〈적응2〉과정에서도 무리하지 말고 조금씩 시간을 늘려가세요. 단, 초등 1학년은 아직 어리므로 3시간을 채우려 욕심내지 마세요. 초등 2학년 1학기는 1학년의 연장이라고 봐야 해요. 역시 3시간은 힘듭니다. 초2 여름방학은 기간도 짧은 데다 여름휴가와 더위 때문에 장시간 진행하기 어렵습니다. 2학기(초2)부터 3시간 진행을 시도해 볼 수 있지만 무리하지는 마세요. 시간을 늘리기 제일 좋은 시기는 초등 2학년 겨울방학입니다.

☑ J2단계를 거의 이해하는 수준인 〈발전1〉과정으로 가려면

잠수네에서 하라는 시간과 단계를 지켜 잠수네 3종 세트를 빼먹지 않고 하면 누구나 한 단계 오를 수 있습니다. 흘려듣기, 집중듣기, 책읽기 세 가지 중 한 가지라도 몰입하는 것이 있으면 〈발전1〉과정으로 좀 더 쉽게 가지요(여기서 몰입은 재미있는 것을 반복하는 것. 일명 '대박 DVD, 대박 영어책이나 시리즈'를 만나는 것). 쉬운 영어책 읽는 시간이 많아도 영어실력이 올라갑니다. 〈적응2〉과정 진행표를 보면 〈D+1개월〉부터 〈D+3개월〉까지 책읽기 시간이 20분 → 25분 → 30분으로 조금씩 늘어납니다. 영어책 읽기에 자신이 붙으면 이 시간도 자연스럽게 늘어납니다.

흘려듣기, 과하지도 부족하지도 않게 해주세요

오랫동안 잠수네 영어를 했는데 발전이 없다고 고민하는 집을 보면 공통점이 있습니다. 바로 DVD 흘려듣기만 열심히 하고 집중듣기와 책읽기는 하다 말다 대충 하는 거예요. DVD만 열심히 본다면 영어실력은 제자리걸음일 뿐입니다. 집중듣기, 영어책 읽기를 같이 해야 실력이 올라갑니다.

한술 더 떠서 디즈니 만화 등 자극적인 DVD만 보는 집도 많습니다. 말이 빠르고 화면이 휙휙 넘어가는 JD4~JD5단계 DVD는 아무리 반복해

서 봐도 제대로 이해하는 아이가 많지 않습니다. 대부분 소리는 알아듣지 못하고 현란한 그림만 보고 있는 거예요. 뭔가 하는 것 같지만 허송세월하기 딱 좋습니다. 잠수네에서 DVD 단계를 정한 이유가 바로 이런 문제 때문입니다. 높은 단계 DVD만 봤다면 단계를 낮추려는 노력이 필요합니다. 집중듣기도 편하게 진행되고요. 낮은 단계의 DVD가 시시하고 유치하다고 거부하면 일단 JD4~JD5단계를 보여주세요. 대신 짬짬이 쉬운 JD2~JD3단계 DVD를 넣어줘야 해요. 열심히 찾아보면 쉬운 DVD 중에도 재미있어하는 것이 꽤 나옵니다. 원하는 DVD를 보려면 쉬운 DVD를 봐야 한다고 하든지, 영어를 잘하려면 쉬운 DVD를 봐야 한다고 설득해 보세요.

반대로 DVD 흘려듣기가 실종되는 경우도 있습니다. 아이들 교육상 TV를 없앤 집이라면, 영어 때문에 그동안의 교육철학을 바꾸자니 타협이 안 되기도 할 거예요. 드문 경우지만 영어는 고사하고 한글TV도 안 보는 아이도 있습니다. 집중듣기와 책읽기에 신경을 곤두세우다 흘려듣기는 대충 넘어가기도 하고요. 시간 없다고 하루 이틀 빼먹다 아예 안 보기도 하더군요. 과연 내용을 이해할까 의심병이 들어 처음부터 보여주지 않는 집도 있습니다. 생각을 바꿔주세요. DVD 흘려듣기의 최대 장점은 놀면서 영어가 습득되는 것입니다. 잠수네 영어가 순조롭게 착착 진행되는 집을 보면 DVD 흘려듣기를 거르지 않습니다. 무한 반복할 가능성이 있는 DVD를 계속 찾아주세요. 다양한 흘려듣기 기회를 제공해야 즐기는 영어, 살아있는 영어로 가는 발판이 다져집니다.

Q1 내용을 얼마나 이해할까요?

처음에는 이해 못 하는 것이 정상입니다. 그러나 시간이 흐르면서 한두 개씩 '단어'가 귀에 들어와요. 알아 듣는 말도 많아집니다. DVD의 그림을 보다 보면 어느새 말이 이해되는 거예요(그래서 자막 없이 봐야 해요). 이해하면 재미있어집니다. 재미있으니 몰입하게 되고, 반복해서 보게 됩니다. 몰입과 반복이 거듭되다 보면 무슨 말인지 다 이해됩니다. 선순환이 일어나는 거죠. 그래서 쉬운 DVD를 보라는 겁니다. 5분에서 20~30분짜리 TV 만화시리즈는 등장인물이 같습니다. 나오는 단어나 대사도 비슷해요. 에피소드는 매번 달라도 실상은 반복해서 보는 것이나 다름없습니다.

Q2 한 가지만 반복해요

아이가 한 가지만 반복해서 보려 한다면 걱정 푹 놓아도 됩니다. 이보다 더 좋을 수 없다입니다. 반복해서 보면 귀가 트입니다. 발음이 좋아지고 말이 터져나옵니다. 내용을 다 이해하니 시도 때도 없이 재미있던 장면을 이야기하고 싶어 합니다. 혼자 놀면서 중얼중얼 영어로 말하기도 하고요. 알아듣는 말이 많아지면 집중듣기와 책읽기도 순조롭습니다. 걱정할 것이 아니라 덩실덩실 춤이라도 추어야 할 상황입니다. 정 걱정스럽다면 다른 DVD를 틈틈이 보여주세요. 몇 달씩 재미있게 보던 것을 '팽'시키는 놀라운 경험을 하게 될 겁니다.

Q3 계속 새것만 보여달래요

내용을 이해 못 해서 그렇습니다. 정말 재미있는 것을 아직 못 만나서 그렇고요. 일단 아이가 원하는 대로 새로운 것을 계속 대주세요. 그다음 DVD 목록을 만들고, 각각 1~5점까지 점수를 매기라고 해보세요. 1달 동안 본 뒤 4~5점짜리를 모으고, 이 안에서 보고 싶은 걸 고르라고 하면 길게 반복하는 효과를 얻을 수 있습니다. 이때도 되도록이면 JD2~JD3단계를 보여주는 것이 좋습니다.

Q4 오디오 흘려듣기만 하면 안 될까요?

오디오 흘려듣기만으로는 영어듣기 시간이 많이 부족합니다. 영어노래로만 1시간 이상 매일 듣기란 쉽지 않아요. 소리 듣는 것을 아주 좋아하는 아이라면 몰라도 DVD에 비해 집중도도 떨어집니다. DVD는 집중해서 화면을 보지만 오디오 흘려듣기는 딴짓하면서 듣는 경우가 대부분이거든요. 그림책을 볼 때 그림을 통해 단어의 의미를 유추하듯, DVD 시청할 때도 움직이는 그림을 보면서 말의 의미를 알게 됩니다. DVD 흘려듣기는 매일 꼭 진행해 주세요.

집중듣기, 단계를 과하게 높이지 마세요

집중듣기 습관이 자리 잡으면 슬금슬금 욕심이 커집니다. 좀 더 글밥 많고 두꺼운 책으로 하고 싶어져요. 아직 영어책을 재미있게, 많이 읽을 실력이 안 되니 집중듣기 책 수준만 계속 올라갑니다. 어느새 집중듣기 책과 읽는 책의 차이가 많이 벌어지기 쉽습니다. 이렇게 되면 엄마는 뿌듯할지 몰라도 아이는 힘들어요. 눈치 보느라 재미있다고 말하더라도요. 읽기와 연결이 안 되니 영어실력도 오랜 기간 제자리걸음하기 쉽습니다. 착각은 금물. 어려운 책으로 하는 집중듣기는 아이의 진짜 실력이 아닙니다. 듣고 바로 읽을 수 있는 쉬운 책이 실제 수준이지요.

J2단계의 〈쉬운 집중듣기〉는 정말 중요합니다. 쉬우니까 조금 더 집중할 수 있고, 집중듣기 한 책을 읽을 수 있다는 자신감까지 주거든요. 바로 읽을 수 있으니 영어실력이 올라가는 데 그만입니다. 읽을 수 있는 책은 집중듣기 목록에서 뺀 뒤 다른 책장이나 바구니에 담아두세요. 읽을 줄 아는데 집중듣기 할 필요는 없으니까요.

그렇다고 너무 쉬운 책만 반복해서는 발전이 없습니다. J3~J4단계의 〈어려운 집중듣기〉와 꼭 병행해 주세요. J3, J4단계 영어책으로 넘어가는 디딤돌이 되니까요. 단, J3단계 이상 책은 집중듣기 했다고 바로 읽으라고 하면 안 됩니다. 아이가 먼저 읽겠다고 할 때까지는요.

Q1 언제까지 옆에서 같이 집중듣기를 해야 하죠?

계속해야 합니다. 집중듣기에 재미 붙여서 더 하면 안 되느냐고 할 때까지요. 이때도 제대로 듣는지 확인하는 감시자가 아니라 아이의 마음으로 옆에 있어주세요. 엄마도 같이 공부한다는 심정으로요. 그래야 아이가 힘들어하는 부분을 진심으로 이해할 수 있습니다. 아이도 엄마가 애쓰는 모습에 덩달아 열심히 하려 합니다. 스트레스도 덜 받고요. 아이가 책 내용을 물었는데 모르면 같이 찾아보세요. 궁금해하지 않으면 아는지 굳이 확인하지 않아도 됩니다.

Q2 집중듣기 시간을 줄이거나 늘리면 안 되나요?

집중듣기를 힘들어하는 날은 좀 줄여주세요. 대신 흘려듣기를 조금 더 하면 되지요. 내일은 꼭 집중듣기 시간을 지키자고 약속하고요. 하지만 〈적응2〉과정 진행표에서 제시한 시간 이상으로 늘리지 마세요. 집중듣기 시간을 늘리는 데는 빨리 영어책 단계를 올리고 싶은 부모의 욕심이 깔려 있습니다. 아이는 하기 싫은 것을 더 해야 하니 영어와 더 멀어져요. '다른 집 아이는 더 하는데……' 하며 비교하지 마세요. 집중듣기를 많이 하는 아이들은 재미있어서 그런 거예요. 아직은 집중듣기에 흥미를 느끼기 어렵습니다.

Q3 쉬운 집중듣기는 안 하면 안 될까요?

쉬운 집중듣기는 책읽기로 이끌어 주기도 하지만 새로운 책에 대한 두려움을 없애주기도 합니다. 엄마가 보기에 혼자 충분히 읽는 책이라도 아이가 원하면 집중듣기를 하게 해주세요. 오디오CD가 없으면 부모가 읽어주고요. 부모가 읽어주기 힘들면 좀 더 기다렸다 보여주면 됩니다. 어려운 책으로 집중듣기 하는 것이 보기에는 그럴듯해도 진짜 실력은 쉬운 책 다지기에서 나옵니다. 엄마의 자존심, 욕심을 버려야 집중듣기 시간이 즐거워집니다. 마음 비우기가 답이에요.

Q4 리더스북만으로 집중듣기 하면 안 될까요?

한 시리즈당 수십 권이 있는 리더스북은 단계가 나눠져 있어 구입하기 편합니다. 글씨가 커 읽기도 편합니다. 오디오CD가 또박또박 읽어주니 집중듣기 하기에도 그만이죠. 가격도 그림책에 비해 싼 편입니다. 그러나 '재미'가 들어가기 어렵다는 것이 단점입니다. '어휘와 문장'이 그 나물에 그 밥인 쉬운 수준인 것도 한계이고요. 리더스북만 들으면 생소한 어휘나 꼬인 문장이 나오는 영어책은 재미없다고 안 볼 가능성이 높아요(사실은 어려워서 보기 싫은 거예요).

특히 《Oxford Reading Tree(ORT)》로만 집중듣기 하는 것은 아주 위험합니다. 《ORT》는 리더스북 중 가장 재미있습니다. 레벨별로 난이도 차가 많지 않아 성취감을 느끼기에 좋습니다. 세이펜 같은 전자펜이 붙어 있어 집중듣기 하기도 편합니다(비싼 것이 단점). 그러나 이 시리즈만으로 집중듣기를 하면 나중에 들을 책이 없어 애를 먹습니다. 역설적이지만 이만큼 쉽고 재미있는 리더스북이 없기 때문이죠. 《ORT》로 집중듣기를 하고 싶다면 다른 리더스북, 그림책도 섞어주세요. 그래야 선택의 폭이 넓어지고, 다른 리더스북도 읽습니다. 모르는 단어나 어려운 문장이 나와도 겁내지 않게 되고요.

Q5 그림책 집중듣기를 꼭 해야 하나요?

그림책 집중듣기는 매일 한 권 이상 꼭 넣어주는 것이 좋습니다. 그림책에서는 같은 말이라도 계속 다른 단어로 바꿔 표현합니다. 문장도 조금씩 다르게 나오고요. 그러므로 그림책을 많이 보면 어휘력, 독해력이 커질 수밖에 없어요. 그에 비해 리더스북은 같은 단어가 반복됩니다. 읽기 쉬운 대신 어휘를 늘리기는 어렵습니다. 그림책 집중듣기로 재미와 어휘력을 챙긴다면, 리더스북 집중듣기는 자신감을 갖게 해줍니다. 집중듣기 한 책을 나중에 읽기용으로도 사용하잖아요. 만약 그림책 집중듣기를 안 하면 그림책 읽기와 점점 멀어져요. 그림책과 리더스북 2가지를 같이 하는 것이 일거양득이겠죠?

책읽기, 집중듣기 안 한 쉬운 책 읽기를 시작합니다

집중듣기 한 책을 꾸준히 읽다 보면 읽을 줄 아는 단어가 늘어납니다. 쉬운 문장은 저절로 뜻을 깨칩니다. 참 신기해 보이지만 사실은 당연한 일입니다. 그동안 DVD 흘려듣기와 쉬운 책 집중듣기로 꽤 많은 어휘를 알게 되었으니까요. 집중듣기 한 쉬운 책을 200권 정도 읽었다면 읽을 줄 아는 단어가 500개 정도 될 겁니다. 이제 집중듣기 안 한 책읽기도 병행할 수 있습니다.

〈적응2〉과정 진행표의 〈D+1개월〉의 책읽기 칸을 봐주세요. 20분간 4~6권을 읽는다고 되어있죠? 이 중 한 권만 집중듣기 하지 않은 책을 읽습니다. 나머지는 집중듣기 한 책을 읽고요. 다음 달에는 2권, 그다음 달에는 3권, 이렇게 처음 접하는 책을 야금야금 늘려보세요. 이때도 그림책은 꼭 넣어주는 것이 좋아요. 아이가 힘들어하는 기색이 보이면 집중듣기 한 책 위주로 좀 더 진행해도 됩니다. 어쩌면 아이가 먼저 집중듣기 하지 않은 영어책을 읽겠다고 덥석 집을지도 몰라요.

처음 읽는 책은 단어 위주로 된 아주 쉬운 책(J1단계)이 좋습니다. 8~20여 쪽짜리 얇은 손바닥 크기의 리더스북은 읽기에 자신감을 갖기 아주 좋습니다. 이런 류는 문장도 간단하고 반복되는 문장 구조로 되어 있습니다. 단 썩 재밌지 않다는 것이 단점이에요. 재미있고 쉬운 그림책도 같이 준비해 주세요. 역시 단어 1개짜리, 쉽고 단순한 문장으로요. 이때도 읽을 책은 아이가 고르게 하세요. 반복하는 횟수나 책 선택도 아이에게 맡기고요. 부모는 하루에 읽을 양만 정해주면 됩니다.

〈적응2〉과정에서 음독은 필수입니다. 15분 정도는 꼭 소리 내어 읽게 해주세요. 단어 뜻을 말해주고, 해석하라고 하지 말고요. 자기가 궁금해하지 않으면 뜻을 알려줘도 금방 잊어버려요. 버벅거리며 읽는다고 혼내면 책읽기가 싫어집니다. 대신 정말 잘 읽는다고 추임새를 넣어주세요. 소리 내서 잘 읽은 책은 묵독해도 괜찮습니다. 묵독할 때 그림만 본다고 지적하지 마세요. 그림 보는 것도 읽기예요. 그림은 책의 내용을 이해하는 데 아주 중요한 단서입니다. 그림을 반복해서 보면 단어와 문장의 뜻을 쉽게 유추할 수 있습니다.

〈적응2〉과정도 '쉬운 책 읽기' 가이드라인을 드릴게요.

1단계) 매일 20분, 4~6권 …… 한 달 읽기 목표 120권

2단계) 매일 25분, 5~7권 …… 한 달 읽기 목표 150권

3단계) 매일 30분, 6~8권 …… 한 달 읽기 목표 200권

*집중듣기 안 한 쉬운 책을 1권 → 2권 → 3권으로 늘려가세요.

☑ 집중듣기 안 한 쉬운 책 읽기 노하우, 다시 한 번 정리해 볼까요?

시작 시점은?

집중듣기 한 J1~J2단계 책이 200권 정도 될 때

어떻게 읽을까?

1. 1권, 2권, 3권씩 야금야금 늘려간다.
   (예: 집중듣기 한 책 3권 + 집중듣기 안 한 책 1권)
2. J1단계의 아주 쉬운 리더스북으로 시작한다.
3. 재미있는 그림책(단어 1개, 아주 쉬운 1줄짜리)을 섞는다.
4. 하루에 읽을 양만 정해주고 책 선택과 반복 횟수는 아이가 정한다.
5. 소리 내어 읽기로 15분, 그 이상은 묵독한다.
6. 단어 확인, 해석시키지 말고 아이를 믿고 기다린다.
7. 읽기 도전, 재미, 가속도를 붙이고 싶으면 '키높이 쌓기'에 도전한다.

Q1 책읽기를 싫어하는데요?

책읽기에 가속도를 내고, 재미도 느끼게 해주고 싶으면 '키 높이 쌓기'를 해보세요. 읽을 수 있는 책을 모두 모은 다음 읽고 나면 안전한 곳에 한 권씩 쌓아 올리는 거예요. 하루에 많은 양을 읽는 것은 아니지만 어느새 아이의 무릎, 허리, 가슴, 자기 키까지 넘어가게 됩니다. 책장이 점점 비워지는 것은 당연지사. 안 보던 책도 집게 될 뿐 아니라 읽은 것이 바로 눈으로 확인되니 읽기 거부감이 사라집니다. 혼자 읽기 힘들어하면 엄마가 읽어주세요. 그래도 읽었다고 쳐주기!(이 책 저 책 다 읽어달라고 갖고 올걸요?) 인증샷도 찍어 아빠랑 주위 친지들께 자랑해 주세요. 사기 진작에 최고입니다.

아이 눈에 잘 띄는 곳에 책을 죽 늘어놓는 방법도 좋습니다. 오다 가다 그림이 마음에 들면 손이 가게 마련이니까요. 책의 앞표지가 보이게 꽂을 수 있는 '전면책장'을 이용해 보세요. 방바닥에 쫙 늘어놔도 괜찮습니다.

Q2 집중듣기 안 한 책 읽기를 겁내요

엄마아빠가 읽어주세요. 되도록이면 아이가 좋아하는 주제 중심으로 골라보고요. 처음에는 자신이 없어 듣기만 하겠지만 흥미를 느끼는 책이 나오면 바싹 붙어 앉아 눈을 반짝이며 들을 거예요. 한글책도 많이 읽어주면 읽기로 자연스럽게 넘어가잖아요. 자꾸 들으면 나도 읽을 수 있다고 책을 잡는 날이 옵니다. 아이는 부모가 정성을 들인 만큼 발전합니다. 새 책 읽기는 아이에겐 자신감을, 엄마에겐 감동을 선사해 줍니다. 저학년은 시간이 충분합니다. 조급한 마음을 버리고 영어에 재미를 느끼게 해주세요.

Q3 재미있는 책이 없어요

소리 있는 책만으로는 재미있는 책 찾기가 쉽지 않습니다. 읽기용으로 소리 없는 재미있는 책을 한 권 한 권 모아보세요. '이렇게 재미있는 책이 많다니!' 새로운 세상을 발견하게 될 겁니다. 아이를 잘 관찰하면 힌트가 보입니다. 먼저 재미있게 집중듣기 한 책(주로 그림책)을 골라보세요. 그 다음 같은 작가가 쓴 다른 책을 찾아보는 거예요. 그림작가가 같은 책은 그림체만 봐도 아이가 먼저 같은 작가라는 사실을 알아차릴 거예요. 한글책은 어떤 책을 좋아하나요? 영어그림책도 아이가 좋아하는 주제나 캐릭터가 나오는 것으로 찾아보세요. 인터넷 서점을 검색해 '이 책은 좋아할 거야!' 하는 감이 오는 새 책이 보이면 먼저 도서관에서 빌리세요. 그중 10%만 재미있다고 해도 대성공입니다. 재미있어하는 책은 꼭 구입해 주고요. 겨울방학은 책에 몰입할 수 있는 좋은 기회입니다. 아이가 몰입해서 독서할 수 있도록 재미있는 책 공급을 늦추지 마세요. 아이들은 엄마의 정성으로 한 계단 한 계단 올라갑니다.

Q4 알아서 읽지 않아요

걱정하지 마세요. 당연합니다. 아직은 스스로 읽을 때가 아니거든요. 혼자 읽을 만한 실력도 안 되거니와 알아서 집을 만큼 재미있는 영어책이 얼마나 있겠어요? 지금은 부모가 이끌고 가야 하는 시기예요. 첫 번째 해법은 함께 읽기. 같이 읽으면 조금 어려운 책도 소화할 수 있습니다. 혼자 읽지 않아도 되므로 부담감도 덜해요. 아이 한 번, 엄마 한 번씩 번갈아 읽어보세요. 새 책을 낯설고 어려워하면 먼저 엄마가 읽어주고요. 두 번째는 재미있는 노래로 듣기(오디오 흘려듣기)입니다. 노래를 많이 들으면 집중듣기가 쉽습니다. '노래듣기+집중듣기'를 통해 소리 노출이 많아지면 자연스럽게 책읽기가 됩니다.

Q5 한글책 읽기가 줄어요

어떤 문제를 해결하면 다른 문제가 또 불거지는 현상, 일명 풍선효과가 영어책 읽기를 하며 나타납니다. 바로 한글책 읽는 시간이 줄어드는 거예요. 영어에 치중하다 보니 한글책 읽기가 뒤로 밀리는 거죠. 이때 한글책 읽는 고삐를 늦추면 안 됩니다. 영어책과 한글책의 비중을 계속 맞춰주세요. 초등 1, 2학년은 한글책과 영어책 비율을 2:1 정도는 유지해야 합니다. 우리말 책읽기를 확장하기 위한 방법으로는 도서관 이용이 부담 없어 좋습니다. 주말에는 아예 도서관에 가서 책 읽고 밥 먹고 놀다 와도 괜찮아요.

저학년 때는 한글책 읽기 부족이 국어성적과 바로 연결됩니다. 특히 영어시간 비중이 높은 유치원을 다녔거나 유아 때부터 영어에 많은 시간을 투자했다면 더 신경 써야 합니다. 상대적으로 한글책에 소홀했을 가능성이 매우 높거든요. 한글책에 구멍이 보인다고 '진작 읽힐걸……' 하며 미련을 갖지 마세요. 지금부터 시작해도 충분히 극복 가능합니다.

문제는 어떻게 해야 할지 다 아는데 실천이 부족하다는 것. 어떻게 해야 한글책을 안 읽으려는 아이와 좋은 관계를 유지하면서 잘 이끌 것인가도 관건입니다. 우선 엄마의 마음이 중요합니다. 아이가 안 따라준다고 핑계대지 말고 방법을 찾으세요. 답은 영어책 읽기와 똑같습니다. 재미있고 쉬운 책부터 읽어가면 됩니다. 집에 있는 전집만 읽히려 하지 마세요. 재미있게 읽을 만한 단행본이 널리고 널렸습니다. 잠수네 한글책 베스트 목록은 잠수네 아이들이 많이 읽은 책, 최고평점을 받은 책들만 모은 것입니다. 그것만 다 읽게 해보세요. 아이 입에서 한글책이 재미있다는 소리가 저절로 나옵니다.

학교 갔다 와서 간식 먹는 시간, 저녁 준비할 때를 한글책 읽는 시간으로 잡아도 좋습니다. 아이 말을 귀 기울여 듣고 한 권씩 읽을 때마다 칭찬도 아낌없이 해주세요. 북트리를 벽에 붙인 뒤 한 권 읽을 때마다 스티커 한 장씩 붙이는 방식도 좋습니다. 잠수네에는 한글책 북트리와 영어책 북트리를 같이 키우는 집이 아주 많습니다. 혼자 안 읽으려고 하면 엄마아빠가 읽어주세요. 아빠가 책 읽어주기에 동참하면 책과 친구가 되는 것은 시간문제입니다. 이유식을 할 때처럼, 걸음마를 할 때처럼 한글책을 알아서 읽는 습관이 몸에 밸 때까지 최대한 도와주면 즐기며 책읽는 습관도 잡힙니다.

〈선택사항〉 가볍게 파닉스 규칙을 알려주어도 좋습니다

파닉스 학습은 두 가지 이점이 있습니다. 하나는 파닉스 규칙을 익힌다는 것, 또 하나는 파닉스 규칙을 배우며 자주 마주치는 단어들이 기억에 남는다는 점입니다. 이 때문에 파닉스 규칙을 알면 그 규칙에 맞는 단어들이 많이 나오는 J1~J2단계의 쉬운 리더스북을 쉽게 읽을 수 있습니다. 이를 두고 "파닉스를 하니 영어책을 잘 읽어요, 파닉스를 안 해서 영어책을 못 읽나 봐요"라는 말이 나오는 겁니다.

그러나 파닉스가 만능은 아니에요. 한글을 뗄 때도 한글 자모음 조합을 알려주면 금방 이해하는 아이, 통 문자로 떼는 아이, 책을 읽으며 자연스럽게 배우는 아이 등 여러 유형이 나오잖아요. 영어도 마찬가지입니다. 파닉스 학습의 효과가 있는 아이도 있지만(한글조합의 원리를 쉽게 이해하는 유형) 파닉스 규칙을 배웠어도 단어 읽기가 안 되는 아이도 있습니다.

파닉스를 몰라도 영어책을 듣고 읽으면서 책읽기가 가능한 아이도 많고요.

파닉스를 꼭 하고 싶다면 기본적인 규칙을 가르쳐 주는 학습서 한두 권이면 충분합니다. 학습을 좋아하는 아이면 파닉스 학습서를 해보세요. 싫어하면 파닉스 리더스북이나 파닉스를 가르쳐 주는 DVD를 봐도 됩니다. 영어책과 DVD로 파닉스 규칙을 깨치는 아이들도 많으니까요. DVD 흘려듣기와 영어책 듣기로 터잡기가 충분하면 '어? 파닉스를 안 했는데도 책을 잘 읽는데?' 하는 마음이 들 거예요. 이런 경우라면 파닉스를 안 해도 무방합니다.

파닉스 학습서

Steck-Vaughn Phonics 시리즈

PEARSON Phonics 시리즈

Scholastic Phonics 시리즈

파닉스 리더스북

[J1] Brand New Readers 시리즈 (59권)

[J1~2] Floppy's Phonics 시리즈: Stage 1~3 (36권)

[J1] Sight Word Readers 시리즈 (25권)

파닉스 DVD

[JD2] ALPHABLOCKS 시리즈

[JD2] Wallykazam 시리즈

[JD2] Olive and The Rhyme Rescue Crew 시리즈

[JD2] ABC Monsters 시리즈

[JD3] WordWorld 시리즈

[JD3] LeapFrog: LetterFactory (립프로그: 글자공장)

[JD3] SuperWHY 시리즈

[JD3] BetweentheLions 시리즈

[JD4] WordGirl 시리즈

집중듣기에서 읽기로 못 넘어가는 이유는?

읽기만 꾸준히 되면 영어학원, 원어민과외, 조기유학 간 것이 부럽지 않을 만큼 실력이 쌓입니다. 그러나 흘려듣기, 집중듣기까지는 어찌어찌 잘하다가 읽기에서 탁 막히고 마는 집들이 많습니다. 이 문제에 대한 원인과 대책을 조목조목 알려 드리겠습니다.

✱ 1. 다른 사교육 하느라 시간이 없다

이것저것 하다 보면 맨 나중으로 밀리는 것이 읽기입니다. 학원 갔다 오면 책 읽을 시간이 나오지 않습니다. 책은 시간 여유가 있어야 읽을 수 있습니다. 운동 한 가지, 악기 한 개 빼고는 모두 가지 치세요. 남들 하는 사교육의 대부분은 안 해도 그만인 것들입니다.

✱ 2. 읽을 만한 쉬운 책이 없다

읽기가 안 된다고 하소연하는 분을 보면 '쉬운 책'이 없는 경우가 대부분입니다. 쉬운 책 구입을 아까워해서지요. 어려운 책을 읽어야 영어실력이 올라간다고 생각하면 대단한 착각입니다. J1~J2단계의 쉬운 책 구입을 아까워하지 마세요. 비용 대비 효과가 제일 큽니다. 반복 횟수가 가장 많으니까요. 정 구입하기 어려우면 도서관에서 부지런히 빌려 오세요. 아이가 책읽기에 부쩍 재미를 느끼게 됩니다. 쉬운 단계 책의 중요성을 깨닫고 실천하면 게임 끝입니다.

✱ 3. 너무 어려운 책으로 집중듣기를 하고 있다

집중듣기용 영어책을 고를 때 재미만 고려하면 단계가 높은 책 위주로 갈 가능성이 큽니다. 읽기는 느릿느릿 달팽이처럼 가는데 집중듣기 단계만 계속 올리면 읽기는 더 힘들어집니다. 쉬운 집중듣기를 꼭 병행하세요. 집중듣기 하는 책과 읽을 수 있는 책의 차이가 2단계(J단계) 이상 나면 집중듣기 단계를 더 내려야 합니다.

✱ 4. 읽기로 무게중심이 옮겨가지 않는다

유독 집중듣기를 좋아하는 아이들이 있습니다. 집중듣기는 많이 하는데 읽기는 가뭄에 콩 나듯 지지부진합니다. 잘 읽지도 못하면서 1줄짜리 영어책은 시시하게 여깁니다. 집중듣기 하는 수준이 자기 실력인 줄 착각하는 거죠. 집중듣기가 편하다고 읽기를 안 하면 읽기와 점점 멀어집니다. 흘려듣기, 집중듣기만으로는 금방 한계에 부딪힙니다. J3단계 집중듣기를 한다면 J1단계 읽기도 같이 해야 합니다. 처음에는 한 권으로 시작하지만 점점 읽는 양도 늘려야 합니다.

적응 2 과정 추천교재

DVD

1 
2 
3 
4 
5 
6 
7 
8 
9 
10 
11 
12 
13 
14 
15 
16 
17 
18 
19 
20 

❶ [JD2] Numberjacks 시리즈 (넘버잭스)
❷ [JD2] Chloe's Closet 시리즈 (클로이의 요술옷장)
❸ [JD2] Toopy and Binoo 시리즈 (투피와 비누)
❹ [JD2] Louie Draw Me 시리즈 (그림 그려줘, 루이)
❺ [JD2] Ben and Holly's Little Kingdom 시리즈 (벤과 홀리의 작은 왕국)
❻ [JD2] Little Einsteins 시리즈 (리틀 아인슈타인)
❼ [JD2] Meg and Mog 시리즈 (메그와 모그)
❽ [JD2] Timothy Goes To School 시리즈 (티모시네 유치원)
❾ [JD2] BaBar: King of the Elephants 시리즈 (코끼리왕 바바)
❿ [JD3] The Paperbag Princess (종이봉지 공주)
⓫ [JD3] Between the Lions 시리즈 (비트윈 더 라이온스)
⓬ [JD3] Dr. Seuss 시리즈
⓭ [JD3] Strawberry Shortcake 시리즈 (스트로베리 숏케익)
⓮ [JD3] Olivia 시리즈 (올리비아)
⓯ [JD3] Clifford 시리즈 (클리포드)
⓰ [JD3] LeapFrog: Let's Go to School
⓱ [JD3] Team Umizoomi 시리즈 (우미주미)
⓲ [JD3] Madeline TV 시리즈
⓳ [JD3] Berenstain Bears 시리즈 (우리는 곰돌이 가족)
⓴ [JD3] The Busy World of Richard Scarry 시리즈

리더스북

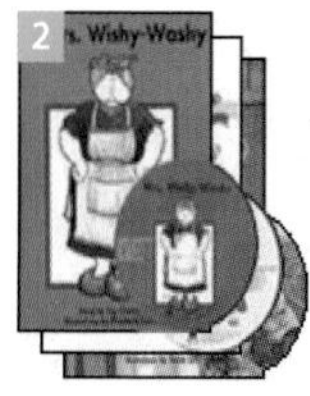

❶ [J2] Ready to Read 시리즈: Eloise (16권)
❷ [J2] Wishy Washy Readers 시리즈 (36권)
❸ [J2] Ready to Read 시리즈: Robin Hill School (29권)
❹ [J2] Oxford Reading Tree 시리즈: Stage 4(48권)
❺ [J3] D.W. 시리즈 (Arthur) (9권)

그림책 같은 리더스북

❶ [J3] Arthur Starter 시리즈 (16권)
❷ [J3] Fly Guy 시리즈 (15권)
❸ [J3] Froggy 시리즈 (25권)
❹ [J3] Little Princess 시리즈 (21권)
❺ [J3] I Can Read Book 시리즈: Pinkalicious (13권)

그림책

❶ [J2] Chocolate Mousse for Greedy Goose
❷ [J2] Beans on Toast
❸ [J2] Hippo Has a Hat
❹ [J2] Twenty-four Robbers
❺ [J2] Finding Jack
❻ [J3] Baabooom!
❼ [J3] LMNO peas
❽ [J3] My Crayons Talk
❾ [J3] Good-Night, Owl!
❿ [J3] The Doorbell Rang

적응2 과정 추천교재

그림책

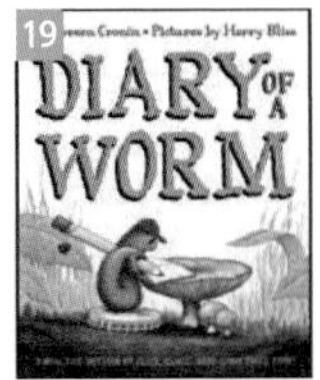

❶ [J3] Each Peach Pear Plum
❷ [J3] My Dad
❸ [J3] Willy the Dreamer
❹ [J3] Silly Sally
❺ [J3] There was an Old Lady Who Swallowed a Fly
❻ [J3] Go Away Mr Wolf!
❼ [J3] The Pig in the Pond
❽ [J3] Pants
❾ [J3] More Pants
❿ [J3] King Bidgood's in the Bathtub
⓫ [J4] Who Sank the Boat?
⓬ [J4] The Wind Blew
⓭ [J4] Waking Up is Hard to Do
⓮ [J4] Owl Babies
⓯ [J4] A Weekend with Wendell
⓰ [J4] Winnie the Witch
⓱ [J4] Stone Soup
⓲ [J4] Willy's Pictures
⓳ [J4] Diary of a Worm (Diary of a 시리즈)
⓴ [J4] The Balloon Tree

리더스북

❶ [J1] I Can Read! Phonics Fun 시리즈: Tug the Pup Level 1 (11권)
❷ [J1] Sunshine Readers 시리즈: Level 1 (12권)
❸ [J1] Reading Adventures 시리즈: Winnie the Pooh (10권)
❹ [J1] Ready to Read 시리즈: Wonder Pets (4권)
❺ [J1] Red Nose Readers: Red (8권)
❻ [J2] Ready to Read 시리즈: Puppy Mudge (5권)
❼ [J2] Ready to Roll 시리즈: Jon Scieszka's Trucktown (11권)
❽ [J2] Reading Adventures 시리즈: Disney Princess (10권)
❾ [J2] Scholastic Reader 시리즈: Level 1 (74권)
❿ [J2] Step into Reading 시리즈: Richard Scarry (5권)

그림책

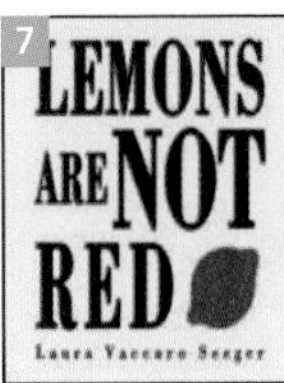

❶ [J1] Yo! Yes
❷ [J1] Higher! Higher!
❸ [J1] Things I Like
❹ [J1] Trucks Trucks Trucks
❺ [J1] Hug
❻ [J1] When This Box is Full
❼ [J1] Lemons are Not Red
❽ [J1] Counting: A Bugs Pop-Up Concept Books
❾ [J1] Me Hungry!
❿ [J1] Good Egg

적응 2 과정 추천교재

그림책

❶ [J1] Food for Thought
❷ [J1] 10 Minutes Till Bedtime
❸ [J1] Blue Chameleon
❹ [J1] Which Would You Rather Be?
❺ [J1] 1 Hunter
❻ [J2] A is for Salad
❼ [J2] Far Far Away!
❽ [J2] Matilda's Cat
❾ [J2] Up! Tall! and High
❿ [J2] Rocket Countdown
⓫ [J2] It Looked Like Spilt Milk
⓬ [J2] Me! Me! ABC
⓭ [J2] One Gorilla
⓮ [J2] I'm the Best Artist in the Ocean
⓯ [J2] What's the Time, Mr. Wolf?
⓰ [J2] I Can Be Anything
⓱ [J3] Polar Bear, Polar Bear, What Do You Hear?
⓲ [J3] Bark, George
⓳ [J3] Five Little Monkeys Sitting in a Tree
⓴ [J3] Handa's Surprise

잠수네 톡

우리 딸과 이런 딸일 수밖에 없게 한몫 톡톡히 하던 에미의 잠수네 공부 전후만 살짝 짚고 가보아요~^^

작성자: 베리굿데이 (초2, 5세)

★ Before ···› 2년 전!!

(1) 베리

- 알파벳도 모르고 영어에 '영'자만 꺼내도 욕지거리 하던 아이
- TV 볼 때도 쏼라쏼라~ 낌새가 보이면 귀를 틀어막고 ㄷ~ㄷ~
- 한글책에 전혀 관심 없고 오로지 놀이터 모래판만 들입다 파던 아이
- 책이 좀만 두껍고 글이 많다 싶으면 ㄷ ~ㄷ~거리며 쳐다도 안 보던 아이
- 도서관을 가도 도서관인지 놀이방인지 도통 구분이 안 가던 아이

(2) 베리 에미(나)

- 딸내미 7세 때, 6월까지도 영어에 대한 주입식교육만 알고 초등학교 입학과 동시에 학습지나 학원 보낼 끔찍한 생각을 하고 있었음!
- 잠수 초기, 영어DVD 소리에도 머리에 쥐가 나서 토할 뻔하던 에미
- 한글책 읽어주는 게 낯설고 귀찮고, 항상 TV 리모컨을 쥐고 있던 에미
- 예의상 아이들 손 잡고 가는 도서관에선 무슨 책을 보여줘야 할지 몰라 멍 때리고 아이들이 알아서 빼보기를 당연시하던 간 큰 에미!
- 제대로 봐주지도 않으면서 하루 종일 목이 터져라 버럭버럭~

• 그 어린아이가 뭘 그리 혼자서 다 하길 바랬는지

갑자기 울컥~ 이 놈의 지지배한테 코끝 시리게 미안해짐.

★ After ···› 잠수 가입 후~현재

(1) 베리

• 한글책이 재밌다! 완전 인정 모드~. 꾸준히 책과 함께하며 "두꺼운 책이 좋아요." 본인 입으로 소문내고 다니심
• 영어 소리는 당연지사. 우리말로 보는 것이 더 어색할 정도?
• 하루 학습과 놀이 습관이 기본 생활이 돼버림(아침 집듣 30분/ 하루 흘듣 1시간 이상 / 수학 및 교과복습 30분 / 책읽기 1~3시간 / 놀이터 2시간)
• 꼬부랑 글씨도 쉬운 문장들은 제법 읽어 내려가는 중

(2) 베리 에미(나)

• 잠수 가입 후 정말 딱 3개월 동안 잠수 흐름에 대해 이해, 적응
• 〈책나무〉부터 파기 시작. 한글책에 눈을 뜨게 되고
• 도서관 가면 책장 책장마다 안면 있는 책들에 내 책마냥 반갑고
• 재밌다는 책 안고 업고 날라 나의 유머러스함과 헐리웃 액션배우 목소리로 아이들 관심을 한 몸에 받으며 읽어주기 시작
• 에미가 아이들 책에 푹 빠져 더 재밌어함. 학창 시절 팽~쳤던 책 사랑이 뒤늦게 발동. 아이들도 옆에서 덩달아 책과 노닐고

• 영어 소리에도 에미가 먼저 적응. 엄마가 "재밌다, 재밌다" 하면 언제부턴가 자연스럽게 옆에서 같이 보고 있는 베리

잠수 전 냅다 으르릉거리던 나의 모습을 반성하며 잠수 안에서 여러 선배맘들의 주옥 같은 어록을 마음에 새기며, 이제 실행만이 남았으니 친구처럼 진정한 대화와 수다로 베리 말에 경청하는 에미가 될 것을 다짐합니다.

발전1

과정

기준

J2단계 영어책을 거의 읽고 이해합니다.

현상

- 쉬운DVD(JD2~3단계)의 내용을 대강 이해합니다.
- 따로 외우지 않아도 아는 단어들이 늘어납니다.
- 영어책의 그림을 보며 단어 뜻을 유추합니다.
- 말이 안 되더라도 간단한 의사표현은 하려고 합니다.

〈발전1〉과정의 시간 배분과 진행

구분	DVD 흘려듣기		집중듣기				책읽기	
			쉬운 집중듣기		어려운 집중듣기			
초반	JD3	1시간	J3	10분	J4	20분	J1~2단계 + 집중듣기 한 J3단계 추가	30분(7~10권)
후반	JD3~4	1시간	J3	10분	J4	20분	J1~3단계 읽기 + 집중듣기 안 한 J3단계 추가	30분(7~10권)

핵심 포인트

★ 매일 2시간 진행을 목표로 하기
★ 아이가 쉬운 DVD를 즐기도록 해주기
★ 집중듣기와 재미있는 책 만나기가 관건
★ <쉬운 책 1000권 읽기>를 시작하기
★ 재미있어하는 책에서 실마리를 찾아 책 읽기 확장하기

〈발전1〉과정의 목표: 쉬운 책으로 읽기 양(   ) 늘리기

초등 1, 2학년이 〈발전1〉과정이라면 영어를 상당히 잘하는 수준입니다. 최소 1년 이상 잠수네 영어를 성실하게 한 아이들이죠. 영어책을 꾸준히 읽지 않았다면 영어유치원, 영어학원 경험이 있어도 여기까지 오기 쉽지 않습니다.

지금은 행복하게 진행해도 될 때입니다. 앞으로 어떻게 이끌어 갈지 미리 걱정하지 마세요. 아이 손을 꼭 잡고 즐겁게 웃으며 진행하시기 바랍니다. '습관의 힘, 재미있는 책, 부모의 사랑', 이 3가지면 얼마든지 쑥쑥 자랄 수 있습니다. 습관의 힘은 일정한 시간에 무엇인가를 꾸준히 하는 과정에서 생깁니다. 책 읽는 재미는 부모의 꾸준한 노력으로 얻을 수 있는 것이지요. 부모의 사랑과 배려를 통해 자기 시간을 어떻게 쓸지 스스로 결정하는 아이로 자라납니다.

초등 1, 2학년은 여유가 많습니다. 놀고 싶어 하면 주말과 방학을 이용해 충분히 놀게 해주세요. 어린 시절의 행복한 추억은 뒹굴거리며 신나게 논 경험에서 나옵니다. 잠수네 영어가 즐거운 추억으로 남는다면 금상첨화겠고요. 그러려면 조급해하지 말아야겠지요. 구체적으로 무엇을 하고 말지에 집착하면 길을 잃습니다. 나는 아이를 어떻게 키우고 싶은가 방향을 잘 잡아보세요. 남과 비교하지 말고요.

〈발전1〉과정의 핵심 포인트

1. 매일 2시간 진행을 목표로 합니다

아직 어린 나이인 만큼 매일 2시간 정도가 적당합니다. DVD 보기 1시간, 집중듣기 30분, 책읽기 30분으로 시간 배분을 하고요. 위의 표대로 매일 시간을 지켜야 한다는 부담은 갖지 마세요. 집중듣기가 재미있는 날은 읽기 시간이 조금 줄 수도 있고, 읽기가 재미있으면 집중듣기 시간을 살짝 줄여도 됩니다. 한 달간 전체 비중만 유지하면 됩니다.

2. 쉬운 DVD를 즐기게 해주세요

〈적응〉과정에서는 잘 알아듣지 못해도 습관을 들이기 위해, 재미라도 느끼라고 JD4, JD5단계 DVD를 보여준 집들이 꽤 있을 겁니다. 이제는 DVD 단계를 JD3 정도로 내려보세요. 그전까지 시시하다고 안 보던 것을 의외로 재미있게 보는 아이들이 많습니다. 영어책 읽는 수준이 올라가면서 아는 단어가 많아졌거든요. 예전에는 알아듣지 못해 멍하니 있거나 딴짓을 했을지 몰라요. 그러나 지금은 장면이 웃기지 않아도 말이 재미있으면 까르르하기도 합니다. "엄마, 재네가 저러는 이유는요……" 하며 줄거리를 말해주느라 쉴 새 없이 떠든다면 몰입해서 본다는 증거입니다. 다만 JD4단계 애니메이션은 초등 1, 2학년 아이들이 보기에 염려스러운 장면이 많습니다. 유튜브에서 샘플을 찾아보고, 괜찮다고 생각되는 것만 고르기 바랍니다.

3. 집중듣기, 재미있는 책 찾기가 관건입니다

〈적응2〉과정에 이어 〈발전1〉과정도 쉬운 집중듣기와 어려운 집중듣기를 병행합니다. 단, J2단계 책을 읽고 이해할 수 있으니 한 단계씩 올리는 거죠. 쉬운 집중듣기는 J3단계로, 어려운 집중듣기는 J4단계로요.

J3~J4단계에는 집중듣기 하기에 재미있는 영어책이 많습니다. 그림책, 리더스북, 그림책 같은 리더스북, 챕터북 등 선택의 폭도 넓어집니다. 집중듣기 하다 재미있으면 읽어보겠다는 욕심도 냅니다. 단, J4단계 챕터북은 조심스럽게 접근하세요. 초등 1, 2학년은 한글책도 두껍고 글밥이 많으면 두려워할 때입니다. 영어도 마찬가지예요. 글밥 많은 책보다 글이 많지 않은 책, 두꺼운 책보다 얇은 책, 갱지로 된 챕터북보다 컬러판 책이 거부감이 덜합니다. 또한 좋아하는 주제, 캐릭터를 찾아주면 집중듣기가 수월해집니다.

단, 책읽기는 안 하고 집중듣기만 하겠다는 태도는 주의해야 합니다. 재미있는 책을 만나서 집중듣기 태도가 좋아진 것은 환영할 만하지만, 편하다고 방치하면 책읽기는 점점 멀어집니다. 집중듣기 한 책은 진짜 읽은 책이 아닙니다. 언젠가는 홀로서기(집중듣기 안 하고 책읽기)를 해야 해요. 집중듣기만 하면 제자리에서 오래오래 머물 수밖에 없습니다. 책읽기를 빼먹지 말고 꼭 병행하세요. 재미있는 책읽기를 위해 녹음하면서 읽기, 소리 내어 읽는 모습 동영상 촬영하기, 포상이나 당근 제도 등을 적극 활용하는 분들도 많습니다.

4. 〈쉬운 책 1000권 읽기〉를 시작합니다

집중듣기 하지 않은 J2단계 영어책을 편안하게 보면 1000권 읽기를 시작할 때입니다. 집중듣기 한 책과 안 한 책을 적절하게 섞어보세요. 한쪽에 단어 1개, 1줄짜리 J1~J2단계 영어책을 읽다 보면 어느새 J3단계 영어책을 읽게 됩니다. 가랑비에 옷깃 젖는다는 속담처럼 나도 모르게 읽기실력이 쑥 상승합니다. 아이가 책을 가까이하지 않는다고 걱정하지 마세요. 아직 때가 이릅니다. J4단계 이상을 편안하게 읽을 때가 되면 영어책을 한글책처럼 재미있게 봅니다. 그때까지 좀 더 기다려 주세요. 1000권 읽기는 마음의 준비가 필요합니다. 미리 이야기해서 스스로 해보겠다는 의지가 생길 때 도전하기 바랍니다. 학기 중에는 1000권 읽기를 본격적으로 시작하기 힘들 수 있습니다. 방학을 이용해 보세요.

5. 재미있는 책 사냥에 본격적으로 나설 때입니다

〈적응〉과정에서는 영어책을 골라서 읽을 실력이 안 되니 잠수네 베스트 위주로 진행했습니다. 그러나 J2~J3단계를 읽을 정도가 되면 아이가 좋아하는 책으로 해도 될 만큼 영어책이 충분합니다. 재미있는 책을 잘 찾아주기만 하면 앞으로 죽죽 나갈 수 있어요. 귀찮아서, 경제적으로 어렵다는 핑계로 집에 있는 책만 반복하면 '재미'는 영영 만나기 어렵습니다.

도서관을 이용하면 스트레스 안 받고 다양하게 책을 공급할 수 있습니다. 아이가 좋아하는 분야를 잘 모르겠다면 잠수네 베스트 목록 중에 빌리세요. 5~6권 중 한 권이라도 재미있다고 하면 성공입니다. 재미있어하는 책에서 실마리를 찾으세요. 같은 작가의 책, 같은 주제의 책, 같은 시리즈 책으로 확장하는 거죠. 반복해서 보는 책은 아깝다 생각하지 말고 구입하세요. 아이의 영어실력을 올려주는 것은 어려운 책이 아니라 쉽고 글밥 적은 얇은 책들이랍니다.

특히 형제자매가 있는 집이라면 잠수네 베스트 목록의 쉬운 책은 구입하는 것이 좋습니다. 첫째가 팽했더라도 둘째, 셋째는 재미있게 볼 수 있어요. 지금은 재미없다며 외면했어도 1, 2년 뒤에 재미있다고 하기도 하고요. 손품, 발품을 팔아 구입한 책을 아이가 재미있다고 하면 신이 납니다. 동네 아줌마들과 외식, 백화점 나들이 안 해도 행복합니다. 옷이나 화장품 사는 것보다 책 사는 것이 더 좋아집니다. 아이의 재미를 찾아나섰는데 부모가 더 재미있어지는 신기한 경험을 하게 됩니다.

☑ J3단계를 거의 이해하는 〈발전2〉과정으로 가려면

우선 '양'을 채워야 합니다. 딱히 재미있는 영어책이 없는 상태에서는 매일 정해진 양을 듣고 읽는 수밖에 없어요. 앞서 적응과정처럼요. 문제는 이 양을 채우지 않는 집이 많다는 사실. 대강대강, 귀차니즘에 빠져 미루기를 반복하다 보면 재미있는 책이 없다, 읽을 책이 없다는 반응만 나옵니다. 1000권 읽기도 유야무야됩니다.

하지만 초등 1, 2학년은 천천히 가도 됩니다. J3단계 영어책을 거의 이해하며 읽는다는 것은 미국 1학년 아이들과 읽는 수준이 같거나 더 낫다는 말입니다. 상당한 시간이 필요할 수밖에 없다는 것을 미리 감안해 주세요.

엄마의 마인드가 중요합니다

1. 지금부터는 완급 조절이 필요합니다

너무 조급해도, 너무 느긋해도 곤란해요. 유아 때부터 잠수네 영어를 꾸준히 했다면 영어에 투자하느라 구멍 난 부분은 없는지 살펴봐야 합니다. 노는 시간, 한글책, 부모와의 관계, 3가지를요. 영어유치원에서 상당히 잘했던 아이라면 지금부터 다시 시작한다는 마음자세가 필요합니다. 영어책 읽기가 받쳐주지 않으면 영어실력이 올라가지 못한다는 것, 영어학원에 보내면 한글책, 영어책 모두 읽을 시간이 안 나온다는 사실을 빨리 깨달아야 하는 것이죠. 초등학교 입학 후 성실하게 진행했다면 지금까지처럼 꾸준히 하되, 영어와 다른 영역(한글책, 수학, 놀이 등)이 균형 있게 진행되는지 늘 돌아봐야 합니다. 엄마가 지나치게 계획적이어서 아이가 숨을 못 쉬고 따라가는지도 살펴보세요. 주말 중 하루쯤은 신나게 놀 시간도 필요하거든요. 아이가 영어를 꽤 잘한다는 자신감에 대충대충 진행하고 있다면, 부모부터 습관을 바꿔야 합니다. 주 6일, 2시간씩 잠수네 영어 3종 세트를 꾸준히 하겠다는 마음으로요.

2. 아이를 믿어주세요

〈발전1〉과정은 일명 '거품방'이라고 합니다. 분명 J2단계 영어책을 이해하는 수준인데, 실제로 읽겠다고 잡는 책은 J3, J4단계인 경우가 종종 있기 때문입니다. 여자아이라면 공주나 요정이 나오는 책, 그림이 예쁜 책이면 자기 수준을 뛰어넘어도 읽습니다. 공룡, 자동차, 슈퍼히어로를 좋아하는 남자아이들도 마찬가지입니다. 황당무계한 코믹물이면 단계 구분 없이 읽기도 합니다. 일상의 잔잔한 이야기나 감동적인 내용을 좋아하는 아이도 있고요. 영어를 잘한다는 자신감에 집중듣기 한 어려운 책을 읽겠다고 기염을 토하기도 합니다. 다 믿어주세요. 쉬운 책은 90~100% 이해하고 있겠지요. 어려운 책은 처음 볼 때 그림만 훑을 수도 있습니다. 그러나 재미있으면 반복해서 본다는 것이 핵심입니다. 보는 횟수를 거듭할수록 점점 이해도가 올라갑니다. 그림을 보며 단어 뜻을 깨치고, 문장의 의미도 이해하고요. 문맥에서, 배경지식을 통해 단어와 문장의 의미를 유추하기도 합니다. 영어책만 읽어도 내용 이해가 되는 놀라운 경험! 이런 과정을 많은 아이들이 거치고 있습니다. 한글책 읽기와 똑같이 진행되는 거죠.

3. 비교하지 마세요

〈발전1〉과정에서는 아이마다 속도차가 많이 납니다. 본격적인 읽기에 들어가기 때문입니다. 한글책 읽기가 탄탄하지 않거나 대박 영어책을 아직 못 만났다면 속도가 느릴 수밖에 없습니다. 반대의 경우는 눈부신 속도로 달리는 듯 보일 테고요. 엄친딸, 엄친아와 비교하면 애꿎은 아이만 잡게 됩니다. 잠수네의 많은 분들이 '내가 할 수 있을까? 우리 아이가 될까?'로 시작해서 '해보니 된다'라는 마음으로 바뀌었습니다. 내 아이만 보세요. 매일매일 달라지는 모습이 눈에 들어옵니다. 아이의 변화를 알아채면 즐겁고 신날 수밖에 없습니다.

4. 잠수네 영어를 정확하게 이해해야 합니다

단어는 읽지만 책 내용을 제대로 이해할지 의심하는 분이 많습니다. 이렇게 해서 과연 영어실력이 오를까 의혹이 들기도 하고요. 아이와 아웅다웅하다 보면 그냥 학원에 보내는 것이 낫겠다는 생각마저 들곤 합니다. 영어학원에 보낸들 답은 하나입니다. 결국 영어책을 읽어야 한다는 것. 흔들리지 마세요. 쓸데없이 오락가락하느라 돈 쓰고 시간만 허비할 뿐입니다. 잠수네 영어의 전 과정을 확실하게 이해하면 아이를 믿고 기다려 줄 수 있습니다. 엄마는 등대입니다. 캄캄한 바다에서 등대에 의지해 배가 나아가듯 엄마가 중심을 꽉 잡아야 아이도 믿고 따라옵니다.

〈선택사항〉 어휘를 확장시켜 주는 알파벳 그림책

J1~J3단계 쉬운 그림책 중 알파벳 그림책은 어휘 확장에 도움이 됩니다. 쉽다고 무시하지 마세요. 반복해서 읽다 보면 저절로 어휘를 익힐 수 있습니다. 재미있는 책으로 추렸으니 도서관에서 빌려 읽혀보세요.

[J1] Tomorrow's Alphabet 🎧

[J1] Alphabatics 🎧

[J1] Museum ABC

[J1] The Dog from Arf! Arf! to Zzzzzz 🎧

[J1] If Rocks Could Sing: A Discovered Alphabet 🎧

[J2] Me! Me! ABC

[J2] Alphabet Ice Cream: An a-z of Alphabet Fun

[J2] Ape in a Cape

[J2] Eating the Alphabet

[J2] Q is for Duck: An Alphabet Guessing Game

[J2] Click, Clack, Quackity-Quack: An Alphabetical Adventure

[J2] Albert's Alphabet

[J2] Black and White Rabbit's ABC

[J2] It Begins with an A

[J2] Apple Pie ABC

[J3] LMNO peas

[J3] Dr. Seuss's ABC

[J3] Chicka Chicka Boom Boom

[J3] Animal Parade: A Wildlife Alphabet

[J3] Z Is for Moose

[J3] So Many Bunnies: A Bedtime ABC and Counting Book

[J3] Alpha Bugs

[J3] G is for Goat

[J3] AlphaOops: H Is for Halloween: Midi Edition

[J3] AlphaBest

쉬운 책 1000권 읽기

〈발전1〉과정은 1000권 읽기를 시작할 적기입니다. J2단계를 읽고 이해하는 수준이거든요. J2단계를 잘 읽는 아이들은 J1단계는 아주 쉽게 읽고, J3단계는 살짝 어려워도 좋아하는 책이면 덥썩 잡습니다.

✽ 왜 1000권 읽기를 하나요?

1000권 읽기의 목적은 영어책 읽기에 자신감을 주는 것입니다. 글밥 많은 챕터북이나 소설을 읽기 위한 바탕을 만드는 과정이기도 합니다.

✽ 어떻게 1000권 읽기를 하죠?

❶ 100일 동안 1000권을 읽습니다

1000권의 영어책을 구비해야 하나 걱정하지 마세요. 100권을 10번 읽어도 되고, 200권을 5번 읽어도 됩니다. 1000권을 어떻게 읽나 겁내지 마세요. 1000권 읽기는 8~30쪽 정도의 얇은 영어책으로 하기에, 10권 읽는 데 30분이면 충분합니다. 한 달이면 300권, 100일이면 1000권을 읽습니다.

❷ J1~J3단계 〈쉬운 책〉으로 읽습니다

1000권 읽기는 〈지평선 읽기〉입니다. '쉬운 책(J1) + 만만한 책(J2) + 살짝 어려운 책(J3)'을 섞어 읽습니다. 초반에는 J1, J2단계 위주로 읽으면서 집중듣기 한 J3단계 책을 조금씩 넣어주세요. 읽을 수 있는 J3단계 책이 많아지면 후반에는 서서히 집중듣기 안 한 J3단계를 추가합니다. 즉 'J1단계 > J2단계 > J3단계' 순으로 J1단계를 제일 많이 넣어주다, 점점 J2단계, J3단계 비중을 올려가는 거예요.

❸ 리더스북, 그림책, 그림책 같은 리더스북을 적절하게 섞어보세요

〈리더스북〉은 1000권 읽기의 일등공신입니다. 읽기 쉬운 착한 책들이 많아요. 단, 집에 있는 리더스북만으로 편하게 가려 하지 마세요. 아이가 좋아할 만한 리더스북을 꾸준히 찾아야 합니다. 쉽고 재미까지 있으면 1000권 읽기는 일사천리로 진행되니까요. 책읽기의 재미에 폭 빠지게 해주는 〈그림책〉도 꼭 넣어주세요. 그림책은 구석구석 깨알 같은 재미가 있어 죽 읽다가도 다시 앞으로 와서 낄낄거리고 봅니다. 볼거리, 생각할 거리가 많으면 반복 횟수가 늘 뿐 아니라, 읽으면서 행복해합니다. 쉽게 읽히는 리더스북과 함께 그림책을 꽉 잡고 가야 하는 이유가 여기 있습니다. 한편 〈그림책 같은 리더스북〉은 달달한 사탕 같은 책입니다. 단점은 J3단계 이상이 대부분이라는 점. 대신 재미있게 본 DVD와 연계되는 책은 살짝 어려워도 흥미를 가지고 봅니다. 아이가 좋아하는 캐릭터가 나오는 책도 찾아보세요.

❹ 읽을 책은 스스로 선택합니다

1000권 읽기는 집에 100권 정도 구비한 뒤 시작하는 것이 좋습니다. J1~J3단계까지 일주일간 아이가 읽을 만한 책을 바구니에 담아두세요. 오늘 읽을 책은 그중에서 아이가 직접 고릅니다. 대부분의 아이들이 처음에는 쉽고 만만한 책으로 권수를 채우려 합니다. 그래도 내버려 두세요. 쉬운 책 1권에서 단어 1개만 알게 되어도 100권이면 100개의 단어를 습득하는 것입니다. 간혹 집중듣기 한 책이나 DVD로 본 책은 읽지 않겠다고 하는 경우도 있습니다. 아이의 취향을 존중해 주세요. 억지로 읽으라고 하지 말고 같은 작가나 같은 시리즈 또는 같은 주제의 다른 책을 찾아보면 좋겠습니다.

✱ 즐거운 1000권 읽기가 되려면?

❶ 음독은 15분만 하세요

쉬운 책이라 만만하게 보고 모두 소리 내어 읽기를 시키면 지칩니다. 1000권 읽기를 하려면 하루에 최소 10권은 소화해야 하는데 이걸 다 소리 내 읽으려면 시간이 너무 걸려요. 물론 음독을 좋아한다면 하고 싶은 대로 하라고 해도 되고요.

❷ 영어책 단계를 자꾸 올리지 마세요

엄마의 호기심에, 쉬운 책 읽기가 불안해서 두껍고 어려운 책을 권하면 영어책 읽기가 힘들어집니다. 집중듣기 한 책을 바로 읽으라고 하면 경기를 일으키게 됩니다. 아이의 의견을 존중해 주세요. 아이들이 재미없다고 하는 책은 어렵거나 자신의 성향과 아주 다른 책입니다. 분명 좋아할 만한 책인데 재미없다고 어렵다는 의미로 받아들이세요.

❸ 가지치기를 해야 합니다

책은 시간 여유가 있을 때 읽습니다. 즐겁게 책을 읽게 하려면 사교육은 최대한 끊으세요. 파닉스, 학습서에 과하게 시간을 들이지 마세요. 하루 30분 책읽기도 벅찰 수 있습니다.

❹ 동기부여를 해주세요

기록과 칭찬이 힘입니다. 벽에 〈100권짜리 북트리〉를 붙이고 한 권 읽을 때마다 스티커를 붙여주세요. 100권 북트리를 열 장 붙이면 1000권이 되겠죠? 8~12쪽의 얇은 책이라도 잘 읽었다고 칭찬해 주세요.

잠수네 회원은 〈잠수네 책벌레〉의 〈도전! 책읽기〉를 이용해 보세요

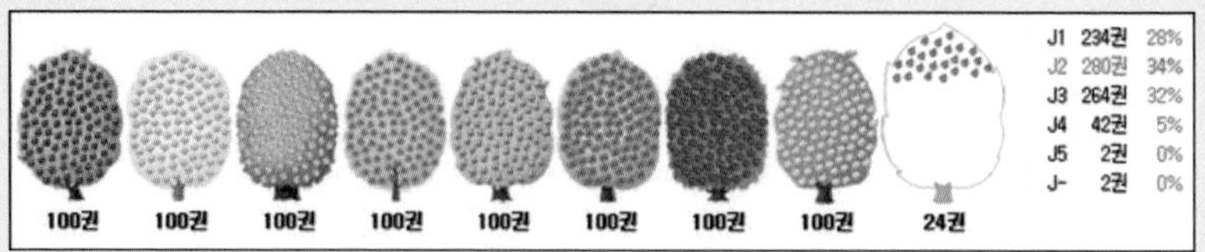

〈도전! 책읽기〉를 신청하고 〈잠수네 책벌레〉에 읽은 책을 입력하면 단계가 자동 분석됩니다. 단, 권수에 지나치게 집착하거나 읽기에 스트레스를 받는다면 아이한테 알리지 말고 〈도전! 책읽기〉를 해보세요. 읽은 권수와 단계분석을 보면 현재 읽기 수준을 판단하는 데 도움이 됩니다.

잠수네 회원의 기록으로 본 쉬운 책 읽기의 힘 (J1~J3)

잠수네 기록(책벌레, 포트폴리오)을 보면 아이의 성장이 보입니다. 〈잠수네 책벌레〉에서 회원 한 명(초1)의 〈영어책 읽은 권수〉 분석자료를 갖고 왔습니다.

(단위: 권)

영역	2013년										2014년		
	3월	4월	5월	6월	7월	8월	9월	10월	11월	12월	1월	2월	
J6	–	적응1	–	–	–	–적응2–		–	–	–	발전1	–	
J5	–	–	1	–	–	–	1	–	–	6	7	6	
J4	4	–	2	3	1	1	4	8	7	34	86	66	
J3	27	2	5	19	13	23	23	77	78	230	301	143	❷
J2	50	18	32	70	60	83	76	88	150	65	151	96	❸
J1	64	183	78	104	25	56	24	58	38	41	216	19	
J0	22	10	2	–	–	–	–	–	–	–	–	–	
J–	–	–	–	2	2	2	2	1	1	8	2	5	
총계	167	213	120	198	101	165	130	232	274	385	763	335	❶

❹ ❺

위의 표를 보면 다음과 같은 사실을 알 수 있습니다.

❶ 읽은 권수가 서서히 늘고 있다.

❷ 제일 많이 읽은 책의 중심축이 J1 → J2 → J3단계로 올라갔다.

❸ J3단계를 제일 많이 읽을 때도 J1, J2단계를 꾸준히 읽었다.

❹ 〈적응2〉과정 후반부에는 월 200권, 〈발전1〉과정은 월 300권 이상 읽었다.

❺ 1학년 겨울방학 때(2014년 1월)는 학기중보다 2배로 더 읽었다.

어떤가요? '적응1→적응2→발전1'로 가면서 변화가 보이죠? 이처럼 처음부터 욕심부리지 말고 차근차근 잠수네에서 제시하는 대로 진행하면 J3단계를 편안하게 읽는 수준까지 쉽게 갈 수 있습니다. 단, 이 아이는 유아 때 DVD 흘려듣기와 영어노래 듣기를 탄탄하게 해놓은 경우입니다. 한글책도 엄마가 많이 읽어주었고요.

다음은 같은 아이의 〈잠수네 포트폴리오〉 분석표(일평균)입니다.

(h:시간/m:분)

구분	2013년										2014년		
	3월	4월	5월	6월	7월	8월	9월	10월	11월	12월	1월	2월	
기록일수	31일	30일	31일	30일	31일	31일	30일	31일	30일	31일	31일	28일	
DVD 흘려듣기	39m	56m	55m	1h 11m	53m	1h 02m	54m	1h 06m	1h 00m	50m	1h 08m	1h 15m	
집중듣기	15m	17m	24m	27m	28m	26m	29m	27m	27m	29m	35m	31m	❶
영어책 읽기	10m	11m	08m	19m	11m	22m	21m	21m	23m	33m	1h 07m	53m	❷
영어소계	1h 11m	1h 26m	1h 28m	1h 58m	1h 33m	1h 50m	1h 44m	1h 54m	1h 51m	1h 55m	2h 59m	2h 44m	
한글책 읽기	42m	39m	33m	57m	41m	44m	56m	47m	51m	45m	1h 00m	1h 05m	❸
수학	09m	03m	01m	02m	05m	03m	02m	01m	02m	04m	18m	12m	
총시간	2h 02m	2h 09m	2h 03m	2h 59m	2h 21m	2h 39m	2h 43m	2h 43m	2h 5m	2h 45m	4h 18m	4h 01m	
영어교실	적응1			적응2			적응2			발전1			

이 표를 보면 이런 결론을 얻습니다.

❶ 집중듣기 시간이 15분부터 시작, 후반에는 30분을 꾸준히 유지하고 있다.

❷ 〈발전1〉과정의 영어책 읽기가 학기 중은 30분, 방학은 1시간이다.

❸ 한글책 읽기가 꾸준히 1시간을 유지하고 있다.

이렇게 〈잠수네 영어 3종 세트〉를 골고루 배분하면서 진행하면 영어실력이 죽죽 올라갑니다. 〈적응1〉, 〈적응2〉, 〈발전1〉과정의 시간 배분을 어떻게 하면 될지 가늠해 보세요.

J 〈잠수네 책벌레〉와 〈잠수네 포트폴리오〉를 활용하세요

〈잠수네 책벌레〉에 읽은 책을 입력하면 쪽수/권수 단위로 단계별, 월별 자동분석이 됩니다. 〈잠수네 포트폴리오〉에 진행시간을 매일 입력하면 월별 전체 시간, 평균 시간이 자동분석됩니다.

발전1 과정 추천교재

흘려 듣기

DVD

❶ [JD3] Special Agent Oso 시리즈 (특수요원 오소)
❷ [JD3] Moomin 시리즈 (무민)
❸ [JD3] Angelina Ballerina (3D) TV시리즈 (안젤리나 발레리나)
❹ [JD3] The Magic Key 시리즈 (매직키)
❺ [JD3] Bigfoot Presents Meteor and the Mighty Monster Trucks 시리즈 (몬스터 트럭 메테오)
❻ [JD3] Curious George TV 시리즈 (호기심 많은 조지)
❼ [JD3] Charlie and Lola 시리즈 (찰리와 롤라)
❽ [JD3] Dumb Bunnies 시리즈
❾ [JD3] Fireman Sam 시리즈
❿ [JD3] Doc McStuffins 시리즈 (꼬마의사 맥스터핀스)
⓫ [JD4] Arthur 시리즈 (아서)
⓬ [JD4] Eloise TV 시리즈 (엘로이즈)
⓭ [JD4] Sid the Science Kid 시리즈 (꼬마 과학자 시드)
⓮ [JD4] Sheriff Callie's Wild West 시리즈 (보안관 칼리의 서부모험)
⓯ [JD4] Milly, Molly 시리즈 (밀리, 몰리)
⓰ [JD4] The Cat in the Hat Knows a Lot About That! 시리즈 (닥터수스의 캣 인더 햇)
⓱ [JD4] A Bunch of Munsch (Robert Munsch DVD 콜렉션)
⓲ [JD4] My Little Pony 시리즈 (마이 리틀 포니)
⓳ [JD4] Sofia the First 시리즈 (리틀 프린세스 소피아)
⓴ [JD4] Horrid Henry 시리즈 (호리드 헨리)

리더스북

❶ [J3] Step into Reading 시리즈: Frozen (4권)
❷ [J3] Ready to Read 시리즈: Henry and Mudge (32권)
❸ [J3] Usborne First Stories 시리즈 (10권)
❹ [J3] Usborne First Reading 시리즈: Level 3~4 (44권)
❺ [J3] Little Critter 시리즈 (88권)

그림책 같은 리더스북

❶ [J4] Charlie and Lola 캐릭터 시리즈 (40권)
❷ [J4] Happy Families 시리즈 (20권)
❸ [J4] Arthur Adventure 시리즈 (32권)
❹ [J4] Lady Who Swallowed 시리즈 (9권)
❺ [J4] Curious George 시리즈 (51권)

챕터북

❶ [J4] Rockets 시리즈 (32권)
❷ [J4] Mr. Putter & Tabby 시리즈 (21권)
❸ [J4] Nate the Great 시리즈 (26권)
❹ [J4] Starters 시리즈 (16권)
❺ [J4] Horrid Henry Early Reader 시리즈 (27권)

발전1 과정 추천교재

그림책

❶ [J3] Shark in the Park
❷ [J3] Polly's Pink Pyjamas
❸ [J3] Up, Up, Up!
❹ [J3] AlphaBest
❺ [J3] Magic Shoelaces
❻ [J4] PiggyBook
❼ [J4] If You Give a Mouse a Cookie
❽ [J4] Five Little Fiends
❾ [J4] John Denver's Sunshine On My Shoulders
❿ [J4] Hunter and His Dog
⓫ [J4] Farmer Duck
⓬ [J4] Something from Nothing
⓭ [J4] The Paper Bag Princess
⓮ [J4] Miss Nelson is Missing!
⓯ [J4] Big Sister and Little Sister
⓰ [J4] The Princess and the Dragon
⓱ [J4] Click, Clack, Moo: Cows That Type
⓲ [J4] Fox in Socks
⓳ [J4] The Gruffalo
⓴ [J4] Madeline's Rescue

리더스북

❶ [J2] Nick Butterworth: Family 시리즈 (6권)
❷ [J2] First Little Readers 시리즈: Level A (25권) 🎧
❸ [J2] Scholastic Reader 시리즈: Noodles (24권) 🎧
❹ [J2] Read at Home 시리즈: Level 1~2 (12권) 🎧
❺ [J2] All Aboard Reading 시리즈: Level 1 (37권) 🎧
❻ [J3] Ready to Read 시리즈: Olivia (14권)
❼ [J3] Richard Scarry's Reader 시리즈 (6권)
❽ [J3] World of Reading 시리즈: Sofia the First (6권) 🎧
❾ [J3] I Can Read! 시리즈: Berenstain Bears Phonics Fun (12권) 🎧
❿ [J3] Scholastic Reader 시리즈: LEGO City Adventures (9권)

그림책 같은 리더스북

❶ [J2] Bright and Early Books 시리즈: Berenstain Bears (11권)
❷ [J3] Peppa Pig 보드북 시리즈 (25권)
❸ [J3] Penny 시리즈 (3권) 🎧
❹ [J3] I Can Read Book 시리즈: Splat the Cat (11권) 🎧
❺ [J3] Clifford 시리즈 (50권) 🎧

발전1 과정 추천교재

그림책

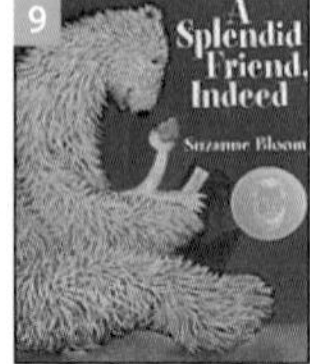

❶ [J2] Can I Play Too? 🎧
❷ [J2] Not a Stick 🎧
❸ [J2] The Happy Day 🎧
❹ [J2] Tickle the duck! 🎧
❺ [J2] Coco Can't Wait! 🎧
❻ [J2] Building a House 🎧
❼ [J2] My Mum and Dad Make Me Laugh 🎧
❽ [J2] Nighty Night, Little Green Monster 🎧
❾ [J2] A Splendid Friend, Indeed 🎧
❿ [J2] Fix-It 🎧
⓫ [J2] Q is for Duck: An Alphabet Guessing Game 🎧
⓬ [J2] Who Is That, Cat the Cat? 🎧
⓭ [J2] Maybe a Bear Ate it! 🎧
⓮ [J2] Mimi and Lulu
⓯ [J2] Big and Little 🎧
⓰ [J3] Meg and Mog 🎧
⓱ [J3] Egg Drop 🎧
⓲ [J3] The Escape of Marvin the Ape 🎧
⓳ [J3] Roller Coaster 🎧
⓴ [J3] There are Cats in This Book 🎧

그림책

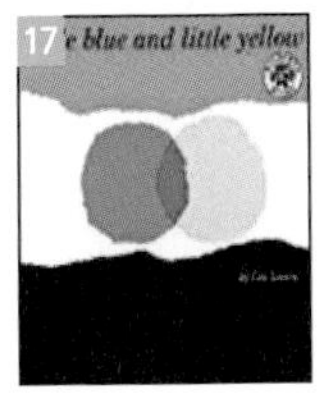

❶ [J3] Don't Forget the Bacon!
❷ [J3] The Ants Go Marching!
❸ [J3] Art & Max
❹ [J3] Never Use a Knife and Fork
❺ [J3] Michael
❻ [J3] Dog Blue
❼ [J3] Tilly and Friends: Listen to Me!
❽ [J3] I Want My Hat Back
❾ [J3] Press Here
❿ [J3] It's a Book
⓫ [J3] Pete the Cat and His Four Groovy Buttons
⓬ [J3] How Do You Feel?
⓭ [J3] What Game Shall We Play?
⓮ [J3] Henry in Love
⓯ [J3] The Missing Mitten Mystery
⓰ [J3] George Shrinks
⓱ [J3] Little Blue and Little Yellow
⓲ [J3] I'm Sorry
⓳ [J3] A Beasty Story
⓴ [J3] No!

잠수네 톡

천 권 읽기로 책읽기의 기초를 완성해 보세요.

작성자: 한미르 (초3)

(1) 흘려듣기를 충분히 해서 귀를 뚫을 수 있는 토대를 만들어 놓을 것

보통은 아이가 일단 읽을 줄 알면 읽기로 밀어붙이시려는 경향이 있습니다. 아무래도 진행 결과를 눈으로 직접 확인할 수 있으니까요. 읽기, 물론 중요합니다. 하지만 〈발전1〉단계에서는 그보다 소리 잡기에 무게중심을 두고 진행하시는 게 나중에 보면 여러모로 이득이랍니다.

DVD 보기의 효과는 참으로 큽니다. 일단 귀가 뚫리면 말하기에 직접적으로 영향을 줍니다. 어느 날 아이가 영어로 말하는 놀라운 광경을 보시게 됩니다. 또한 듣기 능력을 향상시켜 주고, 어휘의 의미 잡기를 가능하게 해줍니다. 그리고 가장(?) 중요한 건 이 시간이 대부분의 아이에겐 영어공부에 지친 맘을 내려놓고 스트레스를 해소하는 즐거운 시간이라는 겁니다.

DVD를 고를 때에는 아이가 좋아한다고 의성어가 난무하는 DVD만 보여주지 마시고 〈책나무〉를 잘 뒤져서 지금 아이의 정서에 맞고 또 적당히 들리기 훈련이 될 수 있는 DVD를 고르세요. 잘 모르겠다면 유명한 DVD를 몽땅 구해서 보여주시면 됩니다.

(2) 1000권 읽기 등을 통해 책읽기의 기초를 완성할 것

〈발전1〉단계는 쉬운 책 반복 읽기를 통해 기본적인 어휘와 문형을

익히는 시기입니다. J2~J4까지의 쉬운 책들을 읽게 되면 그 시기에 익혀야 하는 필수구문이나 어휘들을 끊임없이 만나게 됩니다. 이 훈련을 기반으로 아이가 책읽기의 두려움을 극복하고 조금씩 단계를 높여 앞으로 나아갈 수 있게 됩니다.

쉬운 책은 J1~J3단계 정도라고 대부분 생각합니다. 처음에는 이 책들을 반복해서 읽으셔야 되구요, 그 뒤에는 J4도 조금씩 껴서 단계를 높여가며 읽으라고 말씀드리고 싶습니다. 〈발전〉과정에서 J4단계까지 열심히 읽었다면 그토록 원하는 심화방에 아주 가까이 다가갈 수 있으실 거예요.

발전방에서 읽는 책의 특성상 다독이 많습니다. 3~4줄짜리 그림만 봐도 알 만한 책을 반복해서 읽는데 어찌 정독이 되겠습니까? 이 습관이 꽤 오래가서 J4~J5단계를 읽을 때까지 가는 아이들이 많은데 책읽기가 계속 진행되면 어느새 속도가 느려져 제 시간에 읽게 되지요. 반복 많이 안 하고 줄거리의 즐거움을 알게 되는 J5~J6단계를 읽을 때쯤엔 누구나 정독하게 되니 걱정하지 마세요.

읽기는 제일 어렵고 힘든 과정입니다. 끊임없이 격려해 주고 엄마가 아이와 거래를 하든 칭찬을 하든 해서 슬기롭게 극복해 나가셔야 합니다. 엄마가 생각하는 것보다 훨씬 차고 넘치게 읽어야 비로소 읽기 단계가 올라갑니다. 한 단계에 2년 정도면 걱정할 것 못 되지만 아이가 설렁설렁 시간만 때우고 마는 건 아닌지 유심히 지켜보셔야 합니다. 〈발전1〉단계에는 좋은 그림책 많이 보여주세요. 읽기만 한다면 그림책, 정말 좋습니다.^^

발전2

과정

기준

J3단계 영어책을 거의 읽고 이해합니다.

현상

- DVD(JD3~4단계) 내용을 거의 이해합니다.
- 책 읽는 속도가 빨라집니다.
- 문맥에서 단어 뜻, 글의 의미를 이해합니다.
- 영어로 말해야 할 때 하고 싶은 말을 편하게 말합니다.

〈발전2〉과정의 시간 배분과 진행

구분	DVD 흘려듣기		집중듣기		책읽기	
초반	JD3~4	1시간	J4	30분	J2~3단계 중심 + 집중듣기 한 J4단계 추가	30~40분
후반	JD3~5	1시간	J4~5	30분	J2~4단계 읽기 + 집중듣기 안 한 J4단계 추가	1시간

핵심 포인트

★ 1시간 이상으로 책 읽는 시간 늘리기
★ DVD흘려듣기 시간 아까워 하지 말 것
★ 억지로 집중듣기 시간 늘리는 것은 금물!
★ 본격적으로 책읽기에 몰입해야 할 시기
★ 영어책보다 한글책이 우선임을 잊지 말 것

〈발전2〉과정의 핵심 포인트

1. 전체 시간 중 읽기의 비중이 커집니다

DVD 흘려듣기 1시간, 집중듣기 30분을 제외한 나머지 시간을 책읽기로 돌릴 때입니다. 〈발전1〉과정에서는 책읽기 시간이 30분이었지만 이제는 조금씩 늘려 1시간까지 읽는 힘을 키워주세요. 방학같이 시간 여유가 많을 때는 1시간 이상도 시도해 보고요. 일시적으로 집중듣기나 책읽기 시간이 늘 수 있습니다. 하루하루의 시간 배분도 달라집니다. 일단 아이가 좋아하는 쪽으로 밀어주세요. 전체 균형은 한 달을 기준으로 맞추면 됩니다.

2. 흘려듣기를 무시하지 마세요

DVD 흘려듣기가 휴식이 되는 때입니다. JD3~JD4단계 정도는 거의 알아들으니까요. 하지만 행복하게 DVD 보는 아이의 뒤통수가 살짝 미워지려는 마음이 들고 일어나는 때이기도 합니다. DVD 보는 시간이 아깝고, DVD를 많이 본다고 영어실력이 얼마나 늘까 싶은 의혹이 새록새록 돋습니다. 물에 빠진 사람 건지니 보따리 내놓으라고 한다는 말처럼 DVD를 잘 안 본다고 동동거리던 때는 까맣게 잊는 거죠.

지금이야말로 〈DVD 흘려듣기, 집중듣기, 책읽기〉를 연계해서 진행할 절호의 찬스입니다. JD3~JD4단계 TV시리즈물 중 영어책도 있는 것이 아주 많거든요. 영어책 수준도 J3~J4단계로 지금 집중듣기 하거나 읽기에 딱 좋아요. JD3~JD4단계 DVD 베스트를 꼭 챙겨보세요. 아래처럼 오디오CD가 있는 영어책은 집중듣기로, 없는 책은 읽기로 연결시킬 수 있습니다.

[JD3] Little Bear 시리즈 (리틀베어) → [J4] I Can Read Book 시리즈: Little Bear 🎧

[JD3] Charlie and Lola 시리즈 (찰리와 롤라) → [J4] Charlie and Lola 캐릭터 시리즈 🎧

[JD3] Little Princess 시리즈 (리틀 프린세스) → [J4] Little Princess TV 시리즈 🎧

[JD4] Arthur 시리즈 (아서) → [J4] Arthur Adventure 시리즈 🎧

[JD4] My Little Pony TV 시리즈 (마이 리틀 포니) → [J3] I Can Read! 시리즈: My Little Pony

이제는 JD5단계 디즈니, 픽사, 드림웍스 등의 장편 애니메이션도 대강 알아들을 때입니다. 그러나 상영시간이 너무 길다는 것이 문제예요. 1시간 30분이 훌쩍 넘는 분량을 매일 보다가는 놀이나 다른 활동할 시간이 줄어듭니다. 장편 애니메이션은 주말에 보여주세요.

3. 집중듣기로 글밥 많은 두꺼운 책에 대한 두려움이 줄어듭니다

J4단계부터는 글밥 많고 두꺼운 책이 많아져서 집중듣기 한 책을 바로 읽기가 쉽지 않습니다. 그러나 꾸준히 집중듣기를 하다 보면 깨알 같은 글씨가 가득한 그림책, 리더스북, 그림책 같은 리더스북도 만만하게 읽게

됩니다. 60~100여 쪽의 챕터북 읽기도 겁내지 않게 되고요. 그뿐 아니라 노래 없는 그림책으로 집중듣기 하는 거부감이 없어집니다. 아는 어휘가 늘어나면서 내용 파악이 쉬워졌거든요.

집중듣기 하는 책이 재미있으면 아이가 먼저 30분 넘게 집중듣기를 하고 싶어 하기도 합니다. 한 권을 다 들을 때까지 1시간, 2시간을 죽 듣기 원하고, 다 듣고 나면 신나게 논 것처럼 발그레 상기된 얼굴로 행복한 표정을 짓습니다. 이런 정도라면 시리즈가 끝날 때까지 잠시 몰입하게 해주는 것도 나쁘지 않습니다. 그러나 집중듣기 하느라 흘려듣기, 읽기가 실종되면 곤란합니다. 집중듣기만으로 영어실력이 향상되는 경우는 극히 드물어요. 그나마 한글책을 많이 읽는 아이라면 나중에 영어책도 재미있게 읽지만, 한글책을 싫어한다면 영어책 읽기는 요원해집니다.

특히 엄마 주도로 억지로 집중듣기 시간을 늘리는 것은 금물입니다. 집중듣기를 좋아하는 다른 아이를 기준으로 삼지 마세요. 〈적응2~발전1〉 과정에서 쉬운 집중듣기와 어려운 집중듣기로 나눠 2번 집중듣기 했던 관행이 남아 30분씩 하루 2번 집중듣기를 시키는 것도 위험합니다. 놀 시간이 없다고 짜증 내고 이른 사춘기를 맞을 수도 있어요. 집중듣기는 30분이 최대치입니다.

4. 읽기 폭설을 내릴 때입니다

〈발전2〉과정은 본격적으로 책읽기에 몰입하는 시기입니다. 비행기가 뜨기 직전 속도를 최대한 올리는 시점이라고나 할까요? 〈발전1〉과정에서 시작한 〈쉬운 책 1000권 읽기〉를 계속해도 되고, J3~J4단계 챕터북 읽기로 넘어가도 됩니다. 방학을 이용해 읽기 폭설을 시도해 보세요. 학기 중이라면 주말을 활용하는 것도 좋습니다. 영어책 읽기에 힘을 받으려면 두 가지가 꼭 필요합니다. 재미있는 책 공급과 동기부여.

읽기가 익숙해지면 리더스북보다 그림책에 끌리게 됩니다. 아는 어휘가 많아지면 조금 어려운 단어가 나와도 그림을 보며 내용을 짐작할 수 있거든요. 단계가 올라갈수록 재미있는 책들이 아주 많아집니다. 무미건조한 리더스북보다 재미있는 '그림책, 그림책 같은 리더스북'을 열심히 찾아주세요. 그림만 봐도 시간 가는 줄 모를 정도로 재미있는 책을 만나면 영어책에 폭 빠져 읽는 모습을 볼 수 있습니다.

단, 챕터북을 언제 읽나 연연하지는 마세요. 얇은 책은 두꺼운 책으로 이끄는 견인차입니다. 글밥 적은 책을 읽다 보면 글밥 많은 책에 자연스럽게 손이 갑니다. 쉽고 얇은 리더스북, 그림책, 그림책 같은 리더스북을 재미있게 읽게 해주세요. J4단계의 쉬운 책들을 편하게 읽으면 언젠가 J4단계의 챕터북도 읽을 날이 옵니다. 글자 수의 압박, 두께의 두려움을 극복하게 해주는 것 역시 '재미'입니다.

5. 영어책보다 한글책이 우선입니다

영어책을 재미있게 읽다 보면 한글책에 소홀해지고, 한글책을 신나게 읽다 보면 영어책 읽기에 구멍이 납니다. 로봇이 아닌 이상 매일 한글책 1시간, 영어책 1시간씩 읽기란 쉽지 않습니다. 영어책보다 한글책이 먼저입니다. 정 시간이 없다면 영어책은 최소한으로 하고 한글책 쪽에 무게중심을 두세요.

☑ J4단계를 거의 이해하는 〈심화1〉과정으로 가려면

꾸준히 양을 채워가다 정말 재미있는 책을 만나면 질적 변화가 일어납니다. '영어가 재미있다, 신난다, 자신있다'는 태도로 바뀌는 거죠. 영어책 읽기가 재미있으려면 부모가 간섭하지 말아야 해요. 발음 고쳐주고, 틀린 거 다시 읽으라고 하면 누가 좋아하겠어요. "정말 잘 읽네" 하며 궁둥이 두드려 주며 띄워줘야 해요.

〈선택사항〉 그림사전 읽기

그림사전은 재미있는 그림과 간단한 설명으로 단어를 설명해 주는 책입니다. 수천, 수만 개 단어 설명이 빽빽하게 나와있는 영어사전이 아니에요. 그중에서도 다음 그림사전들은 독특한 장점이 있습니다.

❶ DVD, 영어책에서 자주 본 캐릭터가 나와 아이들에게 친숙하다.
❷ 단어를 재미있는 그림과 간단한 문장으로 설명해 준다.
❸ 500~1000개 정도의 단어가 들어있어 읽기용으로 만만하다.

캐릭터가 있는 그림사전과 속지

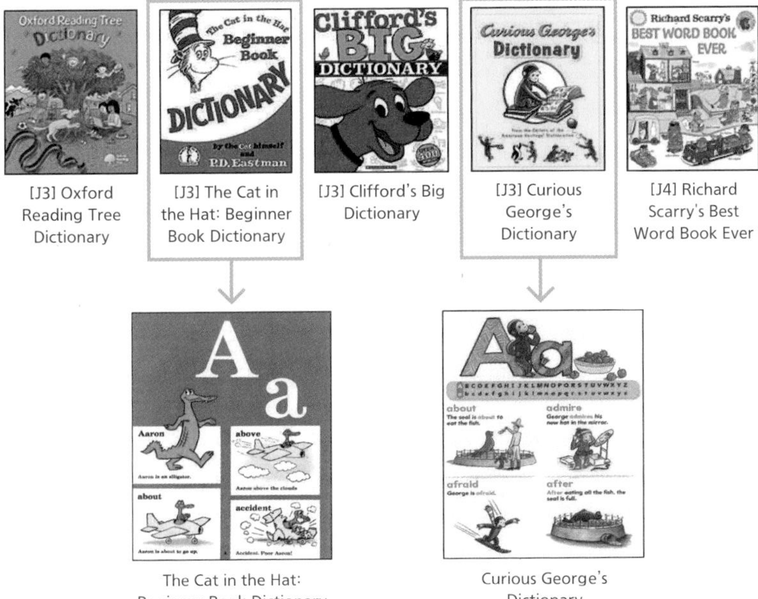

[J3] Oxford Reading Tree Dictionary

[J3] The Cat in the Hat: Beginner Book Dictionary

[J3] Clifford's Big Dictionary

[J3] Curious George's Dictionary

[J4] Richard Scarry's Best Word Book Ever

The Cat in the Hat: Beginner Book Dictionary

Curious George's Dictionary

속지를 보면 모르는 단어 찾기용이 아니라는 사실을 금방 알 수 있겠지요? 읽기용으로 활용할 수 있는 사전이에요. 위의 사전들을 읽을 때는 아이가 소리 내어 읽어도 되고 엄마가 읽어줘도 괜찮습니다. 한자리에서 다 읽겠다는 욕심부리지 말고 오늘은 A, 내일은 B와 같이 매일 조금씩 읽으면 부담도 덜하고 재미있게 읽을 수 있습니다.

영어책 읽기 동기부여, 이렇게 해보세요

앞서 언급한 '키높이 책 쌓기'와 '북트리 붙이기' 외에도 새로운 아이디어가 많습니다. 어른도 재미있는 이벤트가 있으면 관심이 가는데 아이들은 더 하겠죠?

✽ 주말은 즐거운 북데이(Book Day) & 프리데이(Free Day)

토요일은 북데이. 온 가족이 도서관에 가거나 서점 나들이를 해도 되고 책 읽는 시간을 가져도 좋습니다. 일요일은 프리데이. 잠수네 3종 세트는 최소한으로 챙기고 나머지 시간은 자유롭게 하고 싶은 것을 마음껏 하며 놀게 해주세요.

✽ 바닥에 책 깔아두기

도서관에서 빌린 책, 새로 구입한 책을 바닥에 깔아줘 보세요. 집에 있는 책이라면 매주 한 번씩 바꿔서 깔아두어 보고요. 눈에 자꾸 띄면 손이 가는 것은 자연스러운 수순. 그림이 재미있어 보이면 덥석 집고 읽기 시작합니다.

✽ 책장 뒤집기

늘 같은 자리에 책이 있으면 안 보는 책이 생깁니다. 정기적으로 책의 위치를 바꿔보세요. 꼭 보여주고 싶은 책은 잘 보이는 자리에 배치합니다. 안 보여주고 싶은 책인데 아이가 손에서 놓지 않는다면 깊숙한 곳에 치워두세요.

✽ Favorite Book Corner

읽을 수 있는 책이 많아졌으니 이제 재미있는 책만 모아두는 칸을 마련해 보세요. 여기저기 꽂혀 있는 책을 한데 모으면 아이의 선호도를 확실하게 알 수 있습니다. 일정 기간 모아서 기념촬영을 해주면 아이들이 아주 좋아해요.

✽ 책 속에 숨긴 보물 찾기

책 속에 아이가 좋아하는 그림이나 캐릭터가 있는 딱지, 카드, 쿠폰을 숨겨보세요. 탈탈 털어서 찾는 것은 반칙. 읽기 만만해 보이는데 많이 읽지 않은 책에 숨기는 것이 요령입니다. 가끔 '꽝'도 나오게 하고요. 일정 숫자가 모이면 맛있는 간식을 먹는 식으로 규칙을 정해보세요. 신나게 읽는 모습을 볼 거예요.

✽ 책장 비우기

읽을 수 있는 책을 모두 빼서 책장에 꽂아주세요. 한 칸이 될 수도 있고, 두세 칸이 되기도 하겠죠? 그런 다음 기간을 정해 책장 비우기를 하는 거예요. 안 읽던 책도 읽고, 예전에 읽었던 책도 다시 읽어보는 기회가 됩니다. 키높이 쌓기가 엄두가 안 날 때 짧게 끊어서 해볼 수 있는 방법입니다.

발전2 과정 추천교재

DVD

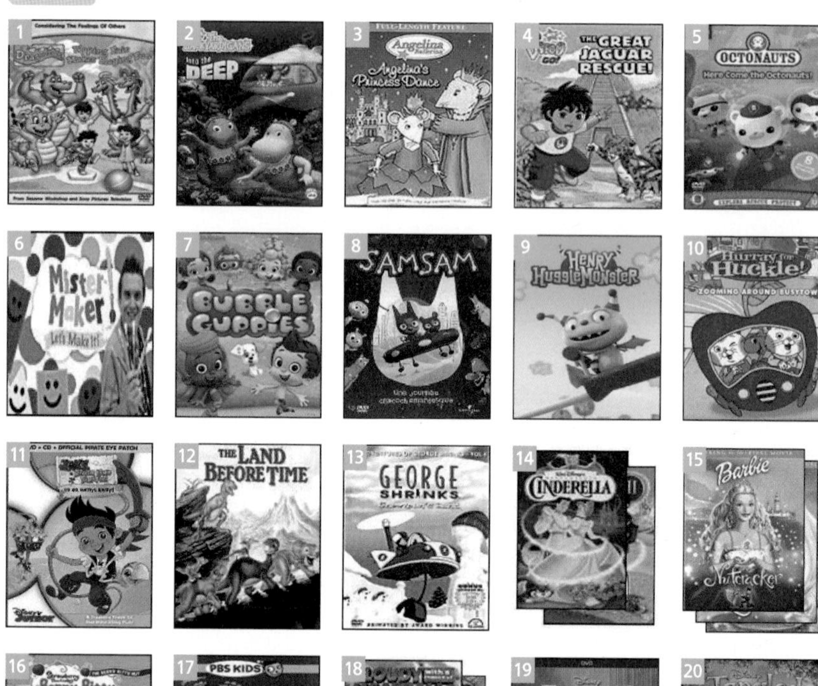

❶ [JD3] Dragon Tales 시리즈 (용용나라)
❷ [JD3] Backyardigans 시리즈 (꾸러기 상상여행)
❸ [JD3] Angelina Ballerina TV 시리즈
❹ [JD3] Go Diego Go! 시리즈 (고 디에고 고!)
❺ [JD3] Octonauts 시리즈 (옥토넛)
❻ [JD3] Mister Maker 시리즈
❼ [JD3] Bubble Guppies 시리즈 (버블버블 인어 친구들)
❽ [JD4] SamSam 시리즈 (샘샘은 꼬마 슈퍼맨)
❾ [JD4] Henry Hugglemonster 시리즈 (헨리 허글몬스터)
❿ [JD4] Hurray for Huckle! 시리즈 (리차드 스캐리의 고양이 탐정 허클)
⓫ [JD4] Jake and the Never Land Pirates 시리즈 (제이크와 네버랜드 해적들)
⓬ [JD4] The Land Before Time: Amazing Adventures! 시리즈 (공룡시대)
⓭ [JD4] George Shrinks 시리즈 (조지가 줄었어요)
⓮ [JD4] Cinderella 시리즈 (신데렐라)
⓯ [JD4] Barbie 시리즈 (바비)
⓰ [JD4] Strawberry Shortcake's Berry Bitty Adventures 시리즈 (스트로베리: 베리 비티 어드벤처)
⓱ [JD4] Dinosaur Train 시리즈 (아기공룡 버디)
⓲ [JD5] Cloudy With a Chance Of Meatballs 시리즈 (하늘에서 음식이 내린다면)
⓳ [JD5] Frozen (겨울왕국)
⓴ [JD5] Tangled (라푼젤)

리더스북

❶ [J4] Scholastic Reader 시리즈: Level 3 (46권)
❷ [J4] Usborne Young Puzzle Adventures 시리즈 (10권)
❸ [J4] Young Cam Jansen 시리즈 (18권)
❹ [J4] I am Reading 시리즈 (38권)
❺ [J5] Time Chronicles 시리즈: Stage 10~12 (18권)

그림책 같은 리더스북

❶ [J4] I Can Read Book 시리즈: Frog and Toad (4권)
❷ [J4] Little Princess TV 시리즈 (14권)
❸ [J4] Little Miss 시리즈 (57권)
❹ [J5] Princess Poppy 시리즈 (18권)
❺ [J5] Berenstain Bears 시리즈 (94권)

챕터북

❶ [J4] Junie B. Jones 시리즈 (30권)
❷ [J4] Usborne Young Reading 시리즈: Level 1 (60권)
❸ [J4] Cam Jansen 시리즈 (33권)
❹ [J4] Arthur 챕터북 시리즈 (33권)
❺ [J4] Early Reader 시리즈: Sally Gardner (6권)
❻ [J4] Horrid Henry 시리즈 (28권)
❼ [J5] Rainbow Magic 시리즈 (163권)
❽ [J5] Franny K. Stein 시리즈 (7권)
❾ [J5] Tiara Club 시리즈(54권)
❿ [J5] Geronimo Stilton 시리즈 (66권)

발전2 과정 추천교재

그림책

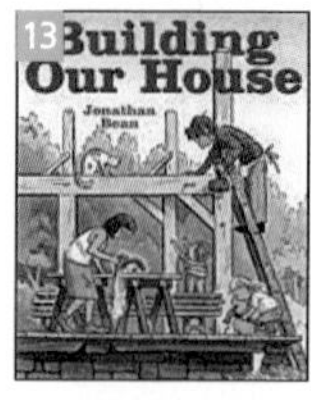

❶ [J4] Caps for Sale 🎧
❷ [J4] Elmer and the Lost Teddy 🎧
❸ [J4] Heckedy Peg 🎧
❹ [J4] The Three Robbers 🎧
❺ [J4] The Gruffalo's Child 🎧
❻ [J4] Interrupting Chicken 🎧
❼ [J4] The Napping House 🎧
❽ [J4] Dry Bones 🎧
❾ [J4] Mr. Wolf's Pancakes 🎧
❿ [J4] Scaredy Cats 🎧
⓫ [J5] Sylvester and the Magic Pebble 🎧
⓬ [J5] The Library 🎧
⓭ [J5] Building Our House 🎧
⓮ [J5] The True Story of the 3 Little Pigs! 🎧
⓯ [J5] The Enormous Crocodile 🎧
⓰ [J4] My Lucky Day 🎧
⓱ [J5] Puff, the Magic Dragon 🎧
⓲ [J5] Tikki Tikki Tembo 🎧
⓳ [J5] The Story of Little Babaji 🎧
⓴ [J5] Dr. Dog 🎧

리더스북

❶ [J3] Superhero Phonic Readers 시리즈 (10권)
❷ [J3] I Can Read! 시리즈: Berenstain Bears Living Lights (12권)
❸ [J4] Iris and Walter 시리즈 (10권) 🎧
❹ [J4] Easy Stories 시리즈 (13권) 🎧
❺ [J4] Scholastic Reader 시리즈: Rainbow Magic (8권)

그림책 같은 리더스북

❶ [J3] Poppleton 시리즈 (8권) 🎧
❷ [J3] I Can Read! 시리즈: Fancy Nancy (21권) 🎧
❸ [J3] My Little Pony 시리즈 (19권)
❹ [J3] Titchy Witch 시리즈 (8권)
❺ [J4] Martha Speaks: Picture Reader 시리즈 (6권)

그림책

❶ [J3] Goldie Locks Has Chicken Pox 🎧
❷ [J3] The Fly: How a Perfect Day Turned into a Nightmare 🎧
❸ [J3] Buz 🎧
❹ [J3] Chickens to the Rescue 🎧
❺ [J3] Marvin Wanted More! 🎧
❻ [J3] On the Way Home 🎧
❼ [J3] The Boy Who Cried Wolf 🎧
❽ [J3] Willy the Champ 🎧
❾ [J3] Madlenka
❿ [J3] Ugly Fish 🎧

발전2 과정 추천교재

그림책

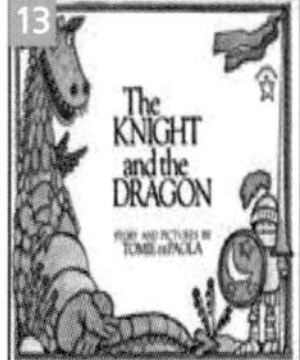

❶ [J3] Don't Let the Pigeon Drive the Bus!
❷ [J3] Duck at the Door
❸ [J3] I Ain't Gonna Paint No More!
❹ [J3] Socks
❺ [J3] Father Christmas
❻ [J3] Lilly's Chocolate Heart
❼ [J3] Don't Put Your Finger in the Jelly, Nelly!
❽ [J3] The Haunted House
❾ [J4] The Ugly Pumpkin
❿ [J4] I'd Really Like to Eat a Child
⓫ [J4] Olivia and the Fairy Princesses
⓬ [J4] Ruby the Copycat
⓭ [J4] The Knight and the Dragon
⓮ [J4] Library Lion
⓯ [J4] Imogene's Antlers
⓰ [J4] Millie's Marvellous Hat
⓱ [J4] The Day Jimmy's Boa Ate the Wash
⓲ [J4] Diary of a Wombat
⓳ [J4] The Magic Paintbrush
⓴ [J4] The Pencil

잠수네 톡

순수 잠수만으로 심화방 들어갔어요!

작성자: 예주서맘 (초2, 7세, 3세)

빨강이는 영어학원에 다닌 적이 없어요. 학습서도 해본 적 없고요. 순수 잠수만으로, 2년 만에 심화방에 들어왔답니다. 이건 저는 물론 빨강이도 자랑스러워하는 부분이에요. 저보다 빨강이가 잠수네 학습 방법에 대한 믿음이 대단해요. 그래서 잠수네 방법으로 영어 진행하기가 수월했어요.

잠수 가입 이전에 영어교육은 일반유치원에서 매일 하는 영어시간이 전부였고요. 집에서 신경 써준 것은 잠수네 가입 이후부터입니다.

2012년 3월~5월: 초등학교 입학, 〈영어교실〉 가입

〈적응2〉 정도로 〈영어교실〉에 들어갈 줄 알았는데 운 좋게 〈발전1〉로 시작하게 됩니다. 때마침 〈영어교실〉에 새롭게 읽기꽃 팀방이 오픈했는데 그곳에서 읽기 습관이 제대로 잡혔지요. 본격적인 읽기가 시작된 건 아마 이때쯤일 겁니다. J2, J3 그림책 위주로 하던 읽기가 캐릭터 리더스로 옮겨왔어요. 소리 없고 캐릭터 주인공들이 나오는 리더스들 좋아해서 시리즈 모으기도 했어요. 그림책들도 시리즈로 모아 읽기를 좋아했어요.

2012년 6월~8월: 첫 번째 1000권 읽기

J3단계가 잠수네 〈발전〉과정에서 제일 중요한 것 같아요. 초기에 집듣으로 시작해 〈심화〉 초입에서 쉬운 책 읽기로까지 사용 가능한 단계라는 생각이고요. 그림책도 캐릭터가 강한 시리즈들로 반복해서 챙겨봤어요. 〈잘한 점〉은 방학을 이용하여 1000권 읽기를 한 것, 팀방을 활용해 꾸준히 진행한 것이에요. 〈후회하는 점〉은 당근을 제시한 뒤 목표를 달성했는데도 바로 보상해 주지 못한 것과 잠수 하느라 방학 동안 체험을 많이 못 한 거예요.

2012년 9월~11월: 챕터북 접고 그림책 집듣으로

좋아하는 그림책 작가도 생겨 가끔 작가별 모아 읽기도 했습니다. 큰 변화라면 컬러 챕터북을 조금씩 읽기 시작했다는 것입니다. 그저 엄마는 감동과 감격을 번갈아 하며 입에 침이 마르게 칭찬했지요. 〈잘한 점〉은 챕터북 읽을 때 거품이라고 생각했지만 아무 말 않고 칭찬만 해준 것, 챕터북 딱 접고 한 달 반 동안 그림책 집듣에 올인한 것이에요. 〈후회하는 점〉은 빨강이의 집듣 컨디션을 챙기지 못해 듣다가 졸기도 많이 한 것이지요.

2012년 12월~2월: 다시 집듣에 불 붙이기

그림책 집듣을 마무리하고 다시 챕터북 집듣으로 돌아왔습니다. 〈잘한 점〉은 또래들과 함께하는 방학 팀방에서 열심히 잠수 3종을 굴린 것과 J3, J4 리더스북 500권 읽기로 다지기한 것이에요. 방학 동안 도서관을 활용하여 한글책 읽기를 열심히 했구요. 〈후회하는 점〉은 잠수 3종을 꾸준히 하지 못한 거예요. 진행도 오락가락, 엄마 컨디션도 오락가락.

2013년 3월~5월: 드디어 심화방에!

이 기간 중 읽기는 좋아하는 챕터북 마음껏 보다가 잠수네 〈도전! 책 읽기〉 오픈하면서 J3, J4단계 리더스북을 500권 읽었어요. 여기엔 좋아하며 반복했던 책들과 새로 들여 재미나게 읽은 책들도 포함이에요. 〈잘한 점〉은 소설책을 미리 준비해 두어 빨강이에게 권할 수 있었던 것과 매일매일 온라인서점에 들러 취향에 맞는 새로운 읽기책을 물색하고 구입해 준 것이에요. 〈후회하는 점〉은 흘듣, 집듣을 모두 꾸준히 하지 못했어요.

〈2년 동안의 잠수네 영어 공부팁〉

(1) 잠수 올인 6개월 전부터 흘려듣기로 영어와 친해지기
(2) 초기 집중듣기는 그림책으로 재미와 실력, 습관을 한꺼번에
(3) 지루한 리더스 말고 그림책 같은 리더스로 집듣 올리기
(4) 리더스 읽기는 캐릭터의 힘을 빌리기
(5) 좋아하는 책은 무조건 밀어주기
(6) 엄마의 당근 연구로 잠수 영어 기분 좋게 끌고 가기
(7) 매일같이 영어 서점과 대여점에 출석도장 찍고 책 사냥하기

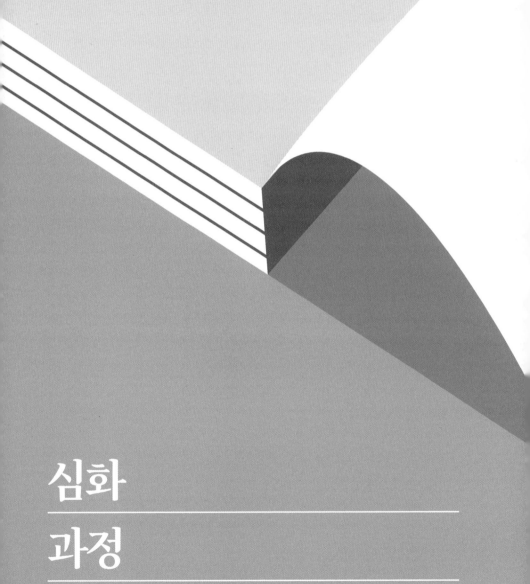

심화
과정

기준

J4단계 이상 영어책을 거의 읽고 이해합니다.

현상

- DVD 내용을 대부분 이해합니다.
- 영어책에 본격적인 재미를 느끼고, 두꺼운 책도 겁 없이 읽습니다.
- 자신의 생각을 영어로 조리 있게 말할 수 있습니다.
- 영어일기를 한글일기 쓰는 속도로 씁니다.
- 영어가 재미있다, 나는 영어를 잘한다는 생각을 하게 됩니다.

<심화>과정의 시간 배분과 진행

구분	DVD 흘려듣기		집중듣기		책읽기	
심화1	JD3~5	1시간	J5~6	30분	J3~5	1시간
심화2	JD3~5	1시간	J5~7	30분	J4~6	1시간

핵심 포인트

★ 영어에 공들인 만큼 한글책과 다른 영역에 관심 가지기

★ 저학년이 갖는 한계를 인지하고, 영어책 수준을 계속 올리지 말 것

〈심화〉과정의 차별화된 변화

초등 1, 2학년이 J4단계 이상 영어책을 읽고 이해하는 수준이 되었다는 것은 여러 가지 의미를 지닙니다.

1. 영미권 또래 아이와 같거나, 더 높은 수준의 영어책을 읽습니다

잠수네 영어책 단계에서 J3단계는 미국 초1(Grade 1), J4단계는 초2(Grade 2) 수준입니다. 〈심화〉과정 아이들은 J4단계 책을 한글책처럼 편안하게 읽습니다. 좋아하는 영역이면 J5~J6단계도 덥석 집습니다. 이 말은 미국 아이들보다 영어책을 더 잘 읽는다는 의미입니다. 지금 미국에 가도 학교수업을 따라가는 데 지장이 없는 것은 물론, 영재반(GT Class, Gifted & Talented Class)에 들어가라는 말을 들을 정도입니다. 강남의 어떤 영어학원에 가더라도 최고 수준이라는 평가를 받습니다. "어떻게 영어공부했냐, 미국에서 살다 왔냐, 엄마가 영어 잘하시냐"라는 질문이 나오는 것은 당연지사, 요즘은 "잠수네 하냐"라는 질문이 하나 더 붙습니다. 영어학원만 다녀서는 이 정도까지 이를 수 없거든요.

2. 책 읽는 속도가 느려집니다

〈발전1, 2〉과정에서는 대부분의 아이들이 엄청나게 빠른 속도로 영어책을 읽습니다. 그러나 읽는 수준이 올라가면 읽는 속도가 상대적으로 느려지는 현상이 나타납니다. 이유는 2가지입니다. 하나는 아는 단어가 많아지면서 글의 전후 관계를 곱씹어 가며 제대로 읽기 때문, 또 하나는 손에 잡는 영어책 수준이 달라지기 때문입니다. J4~J5단계의 챕터북들은 깊이 생각하며 읽을 만한 것이 별로 없습니다. 수십 권짜리 시리즈라도 그 나물에 그 밥인 경우가 많아 휙휙 넘겨도 그만입니다. 그러나 J5단계 이상의 그림책과 소설은 좀 달라요. 그림책을 한 권 봐도 단어 하나하나의 의미를 음미하고, 구석에 그려진 그림까지 찬찬히 살피며 읽습니다. 탄탄한 줄거리에 생각할 거리가 많은 소설은 휙 넘길 수가 없습니다. 그러니 책 읽는 시간이 2배, 3배로 느려질 수밖에요. 당연히 같은 시간에 읽는 권수도 줄어듭니다.

3. 영어책의 재미에 푹 빠집니다

즐겁게, 자발적으로 영어책을 집는 것도 눈에 띄는 변화입니다. 재미있게 본 내용을 종알거리며 이야기하는 모습도 종종 마주칩니다. 그동안 집중듣기 하지 않은 책, 단계가 높거나 두꺼운 책은 꺼리는 경우가 많았다면 이제는 그 구분이 없어집니다. 재미있어 보이면 듣지 않았어도, 단계가 높아도 구애받지 않고 읽습니다(단, 두께는 아직 고려사항입니다. 한글책도 두꺼우면 부담스러워하는데, 영어책이라고 다를 바 없으니까요).

라임, 말장난이 많은 영어책의 진가를 느끼는 때이기도 합니다. 대표적인 것이 닥터 수스(Dr. Seuss)의 책입니다. 익살스러운 그림, 입에 착착 감기는 라임의 맛, 혀가 꼬이는 문장에 아이들은 배꼽을 잡으며 열광합니다. 영미권 초등 저학년의 정서에 맞춘 책이라 같은 나이대의 아이들만이 느끼는 공감대가 있는 거죠. 초등 저학년의 특권이라면 특권이겠죠. 초등 고학년만 돼도 이 책의 재미를 별로 못 느끼거든요(유치하다는 반응이 대부분). 어른들은 왜 재미있어하는지 어리둥절할 뿐이고요.

4. 영어가 생활이 됩니다

아직 어린 나이라 아웃풋에 거리낌이 없습니다. 들은 대로, 본 대로 튀어나오는 것이 다반사입니다. DVD 보면서 노래 따라 부르기는 기본이고, 대사를 통째로 외우는 아이도 있습니다. 영어 말문이 트이면 영어로 말하는 것을 즐깁니다. 혼자 놀면서 영어로 하루 종일 중얼거립니다. 형제나 동생과 놀 때도 마찬가지고요.

〈심화〉과정의 핵심 포인트

1. 영어가 아닌 한글책과 다른 영역이 더 중요한 시기

역설적이죠? 영어를 잘하는데 영어 외의 것에 더 중점을 두어야 한다고 하니까요. 초등 1, 2학년이 〈심화〉과정까지 왔다면 어렸을 때(유아)부터 영어를 시작해서 앞만 보며 달려왔을 겁니다. 달리기로 친다면 거의 100미터 달리기하는 속도로 뛰어온 셈이죠. 책 읽는 것을 좋아하는 학습적인 성향에 엄마와의 관계도 좋았을 겁니다. 하지만 어린 나이에 꽤 높은 산등성이까지 올라온 터라 이제부터는 조심조심 가야 해요. 단거리 경주하듯 달리다가는 자칫 발을 헛디뎌 미끄러질 테니까요. 앞으로 갈 길이 먼데 지금까지처럼 밀어붙이면 탈이 납니다. 언뜻 이해가 안 될 겁니다. 잘하고 있는데 이게 뭔 소리인가, 영어학습 노하우를 알려줘야지 딴소리만

하는 것이 이상할 테지요.

우선 한글책부터. '외국어 실력은 모국어를 넘어서지 못한다'라는 말을 많이 합니다. 교육에 관심 있는 부모치고 이 정도쯤 모르는 분은 없을 겁니다. 그러나 그동안 영어에 공들인 만큼 한글책에 관심을 두었는가 자문해 보세요. 긍정적인 답이 안 나올 겁니다. 한글책 읽기에 신경을 쓴다고 썼어도 영어실력이 워낙 빠른 속도로 자라니 신이 나서 영어에 온 신경을 집중했을 공산이 매우 큽니다. 부모도 못 읽는 어려운 영어책을 거침없이 읽는 아이들, 그러나 한글책은 읽으라고 해야 마지못해 읽습니다. 읽는 수준도 자기 나이 또래와 비슷하거나 더 낮습니다. 한마디로 한글보다 영어가 더 편한 상황입니다.

이 시기의 아이들은 창가에 둔 꽃 같습니다. 햇빛을 따라 줄기가 뻗어가듯 부모가 시간을 들이고 정성을 쏟은 쪽으로 관심이 갑니다. 많은 분들이 '영어책은 매우 재미있어하는데 한글책은 재미없어한다'라며 고민하지만 사실 이것은 부모가 만든 결과일 뿐입니다. 이제 방향을 틀어야 할 때입니다. 영어책이 아닌 한글책으로요. 영어책 읽는 시간의 2배, 3배로 한글책을 읽어야 합니다. 그러려면 영어책 읽는 시간을 줄여야겠지요. 아이가 싫어할 겁니다. 맛있게 사탕을 먹고 있는데 엄마가 빼앗는 느낌일 거예요. 그래서 마음을 토닥여 주어야 해요.

또 하나, 엄마가 세상의 중심이던 어릴 때의 순한 모습만 생각하지 마세요. 아이들은 매일매일 자랍니다. 더 이상 엄마 말대로 고분고분 따라 하지 않습니다. 이제껏 친밀한 관계였더라도 앞으로는 달라질 수 있습니다. 하고 싶은데 못 한 것들, 놀고 싶은데 못 놀았던 것들이 언젠가는 터집니다. 사사건건 시비를 걸고 엄마가 원하는 것과 정반대로 행동할지도 모릅니다. 매사에 관심 없는 무기력증을 보이는 아이도 있습니다. 소극적인 반항이라고나 할까요? 지금이라도 아이가 원하는 것을 하게 해주세요. 영어는 그다음입니다.

2. 당분간 정체되는 것은 자연스러운 현상

〈심화〉과정은 3단계로 나눕니다. 〈심화1〉과정은 J4단계 영어책을, 〈심화2〉과정은 J5단계 영어책을, 〈심화3〉과정은 J6단계 영어책을 편안하게 읽는 수준입니다. 그러나 각 과정의 아이들이 읽는 수준은 좀 더 폭이 넓습니다.

〈심화1〉과정: J4단계는 편하게 읽고, 집중듣기 한 J5~J6단계는 만만하게 본다.
〈심화2〉과정: J5단계는 편하게 읽고, 집중듣기 한 J6~J7단계는 만만하게 본다.
〈심화3〉과정: J6단계는 편하게 읽고, 집중듣기 한 J7~J8단계는 만만하게 본다.

J7단계의 대표적인 영어책이 〈해리포터 시리즈〉입니다. J8단계는 《이상한 나라의 앨리스》 등 클래식 원서들이 많습니다. 어느 정도 수준인지 대충 감이 잡히시나요? 초등 고학년, 중학생도 〈심화〉과정에서 오래 머뭅니다. 잠수네에서도 초등 1, 2학년은 잘해야 〈심화1〉과정까지 갑니다. 〈심화2〉과정 이상은 극히 드물어요.

문제는 잘하는 아이를 둔 부모들의 마음입니다. 앞으로도 지금까지와 같은 속도로 영어책 읽는 수준이 올라가리라 기대하는 거죠. 엄청 빠르게 영어책을 읽어나가는 한두 아이를 롤모델로 하고요. 하지만 저학년이 갖는 한계는 뛰어넘기 어렵습니다. 영어를 잘한다 해도 아직 8살, 9살입니다. 영어책 수준을 계속 올리려 하지 마세요. 천천히 걸어가는 아이를 빨리 뛰게 하겠다며 아무리 용을 써봤자 엄마만 지칠 뿐입니다. 지금은 한글책과 영어책 수준이 같이 가는 행복한 시기입니다. 달리던 속도를 늦추고 들판의 꽃과 나비를 보며 천천히 가세요. 영어는 장거리 마라톤입니다. 앞서가려는 욕심을 버려야 지치지 않고, 끝까지 포기하지 않고 갈 수 있습니다.

흘려듣기는 자유롭게

DVD는 아이가 원하는 것으로 보여주세요. 애니메이션은 정서만 맞으면 제한 없이 보여줘도 됩니다. 좋아하는 것으로 편하게 고르세요. 단, TV드라마나 실사영화는 초등 1, 2학년 정서에 맞는지 면밀하게 살펴주시기 바랍니다.

한편 〈심화〉과정에서는 1시간 이상 분량의 챕터북, 소설 오디오 흘려듣기를 즐기는 아이들도 나타납니다. 그야말로 한 번도 읽어보지 않은 책, 들어보지 않은 책을 듣는 거예요. 그동안 노래 CD나 재미있게 본 DVD의 소리만 들었는데 어떻게 이런 현상이 나오느냐고요? 어려서부터 오랫동안 영어 소리를 들은 터라 귀가 뚫린 덕도 있지만 책을 이해하는 속도나 어휘 수준이 많이 올라갔기 때문입니다. 빠른 속도로 읽어줘도 바로 이해가 되거든요. 영어책 소리가 라디오에서 흘러나오는 구수한 옛날이야기처럼 들리는 거죠. 이런 아이들은 영어책을 다 읽어주는(Unabridged) 오디오뿐 아니라 축약한 것(Abridged)도 잘 듣습니다. 책과 비교해 가면서요.

집중듣기의 변화

그동안 잠수네 3종 세트 중 가장 힘든 것이 집중듣기였습니다. 그러나 〈심화〉과정부터는 조금씩 변화가 보입니다.

1. 집중듣기를 좋아하는 아이들이 나타납니다

잠수네 영어 3종 세트를 매일 꼭 해야 한다는 생각은 조금 내려놓으세요. 집중듣기와 책읽기 중 좋아하는 영역에 일시적으로 쏠려도 무방합니다. 집중듣기를 많이 한 날은 집중듣기만, 읽기를 많이 한 날은 읽기만 하도록 두세요.

2. 집중듣기와 책읽기가 같이 갑니다

잠수네 영어에서 집중듣기는 책읽기를 끌어주는 역할을 했습니다. 한 단계 높은 책으로 집중듣기를 하니까요. 그러다 어느 순간 집중듣기와 책읽기가 같이 갑니다. 처음에는 잘 듣다가도 집중듣기를 중단하고 그냥 읽겠다고 하는 거죠. 챕터북 같은 시리즈인 경우 이런 일이 잦습니다. 비슷한 내용이라 굳이 듣지 않아도 스스로 읽을 수 있겠다는 생각이 들기 때문입니다. 소설 역시 오디오 속도가 느리면 차라리 읽겠다고 하는 경우도 흔해집니다.

책읽기는 옆으로 확장할 때

아이들은 쉬운 책을 읽으며 편안함을 느낍니다. 한 번에 다 읽어야 한다는 부담감도 덜합니다. 쉬운 책을 많이 보면 말하기와 글쓰기가 편해집니다. 책에 나오는 대화체나 문장을 바로 활용할 수 있거든요. 자꾸 두껍고 어려운 책으로 끌어올리려 하지 마세요. 챕터북은 J4~J5단계에 제일 많습니다. J6단계만 되어도 꽤 줄어들지요. 소설은 두께에 질리기도 하지만 내용 역시 지금 초1, 2 아이들에게 맞는 책들이 별로 없습니다. 지식책 역시 머리가 커야 이해가 갑니다. 배경지식도 있어야 하고요. 이런 상황에서 현실적인 대안은 자꾸 단계를 올리지 말고 옆으로 가는 거예요. 한 번 읽고 다시 안 읽으려 해도 괜찮습니다. 같은 책을 무한 반복하거나 그림책만 읽어도 됩니다. 챕터북을 좋아하면 당분간 그대로 두세요. 억지로 소설로 끌어올리지 말고 아이가 원하는 대로 읽게 해주는 것이 좋습니다.

1. 챕터북은 지금 나이에 딱 맞는 책입니다

얇은 책만 읽으려 했던 아이라도 영어실력이 올라가면 그림 별로 없고 글밥 많은 두꺼운 챕터북도 곧잘 읽습니다. 그러나 단어 수준이나 내용이

고만고만하다고 챕터북 읽는 것을 막지는 마세요. 즐거운 책읽기로 이끌어 주는 일등공신이니까요.

2. 소설에 대한 로망은 잠시 접으세요

소설은 문학작품입니다. 초등 1, 2학년이 이해하기 어려운 것이 당연합니다. 뉴베리상 수상작같이 어려운 책은 좀 더 크면 읽도록 해주세요. 지금 읽혀봐야 소용없어요. 초등 고학년, 중학생이 되어 다시 읽으며 "그때랑 느낌이 왜 이렇게 다르지? 그때 읽은 것은 다 엉터리였나 봐요" 라고 고백합니다. 클래식 소설은 고어나 난해한 문장이 많습니다. 명작소설 번역본을 거뜬히 읽었다고 두꺼운 원서를 다 이해한다는 보장은 없습니다. 나중에 두꺼운 영어소설도 잘 보는 아이가 되길 원한다면 지금은 한글창작책을 보여주세요. 한글책을 탄탄하게 읽어두지 않으면 초등 고학년이라도 영어소설은 읽기 버거워합니다. 소설을 꼭 보여주고 싶다면 두껍지 않은 100쪽 안쪽의 소설이나 삽화가 들어간 책을 찾아보세요.

3. 그림책을 좋아하면 밀어주세요

아이가 좋아하는 쪽을 밀어주세요. 읽기 양이 부족하지 않을까 걱정된다면 챕터북 중에서도 감동적이고 줄거리가 탄탄한 시리즈를 찾아보세요. 변덕이 죽 끓듯 하는 아이들인지라 어느새 챕터북을 읽어보겠다고 할 수도 있습니다.

4. 지식책은 좋아하는 영역을 읽게 해주세요

한글로 사회, 역사, 과학책을 잘 읽는 아이라면 영어그림책 중 사회나 과학지식을 다룬 책을 찾아보세요. 좋아하는 영역의 영어책을 찾아주면 재미있게 읽을 수 있습니다. 그러나 한글로도 지식책을 좋아하지 않는 아이라면 영어로 된 지식책까지 읽기 어렵습니다. 지식책을 꼭 읽히고 싶다면 한글책으로 읽게 해주세요.

심화 과정 추천교재

DVD

❶ [JD3] Handy Manny 시리즈 (만능수리공 매니)
❷ [JD3] Miss Spider's Sunny Patch Friends 시리즈 (미스 스파이더와 개구쟁이들)
❸ [JD3] Paw Patrol 시리즈
❹ [JD3] Zack & Quack 시리즈 (잭과 쿽)
❺ [JD4] Winnie the Pooh 시리즈 (곰돌이 푸)
❻ [JD4] Pippi Longstocking TV 시리즈 (말괄량이 삐삐)
❼ [JD4] Smurfs 시리즈 (개구쟁이 스머프)
❽ [JD4] Mr. Men and Little Miss 시리즈 (EQ의 천재들)
❾ [JD4] The Little Mermaid 시리즈 (인어공주)
❿ [JD4] The Jungle Book 시리즈 (정글북 TV시리즈)
⓫ [JD5] The Lego Movie (레고 무비)
⓬ [JD5] Brave (메리다와 마법의 숲)
⓭ [JD5] Toy Story 시리즈 (토이 스토리)
⓮ [JD5] Wayside School 시리즈 (웨이사이드 스쿨)
⓯ [JD5] DreamWorks Dragons 시리즈 (드래곤 길들이기)
⓰ [JD5] The Incredibles 시리즈 (인크레더블)
⓱ [JD5] Kung Fu Panda 시리즈 (쿵푸 팬더)
⓲ [JD5] Monsters, Inc. (몬스터 주식회사)
⓳ [JD5] LEGO Ninjago 시리즈 (레고 닌자고)
⓴ [JD5] Magic School Bus 시리즈 (신기한 스쿨버스)

챕터북

❶ [J4] Zack Files 시리즈 (31권)
❷ [J4] Stink 시리즈 (10권)
❸ [J5] Time Warp Trio 시리즈 (19권)
❹ [J5] Winnie the Witch 챕터북 시리즈 (19권)
❺ [J5] Secrets of Droon 시리즈 (36권)
❻ [J5] Nancy Drew and the Clue Crew 시리즈 (36권)
❼ [J5] Judy Moody 시리즈 (15권)
❽ [J5] Andrew Lost 시리즈 (18권)
❾ [J5] Magic Ballerina 시리즈 (24권)
❿ [J6] Jack Stalwart 시리즈 (14권)

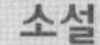

소설

❶ [J5] Fantastic Mr. Fox
❷ [J5] Sleep-Overs
❸ [J5] Charlotte's Web
❹ [J5] The Twits
❺ [J5] Spiderwick Chronicles 시리즈 (7권)
❻ [J5] Clementine 시리즈 (6권)
❼ [J5] Judy Blume: Fudge 시리즈 (5권)
❽ [J6] Charlie and the Chocolate Factory
❾ [J6] Mr. Popper's Penguins
❿ [J6] Frindle

심화 과정 추천교재

소설

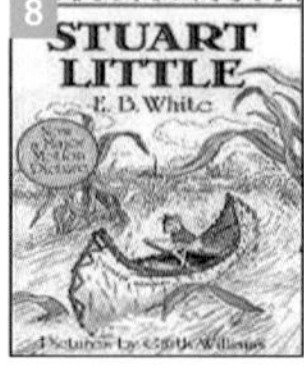

❶ [J6] Matilda

❷ [J6] Henry Huggins 시리즈 (6권)

❸ [J6] My Father's Dragon 시리즈 (4권)

❹ [J6] Ralph S. Mouse 시리즈 (3권)

❺ [J6] Pippi Longstocking 시리즈 (5권)

❻ [J6] Worst Witch 시리즈 (9권)

❼ [J6] Diary of a Wimpy Kid 시리즈 (11권)

❽ [J7] Stuart Little

❾ [J7] George's Secret Key 시리즈 (3권)

❿ [J7] Hiccup 시리즈 (12권)

그림책

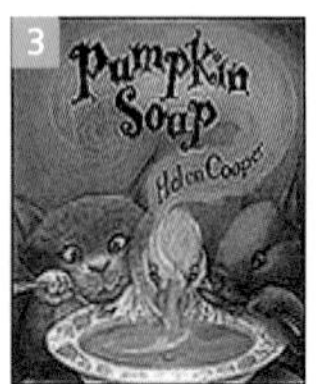

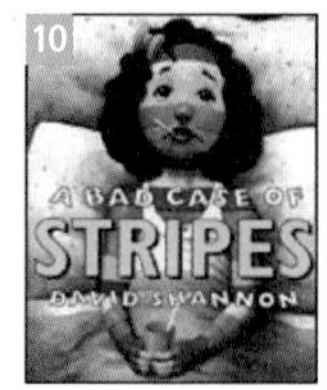

❶ [J5] The Elephant and the Bad Baby

❷ [J5] Swim the Silver Sea, Joshie Otter

❸ [J5] Pumpkin Soup

❹ [J5] Prince Cinders

❺ [J5] Chrysanthemum

❻ [J5] Tackylocks and the Three Bears

❼ [J5] The Stinky Cheese Man and Other Fairly Stupid Tales

❽ [J5] Counting Crocodiles

❾ [J5] John Patrick Norman McHennessy, The Boy Who was Always Late

❿ [J5] A Bad Case of Stripes

그림책

❶ [J5] Harvey Slumfenburger's Christmas Present
❷ [J5] Revolting Rhymes
❸ [J5] One of Each
❹ [J5] Lyle, Lyle, Crocodile
❺ [J5] The Runaway Dinner
❻ [J5] A Story, a Story
❼ [J5] Woodland Christmas: Twelve Days of Christmas in the North Woods
❽ [J5] Two Bad Ants
❾ [J6] The Dinosaurs of Waterhouse Hawkins
❿ [J6] The Very Best of Aesop's Fables
⓫ [J6] Ah, Music!
⓬ [J6] The Velveteen Rabbit
⓭ [J6] Cloudy with a Chance of Meatballs
⓮ [J6] Puss in Boots
⓯ [J6] Rapunzel
⓰ [J6] Amos & Boris
⓱ [J6] Weslandia
⓲ [J6] The Spider and the Fly
⓳ [J6] Swamp Angel
⓴ [J6] The Minpins

심화 과정 추천교재

리더스북

❶ [J4] Step into Reading 시리즈: Little Witch (6권)
❷ [J4] Scholastic Reader 시리즈: Magic School Bus (20권)
❸ [J5] The Cat in the Hat's Learning Library 시리즈 (30권)
❹ [J5] All Aboard Poetry Reader 시리즈 (5권)
❺ [J5] DK Readers 시리즈: LEGO Friends (4권)

그림책 같은 리더스북

❶ [J4] Sofia the First 시리즈 (9권)
❷ [J4] Black Lagoon 시리즈 (24권)
❸ [J4] Usborne Illustrated Stories 시리즈 (14권)
❹ [J4] Dav Pilkey: Dragon Tales 시리즈 (5권)
❺ [J5] Pippi Longstocking 챕터북 시리즈 (4권)

그림책

❶ [J4] Happy Ever After 시리즈 (14권)
❷ [J4] Martha Speaks 챕터북 시리즈 (13권)
❸ [J4] Colour First Reader 시리즈 (12권)
❹ [J5] Captain Underpants 시리즈 (12권)
❺ [J5] My Weird School 시리즈 (21권)
❻ [J5] Seriously Silly Stories 시리즈 (14권)
❼ [J5] Judy Moody 시리즈 (15권)
❽ [J5] Ottoline 시리즈 (4권)
❾ [J5] Bad Kitty 챕터북 시리즈 (11권)
❿ [J5] Jake drake 시리즈 (4권)

※ 읽기용 책이라도 오디오CD가 있으면 집중듣기용으로 활용해도 좋습니다.

소설

❶ [J4] The Magic Finger
❷ [J4] Freckle Juice
❸ [J5] Lizzie Zipmouth
❹ [J5] How to Eat Fried Worms
❺ [J5] The Lemonade War
❻ [J5] Chocolate Fever
❼ [J5] Esio Trot
❽ [J6] Jennifer, Hecate, MacBeth, William McKinley, and Me, Elizabeth
❾ [J6] The Tale of Despereaux
❿ [J6] Dork Diaries 시리즈 (10권)

그림책

❶ [J4] Love You Forever
❷ [J4] The Giving Tree
❸ [J4] The Empty Pot
❹ [J4] Dumb Bunnies 시리즈 (4권)
❺ [J4] Winnie and Wilbur 시리즈 (25권)
❻ [J4] Adele & Simon
❼ [J4] The Pain and the Great One
❽ [J5] A New Coat for Anna
❾ [J5] The Funny Little Woman
❿ [J5] Doctor De Soto

심화 과정 추천교재

그림책

❶ [J5] The Paper Crane
❷ [J5] Mirette on the High Wire
❸ [J5] The Art Lesson
❹ [J5] The Man Who Walked Between the Towers
❺ [J5] The Giant Jam Sandwich
❻ [J5] The Little House
❼ [J5] The Story about Ping
❽ [J5] The Five Chinese Brothers
❾ [J5] The Three Little Wolves and the Big Bad Pig
❿ [J5] Library Mouse 시리즈 (5권)
⓫ [J5] The Legend of the Indian Paintbrush
⓬ [J6] The Real Fairy Storybook
⓭ [J6] The Talking Eggs
⓮ [J6] Snowflake Bentley
⓯ [J6] Fables
⓰ [J6] Many Moons
⓱ [J6] The Seven Chinese Brothers
⓲ [J6] Snow-White and the Seven Dwarfs
⓳ [J6] Now & Ben
⓴ [J6] The Barefoot Book of Princesses

〈심화〉단계에 안착하는 비법을 알려드려요.

작성자: 얌얌트리 (초3, 초1)

(1) 3단계 10%, 4단계 60%, 5단계 30% 정도의 비율로 읽기 양 채우기

(2) 한글책은 영어책 읽기와 같거나 한 단계 높은 단계로 신경 써주기, 권당 쪽수도 영어와 같거나 많게 하기

(3) 1시간 이내의 챕터나 소설 집듣은 한자리에서 끝내는 것 추천, 그림책 등 5단계 들려주기는 시리즈 사이 기간을 이용하거나 집듣을 두 타임으로 운영하는 것이 어떨지

(4) 챕터북과 소설로 키높이만큼 책읽기 → 골고루 읽기가 목적

(5) 소설은 J4단계는 별로 없음. J5단계라는 사실은 알려주지 말고, 쪽수 적은 것으로 골라서 듣게 하면 어떨지. 그래도 알아채면 "우리 딸~ 대단하네~" 와 같은 멘트 한번 날려주고.

집중듣기, 쉬운 책에서 챕터북으로 가기 어렵다면 이 방법을 써보세요.

작성자: 꼬마애벌레 (초4)

빨리 챕터북 집중듣기를 했으면 하는 맘을 살짝 내려놓으시고 전략을 다양화해 보시면 어떨까요? 아이들은 잠수네 책 레벨에 상관없이

갱지에 그림 없고 글자만 가득한 챕터북이 부담스럽게 느껴지는 경우가 많은 듯싶어요. 글자 빼곡한 리더스는 잘 듣는다 하시니 베렌스타인 정도가 아닐까 싶은데 맞나요? 저희 집의 경우 그림책을 많이 읽고 듣다 보니 바로 소설로 넘어가게 되더라구요. 아래는 제가 썼던 방법들입니다.

(1) 그림책으로

읽는 것은 말할 것도 없고 듣기를 즐기는 딸내미를 위해 그림책으로 글밥이랑 두께에 적응할 수 있도록 신경 썼어요.

(2) 챕터북 – 짧고 그림 많은 것들로

호흡이 좀 길어졌다 싶으면 다음은 갱지에 적응을 해야겠지요. 종이도 누런데 그림 하나 없이 글자만 빽빽하면 어디 들을 맛이 날까요?

(3) 챕터북 – 누런 갱지는 가라!

두꺼운 그림책들 부담 없이 잘 들어주면 〈제로니모 시리즈〉 같은 챕터북을 권해봐도 괜찮을 것 같아요. (2)에서 권한 챕터북들은 읽기로 돌리시고요. 저희 아이 같은 경우도 그림책 많이 듣다가 〈제로니모 시리즈〉 수준에서 좀 듣고 소설로 바로 넘어간 경우이기도 하구요. 언제 〈심화〉로 가나 했던 시절이 엊그제 같은데 돌아보면 발전에서 〈심화〉로 가던 그 시절이 제일 재밌었던 듯싶네요. 재밌는 책 많이 찾아서 즐겁게 잠수 하세요.

초등 1, 2학년을 위한

영어DVD & 영어책

주제별 DVD와 영어책 일상 | 코믹 | 동물 | 모험 | SF · 판타지 · 로봇 · 차 | 공주

단계별 그림책 시리즈 J1단계 | J2단계 | J3단계 | J4단계 | J5단계

작가별 베스트 영어그림책 알리키 | 앨런 앨버그 & 자넷 앨버그 | 앨런 세이 | 에이미 크루즈 로젠탈 | 배빗 콜 | 바버러 쿠니 | 크리스 반 알스버그 | 대브 필키 | 데이비드 맥키 | 데이비드 스몰 | 에드 영 | 게일 기번스 | 헬렌 쿠퍼 | 존 리스고 | 존 셰스카 & 레인 스미스 | 줄리아 도널드슨 | 코키 폴 | 로렌 차일드 | 레오 리오니 | 모리스 샌닥 | 미니 그레이 | 올리버 제퍼스 | 패트리샤 폴라코 | 폴 오 젤린스키 | 피터 시스 | 레이먼드 브릭스 | 로버트 맥클로스키 | 기타무라 사토시 | 쉘 실버스타인 | 스티븐 켈로그 | 고미 타로 | 토미 웅거러 | 토미 드 파올라 | 유리 슐레비츠 | 윌리엄 스타이그 | 마거릿 와이즈 브라운 | 페기 래스먼 | 루스 크라우스 | 베라 B. 윌리엄스 |

주제별 DVD와 영어책

일상

[JD2] Max & Ruby 시리즈 (토끼네 집으로 오세요)
[J3] Max and Ruby TV 시리즈

[JD2] Caillou 시리즈 (까이유)
[J3] Caillou 시리즈

[JD2] Timothy Goes To School 시리즈 (티모시네 유치원)
[J4] Timothy: Get Set for Kindergarten 시리즈

[JD2] Maisy 시리즈 (메이지)
[J3] Maisy TV 시리즈

[JD2] Harold and the Purple Crayon 시리즈 (해롤드와 자주색 크레파스)
[J3] Festival Readers 시리즈: Harold and the Purple Crayon

[JD2] Bob the Builder 시리즈 (뚝딱뚝딱 밥아저씨)
[J2] Ready to Read 시리즈: Bob the Builder

[JD2] Titch 시리즈 (티치)
[J3] Titch 시리즈

[JD3] Madeline TV 시리즈
[J4] Madeline 시리즈

[JD3] Olivia 시리즈 (올리비아)
[J3] Ready to Read 시리즈: Olivia

[JD3] Handy Manny 시리즈 (만능수리공 매니)
[J4] Disney Handy Manny 시리즈

[JD4] Milly, Molly 시리즈 (밀리, 몰리)
[J4] Milly Molly 시리즈

[JD3] Doc McStuffins 시리즈 (꼬마의사 맥스터핀스)
[J3] World of Reading 시리즈: Doc McStuffins

[JD3] Little Bear 시리즈 (리틀베어)
[J4] I Can Read Book 시리즈: Little Bear

[JD3] Berenstain Bears 시리즈 (우리는 곰돌이 가족)
[J2] Bright and Early Books 시리즈: Berenstain Bears

[JD4] A Bunch of Munsch (Robert Munsch DVD 콜렉션)
[J4] Robert Munsch 시리즈

[JD3] Charlie and Lola 시리즈 (찰리와 롤라)
[J4] Charlie and Lola 캐릭터 시리즈

[JD4] Smurfs 시리즈 (개구쟁이 스머프)
[J3] Smurfs 시리즈

[JD4] Eloise TV 시리즈 (엘로이즈)
[J2] Ready to Read 시리즈: Eloise

[JD4] Arthur 시리즈 (아서)
[J4] Arthur Adventure 시리즈

[JD4] Mickey Mouse Clubhouse 시리즈 (미키마우스 클럽하우스)
[J4] Mickey Mouse Clubhouse 시리즈

※영어책과 연계해서 볼 수 있는 DVD를 주제별로 모았습니다.
재미있게 보는 DVD가 있으면 영어책 읽기도 연결시켜 보세요.
유튜브에서 검색하면 샘플을 볼 수 있습니다.

코믹

[JD2] Meg and Mog 시리즈 (메그와 모그)
[J3] Meg and Mog 시리즈

[JD2] Peppa Pig 시리즈 (꿀꿀 페파는 즐거워)
[J3] Peppa Pig 시리즈

[JD3] Dumb Bunnies 시리즈
[J4] Dumb Bunnies 시리즈

[JD3] Funny Bones 시리즈
[J4] Funnybones 시리즈

[JD3] Backyardigans 시리즈 (꾸러기 상상여행)
[J3] Ready to Read 시리즈: Backyardigans

[JD3] Curious George TV 시리즈 (호기심 많은 조지)
[J3] Curious George Readers 시리즈

[JD4] Horrid Henry 시리즈 (호리드 헨리)
[J4] Horrid Henry 시리즈

[JD4] Pippi Longstocking TV 시리즈 (말괄량이 삐삐)
[J5] Pippi Longstocking 챕터북 시리즈

[JD4] Mr. Men and Little Miss 시리즈 (EQ의 천재들)
[J4] Mr. Men 시리즈

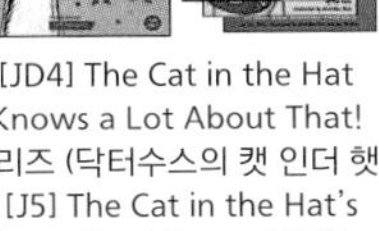

[JD4] The Cat in the Hat Knows a Lot About That! 시리즈 (닥터수스의 캣 인더 햇)
[J5] The Cat in the Hat's Learning Library 시리즈

[JD4] Mona the Vampire 시리즈 (뱀파이어 소녀 모나)
[J4] Mona the Vampire TV시리즈

[JD4] Paddington Bear 시리즈 (패딩턴 베어)
[J3] I Can Read! 시리즈: Paddington

[JD5] Meet The Robinsons (로빈슨 가족)
[J5] A Day with Wilbur Robinson

[JD5] Shrek 시리즈 (슈렉)
[J4] I Can Read! 시리즈: Shrek

[JD5] Fantastic Mr. Fox (판타스틱 Mr. Fox)
[J5] Fantastic Mr. Fox

[JD5] SpongeBob 시리즈 (스폰지밥)
[J4] SpongeBob TV 시리즈

[JD5] Wayside School 시리즈 (웨이사이드 스쿨 시리즈)
[J4] Wayside School 시리즈

[JD5] Scooby-Doo TV 시리즈 (반가워 스쿠비두)
[J3] Scooby-Doo! Readers 시리즈

[JD5] Phineas and Ferb 시리즈 (피니와 퍼브)
[J4] World of Reading 시리즈: Phineas and Ferb

[JD5] How the Grinch Stole Christmas (그린치는 어떻게 크리스마스를 훔쳤는가!)
[J4] How the Grinch Stole Christmas

동물

[JD1] The Gruffalo's Child (그루팔로 차일드)
[J4] The Gruffalo's Child

[JD2] Toopy and Binoo 시리즈 (투피와 비누)
[J2] Toopy and Binoo 시리즈

[JD2] Wonder Pets 시리즈 (원더펫)
[J1] Ready to Read 시리즈: Wonder Pets

[JD2] Tilly and Friends 시리즈 (틸리와 친구들)
[J3] Tilly & Friends 시리즈

[JD2] Harry and his Bucket Full of Dinosaurs 시리즈 (해리와 공룡 친구들)
[J4] Ian Whybrow: Harry 시리즈

[JD2] BaBar: King of the Elephants 시리즈 (코끼리왕 바바)
[J5] Babar 시리즈

[JD2] Kipper 시리즈 (키퍼)
[J4] Mick Inkpen: Kipper 시리즈

[JD2] Blue's Clues 시리즈 (블루스 클루스)
[J2] Ready to Read 시리즈: Blue's Clue

[JD3] Octonauts 시리즈 (옥토넛)
[J5] The Octonauts 시리즈

[JD3] The Busy World of Richard Scarry 시리즈 (리처드 스케리 시리즈)
[J4] Richard Scarry 캐릭터 시리즈

[JD3] Moomin 시리즈 (무민)
[J4] Moomin 그림책 시리즈

[JD3] Large Family 시리즈
[J4] Large Family 그림책 시리즈

[JD3] Clifford 시리즈 (클리포드)
[J3] Clifford 시리즈

[JD4] Many Adventures of Winnie the Pooh (곰돌이 푸: 오리지널 클래식)
[J6] Winnie-the-Pooh

[JD4] Martha Speaks 시리즈
[J4] Martha Speaks 그림책 시리즈

[JD4] Hurray for Huckle! 시리즈 (리차드 스캐리의 고양이 탐정 허클)
[J4] Busytown Mysteries 시리즈

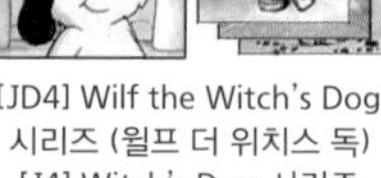

[JD4] Wilf the Witch's Dog 시리즈 (윌프 더 위치스 독)
[J4] Witch's Dog 시리즈

[JD5] Charlotte's Web (샬롯의 거미줄)
[J5] Charlotte's Web

[JD5] Trumpet of the Swan (트럼펫을 부는 백조)
[J6] The Trumpet of the Swan

[JD5] Alvin And The Chipmunks 시리즈 (앨빈과 슈퍼밴드)
[J4] I Can Read! 시리즈: Alvin and the Chipmunks

모험

[JD2] Dora the Explorer 시리즈 (도라도라 영어나라)
[J2] Ready to Read 시리즈: Dora

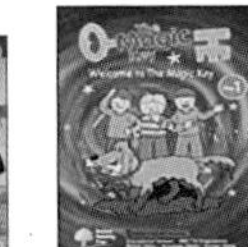
[JD3] The Magic Key 시리즈 (매직키)
[J3] Oxford Reading Tree 시리즈: Stage 6~7

[JD3] Go Diego Go! 시리즈 (고 디에고 고!)
[J2] Ready to Read 시리즈: Go, Diego, Go!

[JD4] Jake and the Never Land Pirates 시리즈 (제이크와 네버랜드 해적들)
[J3] World of Reading 시리즈: Jake and the Never Land Pirates

[JD4] Mike the Knight 시리즈 - 영국 BBC (꼬마 기사 마이크)
[J3] Ready to Read 시리즈: Mike the Knight

[JD4] The Littles 시리즈
[J5] Littles 시리즈

[JD4] George Shrinks 시리즈 (조지가 줄었어요)
[J3] George Shrinks

[JD5] The Tale Of Despereaux (작은 영웅 데스페로)
[J6] The Tale of Despereaux

[JD5] Ice Age 시리즈 (아이스 에이지)
[J3] I Can Read! 시리즈: Ice Age

[JD5] Puss in Boots (장화신은 고양이)
[J6] Puss in Boots

[JD5] Scooby-Doo 애니메이션 시리즈 (스쿠비 두)
[J3] Scooby-Doo! Readers 시리즈

[JD5] The Ant Bully (앤트 불리)
[J5] The Ant Bully

[JD5] Geronimo Stilton 시리즈 (제로니모의 모험)
[J5] Geronimo Stilton 시리즈

[JD5] The Mouse and the Motorcycle plus Bonus Story
[J6] Ralph S. Mouse 시리즈

[JD5] Horton Hears a Who! (호튼)
[J4] Horton Hears a Who!

[JD5] Cloudy With A Chance Of Meatballs (하늘에서 음식이 내린다면)
[J6] Cloudy with a Chance of Meatballs

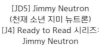

[JD5] Jane and The Dragon (제인 앤드 드래곤)
[J4] Jane and the Dragon 시리즈

[JD5] Jimmy Neutron (천재 소년 지미 뉴트론)
[J4] Ready to Read 시리즈: Jimmy Neutron

[JD5] The Polar Express (폴라 익스프레스)
[J5] The Polar Express

[JD6] Stuart Little 시리즈 (스튜어트 리틀)
[J7] Stuart Little

주제별 DVD와 영어책

SF · 판타지 · 로봇 · 차

[JD5] LEGO Legends of Chima 시리즈 (레고 키마의 전설)
[J5] DK Readers 시리즈: LEGO Legends of Chima

[JD5] Transformers: Rescue Bots 시리즈 (트랜스포머: 레스큐 봇)
[J4] Passport to Reading 시리즈: Rescue Bots

[JD5] Rise of the Guardians (가디언즈)
[J6] The Man in the Moon

[JD5] Lego Ninjago: Masters of Spinjitzu TV 시리즈 (레고 닌자고)
[J4] LEGO Ninjago Reader 시리즈

[JD5] Toy Story 시리즈 (토이 스토리)
[J3] Step into Reading 시리즈: Toy Story

[JD5] The Iron Giant (아이언 자이언트)
[J5] The Iron Giant

[JD5] Avatar: The Last Airbender 시리즈 (아바타: 아앙의 전설)
[J4] Ready to Read 시리즈: Avatar

[JD5] Cars 시리즈 (카)
[J2] Step into Reading 시리즈: Cars

공주

[JD3] Little Princess 시리즈 (리틀 프린세스)
[J4] Little Princess TV 시리즈

[JD3] Angelina Ballerina TV 시리즈
[J4] Angelina Ballerina 캐릭터 시리즈

[JD3] Strawberry Shortcake 시리즈 (스트로베리 숏케익)
[J3] Strawberry Shortcake 리더스북 시리즈

[JD4] Barbie 시리즈 (바비)
[J3] Step into Reading 시리즈: Barbie

[JD4] Sofia the First 시리즈 (리틀 프린세스 소피아)
[J3] World of Reading 시리즈: Sofia the First

[JD4] My Little Pony TV 시리즈 (마이 리틀 포니)
[J2] I Can Read! Phonics Fun 시리즈: My Little Pony

[JD5] Tinker Bell 시리즈 (팅커벨)
[J4] Step into Reading 시리즈: Tinker Bell

[JD5] Frozen (겨울왕국)
[J3] Step into Reading 시리즈: Frozen

David 그림책 시리즈 (4권)
[J1] No, David!
[J2] David Gets in Trouble
[J2] It's Christmas, David!
[J2] David Goes to School

Jez Alborough: Little Chimp 그림책 시리즈 (4권)
[J1] Hug
[J1] Yes
[J1] Tall
[J2] Play

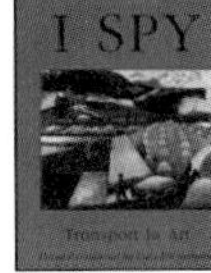

I Spy 시리즈 (6권)
[J1] I Spy Animals in Art
[J1] I Spy Colors in Art
[J1] I Spy Numbers in Art
[J1] I Spy Shapes in Art
[J1] I Spy Transport in Art

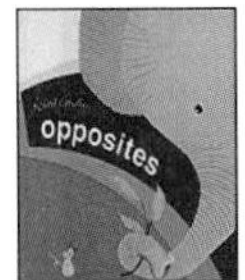
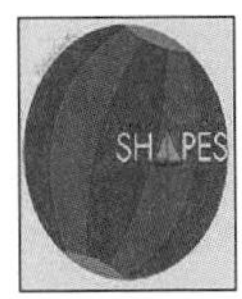

Robert Crowther 플랩북 시리즈 (3권)
[J1] Opposites
[J1] Shapes
[J1] Colours

Chuck Murphy: 팝업북 시리즈 (3권)
[J1] Color Surprises
[J1] Bow Wow
[J1] Black Cat White Cat

Eric Carle: My Very First Library 시리즈 (8권)
[J1] My Very First Book of Colors
[J1] My Very First Book of Food
[J1] My Very First Book of Motion
[J1] My Very First Book of Shapes
[J1] My Very First Book of Numbers

Elephant and Piggie 시리즈 (22권)

[J2] There is a Bird on Your Head!
[J2] Elephants Cannot Dance!
[J2] We are in a Book!
[J2] I Love My New Toy!
[J3] Watch Me Throw the Ball

Spot Lift-the-Flap 시리즈 (24권)

[J2] Where's Spot?
[J2] Spot Goes to School
[J2] Spot Goes to the Park
[J2] Spot Goes to the Farm
[J2] Spot's First Christmas

Magic Pencil 시리즈 (5권)

[J2] Bear Hunt
[J2] The Little Bear Book
[J2] A Bear-y Tale
[J3] Bear's Magic Pencil
[J3] Bear Goes to Town

Cat the Cat 시리즈 (4권)

[J2] Cat the Cat Who is That?
[J2] What's Your Sound, Hound the Hound?
[J2] Let's Say Hi to Friends Who Fly!
[J2] Time to Sleep, Sheep the Sheep!

Nick and Sue 시리즈 (4권)

[J1] One to Ten and Back Again
[J2] Alphabet Ice Cream: An a-z of Alphabet Fun
[J2] Faster, Faster! Nice and Slow!
[J2] Red Rockets and Rainbow Jelly

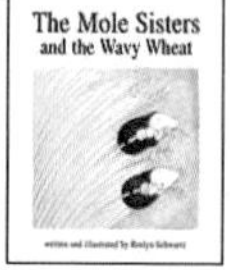

Mole Sisters 시리즈 (11권)

[J2] The Mole Sisters and the Fairy Ring
[J2] The Mole Sisters and the Wavy Wheat
[J2] The Mole Sisters and the Question
[J2] The Mole Sisters and the Rainy Day
[J2] The Mole Sisters and the Blue Egg

Maisy Lift-the-Flap 시리즈 (20권)

[J2] Happy Birthday, Maisy
[J2] Maisy at the Farm
[J2] Maisy Goes Swimming
[J2] Maisy Goes to the Playground
[J2] Maisy Goes to Bed

Kevin Sherry: Ocean 시리즈 (3권)

[J2] I'm the Biggest Thing in the Ocean
[J2] I'm the Best Artist in the Ocean
[J2] I'm the Scariest Thing in the Castle

Ann Morris 사회 그림책 시리즈 (6권)

[J2] Bread Bread Bread
[J2] Houses and Homes
[J2] Hats Hats Hats
[J2] Loving
[J3] Shoes Shoes Shoes

Byron Barton: 탈것 보드북 시리즈 (7권)

[J2] My Car
[J2] Airport
[J2] Trucks
[J2] Trains
[J2] Machines at Work

I Spy Little Book 시리즈 (8권)

[J2] I Spy Little Book
[J2] I Spy Little Animals
[J2] I Spy Little Bunnies
[J2] I Spy Little Letters
[J2] I Spy Little Numbers

Gossie & Friends 시리즈 (10권)

[J2] Gossie
[J2] Ollie
[J2] BooBoo
[J2] Ollie's Easter Eggs
[J2] Ollie the Stomper

Bartholomew 시리즈 (6권)

[J2] Get into Bed
[J2] On Your Potty!
[J2] I Love You Just the Way You Are
[J2] Eat Your Dinner!
[J2] In a Minute!

Scanimation Picture Books 시리즈 (11권)

[J2] Waddle!
[J2] Swing!
[J2] Zoo Babies
[J2] Santa!
[J3] Gallop!

Wibbly Pig 시리즈 (13권)

[J2] Is It Bedtime Wibbly Pig?
[J2] Everyone Hide from Wibbly Pig
[J2] Wibbly Pig Makes Pictures
[J2] Tickly Christmas Wibbly Pig
[J2] Wibbly Pig Likes Presents

All about You 시리즈 (3권)

[J2] All about You
[J2] What I Like
[J3] What Makes Me Happy?

Ethan Long: Duck 시리즈 (4권)

[J2] Tickle the duck!
[J2] Stop Kissing Me!
[J2] Duck's Not Afraid of the Dark
[J2] Have You Been Naughty or Nice?

Meeow 시리즈 (3권)

[J2] Meeow and the Little Chairs
[J2] Meeow and the Big Box
[J2] Meeow and the Blue Table

Meg and Mog 시리즈 (19권)

[J3] Meg and Mog
[J3] Mog at the Zoo
[J3] Meg's Castle
[J3] Meg's Car
[J3] Meg's Veg

Five Little Monkeys 시리즈 (10권)

[J2] Five Little Monkeys Jumping on the Bed
[J3] Five Little Monkeys Sitting in a Tree
[J3] Five Little Monkeys Bake a Birthday Cake
[J3] Five Little Monkeys with Nothing to Do
[J3] Five Little Monkeys Play Hide-and-Seek

Pigeon 시리즈 (8권)

[J3] Don't Let the Pigeon Drive the Bus!
[J3] The Pigeon Finds a Hot Dog!
[J3] Don't Let the Pigeon Stay Up Late!
[J3] The Pigeon Wants a Puppy!
[J3] The Duckling Gets a Cookie!?

Eric Carle: Bear 시리즈 (4권)

[J2] Brown Bear, Brown Bear, What Do You See?
[J3] Polar Bear, Polar Bear, What Do You Hear?
[J3] Panda Bear, Panda Bear, What Do You See?
[J3] Baby Bear, Baby Bear, What Do You See?

Knuffle Bunny 시리즈 (3권)

[J3] Knuffle Bunny
[J3] Knuffle Bunny Too
[J4] Knuffle Bunny Free

Audrey Wood: 남매 시리즈 (4권)

[J3] Tooth Fairy
[J3] Balloonia
[J3] Presto Change-O
[J3] Magic Shoelaces

Max and Ruby 그림책 시리즈 (16권)

[J3] Ruby's Beauty Shop
[J3] Max Counts His Chickens
[J3] Max's Christmas
[J3] Max's Chocolate Chicken
[J3] Max's ABC

Stella Blackstone: Bear 시리즈 (9권)

[J2] Bear about Town
[J3] Bear in Sunshine
[J3] Bear at Home
[J3] Bear at Work
[J3] Bear's Birthday

Nancy Shaw: Sheep 그림책 시리즈 (7권)

[J2] Sheep in a Shop
[J3] Sheep in a Jeep
[J3] Sheep Trick or Treat
[J3] Sheep Out to Eat
[J3] Sheep Take a Hike

Tilly & Friends 시리즈 (10권)

[J3] Pretty Pru
[J3] Good Night, Tiptoe
[J3] Happy Hector
[J3] Doodle Bites
[J3] Hello Tilly

How Do Dinosaurs 시리즈 (8권)

[J3] How Do Dinosaurs Say Good Night?
[J3] How Do Dinosaurs Eat Their Food?
[J3] How Do dinosaurs Get Well Soon?
[J3] How Do Dinosaurs Go to School?
[J3] How Do Dinosaurs Learn Colours and Numbers?

Suzy Goose 시리즈 (3권)

[J3] Silly Suzy Goose
[J3] Look Out, Suzy Goose
[J3] Suzy Goose and the Christmas Star

Pete the Cat 노래그림책 시리즈 (4권)

[J3] Pete the Cat: I Love My White Shoes
[J3] Pete the Cat and His Four Groovy Buttons
[J3] Pete the Cat Saves Christmas
[J4] Pete the Cat: Rocking in My School Shoes

Bugs 팝업북 시리즈 (20권)

[J3] Birthday Bugs
[J3] Halloween Bugs
[J3] Feely Bugs
[J3] Alpha Bugs
[J3] Bed Bugs

Mercer Mayer: There's a… 시리즈 (4권)

[J3] There's an Alligator Under My Bed
[J3] There's Something in My Attic
[J4] There's a Nightmare in My Closet
[J4] There are Monsters Everywhere

John Himmelman: Rescue 시리즈 (4권)

[J3] Pigs to the Rescue
[J3] Chickens to the Rescue
[J3] Cows to the Rescue
[J3] Duck to the Rescue

Eyeball Animation 시리즈 (3권)

[J3] Ten Little Dinosaurs
[J3] Frog in the Kitchen Sink
[J4] The Adventures of Max the Minnow

Jackie Urbanovic: Duck 시리즈 (3권)

[J3] Duck at the Door
[J4] Duck Soup
[J4] Duck and Cover

단계별 그림책 시리즈

Kate McMullan: Car 시리즈 (5권)

[J3] I Stink!
[J3] I'm Mighty!
[J3] I'm Fast!
[J3] I'm Cool!
[J4] I'm Dirty

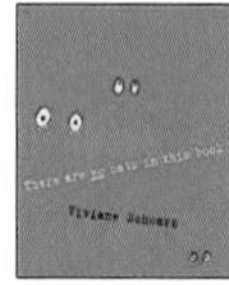

There Are Cats 시리즈 (3권)

[J3] There are Cats in This Book
[J3] There are No Cats in This Book!
[J3] Is There a Dog in This Book?

Little Yellow Dog 시리즈 (4권)

[J3] Little Yellow Dog Says Look at Me
[J3] Little Yellow Dog Gets a Shock
[J3] Little Yellow Dog Bites the Builder
[J3] Little Yellow Dog Meets His Match

Jonathan Allen: Baby Owl시리즈 (5권)

[J3] I'm Not Scared!
[J3] I'm Not Cute!
[J3] I'm Not Sleepy!
[J3] I'm Not Santa!
[J3] I'm Not Ready!

Henry's Friends 시리즈 (2권)

[J3] Henry in Love
[J3] Chloe

Emma 시리즈 (4권)

[J2] Fix-It
[J3] Emma in Charge
[J3] Emma's Pet
[J3] Emma's Vacation

Winnie and Wilbur 시리즈 (25권)

[J3] Winnie Flies Again
[J4] Winnie the Witch
[J4] Winnie and Wilbur in Winter
[J4] The New Computer
[J4] Happy Birthday, Winnie

Dr. Seuss 시리즈 (46권)

[J3] Green Eggs and Ham
[J3] The Cat in the Hat
[J3] One Fish, Two Fish, Red Fish, Blue Fish
[J4] Fox in Socks
[J4] The Cat in the Hat Comes Back

Daisy 그림책 시리즈 (10권)

[J4] 006 and a Bit
[J4] Really, Really
[J4] You Do!
[J5] Eat Your Peas
[J5] Yuk!

Willy 시리즈 (7권)

[J3] Willy the Dreamer
[J3] Willy the Champ
[J3] Willy the Wimp
[J4] Willy's Pictures
[J5] Willy the Wizard

Lilly and Her Friends 시리즈 (9권)

[J4] A Weekend with Wendell
[J4] Owen
[J4] Sheila Rae, the Brave
[J4] Julius: The Baby of the World
[J4] Lilly's Purple Plastic Purse

If You Give… 시리즈 (10권)

[J4] If You Give a Mouse a Cookie
[J4] If You Give a Pig a Pancake
[J4] If You Take a Mouse to School
[J4] If You Give a Moose a Muffin
[J4] If You Give a Pig a Party

Dumb Bunnies 시리즈 (4권)

[J4] The Dumb Bunnies
[J4] The Dumb Bunnies' Easter
[J4] The Dumb Bunnies Go to the Zoo
[J4] Make Way for Dumb Bunnies

Curious George 그림책 시리즈 (9권)

[J4] Curious George
[J4] Curious George Takes a Job
[J4] Curious George Goes to the Hospital
[J4] Curious George Flies a Kite
[J4] Curious George Learns the Alphabet

Diary of a 시리즈 (3권)

[J4] Diary of a Worm
[J4] Diary of a Spider
[J4] Diary of a Fly

Martha Speaks 그림책 시리즈 (7권)

[J4] Martha Speaks
[J4] Martha Blah Blah
[J4] Perfectly Martha
[J4] Martha Calling
[J4] Martha and Skits

Parts 시리즈 (3권)

[J4] Parts
[J4] More Parts
[J4] Even More Parts

Preston Pig 시리즈 (8권)

[J3] Suddenly!
[J4] Oops!
[J4] S.W.A.L.K
[J4] Boo!
[J4] Yum!

Harry the Dirty Dog 시리즈 (4권)

[J4] Harry the Dirty Dog
[J4] Harry and the Lady Next Door
[J4] Harry by the Sea
[J4] No Roses for Harry!

Splat the Cat 그림책 시리즈 (14권)

[J3] Splat the Cat
[J3] The Perfect Present for Mom & Dad
[J4] Love, Splat
[J4] Merry Christmas, Splat
[J4] Secret Agent Splat!

Olivia 시리즈 (10권)

[J4] Olivia
[J4] Olivia Forms a Band
[J4] Olivia and the Missing Toy
[J4] Olivia Saves the Circus
[J4] Olivia Helps with Christmas

Doreen Cronin: Click, Clack 시리즈 (10권)

[J4] Click, Clack, Moo: Cows That Type
[J4] Dooby Dooby Moo
[J4] Click, Clack, Boo!: A Tricky Treat
[J4] Click, Clack, Surprise!

Madeline 시리즈 (11권)

[J4] Madeline
[J4] Madeline's Rescue
[J4] Madeline and the Bad Hat
[J4] Madeline's Christmas
[J4] Madeline in London

Miss Nelson 시리즈 (3권)

[J4] Miss Nelson is Missing!
[J4] Miss Nelson is Back
[J4] Miss Nelson has a Field Day

Oliver Jeffers: Boy 시리즈 (4권)

[J4] Lost and Found
[J4] The Way Back Home
[J4] How to Catch a Star
[J4] Up and Down

Mouse and Mole 시리즈 (8권)

[J4] Upstairs Mouse, Downstairs Mole
[J4] Mouse and Mole: Fine Feathered Friends
[J4] Abracadabra! Magic with Mouse and Mole
[J4] A Perfect Halloween
[J4] A Brand-new Day with Mouse and Mole

Wonderwise 시리즈 (20권)

[J4] What if?: A Book about Recycling
[J4] What's Up?
[J4] Wheels Keep Turning
[J4] Stone Age, Bone Age!
[J4] Yum-Yum!

Ezra Jack Keats: Peter 시리즈 (5권)

[J4] The Snowy Day
[J4] Peter's Chair
[J4] Goggles!
[J4] Whistle for Willie
[J4] A Letter to Amy

Mog 시리즈 (11권)

[J4] Mog the Forgetful Cat
[J4] Goodbye Mog
[J4] Mog in the Dark
[J4] Mog's Bad Thing
[J4] Mog and the Baby

Elmer 시리즈 (24권)

[J4] Elmer
[J4] Elmer in the Snow
[J4] Elmer and the Stranger
[J4] Elmer and the Lost Teddy
[J4] Elmer and Wilbur

Toot & Puddle 시리즈 (11권)

[J4] Toot & Puddle
[J4] Top of the World
[J4] Charming Opal
[J4] You are My Sunshine
[J4] A Present for Toot

Trickster Tale 시리즈 (6권)

[J4] Zomo the Rabbit
[J4] Anansi the Spider
[J4] Raven
[J4] Coyote
[J5] Arrow to the Sun

Fancy Nancy 그림책 시리즈 (13권)

[J3] Fancy Nancy
[J4] Fancy Nancy and the Posh Puppy
[J4] Fancy Nancy: Bonjour, Butterfly
[J4] Fancy Nancy: Poet Extraordinaire!
[J4] Fancy Nancy: Splendiferous Christmas

Ian Whybrow: Harry 시리즈 (17권)

[J4] Harry and the Bucketful of Dinosaurs
[J4] Harry and the Dinosaurs Make a Christmas Wish
[J4] Harry and the Dinosaurs at the Museum
[J4] Harry and the Dinosaurs Go to School
[J4] Harry and the Robots

George and Martha 시리즈 (12권)

[J3] George and Martha Back in Town
[J4] George and Martha
[J4] George and Martha Round and Round
[J4] George and Martha Tons of Fun
[J4] George and Martha Encore

Russell the Sheep 시리즈 (4권)

[J3] Russell the Sheep
[J4] Russell and the Lost Treasure
[J4] Russell's Christmas Magic
[J4] Go to Sleep, Russell the Sheep

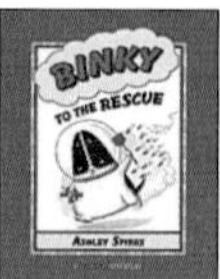

Binky Adventure 시리즈 (5권)

[J4] Binky the Space Cat
[J4] Binky Under Pressure
[J4] Binky to the Rescue
[J4] Binky Takes Charge
[J4] License to Scratch

Charlie and Lola 그림책 시리즈 (7권)

[J4] I will Not Ever Never Eat a Tomato
[J4] I am Too Absolutely Small for School
[J4] I am Not Sleepy and I will Not Go to Bed
[J4] My Dream Bed
[J4] Slightly Invisible

Nick Sharratt: 명작 그림책 시리즈 (6권)

[J4] Cinderella
[J4] The Three Little Pigs
[J4] The Three Billy Goats Gruff
[J4] Goldilocks
[J4] Little Red Riding Hood

Moon Bear 시리즈 (14권)

[J4] Happy Birthday, Moon
[J4] Mooncake
[J4] Moongame
[J4] Moonbear's Shadow
[J4] MoonBear's Bargain

Dirty Bertie 그림책 시리즈 (2권)

[J4] Dirty Bertie
[J4] Pee-Ew! Is That You, Bertie?

Tales From Percy's Park 시리즈 (6권)

[J4] One Snowy Night
[J4] After the Storm
[J4] Percy's Bumpy Ride
[J4] The Treasure Hunt
[J5] The Rescue Party

Corduroy 그림책 시리즈 (4권)

[J4] Corduroy
[J4] A Pocket for Corduroy
[J4] Corduroy Lost and Found
[J5] A Christmas Wish for Corduroy

Pinkalicious 그림책 시리즈 (5권)

[J4] Pinkalicious
[J4] Purplicious
[J4] Goldilicious
[J4] Silverlicious
[J4] Emeraldalicious

Amazing Machines 시리즈 (13권)

[J3] Roaring Rockets
[J4] Amazing Airplanes
[J4] Super Submarines
[J4] Flashing Fire Engines
[J4] Dazzling Diggers

Chester 시리즈 (3권)

[J4] Chester
[J4] Chester's Back
[J4] Chester's Masterpiece

Frances 시리즈 (5권)

[J4] Bread and Jam for Frances
[J4] Bedtime for Frances
[J4] A Baby Sister for Frances
[J4] Best Friends for Frances
[J5] A Birthday for Frances

Disgusting Critters 시리즈 (7권)

[J4] The Fly
[J4] The Rat
[J4] The Spider
[J4] The Toad
[J4] The Worm

Pinkerton 시리즈 (5권)

[J3] Pinkerton, Behave!
[J4] A Penguin Pup for Pinkerton
[J4] A Rose for Pinkerton
[J4] Prehistoric Pinkerton
[J4] Tallyho, Pinkerton!

Tomie dePaola: Bill and Pete 시리즈 (3권)

[J4] Bill and Pete
[J4] Bill and Pete to the Rescue
[J4] Bill and Pete Go Down the Nile

Witch's Children 시리즈 (3권)

[J4] The Witch's Children
[J4] The Witch's Children and the Queen
[J4] The Witch's Children Go to School

Rita and Whatsit 시리즈 (6권)

[J4] Rita and Whatsit at the Beach
[J4] Rita and Whatsit
[J4] Christmas with Rita and Whatsit
[J4] Rita and Whatsit at School
[J4] Rita and Whatsit Go on a Picnic

Miss Malarkey 시리즈 (7권)

[J4] Miss Malarkey's Field Trip
[J4] Testing Miss Malarkey
[J4] Miss Malarkey Doesn't Live in Room 1
[J4] You're a Good Sport, Miss Malarkey
[J4] Miss Malarkey Leaves No Reader Behi

Rotten Ralph 그림책 시리즈 (12권)

[J4] Rotten Ralph
[J4] Not so Rotten Ralph
[J4] Back to School for Rotten Ralph
[J4] Happy Birthday Rotten Ralph
[J4] Rotten Ralph's Rotten Christmas

Gruffalo and Friends 시리즈 (7권)

[J4] The Gruffalo
[J4] The Gruffalo's Child
[J5] Room on the Broom
[J5] The Smartest Giant in Town
[J5] The Snail and the Whale

Mrs Pepperpot 그림책 시리즈 (9권)

[J5] Mrs Pepperpot and the Treasure
[J5] Mrs Pepperpot at the Bazaar
[J5] Mrs Pepperpot Learns to Swim
[J5] Mrs Pepperpot Minds the Baby
[J5] Mrs Pepperpot's Christmas

Fairytale Hairdresser 시리즈 (11권)

[J5] The Fairytale Hairdresser and Aladdin
[J5] The Fairytale Hairdresser and Sleeping Beauty
[J5] The Fairytale Hairdresser and the Princess and the Pea
[J5] The Fairytale Hairdresser and the Little Mermaid
[J5] The Fairytale Hairdresser: Or How Rapunzel Got Her Prince!

Traction Man 시리즈 (3권)

[J5] Traction Man is Here!
[J5] Traction Man Meets Turbodog
[J5] Traction Man and the Beach Odyssey

Magic School Bus TV 시리즈 (33권)

[J4] In the Haunted Museum
[J5] Sees Stars
[J5] Inside Ralphie
[J5] Blows its Top
[J5] Butterfly and the Bog Beast

Library Mouse 시리즈 (5권)

[J4] Library Mouse: A World to Explore
[J4] Library Mouse: A Museum Adventure
[J5] Library Mouse
[J5] Library Mouse: A Friend's Tale
[J5] Library Mouse: Home Sweet Home

Smartypants 시리즈 (3권)

[J5] Princess Smartypants
[J5] Princess Smartypants Breaks the Rules!
[J5] Long Live Princess Smartypants

Peter Yarrow 노래 그림책 시리즈 (6권)

[J4] Day is Done
[J5] Puff, the Magic Dragon
[J5] Sleepytime Songs
[J5] Songs for Little Folks
[J5] Favorite Folk Songs

Angelina Ballerina 그림책 시리즈 (17권)

[J5] Angelina Ballerina
[J5] Angelina and the Princess
[J5] Angelina Ice Skates
[J5] Angelina's Baby Sister
[J5] Angelina at the Fair

James Marshall: 명작 그림책 시리즈 (5권)

[J4] Goldilocks and the Three Bears
[J4] Red Riding Hood
[J5] The Three Little Pigs
[J5] Cinderella
[J5] Hansel and Gretel

Strega Nona 시리즈 (9권)

[J4] Strega Nona's Magic Lessons
[J4] Strega Nona Meets Her Match
[J5] Strega Nona
[J5] Strega Nona: Her Story
[J5] Merry Christmas, Strega Nona

Lyle the Crocodile 시리즈 (10권)

[J5] Lyle, Lyle, Crocodile
[J5] The House on East 88th Street
[J5] Lovable Lyle
[J5] Lyle Finds His Mother
[J5] Lyle and the Birthday Party

Katie 시리즈 (10권)

[J4] Katie Meets the Impressionists
[J4] Katie and the Sunflowers
[J5] Katie and the Spanish Princess
[J5] Katie and the Bathers
[J5] Katie and the Mona Lisa

Ella Bella Ballerina 시리즈 (6권)

[J5] Ella Bella Ballerina and Swan Lake
[J5] Ella Bella Ballerina and the Sleeping Beauty
[J5] Ella Bella Ballerina and Cinderella
[J5] Ella Bella Ballerina and the Nutcracker
[J5] Ella Bella Ballerina and the Magic Toyshop

Sam's Science 시리즈 (4권)

[J4] I Know Why I Brush My Teeth!
[J5] I Know How My Cells Make Me Grow
[J5] I Know How We Fight Germs
[J5] I Know Where My Food Goes

Skippyjon Jones 시리즈 (8권)

[J5] Skippyjon Jones
[J5] Skippyjon Jones in the Dog-House
[J5] Skippyjon Jones in Mummy Trouble
[J5] Skippyjon Jones, Lost in Spice
[J5] Skippyjon Jones: Presto Change-O Edition

Steven Kellogg: 명작패러디 시리즈 (4권)

[J5] The Three Little Pigs
[J5] Chicken Little
[J5] Jack and the Beanstalk
[J5] The Pied Piper's Magic

Diane Stanley: 명작패러디 시리즈 (5권)

[J4] Sleeping Ugly
[J4] Goldie and the Three Bears
[J5] Rumpelstiltskin's Daughter
[J5] The Giant and the Beanstalk
[J5] The Trouble with Wishes

작가별 베스트 영어그림책

재미있는 그림책 작가를 찾아서

초등 1, 2학년은 영어그림책을 재미있게 볼 적기입니다. 초등 1, 2학년 아이들이 즐겨 보는 작가의 그림책들을 엄선해서 실었습니다. 더 많은 작가의 베스트 영어그림책은《잠수네 프리스쿨 영어공부법》의 부록을 참조해 주세요.

이 책에 실은 영어그림책 작가

알리키 | 앨런 앨버그 & 자넷 앨버그 | 앨런 세이 | 에이미 크루즈 로젠탈 | 배빗 콜 | 바버러 쿠니 | 크리스 반 알스버그 | 대브 필키 | 데이비드 맥키 | 데이비드 스몰 | 에드 영 | 게일 기번스 | 헬렌 쿠퍼 | 존 리스고 | 존 셰스카 & 레인 스미스 | 줄리아 도널드슨 | 코키 폴 | 로렌 차일드 | 레오 리오니 | 모리스 샌닥 | 미니 그레이 | 올리버 제퍼스 | 패트리샤 폴라코 | 폴 오 젤린스키 | 피터 시스 | 레이먼드 브릭스 | 로버트 맥클로스키 | 기타무라 사토시 | 쉘 실버스타인 | 스티븐 켈로그 | 고미 타로 | 토미 웅거러 | 토미 드 파올라 | 유리 슐레비츠 | 윌리엄 스타이그 | 마거릿 와이즈 브라운 | 페기 래스먼 | 루스 크라우스 | 베라 B. 윌리엄스

※《프리스쿨 영어공부법》에 들어간 그림책 작가

앤서니 브라운 | 바이런 바튼 | 오드리 우드 & 돈 우드 | 콜린 맥노튼 | 데이빗 섀논 | 데이비드 위즈너 | 도널드 크루즈 | 도린 크로닌 | 닥터 수스 | 에일린 크리스텔로우 | 에밀리 그래빗 | 에릭 칼 | 에즈라 잭 키츠 | G. 자이언 & M. 그레엄 | 헬렌 니콜 & 얀 피엔코프스키 | 헬린 옥슨버리 | 이언 포크너 | 제임스 마셜 | 잰 브렛 | 제인 오코너 & 로빈 프레이스 글래서 | 재즈 앨버로우 | 존 버닝햄 | 존 버틀러 | 주디스 커 | 로이스 엘러트 | 케빈 행크스 | 주디스 코펜스 | 루시 커진즈 | 매슈 밴 플리트 | 마그렛 레이 & 한스 아우구스토 레이 | 모 윌렘스 | 낸시 쇼 | 닉 샤렛 | 파멜라 엘렌 | 팻 허친스 | 삐뜨르 호라체크 | 롭 스코튼 | 로버트 크라우스 | 로슬린 스왈츠 | 로즈마리 웰스 | 심스 태백 | 스텔라 블랙스톤 | 수전 메도 | 테드 아널드 | 토니 로스 | 버지니아 리 버튼

Aliki 알리키

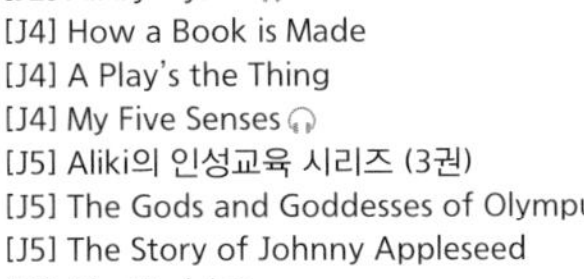

[J2] All by Myself 🎧
[J4] How a Book is Made
[J4] A Play's the Thing
[J4] My Five Senses 🎧
[J5] Aliki의 인성교육 시리즈 (3권)
[J5] The Gods and Goddesses of Olympus
[J5] The Story of Johnny Appleseed
[J6] Ah, Music! 🎧

Allan Ahlberg & Janet Ahlberg 앨런 앨버그 & 자넷 앨버그

[J3] Each Peach Pear Plum 🎧
[J4] The Jolly Christmas Postman 🎧
[J4] The Jolly Postman or Other People's Letters 🎧
[J4] Peepo! 🎧
[J4] Burglar Bill
[J5] Cops and Robbers

Allen Say 앨런 세이

[J4] The Lost Lake
[J4] Emma's Rug
[J5] The Boy of the Three-Year Nap 🎧
[J5] Grandfather's Journey 🎧

Amy Krouse Rosenthal 에이미 크루즈 로젠탈

[J2] Yes Day! 🎧
[J3] Duck! Rabbit! 🎧
[J3] Amy Krouse Rosenthal: Littles 시리즈 (3권) 🎧
[J4] Spoon 🎧
[J4] Chopsticks 🎧

Babette Cole 배빗 콜

- [J4] Mommy Laid an Egg
- [J4] Truelove
- [J4] Prince Cinders
- [J4] Two of Everything
- [J4] Bad Habits!
- [J5] Dr. Dog
- [J5] A Dose of Dr. Dog
- [J5] Hair in Funny Places

Barbara Cooney 바버러 쿠니

- [J4] Emily
- [J4] The Remarkable Christmas of the Cobbler's Sons
- [J5] Miss Rumphius
- [J6] Ox-Cart Man
- [J6] Chanticleer and the Fox
- [J6] Eleanor

Chris Van Allsburg 크리스 반 알스버그

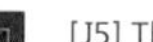

- [J5] The Polar Express
- [J5] Jumanji
- [J5] Zathura: A Space Adventure
- [J5] Just a Dream
- [J5] The Garden of Abdul Gasazi
- [J5] The Sweetest Fig
- [J5] Two Bad Ants
- [J6] The Widow's Broom

Dav Pilkey 대브 필키

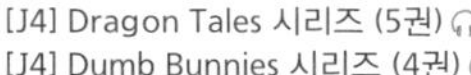

[J4] Dragon Tales 시리즈 (5권)
[J4] Dumb Bunnies 시리즈 (4권)
[J4] Ricky Ricotta's Mighty Robot 시리즈 (8권)
[J4] Dog Breath
[J4] The PaperBoy
[J5] Kat Kong
[J5] Dogzilla
[J5] Captain Underpants 시리즈 (12권)

David Mckee 데이비드 맥키

[J2] Not Now, Bernard
[J4] Two Monsters
[J4] Elmer 시리즈 (24권)
[J4] The Conquerors
[J5] Six Men

David Small 데이비드 스몰

[J4] Imogene's Antlers
[J4] One Cool Friend
[J5] The Library
[J5] The Gardener
[J6] The Money Tree
[J6] So You Want to Be President?
[J6] So You Want to Be an Inventor?
[J6] So You Want to Be an Explorer?

Ed Young 에드 영

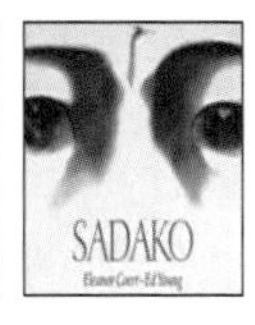

[J4] Seven Blind Mice
[J5] The Lost Horse
[J5] The Emperor and the Kite
[J5] Sadako
[J5] Lon Po Po

작가별 베스트 영어그림책

Gail Gibbons 게일 기번스

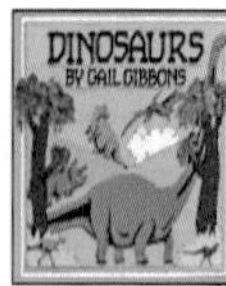

[J4] My Baseball Book 🎧
[J4] My Soccer Book
[J4] The Seasons of Arnold's Apple Tree
[J4] Zoo
[J5] Dinosaurs

Helen Cooper 헬렌 쿠퍼

[J4] Little Monster Did it! 🎧
[J4] The Bear Under the Stairs 🎧
[J4] Tatty Ratty
[J4] Pumpkin Soup 시리즈 (3권) 🎧
[J4] The Baby Who wouldn't Go to Bed 🎧

John Lithgow 존 리스고

[J3] I Got Two Dogs 🎧
[J4] Marsupial Sue 🎧
[J4] Marsupial Sue Presents the Runaway Pancake 🎧[J5] I'm a Manatee 🎧
[J5] The Remarkable Farkle Mcbride 🎧
[J6] Carnival of the Animals 🎧

Jon Scieszka & Lane Smith 존 셰스카 & 레인 스미스

[J5] The Stinky Cheese Man and lOther Fairly Stupid Tales 🎧
[J5] The True Story of the 3 Little Pigs! 🎧
[J5] Squids will Be Squids 🎧
[J5] Math Curse 🎧
[J5] Time Warp Trio 시리즈 (19권) 🎧

Julia Donaldson 줄리아 도널드슨

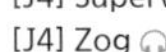

[J4] Stick Man
[J4] Tiddler
[J4] Cave Baby
[J4] The Trol
[J4] Superworm
[J4] Zog
[J5] The Highway Rat
[J5] Gruffalo and Friends 시리즈 (7권)

Korky Paul 코키 폴

[J4] Winnie and Wilbur 시리즈 (25권)
[J4] Sanji and the Baker
[J4] The Fish Who Could Wish
[J4] Captain Teachum's Buried Treasure
[J4] Professor Puffendorf's Secret Potions
[J5] The Dog Who Could Dig
[J5] Snail's Legs
[J5] A Cat Called Scratch

Lauren Child 로렌 차일드

[J4] Charlie and Lola 그림책 시리즈 (7권)
[J4] Clarice Bean 그림책 시리즈 (5권)
[J5] That Pesky Rat
[J5] Who's Afraid of the Big Bad Book?
[J5] Beware of the Storybook Wolves
[J6] Hubert Horatio Bartle Bobton-Trent

작가별 베스트 영어그림책

Leo Lionni 레오 리오니

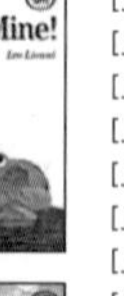
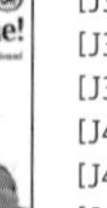
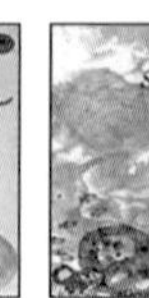

[J3] Little Blue and Little Yellow
[J3] A Color of His Own
[J3] Inch by Inch
[J4] It's Mine!
[J4] Cornelius
[J4] Alexander and the Wind-Up Mouse
[J4] Frederick
[J4] Swimmy

Maurice Sendak 모리스 샌닥

[J4] I Can Read Book 시리즈: Little Bear (7권)
[J4] Where the Wild Things are
[J4] In the Night Kitchen
[J4] Mr. Rabbit and the Lovely Present
[J4] A Very Special House
[J4] What Do You Say, Dear?
[J5] Outside Over There
[J5] What Do You Do, Dear?

Mini Grey 미니 그레이

[J3] Egg Drop
[J4] The Adventures of the Dish and the Spoon
[J4] The Pea and the Princess
[J5] Traction Man is Here!
[J5] The Twin Giants

Oliver Jeffers 올리버 제퍼스

[J4] The Incredible Book Eating Boy
[J4] Lost and Found
[J4] The Heart and the Bottle
[J4] The Way Back Home
[J4] The Great Paper Caper
[J4] How to Catch a Star
[J4] Up and Down
[J4] The Hueys in the New Jumper

Patricia Polacco 패트리샤 폴라코

[J3] Emma Kate
[J4] My Rotten Redheaded Older Brother
[J4] Babushka's Doll
[J5] Thunder Cake
[J5] The Keeping Quilt
[J5] The Bee Tree
[J5] Thank You, Mr. Falker
[J5] When Lightning Comes in a Jar

Paul O. Zelinsky 폴 오 젤린스키

[J3] The Wheels on the Bus
[J5] Rumpelstiltskin
[J6] Rapunzel
[J6] Swamp Angel
[J6] Hansel and Gretel

작가별 베스트 영어그림책

Peter Sis 피터 시스

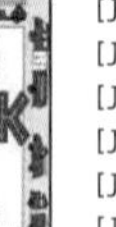
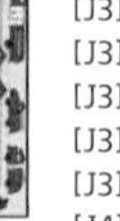
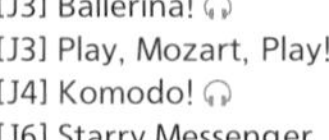

[J3] Madlenka
[J3] Madlenka's Dog
[J3] Madlenka Soccer Star
[J3] Fire Truck
[J3] Ballerina!
[J3] Play, Mozart, Play!
[J4] Komodo!
[J6] Starry Messenger

Raymond Briggs 레이먼드 브릭스

[J3] Father Christmas
[J4] Father Christmas Goes on Holiday
[J4] The Bear
[J4] UG: Boy Genius of the Stone Age
[J5] The Elephant and the Bad Baby

Robert McCloskey 로버트 맥클로스키

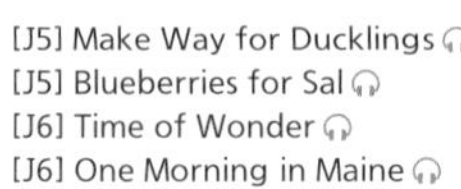

[J5] Make Way for Ducklings
[J5] Blueberries for Sal
[J6] Time of Wonder
[J6] One Morning in Maine

Satoshi Kitamura 기타무라 사토시

[J2] What's Wrong with My Hair?
[J3] In the Attic
[J3] Lily Takes a Walk
[J4] Millie's Marvellous Hat
[J4] Sheep in Wolves' Clothing
[J4] Angry Arthur
[J4] Comic Adventures of Boots
[J5] Me and My Cat?

Shel Silverstein 쉘 실버스타인

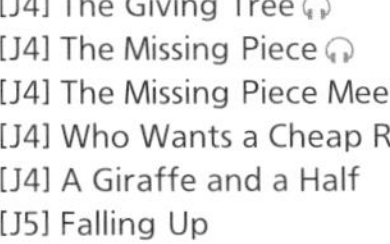

[J4] The Giving Tree
[J4] The Missing Piece
[J4] The Missing Piece Meets the Big O
[J4] Who Wants a Cheap Rhinoceros?
[J4] A Giraffe and a Half
[J5] Falling Up
[J6] A Light in the Attic
[J6] Runny Babbit

Steven Kellogg 스티븐 켈로그

[J3] The Missing Mitten Mystery
[J4] How Much is a Million?
[J4] Pinkerton 시리즈 (5권)
[J4] Give the Dog a Bone
[J4] The Day Jimmy's Boa Ate the Wash
[J5] The Mysterious Tadpole
[J5] Chicken Little
[J5] If You Made a Million

Taro Gomi 고미 타로

[J2] Everyone Poops
[J2] Spring is Here
[J2] The Crocodile and the Dentist
[J3] My Friends
[J4] I Lost My Dad

Tomi Ungerer 토미 웅거러

[J2] Snail, Where are You?
[J4] The Three Robbers
[J4] Crictor
[J4] Moon Man
[J5] Otto: The Autobiography of a Teddy Bear

Tomie dePaola 토미 드 파올라

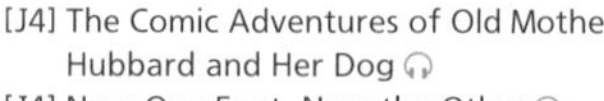

[J4] The Comic Adventures of Old Mother Hubbard and Her Dog
[J4] Now One Foot, Now the Other
[J4] The Knight and the Dragon
[J4] Nana Upstairs & Nana Downstairs
[J4] Charlie Needs a Cloak
[J4] Oliver Button is a Sissy
[J4] Bill and Pete
[J5] Strega Nona 시리즈 (9권)

Uri Shulevitz 유리 슐레비치

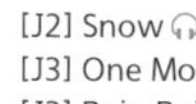

[J2] Snow
[J3] One Monday Morning
[J3] Rain Rain Rivers
[J4] The Secret Room
[J4] The Treasure
[J5] How I Learned Geography
[J6] The Fool of the World and the Flying Ship

William Steig 윌리엄 스타이그

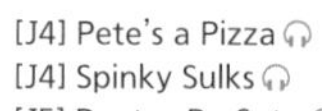

[J4] Pete's a Pizza
[J4] Spinky Sulks
[J5] Doctor De Soto
[J5] Sylvester and the Magic Pebble
[J5] The Amazing Bone
[J5] Brave Irene
[J5] Shrek!
[J6] Doctor De Soto Goes to Africa

Margaret Wise Brown 마거릿 와이즈 브라운

[J2] My World
[J3] Goodnight Moon
[J3] Where Have You Been?
[J4] The Runaway Bunny
[J4] Two Little Trains

Peggy Rathmann 페기 래스먼

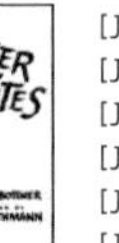
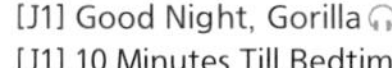

[J1] Good Night, Gorilla
[J1] 10 Minutes Till Bedtime
[J3] Bootsie Barker Bites
[J4] Officer Buckle and Gloria
[J4] Ruby the Copycat
[J4] The Day the Babies Crawled Away

Ruth Krauss 루스 크라우스

[J2] The Happy Day
[J2] The Happy Egg
[J3] The Carrot Seed
[J4] A Very Special House

Vera B. Williams 베라 B. 윌리엄스

[J4] More More More Said the Baby
[J5] A Chair for My Mother
[J5] Cherries and Cherry Pits
[J5] Something Special for Me
[J5] Music, Music for Everyone

초등 1, 2학년을 위한

잠수네 수학공부법

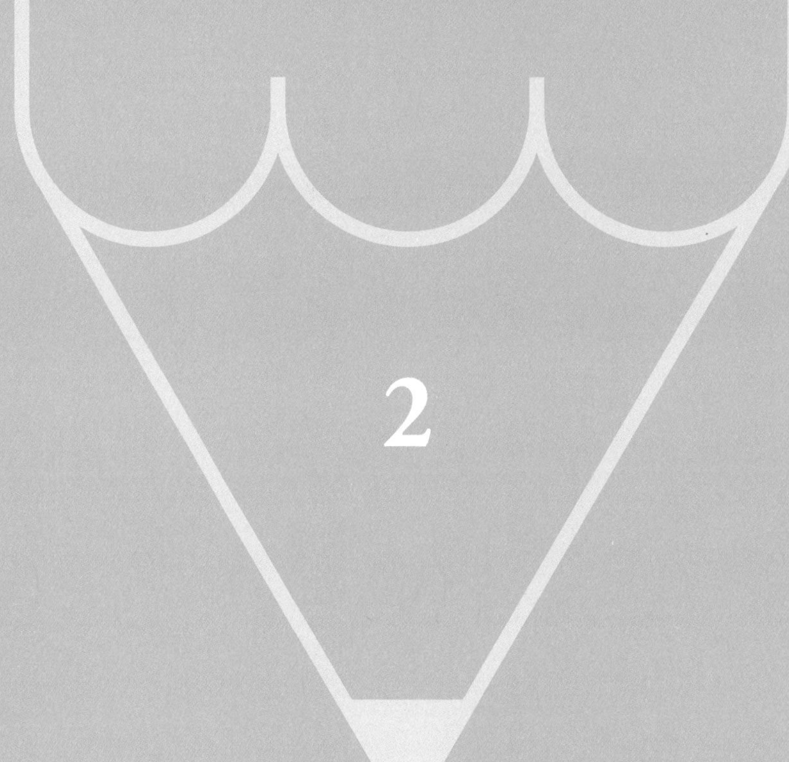

초등 1, 2학년 수학

큰 그림 그리기

초등 1, 2학년 수학에서 꼭 필요한 것과 불필요한 것

초등 1, 2학년 수학에서 중요한 것은?

1. '자신감'이 생명입니다

'내가 수학을 못 했는데 우리 아이도 못 하면 어쩌지?' 수포자('수학 포기자'의 준말)였던 나의 전적을 아이에게 대물림하지 않을까 전전긍긍하는 분들이 많습니다. 수학에 자신감을 갖느냐 아니냐는 부모의 영향이 큽니다. 나처럼 수학 못 하면 어쩌나 고민하면 아이도 똑같이 불안해합니다. 수학문제는 이런 방법, 저런 방법으로 다양하게 시도해 봐야 풀 수 있습니다. 시행착오를 두려워하지 않아야 합니다. '나는 수학을 못 해'란 생각이 머리에 꽉 박혀있으면 풀어볼 시도조차 안 하고 주저앉아 버리게 됩니다.

부모가 수학을 못 했어도 아이는 얼마든지 잘할 수 있습니다. 부모가 학창 시절 수학을 잘했다고 해서 자녀들이 다 수학을 잘하는 건 아닌 것처럼요. 수학적 재능을 타고난 아이가 있는 것은 사실입니다. 하지만 고등학교 수학까지는 자신감을 갖고 꾸준히 노력하면 누구나 좋은 결과를 거둘 수 있습니다. "수학은 참 재미있는 거야." 수학공부할 때 늘 이렇게 이야기해 주세요. "이야, 진짜 잘하는데?" 하며 쉬운 문제라도 잘 풀어내면 칭찬하고 격려해 주고요.

2. '매일 꾸준히'가 '머리의 차이'를 뛰어넘습니다

'초등학교 저학년 수학 별거 있어?' '1, 2학년 수학은 쉬우니까 지금은 충분히 놀려도 돼.' 학창 시절 수학을 잘했던 부모들이 많이 하는 생각입니다. 부모 머리 닮았으면 어련히 잘하겠거니 생각하고 단원평가나 기말시험에서 몇 개 틀려도 개의치 않습니다. 틀린 문제는 몰라서 틀린 것이 아니라 실수라고 여깁니다. '아직 어려서 그래, 좀 더 크면 괜찮아지겠지' 하며 안일하게 생각합니다. 그러다 어느 순간 알게 됩니다. 실수가 아니라 몰라서 틀렸다는 것, 실수가 습관이 되었다는 것을요.

초등 1, 2학년은 공부하는 습관을 잡아가는 시기입니다. 수학도 예외가 아닙니다. 수학을 잘해도 실수가 잦다면 조금씩이라도 꾸준히 공부해 실수하는 원인, 쉬운 문제를 틀리는 이유를 찾아 고쳐야 합니다(주로 연산 실수나 문제를 대충 읽는 습관 때문입니다). 매일 방과 후 정해진 분량의 문제를 푸는 습관을 들여주세요. 가급적이면 시간도 정해놓는 것이 좋습니다.

느린 아이라면 수학교과서 공부와 연산 연습을 매일 병행해 주세요. 수학공부하는 습관이 안 되어 있다면 처음에는 시간이 많이 들 겁니다. 자기 학년 수준을 따라가기도 벅찰 테고요. 하지만 꾸준히 하다 보면 매년 조금씩 발전합니다. 초등 고학년 정도 되면 저학년 때는 쳐다볼 엄두도 못 내던 응용문제, 심화문제까지 손을 댈 수 있습니다. 수학실력은 '투자한 시간'과 비례합니다. 뛰어난 머리만 믿고 노력 안 하는 아이보다 성실하게 노력하는 쪽이 마지막에 빛을 봅니다.

3. 틀렸다고, 이해 못 한다고 화내지 마세요

학교에서 시험을 보고 나면 울상을 짓는 아이들이 있습니다. 엄마한테 혼난다, 1개 틀릴 때마다 1대씩 맞는다면서요. 단원평가같이 쉬운 문제를 틀리느냐며 아이한테 폭언을 쏟아부었다며 뒤늦게 후회하는 분도 간혹 보입니다. 이 정도는 아니라도 문제를 설명해 줘도 무슨 말인지 이해 못 하는 아이를 보고 답답해하거나 화내 본 경험이 한두 번씩은 있을 겁니다. '어떻게 이것도 몰라?' 하고 순간적으로 욱해서요. 다 부모의 욕심과 조급함이 원인입니다.

수학 때문에 화내는 일이 잦으면 아이는 '수학=무서운 것'으로 인식합니다. 수학공부하자고 하면 긴장하고 스트레스를 받습니다. 겁에 질려 생각하는 회로가 탁 닫혀 버립니다. 수학을 잘하는 아이라도 틀린 것만 지적하고 부족한 면을 야단치면 점점 위축될 수밖에 없는데, 하물며 수학을 어려워하는 아이는 눈치 보느라 수학을 대할 때마다 머릿속이 백지처럼 하얘집니다. 수학이 싫어지는 것은 시간문제입니다. 뿐만 아니라 아이와 사이가 안 좋아질 수밖에 없습니다.

부모도 사람인 이상 화가 날 수 있습니다. 그러나 아이가 수학을 잘하기 바란다면 생각을 바꿔주세요. 틀린 문제가 나오면 '어떻게 이것도 몰라?'가 아니라 '아, 이 부분을 모르는 구나!' 하고요. 수학문제를 푸는 것은 구멍을 찾는 과정입니다. 모르는 부분이 어떤 영역인지, 실수하는 이유가 무엇인지 발견하는 데 목적이 있습니다. 틀리는 문제가 없다면 문제집을 풀 필요가 없습니다.

설명해도 이해 못 한다고 한탄하지 마세요. 아이 탓이 아닙니다. 아이가 이해할 수 있는 수준으로 이야기해 주지 못한 부모에게 문제가 있는 겁니다. 그렇다고 부모가 문제풀이까지 해줘야 하는 것은 아닙니다. 같이 이야기를 나눠보세요. 문제 자체를 파악하지 못하는 것인가, 정확하게 이해 못 하는 개념은 없는가 하고요. 무엇을 모르는지 알아야 해결의 실마리를 찾을 수 있습니다.

지금 하지 않아도 될 것들

'다른 집 아이들은 수학공부를 엄청나게 한다는데 우리는 이 정도만 해도 될까? 선행은 언제부터 해야 할까? 심화는 어디까지? 사고력 수학은 안 해도 되나?' 수학 좀 한다는 아이를 둔 집에서 하는 고민입니다. 초등학교도 들어가기 전부터 각종 수학교구, 수학놀이 수업은 기본이고 연산

문제집과 수학문제집도 많이 풀렸습니다. 이제 학교수학은 눈 감고도 풀 정도입니다.

교육에 관심 많은 부모와 수학에 재능을 보이는 아이의 조합. 환상의 콤비 같지만 자칫 독이 되기도 합니다. 아이의 나이는 생각하지 않고 끝없이 욕심을 내기 쉽거든요. 한편 수학을 잘하는 아이를 무조건 모방하는 심리도 독이 됩니다. 아이의 수학실력은 고려하지 않은 채 불안한 마음에 무작정 따라 하다 수학과 더 멀어지는 결과만 초래하니까요. 지금 당장 하지 않아도 될 것을 하나씩 짚어보겠습니다.

1. 선행학습

초등 1, 2학년이 수학선행을 한다? 잠수네 중고등 부모들에게 물어보면, 모두 두 손 휘휘 저으며 말릴 겁니다. 그 시간에 한글책 많이 보여주고, 영어학습 재미있게 하라고요. 선행할 시간에 차라리 친구들과 놀고 가족이랑 즐겁게 여행 다니는 것이 아이의 먼 미래를 보았을 때 훨씬 유익하다고 말할 것입니다.

똑똑한 아이라면 초등 1, 2학년이라도 3, 4학년 과정을 공부할 수 있습니다. 그러나 반복하지 않으면 쉽게 잊어버린다는 것이 함정입니다. 기껏 시간 들여 힘들게 공부한 것이 휙 사라진다고 생각해 보세요. 얼마나 허망하겠어요? 특히 연산만 선행으로 빼는 것은 더 위험합니다. 초중고 수학은 나선형으로 배우게끔 되어 있습니다. 이전 과정을 다 알아야 다음 과정을 이해할 수 있기에 개념과 원리를 충분히 이해하도록 짜여 있습니다. 그러나 연산 위주의 학습지, 문제집으로 하는 선행은 이런 과정을 쏙

빼고 기계적으로 문제풀이만 하게 됩니다. 우쭐해서 학교 수학을 우습게 여기는 잘못된 태도가 몸에 배기도 합니다. 그러다 몇 년이 지나서야 깨닫습니다. 아이가 수포자가 된 이유 중 하나가 처음에 수학의 첫 단추를 잘못 끼운 탓이라는 것을요.

2. 심화학습

선행은 아직 때가 아니다 생각하는 분이라도 수학문제집은 난이도가 제일 높은 것, 경시문제집까지 풀리는 경우가 종종 있습니다. '잘하는 아이들은 다 한다는데', '심화문제를 풀어야 수학실력이 는다는데 우리도 한번 풀어볼까?' 하는 욕심 반 호기심 반으로요. 하지만 심화문제의 상당수는 선행개념이 있어야 풀 수 있습니다. 이런 문제는 교과서만큼 체계적으로 개념의 확장을 이끌지 못합니다. 어릴수록 이성보다 감정의 영향을 크게 받습니다. 부모의 강요로 문제를 풀다 보면 '수학=어려운 공부'라는 감정이 아이의 머리를 지배합니다. 어려운 문제를 재미있게 푸는 아이라도 일찍부터 틀에 가두지 마세요. 생각의 그릇을 키우고 유연한 사고를 하도록 이끄는 것이 더 중요합니다. 지금 어려운 문제들을 풀리는 것은 운동선수가 기초체력을 다지지 않은 채 경기장에 나가는 것이나 마찬가지입니다. 모터 사양이 낮은데도 기계를 최대치로 계속 돌리는 것과 같습니다. 진짜 게임은 고등과정입니다. 지금은 수학의 즐거움, 재미를 만끽해야 할 나이입니다. 수학을 잘하는 아이라도 어려운 문제는 초등 3~4학년 이후부터 풀기를 권합니다.

3. 학원

장고 끝에 악수를 둔다는 말이 있죠? 수학을 좋아하는 아이를 보며 재능을 더 키워줄 방법을 찾은 끝에 내린 결론이 학원행인 경우가 많습니다. 그러나 사고력을 키워준다는 학원에서 하는 수업을 보면 수학교구, 수학퍼즐, 수학보드게임이 대부분입니다. 혼자서, 또는 부모랑 얼마든지 재미있게 할 수 있는 것들이지요. 굳이 학원까지 가서 할 이유가 없습니다. 반대로 수학을 잘하지도, 썩 좋아하지도 않는 아이를 두고 사고력 학원에 보내야 하나 고민하는 분도 있습니다. 축구 잘하는 아이들 틈에서 축구를 연습하면 운동 싫어하는 아이가 축구를 좋아하고 잘하게 될까요? 마찬가지입니다. 잘해야 본전, 자칫하면 수학영재들 틈에 끼여 나는 수학을 진짜 못 한다는 생각만 더 강하게 할 수 있습니다.

수학문제집 풀이보다 중요한 것은?

• • •

1. 독해력이 부족하면 수학은 '꽝'

수학은 개념과 원리를 정확하게 이해하는 것이 공부의 첫걸음입니다. 그러나 한글책을 싫어하고 잘 읽지 못해 독해력이 부족한 아이라면 수학교과서에서 설명하는 개념과 원리를 이해하기 어렵습니다. 독해력이 중요한 두 번째 이유는 서술형(문장제) 문제 때문입니다. 연산문제를 말로 바꾼 단순한 서술형 문제는 쉽게 풀어도, 두 줄 이상 문제가 길어지면 어렵다고 손을 못대는 아이들이 많습니다.

수학익힘책만 해도 읽고 바로 답이 나오는 문제가 아니라 2번, 3번 생각해야 풀 수 있는 문제들이 꽤 있습니다. 글을 파악하는 능력이 부족한 아이들은 문제 자체가 이해 안 되고, 무엇을 묻는지 몰라 풀지 못합니다. 글을 정확하게 이해 못 하니 엉뚱한 답을 적을 수밖에 없는 상황입니다.

'수학동화책을 읽으면 도움이 되지 않을까?' 하는 생각이 들기도 할 겁니다. 그러나 수학동화책은 지식전달이 목적입니다. 책에 담긴 지식을 내 것으로 만들려면 독해력과 배경지식이 필요합니다. 책을 좋아하고 수학에 관심이 많은 아이라면 모를까 반대의 경우라면 그다지 의미 없습니다. 한글동화책도 안 읽는 아이는 독해력이 떨어집니다. 수학에 대한 관심과 배경지식이 없으면 재미도 없고 읽어봐야 무슨 말인지 이해가 잘 안 됩니다. 수학을 잘하는 아이로 만들겠다는 욕심에 책을 좋아하지도 않는데 들이밀면 책에 대한 반감만 늘 뿐입니다.

대책1) 재미있는 창작(그림)책을 읽는다

독해력을 키우는 최고의 해결책은 한글책 읽기입니다. 한글책 중에서도 쉽고 재미있는 창작(그림)책을 찾아야 해요. 권장도서, 학년별 추천도서라도 어렵고 재미없어하면 조용히 치워주세요. 아이가 충분히 공감할 만한 줄거리, 쉽게 이해할 수 있는 어휘 수준의 책을 찾는 것이 먼저입니다. 책이 재미있다는 마음이 들게 하려면요(영어책하고 똑같은 상황입니다). 아무리 해도 알아서 읽지 않는다면 읽어주세요. 두께가 있는 동화책을 읽기 겁내 하면 자신이 붙을 때까지 읽어주면 됩니다. 일주일에 한두 번은 읽은 책에 대해 아이와 이야기를 나눠보기도 하고요. 쉽고 재미있는 책부터 꾸준히 접하게 하는 것이 핵심입니다. 그러다 보면 어느새 독해력이 쑥

느는 것을 느낄 수 있을 거예요.

대책2) 수학교과서를 꼼꼼하게 읽는다

국어독해력이 좋아도 수학독해력이 부족하다면 수학을 잘하기 어렵습니다. 수학용어는 또 하나의 언어입니다. 같은 말이라도 일상생활에서 사용하는 의미와 조금 다르게 쓰이는 경우가 많습니다. 수학용어나 표현에 익숙해지는 길은 수학교과서를 읽는 것입니다. 특히 개념, 원리를 설명해주는 부분은 더 세심하게 봐야 합니다. 교과서를 제대로 읽지 않고 문제풀이 중심으로 공부하면 학년이 올라갈수록 힘들어집니다. 초등학교 때까지는 문제를 많이 풀면 비교적 높은 성적이 나올 수 있지만 중학교, 고등학교 때는 얼마나 개념과 원리를 정확하게 이해했는가가 실력을 판가름합니다. 교과서를 읽을 때는 왜 이렇게 설명했는지, 왜 이런 그림을 넣었는지 곰곰히 생각하도록 해주세요. 교과서만 제대로 파악해도 풀이와 답을 써야 하는 '서술형 평가문제'가 어렵지 않습니다.

2. 초등 1, 2학년은 수학이 재미있다고 느끼면 '성공'

초등 저학년에서 수학을 잘하는 아이들을 보면 어릴 때부터 수학을 재미있게 느끼게끔 다양한 환경을 만들어 준 집이 많습니다. 다음은 〈잠수네 수학교실〉 회원들이 3개월마다 보는 수학테스트 분포도입니다.

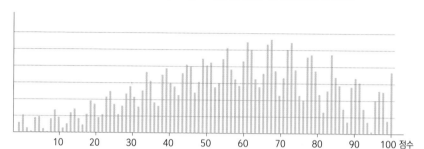

초등 1, 2학년 잠수네 수학테스트 분포도(2012년 3월~2018년 12월, 총 28회)

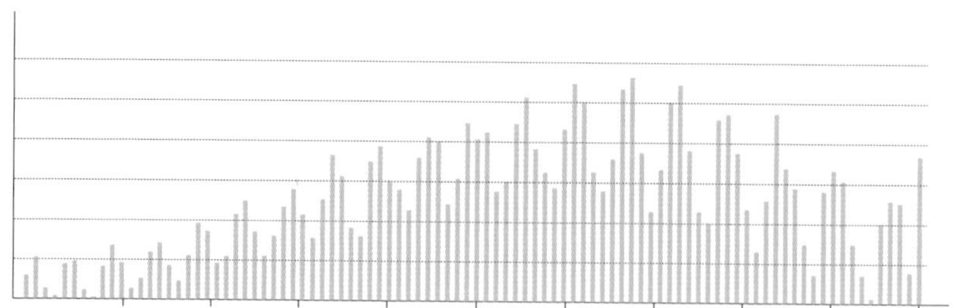

J 잠수네에서는 월 1회 수학학습 진행글을 써야 하는 〈잠수네 수학교실〉을 운영합니다. 〈수학교실〉 회원으로 신청하면 아이 학년(초1~중3)에 맞춰 분기별로 테스트를 볼 수 있습니다.

수학실력이 매우 뛰어난 90~100점 구간의 아이들이 어떻게 수학을 잘하게 되었는지 이유를 살펴보았습니다.

제일 눈에 띄는 것은 한글책 읽기가 탄탄하다는 점입니다. 수학을 잘하는 아이들인데도 부모들이 한글책 읽기에 더 주력한다는 데에 예외가 없습니다. 한글책 읽기가 받쳐주지 않는 수학문제 풀이는 소모전이라는 것을 일찍부터 깨달은 분들이지요.

두 번째는 수학이 재미있다는 마음이 들도록 다양한 환경을 제공해 준 점입니다.

1) 생활 속에서 수학개념을 익혔다

엄마가 거창한 방법을 연구해서 수학놀이를 시도한 집은 별로 없습니다.

계단을 오르내리며 숫자 세기, 슈퍼에서 돈 계산 해보기, 자동차 번호판의 숫자 더해보기, 자를 들고 집안 가구의 길이와 높이 재기, 가족이 태어난 연도 알아보기 등 아이와 이야기하고 놀면서 자연스럽게 수학개념을 익혀간 집들이 아주 많습니다.

2) 재미있게 놀면서 수학개념을 경험했다

많은 아이들이 수학교구, 퍼즐, 블록, 보드게임 등을 갖고 놀면서 수 개념, 직관력, 사고력, 논리력, 집중력을 키워갑니다. 공부라는 생각 없이 재미있게 놀면서 수학감각을 키우는 거죠.

3) 수학동화책, 수학그림책을 읽었다

수학동화책, 수학그림책을 재미있게 읽는 아이들이 많습니다. 책을 읽으며 수학과 관련된 배경지식을 쌓아가는 거죠. 조금 어려워도 흥미로우면 이해될 때까지 반복해서 읽으며 자기 학년의 수학교과과정을 뛰어넘는 개념을 습득합니다. 이야기 속에 나오는 사고력을 요하는 퍼즐문제, 도형문제를 푸느라 얼굴이 벌겋게 될 정도로 몰입하기도 합니다. 자연스러운 예습, 선행학습, 심화학습이 되는 셈입니다.

4) 엄마와 하는 수학공부가 즐겁다

수학을 잘하니까 어려운 수학문제집을 엄청나게 풀었을 것 같죠? 연산과 사고력 문제도 매일 빠지지 않고 하고요. 아닙니다. 수학문제집을 여러 권 푼 집도 있지만 수학교과서와 익힘책 외에 다른 문제집은 거의 풀지 않은 집도 많습니다. 연산문제를 매일 풀게 하는 집도 있지만, 아이가 반복 연산을 싫어해 중단한 집도 있습니다. 사고력 수학문제를 재미있게 푸는 아이도 있지만 거의 접해본 적 없는 아이도 있습니다. 모두 제각각입니다. 공통점이라면 수학 때문에 아이와 부딪히지 않는다는 점입니다. 아이가 즐거워하면 꾸준히 밀어주고, 싫어하면 잠시 접거나 다른 방법을 찾습니다. 아이의 마음을 읽고 칭찬해 줍니다. 이러니 엄마와 하는 수학공부가 재미있을 수밖에요.

3. 수학을 싫어하는 아이들

반면 수학을 싫어하는 아이는 반대 방향으로 갑니다. 생활 속에서 수학에 접근해 본 경험이 많지 않은 데다 수학교구나 퍼즐, 보드게임으로 수학을 해보자고 하면 (조금만 수학을 할 의도가 보여도) '머리 아파, 재미없어' 하며 뒤로 나자빠집니다. 수학동화책이나 수학그림책을 보자고 하면 그림이나 줄거리에만 관심을 둘 뿐 수학개념에는 별 관심이 없습니다. 집에서 수학공부라도 할라치면 고성이 오가기 일쑤입니다.

이런 아이들은 수학교과서의 교과과정에 맞춰 생활에서 수학을 경험하도록 도와주는 것이 좋습니다. 아무리 수학교구, 퍼즐, 보드게임이 좋다고 해도 무조건 들이밀지 마세요. 아이마다 강한 영역이 있습니다. 숫자 계산은 싫어해도 도형퍼즐, 논리퍼즐은 귀신 같이 풀어내는 아이도 있고, 머리 쓰는 것은 싫어해도 직소퍼즐같이 집중력을 요하는 놀이는 재미있게 할 수도 있습니다. 좋아하는 것부터 하나씩 시도해 보세요. 수학동화책 역시 관심 없는 아이에게는 그리 도움이 안 됩니다. 차라리 그 시간에 아이가 좋아하는 책을 읽는 편이 낫습니다. 수학공부할 때는 내 아이가 아니라 옆집 아이라고 생각해 보세요. 성질대로 화내기 어렵겠죠?

수학을 잘하기 위해서는 사고력, 집중력, 문제해결력을 키워야 한다고 말합니다. 근본을 살피면 다 같은 말입니다. 한마디로 마음의 문제라는 것. 수학은 생각을 해야 하는 과목입니다. 생각하기 싫어하고 조금만 어려워도 안 풀려고 한다면 수학을 잘할 수 없습니다. 바로 답이 안 나오더라도 눈을 반짝이며 붙잡고 풀어보려는 마음이 있어야 합니다. 특히 초등 저학년 아이들은 의지보다는 본능에 의해 좌우되는 때입니다. 아무리 수학 100점을 목표로 문제집을 많이 풀어도 수학은 지겨운 것이라는 마음만 가득하면 수포자의 길은 따 놓은 당상입니다. 수학을 싫어하는 아이라면 어떻게 해야 마음 저 깊은 곳에서부터 '수학을 좋아하게 할 것인가'를 고민해야 합니다.

4. 수학동화책, 수학퍼즐, 수학보드게임의 효과

수학동화책을 읽으면 수학을 잘하게 될 것이라 오해하는 부모들이 많습니다. 그러나 아이에 따라 결과는 제각각입니다. 먼저 수학동화책, 수학 관련 책은 어떤 종류가 있나 살펴볼까요?

❶ 수학의 개념과 원리를 쉽고 친근하게 이야기로 접근한 책(수학동화책)

❷ 수학 개념과 원리를 직접 설명하는 책(수학원리책)

❸ 사고력 문제, 수학퍼즐, 수학퀴즈를 담은 책

❹ 수학자, 수학, 생활 속 수학 등 수학과 관련된 지식을 설명하는 책

❺ 중고등 수학개념, 또는 그 이상을 깊고 넓게 설명해 주는 책

초등 1, 2학년이 볼 수 있는 책은 이 중 ❶❷번입니다. ❸❹❺번은 고학년 이상이 되어야 제대로 이해할 수 있습니다. 편의상 ❶번을 〈수학동화책〉, ❷번을 〈수학원리책〉이라고 하겠습니다.

〈수학동화책〉은 이야기가 중심인 책입니다. 수학의 개념과 원리는 양념처럼 살짝 들어가 있습니다. 대부분 동화작가가 썼기에 내용도 비교적 단순하고 간혹 억지로 꿰어 맞춘 듯한 책도 눈에 띕니다. 〈수학동화책〉은 수학을 친근하게 여기고 흥미를 느끼게 해주는 정도로 여기면 좋겠습니다.

〈수학원리책〉은 이야기보다 수학의 개념과 원리 설명에 무게중심이 가있습니다. 꼼꼼하게 읽다 보면 개념을 깨치는 데 도움이 됩니다. 〈수학동화책〉에 비해 재미가 떨어진다는 것이 단점입니다.

수학동화책과 한글책에 대한 아이들의 흥미를 유형별로 정리하면 다음과 같습니다.

〈A형〉 수학을 좋아한다 + 한글책은 수학/과학책만 편독한다

수학, 과학과 관련된 책이라면 시간 가는 줄 모르고 읽는 아이들이 있습

니다. 어려운 수학개념이 나오면 이해가 될 때까지 몇 번이고 되풀이해서 봅니다. 낯선 문제가 나오면 하나하나 풀어보고 싶어합니다. 수학적 감도 뛰어나고 집중력까지 있으니 책을 읽으며 선행과 심화가 저절로 됩니다. 고학년이 되면 ❸❹❺번 유형의 수학책도 재미있게 읽을 겁니다. 한마디로 수학영재들이죠. 그러나 창작책은 별로 안 좋아한다는 것이 이 아이들의 약점입니다. 〈수학동화책〉도 이야기의 비중이 높으면 싫어합니다. 잘 모르는 개념이 있으면 그런 대로 읽지만 아는 내용이면 재미없어합니다.

한글 창작책을 안 읽으면 국어독해력이 자라지 못합니다. 국어가 제일 어려운 과목이 됩니다. 국어가 흔들리면 영어도 정체되며, 자칫 수학, 과학만 잘하고 국어, 영어가 안 되는 중학생, 고등학생으로 자랄 가능성이 매우 높습니다. 지금은 생각의 그릇을 키울 시기입니다. 아무리 재미있어 하더라도 지식책만, 그것도 수학이나 과학 쪽으로 편중된 책읽기는 장기적으로 바람직하지 않습니다. 창작책 읽기로 어휘력과 독해력을 키워주세요. 사회, 역사 등 다른 영역의 지식책 읽기로 배경지식을 확장시켜 가고요.

〈B형〉 수학을 좋아한다 + 한글책을 골고루 잘 읽는다

잠수네 테스트 90~100점대 아이들 중 한글책을 골고루 좋아하는 아이들의 〈잠수네 책벌레〉기록을 갖고 와봤습니다.

구분	초1(가)	초1(나)	초2(다)	초2(라)
창작책	67%	63%	73%	70%
사회/역사	13%	13%	10%	9%
과학	10%	13%	9%	9%
수학	9%	10%	3%	7%
기타	1%	1%	5%	4%
계	100%	100%	100%	100%

4명 모두 창작책의 비중이 3분의 2가량입니다. 수학책만 3%에서 10%까지로 비중이 제각기 다르군요. 이 아이들은 학년에 맞는 책이라면 개념과 원리까지 완전히 이해하고 갑니다. 수학을 좋아하고 독해력도 뛰어나 〈수학동화책〉, 〈수학원리책〉 가리지 않고 읽습니다. 부모가 과하게 욕심만 부리지 않으면 즐겁게 수학을 진행할 수 있는 아이들입니다.

〈C형〉 수학을 좋아하지 않는다 + 한글책을 좋아한다

〈수학동화책〉이 재미있다고 읽지만 '이야기'만 머리에 남을 가능성이 매우 높은 아이들입니다. 개념 부분은 관심이 없으니 읽어도 휙 증발합니다. 재미없는 수학개념 설명, 머리 아픈 문제풀이는 건너뛰고 읽습니다. 이야기가 없는 〈수학원리책〉은 딱딱하다고 싫어합니다. 이 아이들에게 〈수학동화책〉이란 수학에 흥미를 느끼고, 낯설지 않게 해주는 정도입니다. 〈수학동화책〉을 많이 읽는다고 수학을 잘하게 될 거라는 너무 큰 기대는 하지 않는 것이 좋습니다.

아이가 원치 않는다면 억지로 〈수학동화책〉을 읽으라고 강요하지 마세요. 아이가 재미있다고 해도 책에서 설명하는 수학개념을 꼭 살펴봐야 합니다. 지금 배우는 수학교육과정보다 너무 앞서 나가는 책은 읽어봐야 시간 낭비입니다. 재미있게 읽은 〈수학동화책〉은 무슨 내용인지 궁금하다며 이야기해 달라고 해보세요. 그러면서 개념을 생각하고, 읽은 것을 정리하는 기회가 될 수 있습니다.

〈D형〉 한글책도, 수학도 좋아하지 않는다

안타깝지만 이 아이들은 수학책보다 창작책 읽기가 급합니다. 다른 아이들이 〈수학동화책〉을 읽는다고 덩달아 들이밀지 마세요. 〈수학동화책〉으로 수학을 친근하게 느끼게 해주고 싶다면 부모가 읽어주세요. 책의 줄거리, 책에 담긴 개념도 같이 이야기해 보고요.

5. 사고력을 키워주는 수학퍼즐, 수학보드게임

수학을 잘하려면 독해력, 연산능력이 기본이지만 집중력도 필요합니다. 집중력이 부족하면 쉽게 싫증을 냅니다. 어려운 문제는 도전해 보려고 하지 않습니다. 반대로 집중력이 높으면 문제가 해결될 때까지 골똘하게 생각합니다. 책을 읽으면서, 놀면서, 다양한 경험을 하면서도 이런 능력이 자라겠지요. 수학퍼즐과 수학보드게임은 집중력을 키우면서 수학개념도 익힐 수 있는 좋은 놀이입니다.

눈에 보이지 않는 효과도 있습니다. 지면 깨끗이 승복하고 다음을 기약할 줄 아는 마음, 이기더라도 진 사람을 배려하는 마음도 배울 수 있습니다. 서로 대화하고 즐기며 친밀감을 쌓을 수도 있습니다. 영재 교육과정을 보면 퍼즐, 보드게임이 대부분입니다. 머리를 유연하게 해주고 문제해결력을 기르는 데는 이만 한 것이 없으니까요. 인성도 같이 키우고요.

퍼즐과 보드게임을 즐기려면 충분한 시간이 필요합니다. 생각하는 시간에 제한이 없어야 하고요. 이런 면에서 초등 저학년은 퍼즐과 보드게임을 할 수 있는 최적의 시기입니다. 방학 때, 주말에 놀러 갈 때, 심심할 때 퍼즐과 보드게임으로 놀 수 있게 챙겨주세요.

단, 퍼즐과 보드게임을 많이 했어도 학교 수학시험은 별개입니다. 시험을 잘 보려면 독해력, 연산력이 받쳐줘야 합니다. 교과서의 개념과 원리를 확실하게 이해해야 하고요.

☑ 수학퍼즐, 수학보드게임의 장점

1. 한자리에서 집중하는 힘이 생긴다.
2. 놀면서, 공부라는 생각 없이 기본 수학개념을 익힐 수 있다.
3. 문제 해결 과정에서 생각하는 힘(사고력), 논리력, 직관력이 생긴다.
4. 나무와 숲을 같이 보는 통찰력, 판단력을 기를 수 있다.
5. 문제를 해결했을 때 기쁨과 즐거움을 경험할 수 있다.

초등 1, 2학년이 재미있게 할 수 있는 수학퍼즐/보드게임

1인용 수학퍼즐

러시아워
(Rush Hour)

구슬퍼즐
(Rectangular and Pyramid Puzzle)

초콜릿 픽스
(Chocolate Fix)

호퍼스 (Hoppers)

소마큐브
(Soma Cube)

팁 오버
(Tipover)

칠교놀이
(Tangram)

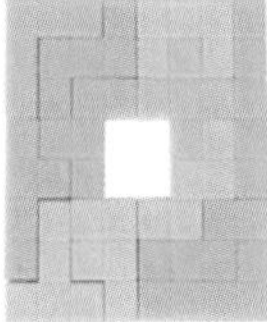
펜토미노
(Pentomino)

브릭 바이 브릭
(Brick by Brick)

알록달록 첩보전
(Color Code)

도형/논리 보드게임

우봉고 (Ubongo)

쿼클 (Qwirkle)

메이크앤브레이크 주니어 (Make 'n' Break: Junior)

블로커스 클래식
(Blokus Classic)

쉐입스 업
(Shapes Up)

수리/논리 보드게임

플라잉치즈
(Flying Cheese)

메이크텐
(Make 10&20)

루미큐브
(Rummikub)

부루마블
(Blue Marble)

모노폴리
(Monopoly)

연산 보드게임

할리갈리 (Halli Galli)

꼬꼬미노 (Heckmeck)

구름빵 수놀이 듬뿍

자석달팽이 우주여행 (Snail Space)

셈셈테니스

셈셈피자가게

로보77 (Lobo 77)

가우스엑스 (Gauss X)

해트릭스 (Hetrix)

파라오코드 (Pharaoh Code)

패턴 인지 게임

큐비츠 (Q-bitz)

픽시 큐브 (Pixy Cubes)

세트 (Set)

사고력 보드게임

다이아몬드 게임 (Chinese Checkers)

입체 사목게임 (Connect Four)

아바론 (Abalone)

만칼라 (Mancala)

초등 1학년 수학

단원별 보기

초등 1학년 수학은 대부분의 부모와 아이들에게 쉽게 느껴집니다. 1학년에서 중요한 연산만 보면 1학기에 '50까지의 수, 받아올림/받아내림 없는 덧셈과 뺄셈'을 배우고, 2학기에 '100까지의 수, 받아올림/받아내림 있는 덧셈과 뺄셈' 정도만 다룹니다. 이 정도는 입학 전에 다 알고 온 아이들이 상당히 많습니다. 초등 2학년 수준의 구구단까지 외우는 아이라면 학교 수업이 너무 쉬워 하품이 나올 지경일 겁니다. 그러나 바로 이 점이 함정입니다. 교과서에서 가르치는 중요한 개념을 놓칠 뿐 아니라 자칫하면 다 안다고 딴청을 피우는 바르지 못한 태도가 굳어질 수도 있습니다.

요즘은 수학교과서를 학교에 두고 다니는 경우가 대부분입니다. 부모가 챙기지 않으면 학교에서 무엇을 배우는지 모르고 넘어가기 쉽습니다. 학기 초에 수학교과서와 익힘책을 한 권 더 구입해두세요. 예습, 복습용으로 활용하기 좋습니다.

(1학년 1학기) 1단원. 9까지의 수

1단원에서 배우는 내용은 정말 쉽습니다. 생활에서 수학개념을 많이 접해봤거나 책을 많이 읽은 아이라면 상식인 내용입니다. 그러나 의외의 복병이 있습니다.

❶ 숫자 쓰는 순서

숫자는 알지만 쓰는 순서가 제멋대로인 아이들이 많습니다. 교과서에서 나온 대로 쓰도록 연습시켜 주세요. 자기가 쓴 글씨를 못 알아봐서 틀리는 아이들이 고3까지 나옵니다.

❷ 수세기 표현

'일, 이, 삼……' '하나, 둘, 셋……' 같은 수 읽기와 쓰기
'첫째, 둘째, 셋째……' 같은 서수 읽기와 쓰기
'한(그루), 두(마리), 세(송이)……' 같이 수와 단위가 함께 있을 때 읽는 방법
'적다(↔많다), 작다(↔크다)'의 차이

이 쉬운 수세기 표현을 틀리는 아이들이 꽤 있습니다. 이건 수학이 아니라 어휘력과 상식의 문제입니다. 제일 좋은 방법은 생활에서 수 표현을 익히는 겁니다. 큰 소리로 수를 세어보게 해주세요. 계단을 오르며 '하나, 둘, 셋'을 세어보고, 소꿉놀이, 로봇놀이를 하며 "첫 번째, 두 번째, 세 번째", "첫째, 둘째, 셋째"를 말하게 해보세요. "한(그루), 두(마리), 세(송이)" 역시 생활에서 많이 사용해 봐야 익숙해집니다. 접시에 과자나 간식을 많이, 적게 놓아보는 것은 물론, "내가 동생보다 키가 커, 동생이 나보다 키가 작아" 같은 표현을 정확하게 말하게 해주세요. 다양한 수세기 표현이 나오는 수학동화책을 읽는 것도 도움이 됩니다.

❸ '0'의 개념

교과서에 나온 0의 개념(아무것도 없는 것)을 말로 설명할 수 있을 때까

지 반복시켜 주세요. 다 알겠지 하고 그냥 넘어가지 말고요. 0의 개념도 생활에서 말하면서 느끼게 해주세요. 로켓 발사할 때 '5, 4, 3, 2, 1, 0'이라고 쓰고, 간식을 다 먹고 없을 때도 0을 쓴다는 것 등으로요.

9까지의 수 개념이 들어있는 〈수학동화책 · 수학원리책〉

[JK2] 고릴라 한 마리: 참 아름다운 숫자 세기 그림책 (예림당)

[JK2] 난 뭐든지 셀 수 있어 (예꿈)

[JK2] 함께 세어 보아요 (마루벌)

[JK2] 123 콩알 세기 (예림아이)

[JK2] 놀라운 호박집: 수 (우리책)

[JK3] 다 같이, 한꺼번에: 수 (시공주니어)

[JK3] Zero 영 (북뱅크)

[JK3] 수학 시간에 울 뻔 했어요: 수 세기와 수 읽기 (어린이나무생각)

[JK3] 발타자와 함께라면 무엇이든 셀 수 있어! (청어람미디어)

[JK3] 바다의 해적들 (승산)

[JK3] 숫자가 사라졌어요 (웅진주니어)

[JK3] 이상한 나라의 숫자들 (북뱅크)

[JK3] 날아라 숫자 0 (봄나무)

[JK4] 숫자의 발명: 원시인 소녀 부발의 멋진 아이디어 (봄나무)

[JK5] 영의 모험 (승산)

(1학년 1학기) 2단원. 여러 가지 모양

모양의 특성을 알아보고 분류해 보는 단원입니다. 다음은 초 4까지 배우는 도형 개념입니다

- (1-1) - 입체도형
- (1-2) - 평면도형 ■▲●
- (2-1) - 원, 삼각형, 사각형, 오각형, 육각형, 규칙찾기
- (3-1) - 선분/반직선/직선, 각/직각, 직각삼각형/직사각형/정사각형
- (3-2) - 원의 중심과 반지름/지름
- (4-1) - 각도, 삼각형/사각형의 내각의 크기의 합, 평면도형의 밀기/뒤집기/돌리기/뒤집고 돌리기
- (4-2) - 이등변삼각형/정삼각형의 성질, 수직/평행선, 사다리꼴/평행사변형/마름모/직사각형의 성질

도형 감각이 없는 아이들은 4학년 1학기에 나오는 '평면도형의 밀기/뒤집기/돌리기/뒤집고 돌리기'에서 벽에 부딪힙니다. 도형 감각을 타고난 아이라면 쉽게 해결할 문제지만 그렇지 않으면 이야기가 달라집니다. 도형은 아무리 수학문제를 많이 풀어도 해결이 잘 안 되는 영역입니다. 최대한 직접 만져보고 굴려보고 뒤집어보고 잘라보기도 하며 몸으로 익혀야 해요.

가장 좋은 것은 생활에서, 놀이로 접하게 해주는 거예요. 무, 당근, 두부

를 직접 썰어보게 하세요(손 조심을 시키면서요). 사과, 감, 딸기, 바나나를 옆으로, 세로로 잘라보는 놀이도 해보고요. 색종이 접기, 직소퍼즐, 레고, 원목블록도 도형감각을 키우기 좋습니다. 워크북이 있는 수학교구, 문제카드가 있는 수학퍼즐, 가족이 함께 즐길 수 있는 보드게임도 도형감각을 키우는 데 도움이 됩니다.

도형감각을 키워주는 수학교구, 수학퍼즐, 보드게임

칠교놀이 (Tangram)

조이매스 (Joymath) 펜토미노

조이매스 (Joymath) 꼬마큐브

블로커스 (Blokus Classic)

메이크 앤 브레이크 주니어 (Make 'n' Break: Junior)

여러 가지 모양의 특성을 알 수 있는 〈수학동화책 · 수학원리책〉

[JK2] 블록친구 (키다리)

[JK2] 여러 가지 모양 (키득키득)

[JK2] 모양 놀이 (베틀북)

[JK2] 똑똑한 도형놀이 (뜨인돌어린이)

[JK2] 이딱딱 로봇의 네모 이 (비룡소)

[JK3] 늑대가 들려주는 아기 돼지 삼형제: 여러 가지 도형 (뭉치)

[JK3] 일곱 빛깔 요정들의 운동회 (한울림어린이)

[JK3] 세상 밖으로 나온 모양: 여러 가지 모양 (아이세움)

[JK3] 울퉁불퉁 뿔레용과 유령 소동: 도형 (시공주니어)

[JK3] 여름: 도형과 공간 감각 (걸음동무)

(1학년 1학기) 3단원. 덧셈과 뺄셈

3단원은 덧셈, 뺄셈의 기본 개념이 다 나오는 단원입니다. 특히 〈가르기와 모으기〉는 덧셈과 뺄셈의 기본 개념이기도 하지만 수감각과 수의 상호 관계를 이해하는 첫걸음이기도 합니다. 〈가르기와 모으기〉가 자유로우면 덧셈과 뺄셈이 쉽습니다. 받아올림, 받아내림 있는 덧셈과 뺄셈도 금방 이해합니다. '7+5' 는 '7+3+2'로, '12−8'은 '12−2−6'으로 계산이 됩니다. 두 자리, 세 자리 수의 덧셈과 뺄셈도 이런 방식으로 해결할 수 있습니다. '100−9' 같이 어려운 뺄셈도 '90+10−9'로 가르면 되니까요.

수학을 잘하는가 어려워하는가의 차이는 머릿속에서 상황을 그릴 수 있는가 없는가에 달렸습니다(수 감각이 있다, 없다와 같은 말입니다). 어릴 때 〈가르기와 모으기〉를 많이 해본 아이는 덧셈식, 뺄셈식을 보면 구체적인 상황이 머릿속에 떠오릅니다. 그러나 〈가르기와 모으기〉를 직접 해보지 않았다면 연산이 조금만 복잡해져도 힘들어합니다. 여러 가지 방법으로 계산하라는 문제는 어려워서 손도 못 댑니다. 쉽다고 얕보지 말고 〈가르기와 모으기〉를 충분히 연습할 수 있게 해주세요.

❶ 덧셈식을 보고 뺄셈식을, 뺄셈식을 보고 덧셈식 만들기

덧셈식을 보고 뺄셈식 2개 만들기, 뺄셈식 보고 덧셈식 2개 만들기는 구체물로 놓아가며 충분히 연습하게 해주세요. 숫자카드(1, 2, 3……)와 덧셈/뺄셈/등호(+, −, =) 카드를 활용해서 연관된 세 가지 수식을 만들어 보는 놀이도 좋습니다. 덧셈식을 뺄셈식으로, 뺄셈식을 덧셈식으로 충분히 만들어 보면 □가 들어간 덧셈식과 뺄셈식도 쉽게 할 수 있습니다.

❷ 알까기 놀이

수첩과 바둑알 9개를 테이블 위에 놓은 뒤, 탁자에 있는 바둑알 개수와 떨어진 개수를 수첩에 계속 적으며 한쪽 바둑알이 없어질 때까지 번갈아 튕깁니다. 탁자에 남은 바둑알이 많은 쪽이 이깁니다(1학년 2학기 5단원, 10 가르기와 모으기도 이 방법을 이용해 보세요).

❸ 짤짤이 놀이

공깃돌 5개를 두 손에 담아 짤짤짤 흔듭니다. 5개를 양손에 나눈 후 한쪽 주먹만 내밀며 "몇 개일까?" 물어보세요. 틀리면 다시 하고 맞추면 승. 단, 나머지 한쪽 주먹에 있는 공깃돌 수까지 맞춰야 합니다. 공깃돌을 2, 3, 4개로 줄이거나 6, 7, 8, 9개로 늘려서 해도 됩니다(1학년 2학기 5단원, 10 가르기와 모으기도 이 방법을 이용해 보세요. 바둑돌을 사용하면 편합니다).

❹ 공기놀이

엄마, 아빠랑 공기놀이를 하면서 5 가르기와 모으기를 익힐 수 있습니다.

❺ 과일 나누기 놀이

사과를 먹을 때 8조각으로 잘라 엄마 것, 자기 것을 나누게 해보세요. 귤도 까서 몇 개인지 세어보고 엄마 것, 자기 것을 나눠보게 하세요. 포도, 딸기라면 9개 이내의 개수를 나눠 담는 놀이를 해보세요.

❻ '할리갈리' 게임

할리갈리 (Halli Galli)	쉽고 재미있는 가족게임입니다. '5 가르기와 모으기'를 순식간에 익힐 수 있습니다. 과일 카드를 나누어 갖고 한 종류의 과일의 합이 5개가 되면 재빨리 벨을 울리고 과일카드를 갖고 가면 됩니다. 4, 5, 6, 7, 8, 9, 10 만들기로 규칙을 업그레이드해도 재미있습니다. 아이들 순발력을 못 따라갈걸요?

덧셈과 뺄셈의 원리 이해에 도움이 되는 〈수학동화책·수학원리책〉

[JK2] 꼬끼오네 병아리들 (비룡소)

[JK2] 봉봉 마녀는 10을 좋아해 (비룡소)

[JK2] 동물들의 덧셈 놀이 (비룡소)

[JK2] 괴물들의 뺄셈 놀이 (비룡소)

[JK3] 가을: 수와 계산 (걸음동무)

[JK3] 따끈따끈 열만두: 덧셈과 뺄셈 (시공주니어)

[JK3] 난 누구랑 함께 갈까? (꿈터)

[JK3] 떡시루 굴리기 -빼기(을파소)

[JK3] 크림빵이 늘었다 줄었다: 연산 덧셈과 뺄셈 (아이세움)

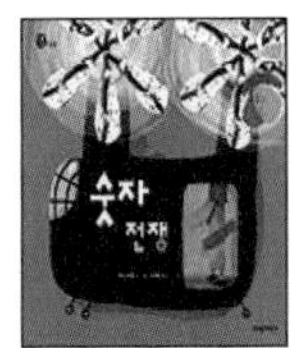
[JK3] 숫자 전쟁 (파란자전거)

[JK3] 강아지들도 열심히 일해요 (보물창고)

[JK3] 덧셈놀이 (미래아이)

[JK3] 뺄셈놀이 (미래아이)

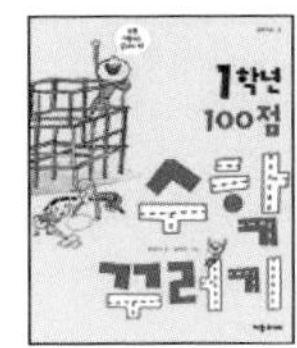
[JK3] 1학년 100점 수학 꾸러기 (처음주니어)

[JK4] 으라차차 초등 0학년 수학교과서 (열린생각)

(1학년 1학기) 4단원. 비교하기

이번 단원에서는 두세 가지 대상의 길이, 높이, 들이, 무게, 넓이, 담을 수 있는 양을 비교하는 방법을 배웁니다. 눈으로 보면서 직관적으로 비교도 하고, 한쪽 끝을 맞춰 시작점을 일치시켜 비교하기도 합니다. 일상생활에서 상식으로 아는 내용이지요. 어휘력, 이해력만 있으면 쉽게 넘어가는 단원입니다.

이 단원이 쉽게 느껴지지 않는다면 주변의 구체물을 직접 비교해 가며 왜 그렇게 생각하는지 이야기해 보라고 해보세요. 가족의 손발 길이도 비교해 보고, 키 크기도 비교해 보세요. 몸무게는 누가 제일 무겁고 누가 제일 가벼운지 차례대로 순서도 매겨보고요. 큰 종이로 땅따먹기를 해 보는 것도 좋아요. 자기가 딴 땅은 색칠한 다음 놀이가 끝나면 가위로 오려 누구 땅이 더 넓은지 비교해 보고요.

비교하기 개념 이해를 도와주는 〈수학동화책 · 수학원리책〉

[JK2] 형은 크다 나는 작다 (비룡소)

[JK2] 투덜 할멈 생글 할멈: 간접 비교 (아이세움)

[JK2] 내 짝 네 짝 단짝: 직접 비교 (아이세움)

[JK2] 도깨비 얼굴이 가장 커! (비룡소)

[JK3] 얼마나 클까?: 높이를 비교하는 재미있는 방법 (키즈엠)

[JK3] 누가 누가 더 클까? (문학동네어린이)

[JK3] 왜 내 것만 작아요?: 비교 (시공주니어)

[JK3] 겨울: 크기 비교와 측정 (걸음동무)

[JK3] 갑옷을 입은 기사들 (승산)

[JK4] 개념수학 (한림출판사)

[JK2] 괴물 나라 수학 놀이: 많을까? 적을까? (키즈엠)

[JK2] 친구를 구한 목도리 (블루래빗)

[JK3] 얼마나 길까?: 길이를 비교하는 재미있는 방법 (키즈엠)

[JK3] 얼마나 무거울까?: 무게를 비교하는 재미있는 방법 (키즈엠)

[JK6] 비교: 단위편 (부즈펌)

(1학년 1학기) 5단원. 50까지의 수

수가 커지면 '수'와 '숫자'의 개념을 정확하게 아는 것이 중요합니다. 수는 '양', 숫자는 '글자(기호)'입니다. 수(1개, 2개, 10개, 100개……)는 수없이 많지만 숫자는 딱 10개(0, 1, 2, 3, 4, 5, 6, 7, 8, 9)뿐입니다. 아라비아 숫자 10개로 자리값만 달리해서 무수히 많은 수를 만들 수 있습니다.

1단원에서 0은 '아무것도 없는 것'이라고 약속했지만, 10에서의 0은 '자리값'을 의미합니다. 숫자 1은 1개지만, 10에서의 1은 10개 1묶음을 뜻합니다. 이렇게 같은 숫자가 위치에 따라 자리값이 달라진다는 것을 이해시켜 주세요. 50까지 셀 줄 아는 아이라도 자리값을 이해하기란 쉽지 않습니다. 49란 수는 십의 자리 숫자 4, 일의 자리 숫자 9로 이루어져 있다는 것을 확실하게 이해할 수 있어야 합니다. 32라면 10이 3개, 1이 2개라는 것을 계속 알려주세요.

❶ 수창놀이

부모와 아이가 1부터 50까지 번갈아 가며 숫자를 외칩니다. '일, 이, 삼……'과 '하나, 둘, 셋……'으로 바꿔 가면서요. 2개씩 건너 뛰기, 3개씩 건너뛰기 시합도 해보세요. '1, 3, 5, 7……' 홀수로 말해보고 '2, 4, 6, 8……' 짝수로도 말해보세요. 홀수와 짝수가 확실하게 이해됩니다. 잠자리에서, 차 타고 이동할 때 하면 좋습니다(50까지 익숙해지면 100까지 늘려 보세요).

❷ 홀짝놀이

바둑알(또는 구슬, 공기)을 안 보이게 잡고 홀짝을 알아맞춰 봅니다. 맞추면 손 안의 바둑알을 상대방에게 주고, 틀리면 내가 상대방의 바둑알을 갖고 옵니다.

❸ m&m 초콜릿으로 홀짝게임

한 손에 초콜릿을 잡고 홀인지, 짝인지 묻는 겁니다. 맞으면 먹기. 아이들이 제일 좋아할 겁니다.

50까지의 수 개념이 들어간 〈수학동화책·수학원리책〉

[JK2] 아기오리 열두 마리는 너무 많아! (길벗어린이)

[JK2] 달팽이는 한 개, 게는 열 개인 게 뭘까요? (책그릇)

[JK2] 무슨 줄일까? (계림북스)

[JK3] 숫자로 보는 놀라운 동물의 세계 (키즈엠)

[JK3] 일주일만에 끝내는 수학 교과서 1학년 (소담주니어)

[JK3] 꼬마 마법사의 수세기: 10씩 묶어 세기 (아이세움)

[JK3] 수를 사랑한 늑대: 수의 쓰임 (아이세움)

[JK4] 숫자랑 놀자 (마루벌)

[JK4] 수학마녀의 백점 수학 (처음주니어)

[JK4] 수학 개미의 결혼식 (와이즈만북스)

(1학년 2학기) 1단원. 100까지의 수

자연수 개념은 2학년 2학기까지 계속 확장됩니다.

1학년 1학기	1학년 2학기	2학년 1학기	2학년 2학기
1단원. 9까지의 수 · 0과 1~9 알아보기 · 9까지 수의 순서 · 1 큰 수와 1 작은 수 · 두 수의 크기 비교하기 **5단원. 50까지의 수** · 10, 십 몇, 몇 십, 몇 십 몇 알아보기 · 50까지 수의 순서 · 두 수의 크기 비교하기 · 짝수와 홀수	**1단원. 100까지의 수** · 60, 70, 80, 90 알아보기 · 99까지의 수 알아보기 · 수의 순서 · 두 수의 크기 비교하기	**1단원. 세 자리 수** · 백 알아보기 · 몇 백 알아보기 · 세 자리 수 알아보기 · 뛰어 세기 · 두 수의 크기 비교하기 · 수의 규칙 찾기	**1단원. 네 자리 수** · 천 알아보기 · 몇 천 알아보기 · 네 자리 수 알아보기 · 자리값 알아보기 · 뛰어 세기 · 두 수의 크기 비교하기

수가 커질 때마다 제일 먼저 하는 것이 '알아보기'입니다. 직접 세어보고, 읽고, 쓰기를 반복합니다. 1부터 100까지를 셀 때 〈수 모형〉을 사용해 보세요. 수의 크기를 직관적으로 확인할 수 있고 십진법의 개념도 쉽게 이해됩니다. 수의 크기를 비교할 때도 유용합니다.

'1, 2, 3, 4……' 순으로 세는 〈앞으로 세기〉는 덧셈의 기초, '100, 99, 98……'처럼 세는 〈거꾸로 세기〉는 뺄셈의 기초입니다. '3, 6, 9……' 같은 〈뛰어 세기〉는 곱셈과 나눗셈의 기초가 됩니다. 수의 순서가 몸에 익도록 〈앞으로 세기〉 〈거꾸로 세기〉 〈뛰어 세기〉를 틈틈이 해두세요. 수 감각을 키우는 데 많은 도움이 됩니다.

❶ 나의 재산 목록 만들기

자기 물건 중 개수가 많은 것을 세어보게 하세요. 연필, 색연필, 인형, 머리핀, 레고, 장난감 등의 많은 수를 센 후 공책에 적어보는 거죠. 1개씩 세는 것이 번거롭고 오차도 많다는 것을 직접 체험하고 나면 십진법의 필요성을 바로 알 수 있습니다.

❷ 100까지 숫자 쓰기

10칸짜리 깍두기 공책에 1부터 100까지 숫자를 쓰면서 채워갑니다. 100부터 1까지 거꾸로 쓰기도 해보고요. 100까지 술술 쓰는 것 같으면 뛰어 쓰기도 해보세요. 100까지 쓴 깍두기 공책을 여러 장 복사해서 둘씩 뛰어 세기(2, 4, 6, 8……)를 하며 색칠하기를 해보세요. 셋씩, 넷씩 뛰어 세기와 색칠하기도 해보고요. 수의 규칙이 금방 눈에 들어오고 곱셈구구의 기초 개념을 익힐 수 있습니다.

❸ 조이매스 수 모형 + 워크북 세트

1개, 10개, 100개짜리 '수 모형'이 여러 개 들어있어 십진법을 이해하거나 수의 크기를 비교할 때 활용하기 좋습니다. 덧셈과 뺄셈의 원리도 수 모형을 활용하면 쉽게 이해됩니다. 2학년까지 유용하게 활용할 수 있는 교구이므로 하나쯤 구입해 두면 좋습니다.

100까지의 수 개념을 담은 〈수학동화책·수학원리책〉

[JK2] 줄넘기 (은나팔)

[JK2] 키키는 100까지 셀 수 있어! (비룡소)

[JK2] 10 곱하기 10 (바람의아이들)

[JK3] 개미 100마리 나뭇잎 100장 (웃는돌고래)

[JK3] 열 배가 훨씬 더 좋아 (낮은산)

[JK3] 로마숫자의 비밀 찾기 (미래아이)

[JK3] 100층짜리 집 (북뱅크)

[JK3] 지하 100층짜리 집 (북뱅크)

[JK3] 바다 100층짜리 집 (북뱅크)

[JK3] 우리 집에는 (걸음동무)

(1학년 2학기) 2단원. 덧셈과 뺄셈(1)

자연수의 덧셈과 뺄셈은 초1에서 기본 개념을 익히고, 초2~ 초3까지 두 자리, 세 자리 수의 연산 연습을 합니다. 1학년에서 배우는 기본 개념을 확실히 다지면 자리 수가 아무리 늘어나도 결국은 똑같은 계산입니다.

덧셈과 뺄셈의 기본 개념 중 하나가 '자리값'입니다. 두 자리, 세 자리로 자리 수가 늘어나면 어렵다고 여기는 이유는 자리값의 개념이 탄탄하지 않기 때문입니다. 세로셈을 할 때 수 모형을 이용해 자리값을 확실하

1학년 1학기	1학년 2학기	2학년 1학기	2학년 2학기
3단원. 덧셈과 뺄셈 · 가르기와 모으기 · 덧셈 알아보기 · 한 자리 수의 덧셈 · 뺄셈 알아보기 · 한 자리 수의 뺄셈 · 덧셈식과 뺄셈식 · ㅁ가 있는 덧셈식, 뺄셈식 만들기 · 두 수를 바꾸어 더하기	**2단원. 덧셈과 뺄셈(1)** (받아올림, 받아내림 없음) · (몇십 몇)+(몇) · (몇십)+(몇십) · (몇십 몇)+(몇십 몇) · (몇십 몇)−(몇) · (몇십)−(몇십) · (몇십 몇)−(몇십 몇) **4단원. 덧셈과 뺄셈(2)** · 세 수의 덧셈과 뺄셈 (받아올림, 받아내림 없음) · 덧셈과 뺄셈의 관계 · 10이 되는 더하기, 10에서 빼기 · 10을 만들어 더하기 **6단원. 덧셈과 뺄셈(3)** · 10을 이용하여 가르기와 모으기 · 받아올림 있는 덧셈 · 받아내림 있는 뺄셈	**3단원. 덧셈과 뺄셈** (받아올림, 받아내림 있음) · (몇십 몇)+(몇십) · (몇십 몇)−(몇십) · (몇십 몇)+(몇십 몇) · (몇십)−(몇십 몇) · (몇십 몇)−(몇십 몇) · 덧셈과 뺄셈의 관계 알아보기 · 여러 가지 계산 방법 알아보기 · 어떤 수를 ㅁ로 나타내기 · ㅁ의 값 구하기 · 세 수의 계산	**1단원. 덧셈과 뺄셈** · 여러 가지 방법으로 덧셈하기 · 세 자리 수의 덧셈 · 여러 가지 방법으로 뺄셈하기 · 세 자리 수의 뺄셈

게 이해하도록 해주세요. 세 수의 덧셈과 뺄셈을 할 때 손가락으로 계산하는 아이들이 있습니다. 손가락도 훌륭한 수학교구(반구체물)입니다. 충분히 사용하게 해주세요.

〈덧셈과 뺄셈의 관계〉는 1학년 1학기 → 1학년 2학기 → 2학년 1학기까지 계속 나올 정도로 중요한 부분입니다. 덧셈식을 뺄셈식으로, 뺄셈식을 덧셈식으로 만드는 것을 어려워한다면 1학년 1학기 교과서의 3단원을 다시 해보세요. 이때도 수식만으로 풀라고 하면 안 됩니다. 사탕, 과자, 초콜릿, 구슬 등 구체물이나 반구체물을 놓고 덧셈식과 뺄셈식을 적도록 해주세요. 한 자리 수가 익숙해진 후 이 단원의 문제를 보면 쉽게 이해할 수 있습니다.

❶ 주사위로 자리값 익히기 게임

주사위 2개를 굴려서 더 큰 수를 만드는 사람이 이깁니다. 6과 3이 나왔다면 63이 더 클지, 36이 더 클지 판단해야겠죠? 쉽게 이해 못 하는 아이라면 수 모형으로 63과 36을 직접 만들어 보게 하세요.

❷ 셈셈 피자가게

연산공부라는 생각 없이 덧셈, 뺄셈을 하게 만드는 보드게임입니다. 아이의 연산능력에 맞춰 덧셈만, 또는 한 자리 수만으로 게임 방식을 바꿔도 됩니다. 기본연산을 이 게임으로 깨우쳤다는 후기를 남긴 분들이 많지만 게임 방식이 단순하므로 공부시키려는 의도를 눈치 채이지 않게 조심하세요(1학년 2학기 5단원의 덧셈과 뺄셈(2), 2학년 1학기 3단원의 덧셈과 뺄셈도 이 게임으로 재미있게 연산 연습을 할 수 있습니다).

덧셈과 뺄셈의 이해를 돕는 〈수학동화책 · 수학원리책〉

[JK3] 펭귄 365 (보림)

[JK3] 재미있는 숫자의 세계 (크레용하우스)

[JK3] 1학년 스토리텔링 수학동화 (예림당)

[JK4] 1.2학년 눈높이 수학 학습동화 (대교출판)

[JK5] 덧셈 뺄셈, 꼼짝 마라! (북멘토)

(1학년 2학기) 3단원. 여러 가지 모양

여러 가지 모양 ■▲● 을 배웁니다. 유치원, 학습지 등으로 많이 접해 더 쉽게 느껴지는 단원입니다. 도형에 대한 경험이 많지 않거나 도형감각이 떨어진다고 생각되면, 도형과 친숙해지도록 여러 가지 활동을 해보세요.

❶ 모양자

	모양자로 여러 가지 그림을 그려보세요. 2학년 2학기의 모양 만들기 때도 활용할 수 있습니다.

❷ 패턴블록 (Pattern Block)

	여섯 가지 도형(삼각형, 사각형, 정사각형, 사다리꼴, 평행사변형, 육각형)으로 다양한 모양을 만들어 볼 수 있는 교구입니다.

❸ 쉐입스 업 (Shapes Up)

주사위를 굴려 나오는 모양대로 가져와
사각형의 게임판을 채우는 게임입니다.
아이부터 어른까지 재미있게 할 수 있습니다.

여러 가지 모양에 대한 이해를 돕는 〈수학동화책 · 수학원리책〉

[JK2] 뭐든지 파는 가게: 도형 (아이세움)

[JK3] 성형외과에 간 삼각형 (보물창고)

[JK3] 1학년 스토리텔링 수학동화 (예림당)

[JK3] 외계인과 우주 비행사 (승산)

[JK4] 헨젤과 그레텔은 도형이 너무 어려워: 여러 가지 도형 (동아사이언스)

(1학년 2학기) 4,6단원. 덧셈과 뺄셈(2)(3)

10 가르기와 모으기는 받아올림 있는 덧셈, 받아내림 있는 뺄셈의 기초 개념입니다. 수 감각이 빠른 아이들은 10 가르기와 모으기가 익숙합니다. 교과서에 나오는 연산 정도는 식은 죽 먹기입니다. 두 자리 수, 세 자리 수로 자리 수를 늘려도 덧셈, 뺄셈이 자유롭습니다. 초1이라도 초3 교과서에 나오는 덧셈과 뺄셈까지 쉽게 해냅니다. 그러나 대부분의 아이들은 덧셈과 뺄셈의 자리 수가 두세 자리로 늘어나면 많이 어려워합니다.

개념이 확실하게 잡히지 않았기 때문입니다.

10 가르기와 모으기는 7과 3, 4와 6 같이 보수가 바로 머리에서 떠오를 때까지 충분히 연습해야 합니다. 그러나 이를 문제풀기만으로 접근하면 수 감각이 생기기 어렵습니다. 지겹다는 생각이 들 수도 있고요. 구체물, 반구체물을 직접 놓아가며 몸에 익도록 해주세요. 재미있는 게임으로 접근하면 지루하다는 느낌 없이 반복할 수 있습니다.

교과서에서는 '① 5 가르기와 모으기 → ② 10 가르기와 모으기 → ③ 세 수의 덧셈과 뺄셈 → ④ 받아올림/받아내림 있는 덧셈과 뺄셈'의 순서로 연산의 원리를 알려줍니다. 이 과정을 거꾸로(④ → ③ → ② → ①) 활용해 보세요. '받아올림/받아내림 있는 덧셈과 뺄셈'을 어려워하면 세 수의 덧셈과 뺄셈을, 세 수의 덧셈과 뺄셈을 힘들어하면 10 가르기와 모으기를 더 연습하도록 하면 좋습니다. 10 가르기와 모으기가 잘 안 되면 '5 가르기와 모으기'(1학년 1학기 3단원)가 익숙해지도록 도와주세요.

❶ 10 만들면 과자 먹기

교과서의 그림만 보고 10의 보수를 확실하게 이해하는 아이는 많지 않습니다. 과자를 먹을 때 아이와 10 모으기 놀이를 해보세요. 접시에 작은 과자 4개를 놓고 "10이 되려면 몇 개가 있어야 해?"라고 물어보세요. 답을 말하면 4개를 먹습니다. 쉽게 못 맞추는 아이는 10개들이 계란판을 준비해 그 위에 과자를 직접 놓아보게 하세요. 눈으로 금방 확인할 수 있어 쉽게 이해합니다.

❷ 10 만들기 놀이

부모가 3 하면 아이가 7, 8 하면 2라고 대답합니다. 차로 이동하거나 길을 걸을 때 해보세요.

❸ 날짜로 식 만들기

수학을 좋아하는 아이들은 주변의 사물을 수학의 눈으로 봅니다. 하루 종일 수학놀이를 하니 수학을 잘할 수밖에 없습니다. 이 정도는 아니라도 조금만 신경 쓰면 아이의 수 감각을 키워줄 수 있습니다. 매일 그날 날짜로 퀴즈 만들기를 해보세요. 오늘이 13일이라면 13−10=3, 오늘이 27일이라면 7+10+10과 같은 방식으로요. 잘 만들면 작은 상(아이가 좋아하는 간식 1개)을 주세요. 독특한 방식으로 식을 만들면 간식을 2개로 늘린다고 하면 하루 종일 궁리할 겁니다.

❹ 뱀사다리 게임

아이들이 열광하는 고전게임입니다. 원래 주사위 1개를 던져 나온 수만큼 말을 움직이는 방식이지만 주사위를 2개, 3개, 4개로 늘려보세요. 받아올림 있는 덧셈, 세 수의 더하기까지 놀면서 익힐 수 있습니다. 머리로 계산이 안 되면 수 모형이나 바둑알을 갖다 놓고 직접 세어보게 하세요.

❺ 자석달팽이 우주여행

	초1, 2 남자 아이들이 좋아하는 보드게임입니다. 뱀사다리게임의 우주버전이라고나 할까요? 덧셈과 뺄셈 연산이 어느 정도 되는 아이들이 하기 좋은 게임입니다(나중에 곱셈과 나눗셈으로도 할 수 있습니다).

❻ 메이크텐 (Make 10&20)

	같은 색깔의 숫자타일 3개로 10이나 20을 먼저 만들면 승리하는 게임입니다. 게임을 1판하면 연산 문제 수십 개를 푼 것과 맞먹습니다. 세 수의 덧셈을 정확하고 빠르게 하는 동안 수 감각을 키울 수 있습니다.

덧셈과 뺄셈의 원리 이해를 돕는 〈수학동화책 · 수학원리책〉

[JK3] 열한 번째 양은 누굴까? (국민서관)

[JK3] 즐거운 이사 놀이 (비룡소)

[JK3] 수학 너 재미있구나 (달리)

[JK3] 빼고 빼고! 구두쇠 자린고비: 받아내려 뺄셈 (을파소)

[JK4] 놀이수학 (한림출판사)

[JK4] 수학 도깨비 (와이즈만북스)

[JK4] 우리 수학놀이하자! 1: 셈놀이 (주니어김영사)

[JK4] 핀란드 초등학생이 배우는 재미있는 덧셈과 뺄셈 (담푸스)

[JK5] 세상에서 가장 재미있는 스파게티 수학 (청어람미디어)

[JK5] 수학식당 3 (명왕성은자유다)

(1학년 2학기) 5단원. 시계 보기와 규칙 찾기

시계보기

다음은 학년별로 배우는 시계 개념입니다.

1학년 2학기	2학년 2학기	3학년 1학기
5단원. 시계 보기 · 몇 시 알아보기 · 몇 시 30분 알아보기	**4단원. 시각과 시간** · 몇 시 몇 분 알아보기 · 여러 가지 방법으로 시각 읽기 · 1시간 알아보기 · 하루의 시간 알아보기 · 달력 알아보기	**5단원. 시간과 길이** · 1분보다 작은 단위 · 시간의 합과 차 · 1cm보다 작은 단위 · 1m보다 큰 단위 · 길이의 합과 차

시계 보기는 생활에서 익히는 것이 제일 좋습니다. 일부러 가르치려 하지 말고, 시계를 쳐다보며 "지금 3시니까 4시까지만 보자" "시계가 6시가 되면 밥 먹을 거야"처럼 시각을 알려주세요. "내일 6시에 일어날래? 7시에 일어날래?" 하면서 7시보다 6시가 더 빠르다는 것을 알게 해주고요. 바늘이 30분에 갔을 때 짧은 바늘이 어디 있는지 관찰하게 하는 것도 좋습니다. 다른 일을 하면서 아이게게 시각을 물어보세요. 이렇게 시계를 보다 보면 저절로 읽을 수 있습니다. 가끔은 일부러 틀린 시각을 말해 아이가 고쳐주며 으쓱하는 경험도 하게 해주세요. 종이에 시계를 직접 그리는 것도 좋아요. 12시, 3시, 6시, 9시의 위치를 확실하게 알 수 있습니다.

모형 시계

	모형 시계를 구입해 두면 좋습니다. 시계 문제를 보면서 직접 시간을 맞춰보도록 해주세요.

시계 보기, 시간의 이해를 도와주는 〈수학동화책 · 수학원리책〉

[JK2] 시간과 시계 (키득키득)

[JK2] 봉봉 마녀의 꼬치꼬치 떡꼬치: 규칙 편 (비룡소)

[JK3] 시간이 뭐예요? (문학동네어린이)

[JK3] 발타자와 함께라면 시간은 정말 쉬워! (청어람미디어)

[JK3] 달코미 아저씨와 빵 만들기 대회: 규칙 (시공주니어)

[JK3] 시계 그림책 1 (길벗어린이)

[JK3] 딸꾹질 한 번에 1초: 시간이란 무엇일까? (북뱅크)

[JK3] 생일은 일 년에 딱 한 번?: 시간 (아이세움)

[JK3] 인형 구출 대작전 (키다리)

[JK4] 눈물을 모으는 악어: 시계 보기 (영림카디널)

규칙 찾기

규칙 찾기는 중고등학교 함수의 기초입니다. 수열 역시 수의 규칙 찾기입니다. 규칙 찾기, 즉 패턴을 찾는 능력은 일상생활에서도 요긴하게 쓰입니다.

1학년에서는 물체, 무늬, 수의 규칙를 찾아봅니다. 물체와 무늬의 규칙 찾기는 쉽다고 여기지만, 수 배열표나 숫자카드의 규칙 찾기는 어려워하는 아이들이 많습니다. 수 감각이 부족해서입니다. 이럴 경우에는 1~100까지 수창을 다시 하도록 해보세요. 2칸 건너뛰며 세기, 3칸 건너뛰며 세기, 3부터 10씩 커지는 수 세기 등을 하다 보면 수의 규칙이 서서히 몸에 익습니다. 수 배열표에 색칠해 보기도 좋아요. 2칸마다, 3칸마다 홀수와 짝수를 색칠하면서 수 감각을 익힐 수 있습니다.

수학을 좋아하는 아이는 논리적으로 생각해야 하는 규칙 찾기를 즐깁니다. 보통 아이들도 꾸준히 하다 보면 논리력이 증가할 수 있습니다. 생활에서 다양하게 경험하게 해주세요.

❶ 규칙 찾기 놀이

레고블록으로 패턴 만들기

모양스티커로 패턴 만들기

여러 가지 구슬로 목걸이, 팔찌 만들기

❷ 픽시 큐브 (Pixie Cubes)

	카드의 패턴을 맞추는 게임입니다. 스피드 게임, 메모리 게임, 디자인 게임같이 다양한 버전으로 할 수 있습니다.

규칙 찾기가 나오는 〈수학동화책 · 수학원리책〉

[JK2] 봉봉 마녀의 꼬치꼬치 떡꼬치 (비룡소)

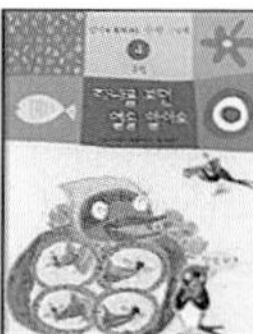
[JK2] 하나를 보면 열을 알아요: 규칙 (대교출판)

[JK3] 달코미 아저씨와 빵 만들기 대회: 규칙 (시공주니어)

[JK3] 수학이 재밌어지는 1학년 맞춤 수학 (거인)

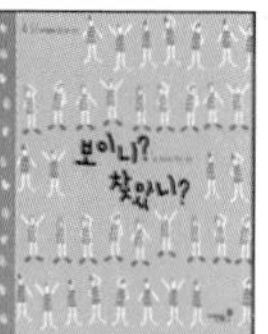

[JK3] 보이니? 찾았니?: 규칙 찾기 (아이세움)

초등 2학년 수학

단원별 보기

2학년 수학에서 수와 연산 영역은 총 12단원 중 5단원입니다(1학년은 총 11단원 중 7단원). 단원 수는 절반도 안 되지만 다른 영역보다 수와 연산 영역의 비중이 매우 크게 느껴집니다. 두 자리 수의 덧셈과 뺄셈을 본격적으로 다루는 데다, 곱셈구구를 완전히 익혀야 하기 때문입니다.

이제 슬슬 연산 때문에 고민하는 부모들이 나타납니다. 연산 속도가 느리다, 연산의 정확도가 떨어진다면서요. 벌써부터 수학이 싫다는 아이 때문에 골머리를 앓는 분도 있습니다. 1학년 때에 비해 어려워진 수학, 2학년부터는 뭐라도 해야 하지 않을까 불안해하는 집도 꽤 됩니다. 1학년 때만 해도 아직 어리다며 선행에 관심을 두지 않던 분도 2학년이 되면 언제 선행을 하느냐고 묻습니다. 연산만 선행하면 어떻겠느냐는 질문도 합니다.

사실 초등 2학년까지는 정확하게 연산하고, 이해력(국어독해력과 약간의 사고력)이 있으면 수월하게 넘어갈 수 있습니다. 수학이 어렵다, 싫다는 것은 연산 연습이 부족하거나 이해력이 떨어지기 때문입니다. 어떻게 해야 수학을 재미있게 할 수 있을까 고민이라면 이 2가지를 잡는 것이 우선입니다. 그러나 매일 하는 연산 연습을 지겨워한다면 욕심내지 말고 아이와 상의해 가볍게 할 수 있는 분량을 정하는 것이 좋습니다. 1학년 때에 비해 늘어난, 머리를 써서 풀어야 하는 어려운 문제를 보기 싫어하는 아이라면 '문제집 몇 쪽 하기' 같이 강제로 분량을 정하지 말고 1문제라도 이리저리 생각하며 풀도록 도와줄 필요가 있습니다.

선행은 지금 생각할 때가 아닙니다. 방학 때 다음 학기 예습만으로도 충분합니다. 수학을 잘하는 아이라면 위 학년 연산을 얼마든지 죽죽 뺄 수 있겠지요. 그러나 같은 시간이면 한글책을 한 권 더 읽는 것이 장기적으로 훨씬 더 낫습니다. 정 불안하면 수학동화책, 수학원리책을 권해주세요. 책을 읽으며 선행 개념을 얼마든지 익힐 수 있으니까요. 수학을 싫어하는 아이는 연산을 선행하는 것이 의미 없습니다. 억지로 반복시키면 수학이 더 싫어지는 역효과만 날 뿐입니다. 느린 아이는 오히려 후행을 해야 합니다. 안 되는 연산을 무한 반복하는 것보다 기초가 되는 1학년 수학의 구멍 난 지점을 찾아 메우는 것이 시간도 덜 걸리고 효과도 좋습니다.

(2학년 1학기) 1단원. 세 자리 수

세 자리 수는 1학년 때 배운 두 자리 수의 확장입니다. 2학년 2학기에는 네 자리 수로 확장됩니다. 수가 늘어나도 기본 개념은 동일합니다. 자리값의 이해가 핵심입니다. 235에서 2는 100이 2개이고, 3은 10이 3개, 5는 1이 5란 것을 확실하게 이해해야 합니다. 아이들은 수가 커질수록 겁을 먹습니다. 1개, 10개, 100개로 된 수 모형으로 수를 직접 놓아보며 자리값을 완전하게 알도록 해주세요.

이제부터는 어림셈도 중요합니다. 어림셈은 계산에 앞서 대략 답이 얼마일지를 예상해 보는 것입니다. 실생활에서는 정확한 계산보다 어림잡은 수를 사용하는 경우가 많습니다. 어림셈하는 습관을 들이면 오답도 줄이면서 수 감각, 논리력, 문제해결력까지 키울 수 있습니다.

수가 커지면 뛰어 세기를 어려워하는 아이들이 많아집니다. 349 다음

수, 347보다 10 큰 수를 물으면 엉뚱한 대답을 합니다. 규칙에 따라 빈칸을 채우라는 문제가 나오면 죄다 틀린 답만 씁니다. 이런 경우 문제풀이로는 영원히 해결할 수 없습니다.

❶ 자리값 표에 수 모형을 놓아보게 하세요

백의 자리	십의 자리	일의 자리

349라면 100개짜리 3개, 10개짜리 4개, 9개짜리 9개를 놓은 후 1개를 추가하면 10이 되는 것을 눈으로 확인하는 거죠. 바로 350개라고 대답할 겁니다. 347보다 10 큰 수도 마찬가지로 수 모형을 놓고 10개짜리 1개를 추가하면 바로 답이 나옵니다. 수 모형이 없다면 위의 표에 수 모형 그림을 그리게 하세요. 329보다 10 작은 수, 127보다 100 많은 수 등 얼마든지 쉽게 이해가 됩니다.

❷ 1000까지 써보게 하세요

참 무식한 방법입니다. 그러나 무식한 방법을 써야 비로소 수를 이해하는 아이들도 있습니다. 깍두기 공책에 1부터 매일 씁니다. 하루에 다 쓰지는 못할 거예요. 오늘은 1~200까지, 내일은 201~400까지 200씩 쓰면 5일이면 다 씁니다. 술술 잘 쓸 때까지 한두 번 더 반복하세요. 뛰어 쓰기 문제가 나오면 문제에 나온 수를 찾아 동그라미 치며 답을 찾아보라고 하면 됩니다.

❸ 2칸, 3칸…… 10칸 뛰어 쓰기를 다 쓰게 합니다

방법 ❶, ❷로 안 되면 깍두기 공책에 직접 뛰어 써보게 하세요. 우선 '2, 4, 6, 8……'과 같이 2칸씩 뛰어 씁니다. 잘 되면 3칸, 4칸, 5칸…… 10칸까지 뛰어 세기로 씁니다. 써야 하는 숫자가 줄어드니 쓰는 시간도 점점 줄어듭니다. 이렇게 하면 뛰어 세기는 대부분 수 감각을 키우는 데도 도움이 됩니다.

세 자리 수 이해를 도와주는 〈수학동화책·수학원리책〉

[JK4] 우리 수학놀이하자! 1: 셈놀이 (주니어김영사)

[JK4] 2학년 100점 수학 꾸러기 (처음주니어)

[JK5] 지상 최대의 생일잔치 (승산)

[JK5] 공룡 사냥에서 수학 찾기 (좋은꿈)

[JK5] 이상한 수학나라의 뚱땅이 (동녘)

(2학년 1학기) 2단원. 여러 가지 도형

본격적으로 도형과 그 특징을 배우는 단원입니다. 원, 삼각형, 사각형, 오각형, 육각형과 같은 도형의 이름과 함께 변, 꼭짓점의 개념도 나옵니다.

도형의 특징은 질문으로 처리하고 있습니다. 조작활동을 통해 스스로 생각해서 특징을 찾아보라는 의미겠지만, 학교에서 다 배웠어도 금방 잊어버리는 것이 아이들입니다. 도형은 정의와 특징만 갖고도 얼마든지 문제를 만들 수 있습니다. 익힘책에서 도형의 특징을 말해보라는 문제는 아이가 아는 것을 쓰게 한 후, 꼭 답지를 확인해서 외우게 해주세요. 다음은 익힘책의 답지에 있는 내용입니다.

〈원의 특징〉 어느 방향에서 보아도 똑같은 모양이다. 곧은 선이 없다. 크기는 서로 다르지만 생긴 모양이 똑같다.
〈삼각형의 특징〉 변이 3개다. 꼭짓점이 3개다. 곧은 선으로 둘러싸여 있다. 곧은 선들이 서로 만난다.
〈사각형의 특징〉 변이 4개다. 꼭짓점이 4개다. 곧은 선으로 둘러싸여 있다. 곧은 선들이 서로 만난다.

※ 교과서의 활동하기 문제에 오목사각형(⩓)을 그리면 선생님이 틀렸다고 할 수 있습니다. 오목한 사각형도 사각형은 맞지만 초등/중등 수학과정에서는 볼록사각형(◇)만 다루기 때문입니다. 아이가 납득할 수 있게 잘 설명해 주세요.

❶ 조이매스 기하판 수준 1, 2 워크북

	교과서를 보면 고무줄로 도형을 자유롭게 만들 수 있는 기하판(Geo Board)이 나옵니다. 교과서만으로 부족하다고 여겨지면 워크북으로 좀 더 접해보도록 해주세요.

❷ 칠교놀이 (Tangram)

	도형감각을 키우는 데 도움이 되는 퍼즐입니다. 새, 배 등의 모양을 만들면서 즐길 수도 있고, 교과서에서 나온 대로 삼각형/사각형/평행사변형 같은 도형도 만들어 볼 수 있습니다. 인터넷에 칠교를 활용한 예제그림이 많이 있습니다. 색종이를 잘라 만든 칠교로 스케치북에 칠교 맞추기를 한 것을 방학 숙제로 내보세요.

J 잠수네 회원은 〈프린트센터〉의 칠교놀이 워크시트를 이용하면 됩니다.

여러 가지 도형 개념을 이해하게 해주는 〈수학동화책·수학원리책〉

[JK3] 앨리스의 도형 찾기: 평면도형의 특징 이해 (을파소)

[JK4] 내 방은 커다란 도형 (청어람미디어)

[JK4] 신통방통 도형 첫걸음 (좋은책어린이)

[JK4] 논리수학 (한림출판사)

[JK4] 이상한 나라의 도형 공주: 도형 (어린이나무생각)

[JK5] 3D 입체 수학책 (아이즐)

[JK5] 수학하는 어린이 2: 도형 (스콜라)

[JK5] 사각사각정사각 도형 나라로! (토토북)

(2학년 1학기) 3단원. 덧셈과 뺄셈

2학년 1학기의 덧셈과 뺄셈 단원은 아주 중요한 단원입니다. 덧셈과 뺄셈이 탄탄해야 다음 단계인 곱셈, 나눗셈을 순조롭게 할 수 있습니다. 덧셈과 뺄셈이 불안하면 곱셈, 나눗셈은 진창길입니다. 학교에서 개념은 가르쳐 주지만 익숙해지도록 연습하는 것은 부모 몫입니다.

덧셈과 뺄셈은 기본 개념이 확실하고 수 감각만 있으면 자리 수가 많아져도 문제가 안 됩니다. 두 자리 수의 연산을 살짝 버거워하면 수 모형을 놓고 계산하면 쉽게 이해됩니다. 그러나 2학년 교과서의 덧셈과 뺄셈을 어려워하거나 연산 실수가 잦다면 자리 수가 많은 덧셈과 뺄셈만 푼다고 해결되지 않습니다. 아래 학년에서 연산이 구멍 난 부분을 찾아야 해요.

1단계) 먼저 자리값을 확실하게 아는지 확인해 주세요.(1학년 2학기 3단원)

2단계) 받아올림/받아내림 있는 한 자리 수의 덧셈과 뺄셈을 정확하게 풀어내는가 살펴보세요.(1학년 2학기 5단원)

3단계) 2단계를 어려워하면 10 가르기와 모으기(1학년 1학기 5단원), 5 가르기와 모으기(1학년 1학기 3단원)로 내려가야 합니다.

'여러 가지 방법으로 덧셈/뺄셈하기, 덧셈과 뺄셈의 관계, 어떤 수를 □로 나타내기'는 모두 수 감각을 키우려는 의도입니다. 이런 문제를 어려워하면 교과서에서 알려주는 방법을 적절하게 응용하도록 해주세요(교과서에서는 □값을 수직선을 이용해서 구합니다). 수를 줄여서 만만하게 느끼도록 해주는 것도 좋습니다. 1학년 교과서에서 같은 패턴의 문제를 다시 풀어보세요. 한번 공부했던 것이니까 겁먹지 않고 풀 수 있습니다.

❶ 덧셈구구표, 뺄셈구구표를 응용한 연산 연습

2학년 연산이 어려운 아이들은 집중적으로 기본 연산을 연습해야 합니다. 1학년 수학교과서를 보면 덧셈구구표, 뺄셈구구표가 있습니다. 이 표에 나온 숫자를 뒤섞어 칸을 채우게 해보세요. 먼저 덧셈만 하루 1~2개씩(100~200문제) 합니다. 틀리지 않고 100칸을 정확하게 쓰면 그때부터 시간을 기록해 보세요. 처음에는 30분 이상 걸릴 수 있지만 반복하다 보면 시간이 점점 줄어듭니다. 시간이 더 이상 줄지 않으면 덧셈 연습을 끝내고 뺄셈 연습을 합니다. 이 연습을 하고 나면 두세 자리의 연산을 할 때도 겁먹지 않게 됩니다.

덧셈구구표의 응용

-	12	11	18	15	13	10	16	14	19	17
2										
5										
0										
6										
9										
3										
7										
4										
8										
1										

뺄셈구구표의 응용 (위 칸의 수에서 왼쪽 수를 뺍니다)

+	3	7	5	2	4	8	0	1	9	6
4										
7										
0										
9										
5										
8										
2										
3										
6										
1										

J 잠수네 회원은 〈잠수네 연산〉프로그램의 〈10×10칸〉 덧셈과 뺄셈 메뉴를 이용하세요.

덧셈과 뺄셈의 원리를 알려주는 〈수학동화책 · 수학원리책〉

[JK3] 이건 얼마일까?: 물건값 계산하기 (아이세움)

[JK4] 신기한 열매 (비룡소)

[JK4] 수학 나라 진짜 공주는 누구일까요? (토토북)

[JK4] 천하 최고 수학 사형제: 연산하기 (어린이나무생각)

[JK4] 수학마녀의 백점 수학 (처음주니어)

[JK4] 양치기 소년은 연산을 못한대: 덧셈과 뺄셈 (동아사이언스)

[JK4] 신통방통 받아올림 (좋은책어린이)

[JK4] 신통방통 머리셈 연산 (좋은책어린이)

[JK5] 수학 천재는 바로 너 (봄나무)

[JK5] 수학하는 어린이 1: 수와 숫자 (스콜라)

(2학년 1학기) 4단원. 길이 재기

길이 재기 단원에서는 몸이나 물건 등 임의 단위로 재면 불편하다는 것을 직접 느껴보고 표준단위(cm)의 필요성을 이해하도록 합니다. 자의 눈금을 읽는 방법, 길이 재는 방법을 배우는 정도라 단원 자체는 그리 어렵지 않습니다. 이 단원의 핵심은 '단위에 대한 감각'을 익히는 것입니다. 1cm가 어느 정도인지, 1m가 얼마나 되는 길이인지 감을 잡는 것은 일상생활에서도 필요한 상식이지만 수학공부할 때도 매우 중요합니다.

학년이 올라가면 단위가 계속 커집니다.

(2-1) 센티미터(cm)를 배우고 길이를 재는 방법과 어림하기를 익힙니다.

(2-2) 미터(m)를 단위환산, 길이의 합과 차, 어림하기를 공부합니다.

(3-1) 밀리미터(mm), 킬로미터(km)를 배우고, 길이의 합과 차를 배웁니다.

3학년 1학기에 가서 길이 단위의 감이 없으면 단위 환산이 혼란스러워집니다. 길이가 나오는 문제도 어느 정도 길이인지 감이 있어야 정확하게 풀 수 있습니다. 교과서와 익힘책에 '어림하기'의 분량이 제일 많은 것은 이런 이유 때문입니다.

길이의 감을 잡는 제일 좋은 방법은 직접 재보는 것입니다. 학교에서도 직접 길이를 재는 활동을 많이 하겠지만 집에서도 놀이처럼 가구나 물건들을 재보도록 해주세요. 줄자도 좋고 손으로 한 뼘 두 뼘 재보고, 발로 몇 발자국인지 가늠해 보는 것도 중요합니다.

길이 재기를 알아볼 수 있는 〈수학동화책 · 수학원리책〉

[JK3] 다시 재볼까?: 임의 단위 측정 (아이세움)

[JK3] 척척 콩쥐의 어림 재기: 어림재기 (을파소)

[JK4] 마녀들의 보물 지도: 길이 재기 (영림카디널)

[JK5] 커졌다 작아졌다 콩나무와 거인 (주니어김영사)

[JK5] 숫자돌이랑 놀자 (주니어김영사)

[JK5] 고양이가 맨 처음 cm를 배우던 날 (아이세움)

[JK5] 수학이 정말 재밌어지는 책 (그린북)

[JK5] 재기재기양재기 비교 나라로! (토토북)

[JK5] 우리 수학놀이하자!: 길이와 무게 (주니어김영사)

[JK5] 뫼비우스 띠의 비밀 (주니어김영사)

(2학년 1학기) 5단원. 분류하기

통계는 수학뿐 아니라 사회, 과학 영역에서도 중요합니다. '분류하기'는 통계의 첫 시작점으로 자료를 모으고, 분류하고 정리해서 표나 그래프로 만드는 일련의 과정 중 첫 단계입니다.

학년상 통계 영역의 흐름은 다음과 같습니다.

(2-1) 분류하기

(2-2) 표와 그래프

(3-2) 자료의 정리

분류하는 것은 아이들도 일상생활에서 늘 경험하는 것이라 낯설지 않습니다. 다만 '분류의 기준'이 문제일 뿐입니다. 수학익힘책에도 분류하는 기준에 대해 반복해서 언급합니다. 교과서뿐 아니라 블록을 분류하거나 옷을 개는 등 일상생활에서 분류할 때 기준이 무엇이었는지 물어보세요. 내가 분류한 기준을 확실하게 말할 수 있으면, 다른 영역이나 다른 사람이 분류한 것을 이해하기도 수월합니다.

교과서나 문제집의 분류 문제를 풀 때는 눈으로 세지 말고 조건에 따라 각기 다른 표시를 하며 세도록 해주세요.

분류하기를 알아볼 수 있는 〈수학동화책 · 수학동화책〉

[JK2] 궁금한 게 많은 악어 임금님: 통계 (아이세움)

[JK2] 키키의 빨강 팬티 노랑 팬티 (비룡소)

[JK3] 귀가 크고 꼬리가 짧은 토끼를 찾아라!: 두 가지 조건으로 분류 (을파소)

[JK3] 얼렁뚱땅 아가씨: 분류 (시공주니어)

[JK4] 많다는 게 뭐예요? (을파소)

(2학년 1학기) 6단원. 곱셈

교과서를 보면 〈뛰어 세기〉, 〈묶어 세기〉가 나옵니다. 뛰어 세기는 〈동수누가(같은 수를 여러 번 더하는 것)〉로 연결되고, 묶어 세기는 〈배수〉와 연결됩니다. 3×4를 생각해 보죠. 3, 6, 9, 12로 4번 뛰어 세기를 한다는 것은 3+3+3+3과 같은 의미입니다. 3씩 4묶음, 즉 3의 4배이기도 하고요.

곱셈 단원이라고 무작정 구구단부터 외우게 하지 마세요. 교과서를 찬찬히 들여다보고 아이가 곱셈의 개념을 정확하게 이해하는지 확인해 보시기 바랍니다.

1단계) 곱셈의 개념을 확실하게 이해하고 있는지 확인합니다.

"2×3은 무슨 뜻일까?" 하고 물어보세요. 2를 3번 더한 것이라고 말할 수 있으면 곱셈 개념을 이해하고 있는 것입니다.

※ 2×3의 의미를 확실하게 알면, 응용/심화가 가능합니다.

$\frac{1}{4}\times 3 = \frac{1}{4}+\frac{1}{4}+\frac{1}{4}$

★×3 = ★+★+★

$x\times 3 = x+x+x$

2단계) 2학년 2학기 때 곱셈구구를 외우려면 시간이 촉박합니다

2학년 1학기 곱셈 단원을 배울 때 구구단 중 제일 쉬운 2단, 5단부터 외우고, 2학년 여름방학 동안 나머지를 다 외우게 해주세요.

❶ 줄자로 뛰어 세기

뛰어 세기는 덧셈구구의 개념을 알 수 있는 중요한 과정입니다. 줄자를 벽이나 바닥에 붙이고, 수성사인펜으로 2, 4, 6, 8 하며 둘씩 뛰어가며 100까지(1m) 동그라미를 그리게 해보세요. 다 그렸으면 물휴지로 지우고 3씩 뛰어가면서 그립니다. 이런 방식으로 9단까지 뛰어 세기를 해보세요.

❷ 묶어 세기

사탕, 과자, 아이스크림, 초콜릿 등 아이들에게 친숙한 구체물로 곱셈 개념을 익히도록 해주세요. 10개들이 빈 계란판에 m&m 초콜릿을 2개 또는 3개씩 담아보거나 사탕을 같은 개수로 묶어 세어보며 덧셈을 간략하게 만든 것이 곱셈이라는 사실을 이해하도록요.

❸ 구구단 곱셈표 만들기

2씩, 3씩 더해지는 수를 확인할 수 있는 그림을 놓고 구구단 곱셈표를 써 보면 곱셈구구를 이해하는 데 도움이 됩니다. 따로 외우지 않고 2단에서 9단까지 매일 1번씩 쓰는 것만으로 구구단을 떼는 아이도 있습니다.

새의 수	다리의 수
1마리	
2마리	
3마리	
4마리	
5마리	
6마리	
7마리	
8마리	
9마리	

세발자전거의 수	바퀴의 수
1개	
2개	
3개	
4개	
5개	
6개	
7개	
8개	
9개	

강아지의 수	다리의 수
1마리	
2마리	
3마리	
4마리	
5마리	
6마리	
7마리	
8마리	
9마리	

손의 수	손가락 수
1개	
2개	
3개	
4개	
5개	
6개	
7개	
8개	
9개	

※ 6은 무당벌레(또는 개미)의 발, 7은 무지개(또는 요일), 8은 문어 다리, 9는 꽃잎 그림을 이용해 보세요.

❹ 구구단 수창

눈에 잘 띄는 곳에 구구단표를 붙이고 하루에 한 번 구구단을 처음부터 끝까지 읽습니다.

곱셈 개념을 이해할 수 있는 〈수학동화책 · 수학동화책〉

[JK3] 둘씩 셋씩 넷씩 요술 주머니 (아이세움)

[JK4] 호박에는 씨가 몇 개나 들어 있을까? (봄나무)

[JK4] 수학을 후루룩 마시는 황금이: 평면도형과 연산 (뜨인돌어린이)

[JK4] 세라 선생님과 줄서 선생님: 곱셈 (시공주니어)

[JK4] 구구단 모험 미로 (상수리)

(2학년 2학기) 1단원. 네 자리 수

초등 수학교육과정에서 자연수의 제일 큰 수를 배우는 단원입니다. 1학년 때 공부한 〈100까지의 수〉에서 자리값의 개념을 잘 이해한 아이라면 1000의 개념도 쉽게 이해할 수 있습니다.

교과서에서는 수 모형 100개짜리가 10개 있는 것으로 1000을 설명하고 있습니다. 그러나 아이들은 돈으로 이해하는 것이 제일 쉽습니다. 10원짜리 동전 10개면 100원, 100원짜리 동전 10개면 1000원으로요. 큰 수와 작은 수도 숫자보다 돈으로 비교하면 금방 압니다. 2876과 2352중 어떤 수가 큰지 이해를 잘 못 하면 돈을 직접 놓아가며 비교하게 해보세요.

❶ 시장놀이

세 자리 수에 대한 감을 익히는 데는 시장놀이가 좋습니다. 알뜰시장이나 재래시장, 편의점에서 물건을 직접 사보는 경험을 많이 하게 해주세요. 사과 5000원어치, 귤 3000원어치를 직접 사보는 거죠. 분식집에서도 아이에게 계산하게 해보세요. 떡볶이 2000원, 떡꼬치 2500원, 순대 3000원 어치를 계산해 보면 세 자리 수를 쉽게 이해할 수 있습니다.

❷ 용돈 기입장

용돈 기입장을 적게 하는 것도 큰 수를 익히는 데 좋습니다. 용돈을 받으면 수첩에 적습니다. 원래 있던 돈과 합하면 얼마가 되는지도 적고요. 세 자리 수의 덧셈과 뺄셈은 3학년 과정이지만 자기 돈은 2학년이라도 충분히 계산해서 적을 수 있습니다. 돈을 쓰고 나면 용돈 기입장에 적은 뒤 남은 금액을 기입하게 해보세요.

❸ 뛰어 세기

네 자리 수 뛰어 세기를 어려워하면 1000부터 2000까지 깍두기 칸 공책에 직접 써보게 하세요. 1000씩 뛰어 세기, 100씩 뛰어 세기, 10씩 뛰어 세기를 하며 적는 사이 뛰어 세기의 규칙을 조금씩 알게 됩니다.

네 자리 수 이해를 돕는 〈수학동화책 · 수학원리책〉

[JK4] 백만은 얼마나 클까요? (토토북)

[JK4] 마법의 숫자: 수 읽기와 자릿값 (영림카디널)

[JK4] 수학을 푹푹 먹는 황금이: 수와 연산 (뜨인돌어린이)

[JK5] 개념 쏙쏙 참 쉬운 수학 (아이앤북)

[JK5] 수학빵 (와이즈만북스)

(2학년 2학기) 2단원. 곱셈구구

초등 2학년에서는 곱셈의 개념과 구구단을 배우고, 초등 3, 4학년에 가서 두 자리, 세 자리 수의 곱셈 연습을 합니다. 덧셈과 뺄셈처럼 기본 개념을 확실히 이해하면 학년이 올라가면서 자리 수만 늘어날 뿐 결국은 같은 원리입니다.

구구단은 '3×7' 하고 물어봤을 때 1초 안에 바로 대답이 나올 때까지 완벽하게 외워야 합니다. 수학을 좋아하는 몇몇 아이를 제외하고는 구구단 외우는 게 만만치 않습니다. 구구단 연습도 많이 하고, 재미있게 익힐 수 있도록 해주세요.

❶ 곱셈구구표를 응용한 구구단 연습

구구단을 완전히 외웠으면 구구단을 섞더라도 바로 답이 나오게 좀 더 연습해야 합니다. 아래의 연산표를 하루 1~2장씩(100~200문제) 채워보세요. 틀리지 않고 100칸을 정확하게 쓰면 그때부터 시간을 기록합니다. 처음에는 30분 이상 걸릴 수 있지만 계속하다 보면 시간이 점점 줄어듭니다. 시간이 더 이상 줄지 않으면 그만해도 됩니다.

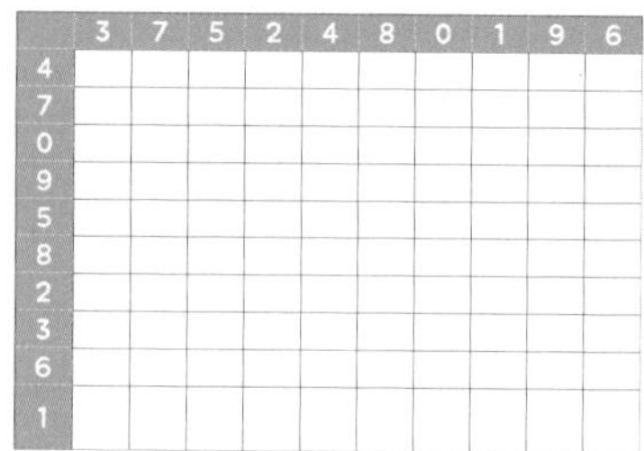

	3	7	5	2	4	8	0	1	9	6
4										
7										
0										
9										
5										
8										
2										
3										
6										
1										

J 잠수네 회원은 〈잠수네 연산〉의 〈10×10칸〉 곱셈 메뉴를 이용하세요.

❷ 구구단 게임

"구구단을 외자, 구구단을 외자" 노래하며 게임을 해보세요. 재미있는 벌칙을 정하고요. 놀면서 신나게 구구단이 입에서 바로 튀어나오는 연습을 할 수 있습니다.

❸ 파라오 코드 (Pharaoh Code)

주사위 3개를 굴려서 나온 숫자를 사칙연산으로 조합하여 높은 점수의 답을 찾아내는 숫자 퍼즐 게임입니다. 덧셈, 뺄셈만으로 해도 되고, 곱셈을 추가해도 충분히 재미있게 즐길 수 있습니다. 주사위 3개가 어려우면 처음에는 2개만으로 해도 됩니다.

곱셈구구 이해를 돕는 〈수학동화책·수학원리책〉

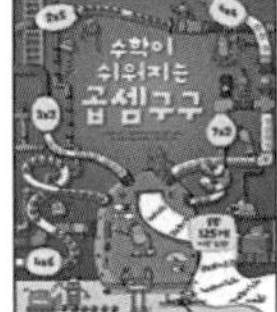
[JK4] 수학이 쉬워지는 곱셈구구 (사파리)

[JK4] 떡 두 개 주면 안 잡아먹지 (비룡소)

[JK4] 아만다의 아하! 곱셈구구 (청어람미디어)

[JK4] 신통방통 곱셈구구 (좋은책어린이)

[JK4] 떡장수 할머니와 호랑이는 구구단을 몰라: 곱셈과 나눗셈 (동아사이언스)

[JK4] 곱셈놀이 (미래아이)

[JK4] 구구단 왕자 (북뱅크)

[JK4] 쏙쏙 외우는 12 × 12단 (비룡소)

[JK4] 2학년 스토리텔링 수학동화 (예림당)

[JK4] 화성에서 온 수학탐험대 2 : 오미크론 행성의 보물을 찾아라 (주니어김영사)

[JK5] 곱셈 마법에 걸린 나라 (주니어김영사)

[JK5] 7 × 9 = 나의 햄스터 (비룡소)

[JK5] 수학아 수학아 나 좀 도와줘 (삼성당)

[JK5] 베드타임 매쓰 1 (아이세움)

(2학년 2학기) 3단원. 길이 재기

2학년 1학기에 길이의 단위인 센티미터(cm)를 배운데 이어 2학기에는 미터(m)를 배웁니다. 교과서의 길이 재기 활동은 대부분 쉽게 합니다. 그러나 길이 문제로 들어가면 어려워하는 경우가 많습니다.

우선 센티미터와 미터의 관계를 정확하게 이해하고 있는지 확인하세요. 센티미터처럼 미터도 '단위의 감'을 잡는 것이 중요합니다. 1m가 어느 정도 길이인지 확실하게 익히는 방법은 줄자를 들고 집안 물건을 일일이 재어보는 것입니다. 문구점에 가서 줄자를 사오세요. 그걸로 아이들 키도 재고 책상, 싱크대, 식탁의 길이를 재다 보면 100cm와 1m에 대한 감을 확실히 잡을 수 있습니다.

이렇게 단위의 감을 익히고 나면 단위 환산 문제는 쉽게 풉니다. 길이의 합과 차 구하기도 어렵지 않습니다. 서술형으로 된 길이 문제를 어려워하면 직접 재보게 하세요. 상자를 묶은 끈의 길이를 재는 것이라면 직접 끈으로 묶은 다음 다시 풀어서 재보면 됩니다. 교과서처럼 그림을 그려보는 것도 문제를 이해하는 데 많은 도움이 됩니다.

계산 문제는 척척 하면서 어림하는 문제는 틀리는 아이라면 생활에서 어림잡아 생각하고 직접 재보는 활동을 많이 해보는 것이 좋습니다. 우리 집 거실의 가로 폭은 몇 걸음이나 될까, 안방 옷장은 팔을 벌려 재면 얼마 정도나 될까 생각하고 직접 재보게 하세요. 놀이터에서도 모래밭의 가로 세로 길이를 보폭으로 재어보고, 미끄럼틀은 내 키의 몇 배일까 등 어림 잡기를 꾸준히 하다 보면 길이 감을 익히게 됩니다.

길이 재기를 알 수 있는 〈수학동화책 · 수학원리책〉

[JK3] 길이 재는 신데렐라: 측정 단위 선택하기(1) (을파소)

[JK4] 수학 마법사의 재미있는 측정 이야기 (청어람미디어)

[JK4] 신통방통 길이재기 (좋은책어린이)

[JK4] 알쏭달쏭 알라딘은 단위가 헷갈려: 단위 (과학동아북스)

[JK5] 수학식당 1 (명왕성은자유다)

(2학년 2학기) 4단원. 시각과 시간

'시각'과 '시간'은 어른들도 무심코 혼동하는 말입니다. 시각은 시간의 한 지점, 시간은 어떤 시각부터 어떤 시각까지를 말합니다.

지금 시간이 몇 시인가요? (×)　　지금 시각이 몇 시인가요? (○)
몇 시각 동안 놀 거니? (×)　　몇 시간 동안 놀 거니?(○)

시간은 아이들이 쉽게 이해하기 어려운 개념입니다. 60분이 1시간이 된다는 것은 60진법입니다. 하루는 24시간, 0시부터 낮 12시까지를 오전이라 하고 낮 12시부터 밤 12시까지를 오후라고 하는 것은 12진법입니다. 일주일이 7일인 것은 7진법입니다. 어른들은 상식으로 알지만 아이들에게는 낯선 개념이죠. 시간은 손으로 만질 수도, 눈으로 볼 수도 없는 추상적인 개념입니다. 생활에서 계속 말해주면서 직접 느끼도록 해주는 것이 제일 좋은 방법입니다.

시간 계산, 달력 문제는 많은 아이들이 어려워합니다. 이럴 경우 수학 문제집에서 비슷한 문제를 다 모아 풀어보게 하세요. 시간 문제는 시간을 줄자처럼 길게 그려보면 금방 해결할 수 있습니다(교과서의 시간 문제 풀이처럼요). 수직선을 이용해 시간의 흐름을 체크하는 것도 문제를 쉽게 푸는 요령입니다. 달력 문제는 실제 달력을 갖다 놓거나 달력 그림을 그리고 하나씩 세어가며 생각해 보게 하세요. 시간 문제는 독해력과 사고력(이해력), 연산능력이 모두 필요합니다. 자꾸 풀다 보면 문제를 이해하는 감이 생깁니다.

❶ 생활에서 시간 개념 말해주기

"지금 5시니까 10분만 더 놀자", "2시부터 3시까지 1시간 동안 책을 읽어 볼까?" 하고 생활에서 시간을 알게 해주세요. "15분 전이구나. 4시 되면 그만하자" "1시간 후에 잠자기로 약속해~" 하고 전후 개념도 알게 해주세요. "오전 7시까지 일어나기" "친구 집에서 놀다 오후 5시까지는 집에 와야 해" 하고 오전, 오후 개념도 알려주고요.

❷ 시계 돌려보기

시계 읽기는 시침과 분침의 관계를 아는 것이 먼저입니다. 분침의 눈금을 5분, 10분, 15분…… 60분까지 돌려봅니다. 이렇게 한 바퀴를 돌리면 1시간이 되고 시침이 한 칸 움직인다는 것을 알려주세요. 분침을 계속 돌리면서 시침이 한 칸, 두 칸 움직이는 것과 1시간, 2시간 시간이 흘러가는 것을 보여줍니다. 이렇게 하면 60분은 1시간이라는 것, 12시가 넘으면 다시 1시로 돌아간다는 것을 알 수 있습니다.

❸ 달력 보기와 큰 달, 작은 달 알기

가족 생일, 학교 행사, 어린이날, 명절을 달력에 직접 적어보게 하세요. 오늘부터 며칠 남았는지 세어도 보고요. 주먹을 쥐고 검지손가락부터 볼록 나온 것을 큰 달, 작은 달로 생각하면 된다고 알려주세요. 7월, 8월은 볼록 나온 새끼손가락을 두 번 세면 된다는 것도 잊지 말고요.

시각과 시간을 알려주는 〈수학동화책·수학원리책〉

[JK3] 딸꾹질 한 번에 1초: 시간이란 무엇일까? (북뱅크)

[JK3] 똑딱 똑딱! (그린북)

[JK3] 시간: 1초에서 1000년까지 (웅진주니어)

[JK3] 사파리 탐험가 (승산)

[JK4] 쉿! 신데렐라는 시계를 못 본대: 길이 재기와 시계 보기 (동아사이언스)

[JK4] 시계 보기가 이렇게 쉬웠다니! (파란정원)

[JK4] 지금 몇 시 몇 분이에요? (바다어린이)

[JK4] 우리 시계탑이 엉터리라고? (시공주니어)

[JK4] 뒤죽박죽 곱셈 구구 별장: 초등수학 2학년 (대교출판)

[JK4] 단 1초 동안에 (토토북)

(2학년 2학기) 5단원. 표와 그래프

표와 그래프 통계는 〈자료 조사 → 자료의 분류와 정리 → 자료의 분석(표와 그래프) → 해석〉이 큰 흐름입니다. 2학년에서는 '자료를 조사하고 분류해서 정리'한 후 '표와 그래프의 내용 알아보기(해석)'까지 합니다. 3학년은 그림그래프, 4학년은 막대그래프와 꺾은선 그래프로 바뀔 뿐 자료를 토대로 분류하고 분석하는 흐름은 2학년과 거의 같습니다.

표와 그래프는 대부분의 아이들이 편하게 넘어가는 단원입니다. 그러나 막상 수학, 사회, 과학 과목에서 표와 그래프가 나오면 제대로 해석하지 못하는 아이들이 많습니다. 표와 그래프 분석을 어려워하면 직접 만들어 보는 것이 최고입니다. 이왕이면 같은 자료로 다양한 표와 그래프를 만들어 보는 것이 도움이 됩니다.

아이의 키, 몸무게 자료가 있다면 표와 그래프로 정리해 보세요. 연필, 색연필 같은 학용품이나 인형, 블록도 표와 그래프로 만들어 볼 수 있는 자료입니다.

표와 그래프를 알 수 있는 〈수학동화책 · 수학원리책〉

[JK3] 쉿! 우리끼리 그래프 놀이: 통계 (아이세움)

[JK3] 걱정 많은 임금님 (시공주니어)

[JK3] 시골 쥐는 그래프가 필요해!: 자료 분류하기 (을파소)

[JK4] 그래프 놀이 (미래아이)

[JK5] 신통방통 표와 그래프 (좋은책어린이)

(2학년 2학기) 6단원. 규칙 찾기

2학년 교과서에서는 무늬, 수배열표, 쌓기나무의 규칙 찾기를 배웁니다. 한두 개 살짝 어려운 문제만 제외하면 대부분 쉽게 해결할 수 있습니다. 3, 4학년까지도 규칙 찾기는 그리 어렵지 않습니다.

규칙 찾기는 매우 중요한 개념입니다. 중고등학교에서 방정식과 함수로 연결되거든요. 수열문제로 확장되기도 하고요. 지금은 교과서와 익힘책 수준만 해도 충분합니다. 교과서 문제를 어려워하면 혼자서 답을 찾을 때까지 기다려 주세요.

규칙을 찾으려면 논리력과 직관력이 필요합니다. 수학문제는 어려워하는 아이라도 퍼즐이나 보드게임은 재미있게 할 수 있습니다. 방학이나 휴일, 여행 갈 때 재미있는 수학퍼즐과 수학보드게임을 하게 해주세요. 생각하는 힘이 커지면서 집중하는 힘, 논리적으로 생각하는 연습, 멀리 떨어져 전체를 보는 통찰력과 직관력이 키워집니다.

세트 (Set)

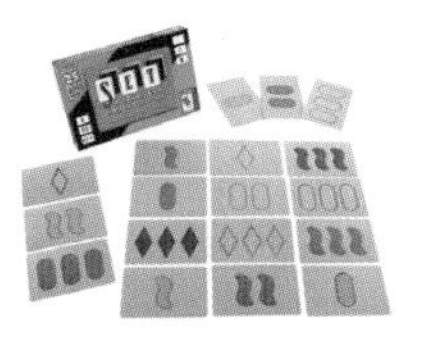	12장의 카드를 깔아놓고, '모양, 색깔, 개수, 음영'의 4가지 속성이 모두 같거나 다른 카드 3장을 먼저 찾는 사람이 이기는 게임입니다. 규칙 찾기, 집중력을 키울 수 있습니다. 물론 재미도 있고요.

규칙 찾기를 알 수 있는 〈수학동화책 · 수학원리책〉

[JK3] 패턴 옷을 입은 임금님: 규칙성 찾기 2 (을파소)

[JK5] 신통방통 문제 푸는 방법 (좋은책어린이)

[JK5] 토끼 숫자 세기 대소동 (주니어김영사)

[JK5] 수학해적왕 (와이즈만북스)

[JK5] 수리수리마수리 암호 나라로! (토토북)

[JK5] 수학식당 2 (명왕성은자유다)

[JK5] 가지가지, 수학 규칙을 찾아라! (주니어RHK)

수학공부

어떻게 할까?

초등학교 1, 2학년 수학은 어떤 점이 어려울까?

● ● ●

1. 열린 질문이 많습니다

초등 1,2학년 수학에서 공부하는 내용은 교육과정이 바뀌어도 큰 차이가 없습니다. 다만 접근방법이 달라졌습니다. '~에 대해 이야기해 봅시다', '그림을 보고 이야기(식)를 만들어 봅시다', '다양한 계산 방법을 이야기해 봅시다', '이유를 말해 보세요'라는 질문들이 나옵니다. 글을 읽고 이해하는 능력, 생각하는 능력, 생각을 말(글)로 표현하는 능력이 모두 필요한 상황입니다. 한글을 완전하게 읽고 쓰지 못한다면 수학공부를 하기 쉽지 않은 구조입니다. 생각하기 싫어하는 아이라면 열린 질문에 '그냥', '몰라요'라고 무성의하게 답하기 쉽습니다. 수학 이전에 한글책 읽기와 집에서 같이 이야기하며 생각하는 습관을 갖도록 해야 합니다.

2. 각 단원마다 사고력 문제가 있습니다

예전 교육과정에서는 맨 마지막 단원인 '문제 푸는 방법 찾기'에 사고력 문제가 몰려 있었습니다. 학기말에 배우는 단원이라 시험범위에 잘 안 들어가니 대충 넘어가고 숙제로 나가던 단원이었습니다. 복습 차원에서 학년 끝나면 한꺼번에 풀어도 된다는 분위기였습니다. 그나마 수학을 좋아하는 소수를 제외하고는 어려워서 제대로 풀지 않는 경우가 대부분이었고요.

하지만 새 교육과정에서는 이 문제들이 각 단원으로 뿌려졌습니다. 제일 쉬운 단원평가 시험에도 사고력 문제가 나옵니다. 수학을 잘하는 아이들은 재미있게 푸는 문제지만 보통 아이들의 경우는 평상시에도 대비가 필요합니다. 느린 아이들은 말할 나위가 없을 테지요. 일단 교과서와 익힘책을 완전히 이해해야 합니다. 교과서만으로 부족하면 아이의 수준에 맞는 문제집 한두 권을 더 풀어야 합니다.

3. 서술형 문제, 서술형 평가문제가 늘었습니다

초등 1, 2학년에서 제일 많은 분량을 차지하는 수와 연산 영역의 공부량은 예나 지금이나 마찬가지입니다. 그러나 시험은 약간 달라졌습니다. 단순한 연산 문제는 줄고 서술형 문제가 늘었습니다. 연산문제를 글로만 살짝 바꾼 쉬운 서술형 문제(문장제 문장)와 사고력이 필요한 문제가 같이 출제됩니다. 여기에 서술형 평가문제(풀이과정까지 써야 하는 문제)까지 가세했습니다.

(예) 초등 1학년 문제

연산문제	서술형 문제와 서술형 평가문제	사고력 문제
① 54 + 5 = □	**서술형 문제** ② 사과가 10개 있습니다. 새롬이가 사과를 2개 먹었다면 남아있는 사과는 모두 몇 개입니까? **서술형 평가문제** ③ 사과가 10개 있습니다. 새롬이가 사과를 2개 먹었다면 남아있는 사과는 모두 몇 개인지 풀이과정과 답을 쓰시오.	④ 3장의 숫자 카드 중에서 다해는 2장을 골라 두 자리 수를 만들고, 영빈이는 남은 한 장으로 한 자리 수를 만들었습니다. 두 사람이 만든 두 수의 합이 가장 크게 되려면 각각 어떤 카드를 골라야 합니까? [3] [4] [5] 다해 (□□)　영빈 (□)

아이들은 ① → ② → ③ → ④로 갈수록 더 어려워합니다. 전에는 저학년 때는 연산과 독해력만 챙겨도 된다는 전략이 통했지만 이제는 '연산 + 독해력 + 사고력'을 같이 키워가야 하는 상황입니다. 총체적인 문제해결력이 필요한 거죠.

연산

• • •

1. 무시해도 안 되지만 지나치게 매달려도 곤란합니다

초등학교에서는 '수와 연산, 도형, 측정, 규칙성, 확률과 통계'의 다섯 영역을 공부합니다. 초등 1, 2학년 수학은 수와 연산 영역의 비중이 큽니다. 이 말은 수와 연산 영역을 잘 다져두면 수학 걱정은 한숨 돌려도 된다는 의미이기도 합니다. 연산 실력이 좋으면 친구들에게 수학을 잘한다고 인정받기도 쉽습니다.

연산이 중요하다고 하니 어릴 때부터 연산에 매달리는 집이 많습니다. 많은 아이들이 학교에서 배우는 과정보다 앞선 연산 연습을 합니다. 분초까지 재면서 빠른 속도에 집착하는 경우도 많습니다. 덧셈 다음은 뺄셈, 그다음은 곱셈을 하며 어려운 연산으로 진도를 빼는 것을 수학공부하는 것으로 여깁니다. 비슷비슷한 문제를 끝없이 반복하면 연산 실력이 올라가는 것은 사실입니다. 그러나 바로 여기서 문제가 발생합니다.

첫째, 생각하지 않는 습관이 길러집니다

단순 반복 연산을 좋아하는 아이는 거의 없습니다. 부모가 시키니까 억지로 할 뿐입니다. 재미가 없으니 '생각 없이, 기계적으로' 문제를 풀려 합니다. 이런 방식으로 한 달, 두 달 연산 연습을 하면 생각하지 않는 태도가 습관이 되고 맙니다. 서술형 문제가 나오면 글을 제대로 읽지도 않고 숫자만 갖고 더하기, 빼기, 곱하기를 하는 아이들이 있습니다. 독해력이 부족한 것도 원인이지만 단순 반복 연산의 후유증이기도 합니다. 한마디로 머리가 굳어 버리는 거죠.

둘째, 연산 실수가 생깁니다

간단한 연산인데도 자꾸 틀린다, 쉬운 문제인데 연산 실수로 틀린다는 아이들이 있습니다. 몰라서 틀린 것이라면 연산 연습을 더 하면 됩니다. 그러나 연산 연습을 꾸준히 하는데도 실수가 잦다면 근본적으로 다시 생각해야 합니다. 무턱대고 많은 문제를 풀리면 빨리 끝내려는 욕심이 생깁니다. 휙 푸는 태도가 몸에 배 시험 때도 신중하지 못하고 후딱 풉니다. 그러니 자꾸 실수할 수밖에 없습니다. 이런 실수는 고치는 데 애를 먹습니다. 태도가 바뀌어야 하기 때문입니다.

셋째, 잊어버립니다

뺄셈을 하다 덧셈을 잊어먹고, 곱셈을 하면 덧셈과 뺄셈을 잊어버리는 아이들이 많습니다. 연산의 원리 이해 없이 단순 반복해서 연산 연습을 했기 때문입니다. 그야말로 연산문제를 '외운 것'입니다. 이런 아이들은 문제만 많이 풀리는데 급급하지 말고 구체물을 갖고 더하고, 빼는 과정을 자꾸 해봐야 합니다. 곱셈도 조작활동을 많이 해봐야 하고요. 계산식이 이렇게 되는 이유도 '왜 그런지' 자꾸 물어봐야 합니다.

넷째, 수학이 지겨워집니다

학습 속도가 느린 아이라면 연산이 능숙해질 때까지 꾸준히 연습해야 합니다. 보통 아이들도 연산 연습은 꾸준히 해야 하는 법입니다. 그러나 끝없이 연산문제를 푸는 것으로는 동기부여가 안 됩니다. 오늘도, 내일도 똑같이 해야 하는 연산문제 풀이에 질리기 마련입니다. 수학을 잘하는 아이라도 연산문제집을 처음부터 끝까지 다 풀라고 하면 지겨워서 주리를 틀 수도 있습니다. 연산은 더도 덜도 말고 아이에게 딱 맞는 만큼만 하는 것이 좋습니다.

2. 연산 연습보다 먼저 챙겨야 할 것이 있습니다

연산 진도를 나가기 전에 교과서를 꼭 구입해서 읽어보세요

학교수업보다 앞서 연산 진도를 나갔다면 개념 이해는 소홀한 채 문제풀이에 치중했을 가능성이 높습니다. 덧셈과 뺄셈에 무슨 개념이 필요하느냐고요? 교과서를 찬찬히 들여다보세요. 과거 부모세대가 배우던 수학교과서와 많이 다릅니다.

교과서는 전문가들이 아이들의 발달상황에 맞춰 만든 교재입니다. 개념과 원리 이해를 위해 여러 가지 활동을 하게 합니다. 만 7, 8세 아이들의 특성을 감안해서 '구체물 → 반구체물 → 수식'의 순으로 개념을 익히도록 되어 있습니다. 집에서 연산 문제를 풀 때도 교과서처럼 구체물, 반구체물, 수식의 흐름을 따라가세요. 부모가 열 번 설명해 주는 것보다 아이가 한 번 직접 해보는 것이 훨씬 기억에 남습니다. 이해도 잘 되고요. 더 좋은 것은 왜 그렇게 되는지 부모에게 설명해 보는 거예요. 학교 놀이하듯 동생이나 인형, 강아지한테 설명해 줘도 좋습니다.

수 감각을 키워주세요

'수와 연산'은 짝꿍입니다. 늘 붙어 다녀요. 수 감각이 좋은 아이들은 연산도 쉽게 받아들입니다. 가르기와 모으기에 능숙하면 덧셈이 쉽습니다. 거꾸로 세기를 하면 뺄셈이 편해집니다. 묶어 세기, 뛰어 세기로 수감각을 익히면 곱셈이 만만해집니다. 보드게임도 좋아요. 지겹지 않게 수 감각을 키우며 연산 수십 문제를 푸는 것과 같은 효과가 있습니다.

10-10-10으로 연산 연습을 하세요

❶ 10문제를 다 맞으면 하루 연산 끝!

학습의 효과는 '동기 부여'가 될 때 최고가 됩니다. 예측할 수 있을 때 신뢰가 생기는 것이고요. 하루에 최대 30개만 연산문제를 푼다는 규칙을 정하세요. 10개를 먼저 풀고 다 맞으면 그날 연산은 끝! 이러면 아이들이 환호성합니다. 대신 틀리면 10문제, 또 틀리면 10문제씩 두 번 더 풀어야 한다고 하면 처음 10문제를 다 맞기 위해 온 신경을 다 쏟습니다. 집중력이 절로 올라가는 거죠. 집중해서 정확하게 푸는 습관이 자리 잡으면 속도는 자연스럽게 따라옵니다.

❷ 10문제씩 3일간 연이어 다 맞으면 다음 단계로 Go!

연산은 잘할 때까지 반복하는 것이 핵심이지만 무조건 문제를 많이 푸는 것이 능사는 아닙니다. 잘하는 것은 가볍게, 잘 안 되는 것은 좀 더 집중적으로 하는 것이 훨씬 효과적입니다. 연산문제를 풀 때 비슷한 유형의 문제를 잘 풀면 더 안 풀어도 됩니다. 같은 단계 문제를 10개씩 3일간 다 맞으면 다음으로 넘어가세요. 자꾸 틀리는 단계는 10개를 다 맞을 때까지 좀 더 반복하고요.

❸ 옆에 있어주면 5분, 혼자 하라고 하면 30분

보통 아이들은 혼자 풀라고 하면 30분 넘게 뭉개고 있기 마련입니다. 연산 문제를 풀 때 부모가 지켜보고 바로 채점해 주세요. 빠른 아이라면 순식간에 10문제를 다 풉니다. 느린 아이라도 10분이면 30문제를 충분히 풀 수 있습니다. 매일 푼 문제유형과 문제 수, 걸린 시간을 공책에 적어두세요. 변화하는 기록을 보며 아이 스스로 도전의식을 갖게 됩니다.

J 잠수네 회원은 〈잠수네 연산〉 프로그램을 활용하세요.

3. 연산문제집 활용하기

서점에 나온 여러 종류의 연산문제집 중 잠수네에서 선별한 문제집을 알려드립니다. 아이의 특성에 맞게 활용해 보세요.

❶ 연산을 어려워하고 느린 아이

연산의 기본 개념이 완전히 체화될 때까지 반복해야 합니다. 단계가 조밀하고 문제가 많은 1단계 문제집이 좋습니다. 단, 연산문제를 풀 때는 구체물이나 반구체물(바둑알, 수 모형)을 앞에 놓고 직접 만져가며 풀게 해주세요.

❷ 수학의 감이 빠른 아이

비슷비슷한 문제가 반복되는 연산문제집은 수학이 지겹다는 생각이 들 수 있습니다. 연산 실수가 거의 없다면 연산 2, 3단계 문제집에서 골라 보세요.

❸ 수학을 잘하지만 연산 실수가 잦은 아이

자주 실수하는 영역을 단계가 세분화된 1단계 교재에서 찾아 집중적으로 풀면서 실수하는 원인을 찾아야 합니다. 속도 중심의 연산 연습을 했다면 정확성을 목표로 풀게 해주세요.

연산문제집

 [1단계] 잠수네 연산	10-10-10 연산연습을 하기에 최적화된 잠수네 연산 문제은행입니다. 학년별, 단원별, 영역별로 세분화되어 있어 원하는 연산문제를 자유롭게 뽑아 풀 수 있습니다. 잘하는 연산 영역은 가볍게 넘어가고, 부족한 영역은 집중적으로 푸는 식으로 활용하면 지겹지 않게 탄탄한 연산 실력을 키울 수 있습니다. 매번 인쇄하는 것이 번거로우면 아이에게 필요한 맞춤형 연산문제를 한번에 인쇄해 두세요.
 [1단계] 기탄수학 (기탄교육)	연산 영역별로 단계가 매우 조밀하고 단계별로 권수가 많은 것이 특징입니다. 연산이 느리고 수 감각이 떨어지는 아이라면 부족한 영역의 단계를 반복해서 풀면 도움이 됩니다. 그러나 단순 반복 문제가 많아 자칫하면 연산문제풀이에 질릴 수 있습니다. 수학에 감이 있는 아이는 굳이 안 해도 되는 교재입니다.
 [1단계] 기적의 계산법 (길벗스쿨)	연산의 핵심 개념을 짚어주는 교재입니다. 수 감각이 있는 아이에게는 좋은 문제집이나, 수학개념이 부족한 아이한테는 문제 양이 적습니다.
 [1단계] 쎈연산 (좋은책신사고)	교과서 단원에 맞춘 연산문제집입니다. 개념설명, 다양한 문제 유형, 많은 문제 수가 특징입니다. 학교 진도에 맞춰 풀 수 있으나 문제 수가 많은데 비해 난이도가 높지 않으므로 필요없는 부분은 건너 뛰는 요령이 필요합니다.
 [1단계] 빨라지고 강해지는 이것이 연산이다 (시매쓰)	연산 원리와 개념설명, 연습문제가 같이 있습니다. 여러 가지 유형이 지루하지 않게 구성되어 있으나, 다른 문제집에 비해 문제수는 많지 않습니다. <소마셈>보다는 쉽고 <기적의 계산법>이나 <기탄>보다는 푸는 재미가 있다는 평입니다.
 [2단계] 메가 계산력 (메가스터디북스)	식 쓰는 연습, 다양한 패턴의 연산을 연습할 수 있습니다. 한번 더 생각해야 풀 수 있는 연산 문제들도 꽤 들어 있습니다. 그러나 전체 문제량이 적기 때문에 수감각이 좋다면 해볼 만하지만 연산이 약한 아이에게는 맞지 않습니다.

 [2단계] 소마셈 (소마)	초3과정까지 있는 교재입니다. 문제량이 풍부하며 다양한 형식의 연산문제, 생각해서 풀어야 되는 문제들이 다수 들어있습니다. 연산 기본이 되어있는 아이라면 재미있게 풀 수 있으나, 연산을 어려워하는 아이는 어렵게 느낄 수 있습니다.
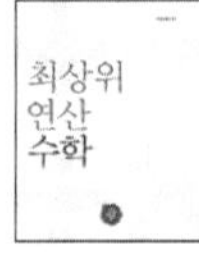 [2단계] 최상위 연산 수학 (디딤돌)	연산 원리과 개념에 맞춰 순차적으로, 다양하게 연산문제를 풀도록 되어 있습니다. 한 학년에 2권이라 연산 연습량이 부족하다고 느낄 수도 있습니다. 숫자만 바꿔 연산 연습시키는 문제집을 싫어한다면 고려해볼 만합니다.
 [2단계] 하루 한장 쏙셈 (미래엔)	일일학습지 같은 구성의 연산문제집입니다. 교과진도에 맞춰 개념정리가 간단히 나오고 바로 문제를 풀도록 되어 있어 연산문제집과 개념문제집의 딱 중간 같다는 평입니다. 문항 수가 많지만 쏙쏙 뽑아 풀고 치우는 형식이라 연산을 지겹고 부담스러워하는 아이라면 참고해 보세요.
 [2단계] 사고력을 키우는 팩토연산 (매스티안)	비슷비슷한 문제가 반복되는 문제집이 지루해서 싫어하는 아이에게 좋습니다. 뒷 부분에서는 생각해야 풀 수 있는 문제들이 배치되어 있어요.
 [3단계] 상위권 연산 960 (시매쓰출판)	연산문제집 중 난이도가 꽤 있는 편입니다. 수학의 감이 뛰어난 아이라면 재미있게 풀 수 있습니다. 연산의 기본이 탄탄하고, 반복되는 연산문제를 지겨워하는 경우도 추천할 만합니다. 그러나 연산 연습만을 목적으로 풀기에는 양이 많지 않습니다. 연산이 부족하거나 느린 아이, 수학을 잘하지만 연산 실수가 잦은 아이에게는 적합하지 않습니다.

서술형 문제, 서술형 평가문제 해결은?

(초1) 수학문제집의 서술형 해결과정을 쓰라는 문제, 참 막막합니다. 답지를 암기시켜야 하나요?

(초1) 단원평가만 보면 서술형 문제는 다 틀려요. 문장제 문제집을 풀려도 이해를 못 하니 소리만 지르게 되네요. 문제집에 '엄마 나빠, 엄마 화날 때 소리 막 질러'라고 쓰고 나선 안 푼다고 선언했네요. 어찌할까요?

(초2) 연산은 제법 하는데 서술형을 어려워해요. 어떤 문제집이 좋을까요?

(초2) 중간고사를 서술형으로 본다는데 어떻게 준비할까요?

잠수네 회원들이 수학게시판에 올린 질문들입니다. 답답하고 속상한 마음이 절절합니다. 이런 질문이 올라오면 "우리 집도 그래요……." 하며 공감하는 댓글이 주르륵 달립니다. 그만큼 서술형 문제는 아이와 부모에게 힘든 과제가 되고 있습니다. 학교에 따라 수학 단원평가의 50%를, 심하면 100%까지 서술형으로 내기도 합니다. 이렇게 서술형 문제가 늘어난 것은 수학교육의 목표가 달라졌기 때문입니다.

초등학교 수학수업 목표는 다음과 같습니다.

- 생활 속 수학 현상을 관찰하고 조작하는 경험을 통해 기초 개념, 원리, 법칙을 이해하는 능력을 기른다.
- 수학적으로 사고하고 의사소통하는 능력을 길러, 생활 주변의 문제를 해결하는 능력을 기른다.
- 수학에 관심과 흥미를 갖고, 수학의 가치를 이해하며, 수학을 대하는 긍정적인 태도를 기른다.

학교시험에서 서술형 문제, 서술형 평가문제가 많아진 이유는 〈수학적 사고력과 의사소통능력〉을 기르는 것이 수학교육의 목표이기 때문입니다. 수학교과서는 이 목표를 이루도록 도와주는 교재입니다. 당연히 교과서부터 봐야 합니다.

1단계) 문제집이 아니라, 수학교과서를 보세요

수학교과서를 보면 서술형 문제를 풀어가는 방법을 하나씩 짚어주고 있습니다. 익힘책의 문제도 교과서의 개념을 토대로 응용, 심화한 문제들입니다. 단원평가 준비를 한다면 수학교과서와 익힘책을 완전히 이해할 때까지 푸세요. 그 뒤 문제집을 풀어야 합니다.

※ 수학교과서가 두껍고 무거워서 학교에 두고 다니게 하는 선생님들이 많습니다. 집에서 볼 교과서를 한 권 더 구입하세요(학기 중에는 구입하기 쉽지 않습니다. 매 학기 초에 다음 학년 교과서를 미리 챙기는 것이 좋습니다).

2단계) 문제를 이해하도록 도와주세요

서술형 문제의 첫 관문은 '문제 이해'입니다. 서술형 문제를 어려워하는 이유는 문제를 이해하지 못한 채 무작정 풀려고 하기 때문입니다. 문제를 읽은 후 책을 덮고 어떤 내용인지 이야기해 달라고 해보세요. 조리 있게 말한다면 문제를 제대로 이해하는 아이입니다(횡설수설하거나 엉뚱한 이야기를 한다면 문제를 이해 못 하는 것이겠죠?).

서술형 문제를 읽는 방법을 알려주면 훨씬 쉽게 접근할 수 있습니다.

❶ 소리 내어 문제를 읽는다.

❷ 끊어 읽는 연습을 한다.

❸ 중요한 부분에 밑줄을 긋는다
(주어진 조건, 구하는 것, 아닌 것, 2개 고르시오 등).

대충 읽거나 건너 뛰고 읽는 아이도 이 방법을 사용하면 꼼꼼하게 읽는 연습이 됩니다. ❶~❸ 번까지 다 했는데도 이해를 못 하면 반복해서 읽게 해보세요. 문제만 정확하게 이해해도 답을 낼 수 있습니다.

그러나 아무리 여러 번 읽어도 무슨 말인지 이해 못 하면 제일 쉬운 서술형 문제(연산 문제를 글로 바꾼 문제)부터 시작해야 합니다. 먼저 부모가 읽어주세요(혼자 읽으면 이해 못 하는데 읽어주면 이해하는 아이들이 많습니다. 아직 읽기능력이 성숙하지 못했기 때문입니다). 그다음은 한 번에 하나씩 물어보세요. 무엇을 구하라는 것인지, 문제에서 알려준 것은 무엇인지 끊어서 물어봐야 합니다. 문제를 이해했다면 그와 비슷한 난이도의 문제를 더 찾아서 읽어주고 계속 물어보세요. 혼자 읽고 이해할 수 있을 때까지요.

구체물이나 그림으로 상황을 설명해 주는 것도 좋습니다. 초등 1, 2학년 수학교과서를 보면 서술형 문제에 그림이 같이 나오는 경우가 많습니다. 문제를 이해하지 못하는 아이들을 위해 어떤 상황인지 구체적으로 보여주려는 의도입니다. 이 방법을 그대로 응용해 보세요. 사탕이 몇 개인지 구하라는 문제면 사탕이나 구슬을 직접 갖다 놓고 생각해 보는 거죠.

문제를 읽고 이해한다는 것은 어떤 상황인지 머릿속에서 그려진다는 것을 의미합니다. 책을 많이 읽은 아이들은 글의 내용을 머릿속에서 상상하는 습관이 잘 형성돼 있어 수학문제를 읽을 때도 상황을 머릿속에서 그려봅니다. 책을 읽지 않아 독해력이 부족하면 글을 읽어도 상황을 그려내지 못합니다. 문제를 여러 번 읽어도 이해 못 한다면 어려운 서술형 문제는 잠시 접고 한글책 읽기에 매진해야 합니다. 이해 안 되는 어려운 문제는 독해력을 키운 다음 풀어도 됩니다.

3단계) 문제를 해결하기 위한 방법을 찾게 해주세요

전에 비슷한 문제를 푼 기억이 있으면 쉽게 풀 수 있습니다. 단, 혼자 끙끙거리며 풀어본 문제라야 나중에 비슷한 문제를 만났을 때 도움이 됩니다. 선생님이나 다른 사람이 설명해 준 것, 답을 보고 푼 것은 오래 남지 못합니다. 문제를 본 적은 있는데 어떻게 풀었는지 잊어버리기 일쑤입니다. 부모들이 착각하는 점이 바로 이 부분입니다. 아이가 잘 모른다고 열심히 설명해 주는 분들이 많죠? 알아듣지 못한다고 버럭 화도 내면서요. 조금만 지나 보세요. 다 잊어버립니다. 방금 이야기했는데 뒤돌아서면 까먹는 아이들도 숱하게 많습니다.

수학교과서는 서술형 문제를 해결하는 여러 가지 방법을 알려줍니다. 그림 그리기, 식 세우기, 표 만들기, 규칙 찾기, 문제를 단순하게 만들기, 예상하고 확인하기(일명 막노동) 등으로요. 이 중 한 가지 방법을 선택해 풀면 됩니다. 어떻게 문제를 해결해야 할지 막막해한다면 "그림을 그려보면 어때?" 정도로 살짝 힌트만 주세요. 구체물(또는 반구체물)을 직접 놓아가며 생각해 보도록 해도 좋습니다. 식 세우기를 잘 못 하는 아이라면 교과서에서 식 세우기를 가르쳐 주는 부분을 찾아 보여주세요. 표 만들기도 마찬가지입니다.

교과서의 기본문제도 못 풀어 헤매는 아이라면 해결방법을 살짝 알려줘야겠지요. 그러나 교과서 문제를 거의 이해하는 수준이라면 혼자 풀 때까지 기다려 주는 것이 바람직합니다. 아무리 생각해도 못 푸는 문제는 별표를 치고 넘어가세요. 한 번 더 생각해 보고 안 되면 답지를 보고 이해한 후 별표를 하나 더 그려두고요. 답지를 봐도 이해 못 하면 그때 설명해

주세요. 부모도 답지를 보고 이해 못 하는 문제는 나도 모르겠다고 솔직히 말해도 됩니다. 오히려 아이들이 동질감을 느끼고 신나 할걸요?

한 단원이 끝나면 별표 1개 친 문제, 2개 친 문제를 모아 다시 풀게 해보세요. 단, 문제집 수준이 너무 높아 별이 난무한다면 아이에게 맞는 문제집이 아닙니다. 다 풀지 못했어도 좀 더 쉬운 문제집으로 바꿔야 합니다. 부모가 수학을 못 해도 된다는 것은 바로 이 지점입니다. 아이에게 문제 설명을 못 해준다고 자괴감에 빠질 필요가 없습니다. 어차피 알려줘도 잊어먹을 테니까요.

4단계) 답이 맞는지 꼭 확인하는 습관을 들여주세요

우선 검산이 필요한 이유를 아이가 느끼게 해주세요. 1~2쪽을 풀고 답을 맞춘 후 틀린 답을 다시 풀어보면 맞는 경우가 많습니다. 이런 경험을 통해 문제를 재검토하는 것이 중요하다는 사실을 알게 해주어야 합니다. 시험 볼 때는 눈으로 쓱 보고 검산을 다했다고 여긴다면 검산을 안 한 것이나 마찬가지입니다. 새 문제를 푼다는 자세로 다시 풀어야 틀린 답을 찾을 수 있습니다.

검산하라면 몹시 귀찮아하는 아이들이 많습니다. "아는 문제인데 틀렸다", "다 풀었는데 연산 실수로 틀렸다"라는 말도 많이 합니다. 실수도 실력입니다. 검산하는 과정에서 엉뚱한 답을 낸 것은 아닌지, 연산 실수가 없는지 확인하는 것도 수학문제를 푸는 것과 마찬가지로 중요합니다.

모든 시험에서 검산은 필수입니다. 서술형 문제뿐 아니라 연산, 도형, 측정, 확률과 통계 등 수학문제 전 영역에서 필요한 과정입니다. 검산의 중요성을 말해주세요. 시험 보는 날 아침에는 검산을 잊지 말라고 한 번 더 이야기해 주는 것이 좋습니다.

서술형 평가문제는?

'풀이과정과 답을 쓰시오' 같은 서술형 평가문제가 나오면 무조건 별표를 친 다음 풀지 않고 넘어가는 아이들이 있습니다. 글쓰는 것 자체를 싫어해서일 수도 있고, 어떻게 써야 하는지 몰라서일 수도 있습니다. 아이 수준에도 맞고 서술형 문제도 많은 문제집을 하나 골라 풀이과정 쓰기 연습을 해보세요.

1단계) 해당 단원의 수학교과서를 읽습니다

교과서에 서술형 문제를 푸는 과정이 자세히 나와 있습니다. 교과서에 나온 다양한 풀이방법 중 편한 방법을 골라 풀면 된다고 이야기해 주세요. 요즘은 서술형 평가문제에 교과서의 개념을 묻는 문제가 나오기도 합니다. 교과서의 개념 부분은 소리 내어 꼭 읽게 하세요.

2단계) 문제를 풀고, 어떻게 풀었는지 말로 설명해 보라고 하세요

아이가 한 말을 글로 정리해서 보여주면 풀이과정 쓰기가 그리 어렵지 않다는 것을 깨달을 수 있습니다.

3단계) 풀이과정을 편하게 써보라고 하세요

처음에는 좀 힘들어할 수도 있습니다. 그러나 연습이 되면 점점 좋아집니다. 엄마가 미리 답지를 보세요. 어떻게 풀이과정을 써야 할지 감을 잡고, 아이와 계속 이야기하며 풀이과정을 쓰는 방법을 알려주세요. 아이 입장에서는 그리 달갑지 않겠지만 풀이과정과 답 쓰기를 어려워하는 아이라면 한 번 쯤 해볼 만합니다. 문제는 많이 풀면 금방 지칩니다. 하루 1문제, 또는 1쪽만 하세요. 한 권을 다 끝내면 같은 문제집으로 한 번 더 푸세요. 이때는 틀린 문제, 답을 보고 푼 문제만 골라서 하면 됩니다. 서술형 문제만 푸는 것이므로 학교진도보다 앞서 나가면 많이 힘들어집니다. 교과서로 개념과 원리를 충분히 익히고 난 뒤 하는 것이 좋습니다.

서술형·문장제 수학문제집

교재	대상
[2단계] 기적의 수학 문장제 (길벗스쿨)	단순한 서술형(문장제) 문제를 이해 못하거나 식 쓰기를 어려워하는 아이
[3단계] 문제해결의 길잡이 원리 (미래엔)	수학익힘책보다 살짝 어려운 서술형 문제를 연습하고 싶을 때
[4단계] 문제해결의 길잡이 심화 (미래엔)	3단계 수학문제집이 쉬운 아이가 심화된 서술형 문제를 연습하고 싶을 때

사고력 문제에 접근하는 방법은?

사고력 문제는 서술형 문제의 연장선에 있습니다. 앞서 이전 교과서 에서 맨 마지막 단원의 〈문제 해결 방법 찾기〉의 문제들이 각 단원으로 뿌려졌다고 했죠? 익힘책의 퍼즐그림( ) 문제 중에는 교과서의 개념을 응용한 문제도 있지만 생각을 많이 해야 하는 사고력 문제도 간간이 섞여 있습니다. 이런 문제는 하루에 한 문제라도 고민하고 생각해 보는 시간이 필요합니다. 2학년 1학기 〈덧셈과 뺄셈〉 단원에 나오는 다음 문제가 대표적인 사고력 문제입니다.

(2-1) 수 카드 [3] [7] [8]을 한 번씩 모두 사용하여 주어진 계산 결과가 나오도록 완성해 보세요.

〈문제〉

```
  6 □
- □ □
-----
  2 9
```

→

〈답〉

```
  6 [7]
- [3][8]
-------
  2  9
```

위의 문제를 어려워하는 아이를 보고 놀란 나머지 수학학원을 알아 봐야 하나, 사고력 문제집을 풀려야 하나 고민하는 분들이 많습니다. 이런 문제는 사고력 대비 수학학원에 다닌다고, 사고력 문제집을 푼다고 해결되지 않습니다. 사고력 문제는 아이에 따라 다릅니다. 딱 봐서 풀린다면 사고력 문제가 아닙니다. 끙끙거리며 생각해야 하는 것이 사고력 문제입니다. 어떤 아이한테는 단순 연산도 사고력 문제가 될 수 있고, 교과서 문제는 너무 쉬워 경시문제 수준은 돼야 사고를 요하는 문제로 받아 들이는 아이도 있습니다.

학년이 어릴수록 타고난 수학 머리의 차이, 독해력의 차이에 따라 사고력 문제를 풀 수 있는 범위가 달라집니다. 마치 근육이 빵빵한 아놀드 슈워제네거와 비쩍 마른 약골이 역기 들기 시합을 하는 것이나 마찬가지입니다. ★ 2개짜리 문제를 10kg짜리 역기라고 생각해 보죠. 100kg을 번쩍 들어올리는 아놀드 슈워제네거라면 이런 문제는 껌입니다. 그러나 1kg도 못 드는 약골이라면 10kg은 난공불락의 성입니다. 옆에서 도와줘도 허덕거리기 마련입니다.

수학문제를 풀 때는 자기 수준보다 살짝 버거운 정도가 해볼 만한 수준입니다. 1kg 역기도 간신히 드는 허약체질한테 10kg을 들라고 하면 겁부터 먹습니다. 억지로 들게 하면 질려서 다시는 안 한다며 포기할 수도 있습니다. 우선은 2kg부터 차근차근 들어보는 연습을 하는 것이 순서입니다. 3kg, 4kg, 계속 무게를 올리다 보면 10kg도 드는 날이 옵니다. 꾸준히 연습하면 20kg, 30kg까지도 가능합니다. 학교수학은 이 정도만 해도 됩니다. 100kg을 들어올리는 아이들은 그들만의 리그에서 경쟁하게 하세요.

사고력 대비 운운하기 전에 아이의 현재 수준을 파악하는 것이 먼저입니다. 기준은 교과서의 문제를 어느 정도 이해하는가이고요. 교과서의 서술형 문제를 어려워하면 좀 더 쉬운 문제부터 풀도록 해주세요.

수학을 잘하는 초등 1, 2학년을 위한 사고력 수학문제집

[3단계] 초등 창의사고력 수학 팩토 원리 (매스티안)	수학을 잘하는 아이에게 다양한 사고력 문제를 접하고 싶을 때
[4단계] 초등 창의사고력 수학 팩토 탐구 (매스티안)	사고력 수학학원을 다니지 않고 심화된 사고력 문제를 접하고 싶을 때
[5단계] 초등사고력 수학 1031 입문 (시매쓰수학연구소)	어려운 사고력 문제에 도전하는 것을 좋아하는 아이

수학문제집과 시험공부

● ● ●

수학문제집 푸는 방법

1. 부모가 미리 교과서를 공부해 두세요

요즘 교과서는 부모가 학교 다닐 때 배운 내용과 많이 다릅니다. 답만 내면 되는 것이 아니라 개념과 원리를 이해시키는 데 많은 공을 들입니다. 교과서의 흐름을 알아야 아이가 문제를 풀다 막혔을 때 원인을 찾을 수 있습니다. 왜 그런 답이 나왔는지 쓰라는 문제에 눈만 말똥말똥 뜨고 있는 아이와 머리를 맞대고 같이 이야기를 나눌 수 있습니다. 틀린 경우 교과서의 어디를 보면 되는지 찾아줄 수 있습니다. 문제집 수준이 교과서보다 어려운지 쉬운지도 판단할 수 있습니다.

2. 아이의 실력에 맞는 문제집을 고르세요

수십 종의 문제집이 판매되고 있습니다. 해마다 조금씩 제목이 바뀌는 문제집도 있고 오랫동안 같은 제목으로 나오는 스테디 셀러도 있습니다. 이 중 아이에게 맞는 문제집을 고르는 것이 첫 번째 할 일입니다.

너무 어려운 문제만 있으면 의욕을 잃고, 너무 쉬운 문제만으로 된 문제집은 실력향상에 도움이 안 됩니다. 문제집 뒤편에 실린 기본, 응용, 심화로 표시된 난이도는 참조만 하세요. 기본문제라도 버거운 아이가 있고, 심화문제라도 쉽게 푸는 아이가 있으니, 단원평가 점수를 기준으로 잡으세요. 90점이 안 된다면 제일 쉬운 문제집부터 푸는 것이 좋습니다(그래야 자신감이 생깁니다). 90점~100점 사이라면 (아이 기준에서) 쉬운 문제 70%, 살짝 버거운 문제가 30% 정도 실린 문제집을 골라보세요.

(주의점) 유형별 문제집은 선택하지 마세요.

비슷한 풀이과정으로 숫자만 바꾸면 되는 문제풀이로는 사고력이 자라지 못합니다. 개념을 몰라도 문제가 술술 풀리니 개념 공부도 소홀히 하게 됩니다. 특정 유형에 익숙해지면 학년이 올라갈수록 익혀야 할 유형이 계속 늘어납니다. 특정 유형에서 조금만 벗어나도 문제를 풀지 못합니다. 당장은 수학점수가 올라가는 듯 보이겠지만 장기적으로는 수학실력이 정체되거나 하락하고 맙니다.

3. 매일 조금씩 풉니다

초등 1, 2학년은 공부 습관을 잡아가는 시기입니다. 문제집은 한 권을 정해 매일 조금씩 풀게 해주세요(한 번에 여러 권 푼다고 수학을 잘하는 것이 아닙니다). 초등 저학년은 매일 15~20분 정도가 적당합니다. 아직 문제집을 푼 경험이 없는 아이라면 5분부터 시작해서 조금씩 시간을 늘려가세요. 연산 문제는 10-10-10 방법으로 푸세요. 5분이면 연산 30문제를 거뜬하게 풀 수 있습니다.

4. 풀고 난 뒤 바로 채점해 주세요

아이가 어릴수록, 수학을 어려워할수록 '문제풀기 → 채점 → 오답풀기'의 호흡이 짧은 것이 좋습니다. 미루고 나중에 채점하면, 풀이과정을 다 잊어버립니다. 틀리거나 못 푼 문제는 틀렸다고 표시하지 말고 ☆, ○ 같이 눈에 띄는 표시를 해주세요. 답지는 꼭 따로 챙겨두세요. 어린아이들인지라 답지를 보고 싶은 유혹을 뿌리치기 어렵습니다.

학교 수학시험 대비

1단계) 수학교과서, 익힘책 확인하기

수학교과서의 개념을 소리 내어 읽게 하세요. 수학교과서와 수학익힘책에서 어려웠던 문제는 다시 한 번 풀어보고요.

2단계) 수학문제집 확인하기

❶ 교과서 수준의 문제집을 푸는 아이

수학이 약한 아이들은 시험에 대비한다며 새 문제집을 풀리지 마세요. 풀어본 문제집에서 틀린 문제만 모아 다시 풀어보는 것이 훨씬 도움이 됩니다.

❷ 교과서보다 어려운 문제집을 푸는 아이

수학을 잘하는 아이라도 초등 1, 2학년은 시험에 익숙하지 않을 수 있습니다. 어려운 문제는 푸는데 쉬운 문제는 틀리는 경우도 많고요. 이런 아이들은 학교 단원평가 수준의 문제집을 한 권 구입해서 해당 단원을 풀어보는 것이 좋습니다. 쉬운 문제집을 풀다 보면 수학문제를 엉뚱하게 이해해서 틀리는 현상을 바로잡을 수 있습니다. 틀리는 이유도 찾을 수 있습니다. 자기가 쓴 글씨를 못 알아봐서 틀리거나, 연산 실수, 여기저기 끄적거리다 숫자를 잘못 보는 등 어처구니 없는 실수가 보이면 고치도록 해주세요.

수학교과서와 익힘책을 완전히 이해하지 못하는 아이라면 1단계 문제집 한두 권을 선정해서 반복하는 것이 좋습니다. 수학익힘책을 편안하게 푼다면 2단계 문제집으로 방학 때 예습하고 3단계 문제집으로 학기 중에 풀어보세요. 수학익힘책의 어려운 문제도 아주 쉽게 푸는 아이라면 3단계 문제집으로 예습하고, 4~5단계 문제집으로 학기 중에 풀 수 있습니다. 단, 수학을 잘한다고 해도 4~5단계 문제집의 정답률이 70%가 안 되면 굳이 풀지 않아도 됩니다.

초등 1, 2학년을 위한 수학문제집

1단계	2단계	3단계	4단계
EBS 초등 만점왕 수학 (EBS)	우등생 해법수학 (천재교육)	생각수학 1031 문제서 (시매쓰수학연구소)	최고수준 수학 (천재교육)
개념클릭 해법수학 (천재교육)	생각수학 1031 개념서 (시매쓰수학연구소)	디딤돌 초등 수학 기본+응용 (디딤돌)	최상위 초등 수학 (디딤돌)
큐브수학S start 개념 (동아출판)	우공비 초등수학 (좋은책신사고)	응용 해결의 법칙 일등수학 (천재교육)	

도형만 따로 풀 수 있는 문제집

[1단계] 해법 도형박사 (천재교육)	도형 영역을 어려워하는 아이
[2단계] 즐깨감 <도형> (와이즈만북스)	약간 심화된 도형 문제를 풀고 싶어하는 아이
[3단계] 상위권 수학 960 <도형> (시매쓰수학연구소)	도형 문제, 퍼즐 문제를 좋아하는 아이
[4단계] 초등사고력 수학 1031 입문 <도형, 측정> (시매쓰수학연구소)	심화된 도형 문제, 퍼즐 문제를 좋아하는 아이

수학을 고민하는 부모들에게 당부하고 싶은 말

• • •

[장기 계획] 기본 체력 키우기

❶ 한글책 읽기가 기본입니다.

❷ 구체물로 수학의 원리를 이해하게 해주세요.

❸ 생활 속에서 수학을 접하게 해주세요.

❹ 수학동화책으로 수학을 친근하게 느끼게 해주세요.

❺ 수학퍼즐, 수학보드게임으로 사고력을 키워주세요.

[단기 계획] 수학 단원평가 100점 맞기

❶ 제일 좋은 개념서와 문제집은 수학교과서와 익힘책입니다

예습할 때는 교과서의 개념 부분을 꼭 읽고, 이해하는 습관을 들여주세요. 학기 중 공부할 때, 복습할 때도 마찬가지입니다. 문제집은 교과서와 익힘책을 다 공부한 뒤 풀어야 합니다. 문제를 풀다 막히면 교과서의 개념과 문제풀이를 이해하는지 살펴주세요.

❷ 학교수학을 소홀히 하면 안 됩니다

예전에는 저학년은 연산만 챙기고 한글책 꾸준히 읽으면 수학은 충분하다고 했습니다. 그러나 지금은 서술형 문제도 척척 해결해야 하는 상황입니다. 영어한다고, 한글책 읽기에 치중하느라 수학할 시간이 안 나온다고 핑계대지 마세요. 매일 15~30분 정도만 투자하면 학교수학은 충분히 해낼 수 있습니다.

❸ 학교시험은 수학공부를 해야 합니다

아무리 수학동화책을 읽고 퍼즐과 보드게임을 하루 종일 한들 소용없습니다. 연산만 하고 교과서와 익힘책을 공부하지 않는 것도 의미 없습니다. 수학공부는 교과서를 완전히 이해하는 데서 출발합니다.

❹ 꾸준히 문제를 풀어야 수학실력이 늡니다

아이 수준에 맞는 문제집을 골라 하루에 1~2장 씩 푸는 습관을 들여주세요. 다 풀었다면 바로 채점하고 틀린 문제는 다시 풀게 해주세요. 그래야 수학실력이 늡니다.

❺ 매일 연산 연습을 합니다

자기 학년 연산이 부족하더라도 꾸준히 연습하면 충분히 잘할 수 있습니다. 수학을 잘하는 아이라도 연산은 꼭 챙겨야 합니다. 1년 이상의 과도한 연산 선행은 의미 없습니다. 수학을 잘하는 아이도 시간이 지나면 금방 잊습니다. 앞서 나갈수록 잊지 않기 위해 반복하는 것이 현실입니다.

❻ 아이 수준에 맞는 수학문제집을 풀리세요

좋은 문제집이란 없습니다. 내 아이에게 맞는 문제집만 있을 뿐입니다. 70~80%의 정답률이 나오는 문제집이 적당합니다. 처음에는 쉬운 문제집으로 시작해도 꾸준히 하다 보면 살짝 어려운 문제집도 풀 수 있습니다. 수학을 잘하는 아이가 푸는 문제집을 무작정 따라 하지 마세요.

❼ 방학 때는 한 학기 예습, 학기 중에는 진도에 맞춰 문제를 풉니다

예습은 교과서와 익힘책을 기본으로 하고, 자기 수준보다 쉬운 문제집으로 합니다. 문제집을 풀 때는 끝까지 마치도록 해주세요. 학기 중에는 자기 수준에 맞는 문제집을 골라 하루에 1~2장씩 풀면 됩니다.

❽ 사고력 학원은 안 다녀도 됩니다

초등 1, 2학년에서 제일 중요한 것은 '한글책 읽기 〉 영어 〉 수학' 순입니다. 학원을 다니게 되면 책읽기와 영어할 시간이 안 나옵니다. 이 시기에는 학교 단원평가 100점을 목표로 공부하면 충분합니다.

아이가 문제를 제대로 안 읽어서 자꾸 틀린다면 소리 내어 읽게 하세요.

작성자: 토동구리 (초1)

저 같은 경우 공부 습관을 잡을 때 '문제는 꼭 소리 내어 읽기'부터 시작했어요. 처음에는 제목부터 꼭 소리 내어 읽어주고, 차츰 아이에게 그렇게 하라고 하자, 아직까지 꼭 문제를 읽은 뒤 풀어요.

현재 초등 2학년 남자아이의 공부를 좀 봐주고 있는데요. 2월 초에 처음 저에게 왔을 때 연산 +1도 잘 안 되고 받아쓰기도 전혀 못하는 아이였죠. 2월 한 달 동안《기적의 유아 수학》을 시키며 연산을 훈련시킬 때 역시나 제목부터 소리 내어 읽게 했고, 연산이 좀 잡힐 때부터 1학년 2학기 수학문제집을 소리 내어 읽으며 혼자 풀어보도록 했습니다. 저는 앞에서 바라만 보고, 스스로 생각해 낼 때까지 기다려 주고 정답을 맞추면 칭찬해 주었더니 혼자서 해결해 내더라구요(물론, 진통이 있었죠. 아이가 공부하기 힘들다고 오는 중간에 사라져 찾으러 다니기도 하고, 눈물도 많이 흘리고, 혼도 내고, 설득도 해가며 힘겨운 한 달을 보냈죠).

중요한 것은 '문제를 읽고 풀었을 때와 안 읽고 풀었을 때의 차이'를 경험해 보는 것 같아요. 전 초2 친구가 문제를 풀 때 어느 순간 문제를 읽지 않아 틀린 경우를 기회로 많이 사용했어요. 그때 문제를 다시 소리 내어 읽은 다음 풀게 하면 거의 맞추더군요. 그러면 "문제를 읽고, 안 읽고의 차이가 답을 맞추느냐 못 맞추느냐의 결과의 차이를 냈다. 이 문제를 푸는 데 나는 너에게 하나도 가르쳐 준 것도 없고, 문제를 소리 내어 읽으라고만 했다. 단지 네가 스스로 소리 내어 문제를 읽었을 뿐인데도 너는 혼자 힘으로 문제를 풀어냈다. 문제를 소리 내어 읽는 것은 참 소중한 일이다" 하면 아이도 동감하고, 뿌듯해하더군요. 그러다 보니 아이는 문제를 꼭 읽고 풀어요.

기본적인 학습 습관을 들이려면 2달 정도만 엄마가 옆에서 봐주고, 어려운 건 다시 한 번 생각해서 풀어보자며 격려하고, 잘한 건 구체적으로 칭찬해 주시면, 얼마 되지 않아 엄마의 뜻대로 아이의 모습이 바뀔 것입니다.

잠수네 톡

수학을 너무 싫어하는 우리 집 아이의 수학공부법입니다.

작성자: 평안과온유 (초2, 7세)

저희 아이는 학습이 느린 편입니다. 한글을 뗄 때도 그랬고, 영어도 그렇고, 수학은 아주 그냥 최악으로 거부합니다. 보드게임도 싫어하고, 수학동화도 좋아하지 않고, 암튼 조금이라도 머리를 써 생각하는 것은 딱 질색하더라구요. 한글책을 읽으면서도 모르는 어휘를 거의 물어보지 않았지요. 저는 아이가 문맥에서 의미를 유추한다고 생각했는데, 생각 자체를 안 하고 있었던 거예요. 엄마가 읽어주면 그림 보느라 바빠서요. 대신 관찰력과 색채 감각이 좋다는 소리는 많이 들지만요. 서론이 길었는데요, 그래서 결론 내린 우리 집 수학 진행 방식입니다.

〈학교 진도〉

(1) 기본개념 수학문제집을 방학 때 한 번 풉니다(하루에 2장씩 풀어서 진도 빼려면 방학 시작하기 전부터 해야겠더라구요).
(2) 수학책과 수학익힘책을 한 질 더 준비해서 학교 진도에 맞추어 바로 직전에 한 번 풀립니다(워낙 수학에 자신 없어 해 예습을 시킵니다. 그래도 어려워합니다).
(3) 방학 때 풀었던 문제집과 똑같은 문제집으로 단원평가 공부를 합니다(심화는 꿈도 못 꿉니다).

〈연산〉

(1) 학기 중에는 제 학년의 연산문제를 풉니다(잠수네 10-10-10).
(2) 지금 여름방학에는 제 학년의 연산문제와 1학년 연산문제를 병행합니다(《기적의 계산법》 1권과 3권: 3권에서 구구단 문제만 풉니다).

⋯▸ 저희 아이는 잠수네 10-10-10으로는 연산문제 양이 부족했던 것 같습니다. 1학년 때 연산을 싫어해 많이 안 풀렸는데, 지금은 후회가 됩니다. 어떤 방법으로든 연산을 충분히 연습해 수를 자유자재로 가지고 놀 정도로 해주었어야 했다는 생각이 듭니다. 자신감 심어주기에 실패한 거죠. 그래서 자신감을 심어주려고 1

학년 연산도 병행합니다.

〈사고력〉

사실 저희처럼 느린 아이에게는 사고력 수학이 의미가 없습니다. 그런데도 엄마의 욕심으로 1학년 때 사고력학원을 보냈습니다. 아이는 여기서 수학을 더 싫어하게 되었습니다. 그룹 수업이었는데 친구들보다 연산 능력이 떨어지니 게임에서 만날 지거든요. 여기 선생님 말이, 연산은 기본으로 되어 있어야 수업이 재미있고 즐겁다고, 우리 딸은 수업이 어렵겠다고. 그래도 제가 연산은 집에서 꾸준히 시킬 테니 수학이 재밌다고 느끼게 보드게임을 많이 접했으면 좋겠다고 우겨 하게 했습니다.

여기서 잠깐, 저도 보드게임 싫어해 시간이 있으면 책을 읽습니다. 그러다 보니 딸과 적극적으로 게임을 해주지 못한 것 같아 이런 부분을 반성합니다. 다행히 동생은 남자아이라 자기가 가지고 와서 하자며 조릅니다. 지금도 마지 못해 하는데, 엄마가 먼저 게임을 즐기고 아이가 적극적으로 동참하도록 유도했다면 아이가 놀이로서 수를 자연스럽게 접했을 겁니다. 이제라도 늦지 않았다고 생각하며 구구단 외우기는 게임으로 많이 놀아주려 합니다. 그리고 욕심내지 않고 매일 조금씩 꾸준히 진행하는 데 주력하려고요. 저희 아이도 수학이 자신 있다고 말하는 날이 오겠지요? 그 기대로 저도 힘내 봅니다. 참~~ 공부시키기 어렵죠~.

잠수네 톡

보통 엄마들이 실수라고 표현하는 것들이 모두 실력이랍니다.^^

작성자: merryme (초2)

아이에게는 수학성적이 오를 만큼 맨날 정해진 시간에 공부하길 원하면서 정작 엄마는 채점을 게을리한다거나, 지금 아이가 학교에서 배우는 부분이 어디인지도 모르거나, 어떤 문제들에서 실수가 많이 나는지도 모르시면 곤란해요. 그 정도는 알고 있을 만큼 관심을 가지셔야 해요. 아이가 학원을 다니든 아니든.^^; 그래야 아이의 부족한 부분을 찾을 수가 있답니다.

아시겠지만 수학은 '개념+연산력+사고력' 이렇게 세 부분으로 나뉠 수 있겠네요. 아무리 교과서가 바뀌고 유행이 바뀌어도 기본은 변함없어요. 기본에 충실해야 자주 바뀌는 입시제도에도 유연하게 대처할 수 있다고 생각해요.

일단 교과개념과 연산부터 잡으시고 사고력은 차차 준비하심이 좋을 듯해요. 사고를 하려고 해도 개념의 인풋이 확실해야 생각할 거리가 있으니까요.

보통 엄마들은 실수라고 표현하는 것들이 모두 실력이랍니다.^^; 구구단이 빨리 안 나오면 곱셈할 때 애먹는 건 물론 어림수 잡아야 하는 나눗셈에서는 더더욱 힘듭니다. 구구단은 2학년 1학기 때 완벽 마스터가 되어야 합니다. 교과서에 나오니까요. 불친절한 우리의 학교들은 개념만 슬쩍 가르치고 연습은 집에서 완벽히 해오길 바랍니다. 그러니 집에서 연습해 놓지 않으면 아이가 계속 힘들어요. 엄마가 적극적으로 도와주세요. 일단 속마음은 찜찜하면서도 자신은 못할 리 없다고 허세 부리는 아이의 말을 그대로 믿으시면 곤란하답니다.

연산은 반드시 집에서 잡아주어야 하는 부분이구요. 과외선생님도, 학원선생님도 연산 안 된 아이들이 제일 당황스럽다고 말씀하신다는. 연산은 수학이 아니라 그냥 도구예요. 수학하는 도구. 수학에서 연산 실력은 아이가 전쟁터에서 총으로 싸우느냐 칼로 싸우냐의 차이예요. 일단 지금은 아이의 교과서 개념을 파악하는 데 중점을 두시고 문제집 난이도를 중간 정도로 해서 전체를 한 번 풀게 하세요. 그 뒤 오답을 타이핑해서 아이에게 다시 풀려도 되고, 복사해도 되고 같은 문제집을 2~3권 준비해서 다시 풀리셔도 됩니다(학원비는 아까워하지 않으면서 똑같은 문제집 사는 건 아까워하시는 맘들이 많으시다는). 편한 방법을 찾아 한 문제집에서 오답이 보이지 않을 때까지 뿌리를 뽑으면서, 구구단, 곱셈을 다시 집고 가시는 게 좋다고 생각돼요. 특히 문제집 풀 때 개념이 정리되어 있는 박스들은 소리 내어 세 번 정도 읽히세요. 아이들은 절대 안 읽더라구요.

잠수네 톡

초등 1학년 수학, 시험 안 보는 줄 알았습니다.

작성자: merryme (초2)

무지했던 저는 초등 1학년은 학교에서 시험 안 보는 줄 알았습니다. 공부 역시 안 시켰지요. 잠수네 연산, 잠수네 영어가 아이 공부의 끝이었습니다. 첫 단원평가를 봐왔는데 3개를 틀렸더군요. 부랴부랴 문제집 사서 풀렸는데 풀리나 안 풀리나 틀리는 개수는 비슷비슷. 문제는 다른 아이들은 다 한두 개 틀린다는 것이었어요. 물론 100점도 몇 명 있구요. 《잠수네 수학공부법》에 따르면 하루에 수학공부에 너무 많은 시간을 투자하지 말라 하였거늘 하루에 1시간씩 풀려도 저희 아이에게 수학 100점은 남의 점수였어요.

고심에 고심을 하다가 찾은 방법은 아이에게 단원평가 보기 전 '단원 내용을 한번 쓱 훑듯 설명해 주기'였답니다. 아이마다 다 달라요. 이런 과정 없이도 잘하는 아이들이 있겠지만 우리 아이는 한번 짚고 넘어가야 더 긴장해서 잘 풀고 집중도도 높아질 듯하여 시도해 봤는데 결과는 대 성공. 그 이후로 쭉 100점입니다.

아이에게 맞는 공부법, 지도법을 찾는 게 중요한 듯해요. 스스로 잘하는 아이들 같은 경우는 문제없지만, 엄마의 도움이 필요한 아이들은 엄마가 이 방법 저 방법 바꾸어 가며 가르치는 것이 중요할 듯해요. 마냥 못 하는 아이는 없는 것 같아요. 나이가 어리니 방법은 엄마가 찾아주기. 아직은 그게 제일 같습니다.

잠수네 톡

수학 감각이 느린 아이가 있다면, 실생활에서 수학 개념을 잡아보세요.

작성자 : 조공이산 (초2, 6세)

우리 아이도 초2 남입니다. 책읽기를 좋아해서 국어는 늘 만족스러운데 수학은 힘들어하고 조금만 어려워지면 꼭 틀리기에 이번 방학 때 큰맘 먹고 1학기 내용을 복습했습니다. 난이도 높은 유형에 익숙해지도록 하기 위해 복습을 선택했죠. 방학이 아니면 힘들겠기에 아침 먹고 1시간 정도는 수학에 투자했습니다. 직접 시켜 보니 우리 아이가 어느 영역, 어떤 부분이 부족한지 알겠더라구요. 방학 때는 꼭 엄마하고 공부하는 시간을 가져보심이 좋을 것 같구요. 수학 감각이 느린 우리 아들과 평소 하는 방법을 알려드립니다.

티 안 내고 집에서 공부할 수 있는 방법

(1) g과 kg의 감각 익히기

2kg 접시 저울을 늘 부엌 싱크대에 올려둡니다. 밥 준비하다 수시로 아이들에게 "몇 그램 나갈까요?" 하고 퀴즈를 낸 다음 요리 재료를 저울에 올려봅니다. 처음엔 말도 안 되게 짐작하지만 자주 하다 보면 점점 비슷하게 어림합니다. 이때 의식적으로 엄마가 "아, 이 감자는 200g이구나" 하고 단위를 강조해서 말해줍니다. 어느 때는 아이들끼리 저울에 장난감 무게를 재기도 합니다. 수학책에 보면 g과 kg 단위

를 환산하는 내용이 많이 나오는데 이 활동을 하면 그 부분을 이해하는 데 도움이 됩니다. 아울러, 몸무게 저울도 아이들 손 닿기 쉬운 곳에 두고 수시로 잽니다. 참, 저울은 모두 눈금이 있는 아날로그 저울이어야 합니다. 전자저울 노!

(2) 온도계

전에 대형 서점에 갔더니 팬시점에 예쁜 온도계가 있길래 구입하여 식탁 옆에 두었습니다. 그랬더니 6살 둘째도 수시로 온도계를 읽습니다. 한번씩 바로잡아 주어야겠죠. 더불어 영상, 영하, 낮 최고기온, 낮 최저기온, 평균기온, 이런 것들도 가끔 얘기해 줍니다. 겨울엔 "오늘 영하로 온도가 내려간대" 하며 눈금을 가리킵니다.

(3) 시계

2학년 우리 아들은 시계 영역 문제에 약하더군요. 그래서 수시로 시계 보기를 시킵니다. "지금, 몇 시 몇 분이야? 너 학교 가려면 몇 분 남았어? 학교 마치고 피아노 갔다가 집에 오면 몇 시간 걸려?"와 같은 질문을 자주 합니다. 또 아이가 8시 55분이라고 말하면 "아, 9시 5분 전이구나"라고 바꿔 말해주고요. 이때 다그치듯 물으면 안 되고 진짜 궁금한 것처럼 연기할 필요가 있어요. 여기서 끝나면 안 되고 시계 영역에서 비슷한 문제들을 풀어보시길 권합니다. 적용 차원에서요. 시계도 눈금이 모두 표시된 아날로그 시계가 효과적입니다.

(4) 줄자

어느 날 문구점에 가서 3m, 5m짜리 줄자를 사왔습니다. 남편이 집에 목수 있는 줄 알겠다고 하더군요. 수시로 아이들 키도 재어보고 침대 사이즈도 재어봐요. 특히 집에 가구를 들이거나 커튼 살 때 많이 쓰입니다. 엄마가 이런 도구를 사용하면 남자아이들은 정말 궁금해하고 만지고 싶어 한답니다. 그러면서 100cm와 1m의 길이 개념 확실히 잡을 수 있습니다. 이때도 엄마가 꼭 "아, 침대 가로 길이가 1m 20cm구나!" 하고 단위를 오버해서 말씀해 주셔야 합니다.

잠수네 톡

문제 꼼꼼하게 안 읽는 아이, 정확하게 읽는 연습을 시키세요. 수학뿐만 아니라 국어 실력도 향상된답니다.

작성자: 레고리엄마 (초1)

아이에게 수학문제를 읽게 하고 문제에서 물어보는 게 뭔지 말하라고 해요. 또 중요한 부분에 밑줄 쳐보라고 하면 어디에 쳐야 할지 몰라 헤매는 경우가 있어요. 마지막 문장에 줄만 긋고요. 그래서 모두, 아닌, 이런 부분은 동그라미 치면서 읽으라고 하고 있어요. 읽다 보니 "이게 무슨 말인지 모르겠어" 하는 문제도 많았어요. 그러면 "어디까지 알겠어?"라고 물으니 모르는 말은 없다고 해요(모르는 단어가 있을 때는 뜻만 알려줘요). 문제에 네가 이해하는 데까지 표시하라고 했죠. 그리고 한 줄 읽은 뒤 "엄마가 네 친구야. 친구가 모르겠다고 해서

네가 가르치는 거야"라고 하며 설명해 달라고 했어요. 그러면

(1) "아, 이거구나? 나 알겠어!" 하며 푸는 경우
(2) "아무리 읽어도 무슨 말인지 모르겠어!" 하는 경우가 있어요.
그러면 5번은 더 읽어보라고 시켰어요.

네가 모르는 말이 없는데 문제가 무슨 말인지 모른다면 이상하지 않느냐고. 엄마가 읽어보니까 답이 있는 문제라고 다시 읽어보라고 시켜요. 그래도 모르면 저랑 같이 끊어 읽어요. 그러면 "아, 이거였네" 하더군요. 정확하게 읽어야 하고, 문장이 끝나면 겹쐐기표를 넣어가며 주어진 상황을 스스로 이해하라고 했죠. 그리고 연산문제를 제외한 모든 문제를 조건에 맞게 '철수; 40장, 영희:44장. 식: 40+44=84. 답: 84장'처럼 써서 풀게 시켰어요. 물론 싫어할 때도 있죠. 하지만 아무데나 빈곳에 풀어버리면 이게 습관이 되어, 나중에는 자기 글씨를 자기가 못 알아보다가 잘못 푼다거나 실수하게 되는 거 같아요. 그래도 1학기에 비해 많이 꼼꼼해졌어요.

수학을 이렇게 연습하니까 국어도 좋아졌어요. 지난번 5단원 국어 단원평가에서 100점 맞은 애가 반에서 4명이라고 하던데 남자애는 우리애 하나만 있었대요. 그 이후 6, 7 단원도 다 100점 맞아 왔어요.

초등 1, 2학년을 위한

잠수네 국어공부법

3

국어를 잘하려면?

● ● ●

초등 1, 2학년 국어를 잘하려면?

국어가 중요하다는 생각은 누구나 합니다. 그러나 국어교과서 한번 제대로 들춰보지 않는 부모들이 대부분입니다. 학교에서 어떤 것을 배우는지도 잘 모르고, 국어공부를 어떻게 하면 되는지 부모나 아이 모두 갈피를 못 잡습니다.

국어를 잘하려면 어떻게 해야 할까요?

1. 책을 읽어야 합니다

"초등 저학년 국어는 쉬워서 신경 쓰지 않아도 된다"고 말하는 분들이 있습니다. 과연 그럴까요? 1학년 1학기 교과서를 보면 학기 초에는 좀 쉬워도 뒤로 갈수록 급속도로 어려워집니다. 이미 글을 읽고 이해할 줄 안다는 전제하에 교과서가 만들어졌기에 초등 입학할 때까지 글을 능숙하게 읽지 못하면 학교수업을 따라가는 데 애먹습니다. 따라서 읽기가 능숙하지 못하다면 한글책 읽기에 최우선을 두어야 합니다.

모든 공부는 글을 읽는 데서 출발합니다. 다만 국어는 '읽기'를 배우고, 다른 과목은 '지식'을 배우기 위해 읽는다는 것이 차이입니다. 책을 잘 읽고 이해한다면 국어뿐 아니라 다른 과목도 수월하게 공부할 수 있습니다. 좋은 책을 즐겁고 재미있게 읽다 보면 어휘력, 배경지식, 독해력, 사고력이 저절로 자라납니다. 처음에는 낱말 1개, 문장 1줄을 간신히 읽는 수준이겠지만 시간이 흐르면서 읽고 이해하는 능력이 눈덩이 처럼 불어납니다.

하지만 "어려서부터 책을 정말 많이 읽었는데 시험을 보면 국어를 제일 못 해요"라고 하소연하는 집도 있고, 심지어 책도 별로 읽지 않는데 국어점수가 좋은 아이도 있습니다. 이런 이야기를 듣다 보면 책 읽는 것과 국어성적이 상관관계가 있는지 헷갈리기 시작합니다.

2. 수업시간에 집중해야 합니다

학교시험은 교과서에서 출제됩니다. 수업시간은 교과서를 공부하는 시간입니다. 국어시간에 잘 듣고 이해하면 국어는 크게 문제되지 않습니다.

그러나 아무리 평소 책을 많이 읽었어도 수업에 집중하지 않았다면 당연히 좋은 결과가 나올 리 없습니다. 어휘력, 이해력이 부족해 수업시간에 선생님의 말씀을 제대로 이해 못 하는 아이 역시 마찬가지입니다.

3. 국어공부를 해야 합니다

국어도 수학처럼 개념이 중요합니다. 초중고 12년 동안 나선형을 그리며 조금씩 심화된 내용을 공부하게 됩니다. 중학교 국어에 나오는 내용이 초등 1, 2학년에서도 나옵니다. 중학교에 가면 어휘, 주제가 좀 더 어려워지고 글이 길어지는 정도입니다. 고등학교 국어 역시 중학교에서 때 배운 것을 되풀이합니다. 초등 1, 2 국어교과서만 비교해 봐도 1학년 때 배운 것을 2학년에서 살짝 심화해서 반복한다는 것을 쉽게 알 수 있습니다.

언어감각이 있고 학습능력이 좋은 아이라면 (책을 많이 읽지 않았어도) 수업을 열심히 듣고, 국어교과서만 제대로 공부해도 좋은 결과가 나옵니다. 반면 책을 많이 읽었다고 자만하며 수업도 대강대강, 공부도 안 하면 결과는 보나마나입니다. 책 좀 읽고 국어학습지를 죽 했다며 국어공부를 등한시한 경우도 마찬가지입니다.

초중고 국어 상위권의 변화

초등, 중등, 고등으로 갈수록 국어를 잘하는 아이들의 유형은 조금씩 달라집니다.

초등 저학년까지는 책 많이 읽고, 수업에 집중하고 교과서를 공부하는 정도면 크게 신경 안 써도 됩니다. 하지만 초등 고학년부터는 조금 달라집니다. 시험이 어렵게 나오는 학교라면 문제 유형에 익숙해지기 위해 국어문제집을 한 권 정도는 풀어야 하지요. 문제집을 몇 권씩 풀어도 100점이 안 나온다면 교과서를 제대로 공부 안 했기 때문입니다.

중학생이 되면 아무리 좋은 책을 여러 권 읽어 어휘력, 독해력, 배경지식, 사고력이 풍부해도 국어공부를 안 하면 말짱 꽝입니다. 수업시간에 집중하고 교과서를 열심히 공부하는 꼼꼼한 아이들이 국어의 최강자로 등극합니다.

고등학교에 가면 양상이 또 바뀝니다. 고등학생이 되면 누구나 국어공부를 해야 한다고 느낍니다. 그러나 중학교 때처럼 책은 안 읽고 국어교과서만 달달 외우는 아이들은 성적을 유지하기 어렵습니다. 어휘력과 독해력이 부족해 처음 보는 긴 지문을 읽고 이해하기가 힘들기 때문입니다. 문학책만 보던 아이라면 처음 보는 비문학 지문이 쏟아지는 모의고사는 치명적입니다. 평소 접해보지 않은 비문학 지문을 읽고 이해하는 것이 서툴러 문제풀이에 애를 먹습니다. 대신 다양한 분야의 책(글)을 읽은 아이들이 빛을 보기 시작합니다. 문학, 비문학 독해력이 탄탄한 상태에서 국어공부까지 하게 되면 실력 향상에 가속도가 붙습니다.

수능국어는 정해진 시간 내에 처음 보는 장문의 글을 얼마나 이해했는지 평가하는 시험입니다. 문학 영역을 빠르게 읽고 풀어야 비문학 지문을 조금이라도 더 볼 시간이 나옵니다. 결국 문학, 비문학 골고루 읽고 국어공부도 열심히 해야 고등학교 때 빛을 발한다는 의미입니다.

잠수네 톡

쉬운 책부터 엄청 읽기 시작하더니 두꺼운 책을 찾아 읽게 되더라고요. 다양한 책 읽기 위한 팁을 알려드려요~.

작성자 : 수선화에게 (초2, 3세)

수선화랑 같이 책을 읽으며 중간중간 물어봤어요. 넌 왜 책을 읽느냐, 어떻게 해서 책을 좋아하게 된 것 같으냐, 갑자기 두꺼운 책도 읽게 된 이유가 무엇 때문인 것 같으냐 등등. 놀랍게도 제가 쓰려는 글과 거의 똑같이 말하더라구요.

(1) 쉬운 책 엄청 읽기

쉬운 책을 엄청나게 읽으니 갑자기 두꺼운 책도 읽고 싶어졌고 두꺼운 책을 읽어도 하나도 어렵지 않았대요. 초1 겨울방학 전까지만 해도 그냥 창작책 위주로 조금 읽는 편이었지 지금처럼 꾸준히 그리고 몇 시간씩 몰입해서 읽진 않았어요.

그래서 수선화가 창작책을 골라오면 이제 그만 읽으라고 하며 문고판 책을 자꾸 들이밀었어요. 그랬더니 언젠가부터 책을 고르며 눈치를 보더라구요. 엄마가 주는 책은 아직 읽기에 버거워 재미없고, 자기가 고르는 책은 엄마가 쉽다고 못 읽게 했으니 당연히 책에 몰입할 수 없었겠죠. 그래서 겨울방학부터는 그냥 수선화가 원하는 그림책, 창작책들 맘껏 읽혀보자고 생각했어요. 지금 사주기엔 조금 수준이 낮거나 활용 기간이 짧아 아까운 책들을 우선 대여해 주고 일주일에 두세 번은 서점에 데리고 가서 원하는 그림책들 왕창 읽었습니다.

그랬더니 점점 책에 빠져 시간 가는 줄 모르고 읽기 시작하더라구요. 정말로 재밌게 읽는 모습이 눈에 보였어요. 초등 1학년 1년 동안 총 14만 쪽을 읽었는데 그중 겨울방학 때 7만 쪽을 읽었어요. 그야말로 겨울 내내 한글책 폭설이 내렸었죠.

처음에는 JK3~JK4단계 전래 시리즈만 질리도록 읽고 나니 자연스레 JK5단계도 재밌게 읽더라구요. 창작그림책 등은 서점에 가서 출판사별로 다 읽자는 생각으로 찾아 읽었던 것 같아요. 수준에 맞거나 조금 낮은 책을 골라 주니 부담 없이 정말 재밌게 읽더라구요. 그림책을 많이 읽고 나서는 수선화가 먼저 문고판을 한 권씩 읽기 시작하더라구요. 재미마주 학급문고로 시작해 JK5, JK6, JK7, 어쩌다 JK8까지도 스스로 고른 책은 읽기 시작하더라구요.

(2) 좋아하는 주제별로 읽기

읽는 책 범위를 확장하기 위한 연결고리를 찾는 건데요. 예를 들면 수선화는 펭귄을 좋아해요. '펭귄 → 남극 → 환경', 그래서 제가 펭귄으로 검색한 뒤 관련된 책을 죽 사서 꽂아놨어요. 어떤 분야든, 두껍든 얇든 관계없이 펭귄이 나온다는 이유로 잘 보더라구요. 그러면서 남극에 관심을 갖고 그 뒤 환경에까지 관심을 갖더라구요.

(3) 좋아하는 작가별로 읽기

작가별로 〈책나무〉에서 검색해서 보게 하니 단계 구분 없이 재밌게 읽더라구요. 고정욱, 송언, 황선미 작가 등등. 오늘도 송언 작가의 책만 7권 정도 읽은 것 같아요. 작가별로 확장하는 것도 하나의 방법!

잠수네 톡

현직 국어교사인데요. 한글책 1000권 읽기 노하우를 시기별로 정리했습니다.

작성자 : kellyha (초2, 5세)

저는 중학교 국어교사구요, 잠수네는 한글책부터 시작했는데 100권을 읽고 나서 바로 1000권으로 들어갔답니다.

(1) 시작 단계

먼저 도서관을 데리고 갔습니다. 처음에 우리 엘리는 책에는 관심 없고 열심히 청구기호를 찾아 책을 갖고 온 뒤 이리저리 재는 저를 무심히 보더니 '표지만 봐도 재미없겠다' '그림이 무섭다' '글이 너무 많다' 등 갖가지 이유로 거부했습니다. 하지만 '주말에 도서관 와보겠다며 다른 것도 포기했는데 이게 뭐야'라고 생각하는 순간 지는 게임이더라구요. 계속 주말마다 도서관에 함께 가며 아이스크림도 사먹였더니 책을 들기 시작하더라구요.

(2) 발전 – 독서의 생활화

책에 조금씩 흥미를 보이길래 집안 곳곳에 책을 꽂아두고 아이를 북카페에 데리고 가기 시작했습니다. 그리고 좀 더 동기를 부여하고자

1000권 읽기지만, 100권마다 잠수네 상장을 찍어 시상했어요. 그러면 1만 쪽 읽기마다 시상을 해야 하니, 상장 횟수가 많아지지요. 작은 학용품을 부상으로 주고요. 이렇게 하니 하루에 1시간 반 정도는 책을 읽게 되었어요. 이건 역시 〈잠수네 책벌레〉의 힘이지요. 이렇게 책을 읽는 엉덩이 힘이 생겨 다른 공부할 때의 집중력도 길러졌답니다.

(3) 정체기

› 한글책 단계별 보기 (※권수를 누르면 책목록이 보입니다.) (단위:권수)

분류	2014년										2015년		누계
	3월	4월	5월	6월	7월	8월	9월	10월	11월	12월	1월	2월	
JK10	-	-	-	-	-	-	-	-	-	-	-	-	-
JK9	-	-	-	-	-	-	-	-	-	-	-	-	-
JK8	-	-	-	1	-	-	-	-	-	-	-	-	1
JK7	-	-	-	1	-	-	-	-	-	-	-	-	1
JK6	-	-	1	1	1	5	4	-	-	-	-	-	12
JK5	-	-	2	22	34	52	27	3	-	-	-	-	140
JK4	-	-	1	30	98	80	50	3	-	-	-	-	262
JK3	-	-	1	61	169	82	109	27	-	-	-	-	449
JK2	-	-	-	38	73	17	86	10	-	-	-	-	224
JK1	-	-	-	5	11	2	1	-	-	-	-	-	19
JK-	-	-	-	-	-	-	-	-	-	-	-	-	-
총계	-	-	5	159	386	238	277	43	-	-	-	-	1,108

옆에 표 보이시나요? 8월이 방학임에도 불구하고 책 권수가 많지 않은 것을. ㅎㅎ 8월 말에 거부가 시작되었습니다. 한글책 읽기가 재미있지만 힘들다! 물론 1000권에 빨리 다가가려는 엄마 때문이기도 했을 것이고 그동안 해오던 것에 갑자기 제동이 걸릴 심리적 이유, 같은 패턴에 대한 지겨움도 있었겠지요. 그래서 8월 중순부터 책을 거부했어요. 도서관에 가도 2~3권? 며칠 두고 보다가 안 되겠다 싶어 아래 방법을 사용했습니다.

❶ 읽어주기

읽어주기, 생각보다 만만찮아요. 특히 밤에는 목이 잠기고 이제 글밥도 많아서 인내심을 가져야겠더라구요. 그래도 30~40쪽 정도의 글밥 많은 책을 읽어주었습니다. 그러고 책갈피로 표시하고 덮은 다음 책가방에 넣어주면 다음 날 다 읽어 오더라구요. 그런데 참, 이것도 훈련인지 책 읽는 것도 어느새 힘이 덜 들고 그런 대로 할 만하더라구요.

❷ 포스트잇 코멘트

이건 도서관에서 할 수 있는 방법인데 제가 먼저 〈잠수네 책나무〉를 보고 책을 20권쯤 찾아요. 그러고는 포스트잇에 그 책에 대한 생각을 씁니다. '엄마도 이런 어린 시절이 있었지, 너는 이런 옛날을 이해할까?' '세상에! 판화로 이런 아름다운 그림을 찍어내다니! 엄마는 보는 내내 판화밖에 눈에 안 들어오는구나' '낙타가 용기를 내는 과정이 정말 눈물겹다. 너도 겁이 많은데 이 낙타 이야기를 읽고 생각이 많겠다' 뭐 이런 소소한 코멘트도 아이를 자극하나 봅니다. 보기 싫다던 책도 읽고 "엄마, 이게 재미없을 줄 알았는데 너무 슬프고 감동적이야" 하며 책에 대해 주절주절 이야기하다 보니 깊은 생각까지 나누게 되더라구요. 이렇게 정체기는 살짝 넘어갔습니다. 700권에서 800권이 될 때가 가장 길었어요.

(4) 안정기

이러고 나면 책읽기가 다시 안정기에 접어들어서 "엄마, 난 책 읽는 게 쉬는 거야!"와 같은 기적의 말을 듣게 해주더라구요. 그래서 권하지 않아도 책을 읽게 되었어요. 그런데 이것도 역시 1000권을 읽고 나니 저번 정체기와는 또 다른 휴식기를 갖는 것 같아요. 요즘은 책 권수 채우기에 연연하지 않고 정말 자기가 보고 싶은 책을 한 권, 두 권 보거든요. 책을 진심으로 대하고 있는 것 같은 느낌이 들어 그냥 지켜봅니다. 또 달리고 싶으면 도서관에 열심히 데려가면 되겠지요. 역시 결론은 〈책나무〉와 엄마의 부지런함입니다.

잠수네 톡

책 읽기 습관을 길들이려면 엄마의 노력과 관심이 필요해요.

작성자: 그린샘 (초1, 5세)

제가 국어교사이고, 평소 책을 즐겨 읽고자 노력하기에 평소 쓰는 방법을 소개해 볼까 합니다. 아이가 한글을 안 뒤 한 일은 저랑 번갈아 가며 읽기입니다. 아이가 좋아하는 책 2권, 제가 골라주는 책 3권 이런 식으로 서로 조율하며 양을 늘렸고요. 제가 직장에 다니니깐, 밤에 잠잘 적에 옛날이야기나 책읽기는 매일 하려 노력했구요. 또 그러면서 글밥을 점차 늘려 쉬운 책 3권, 자기 수준보다 높은 글밥 많은 책 2권, 이런 식으로 수준을 올리려 노력했어요.

독후활동에 관한 것은 안 했구요(왜냐, 질려요. 저는 책읽기는 재미라고 생각합니다), 아이가 읽은 모든 책을 제가 읽었어요(그냥 재미있어서요. 아이들 책 수준과 내용이 정말 좋더라구요). 같은 내용을 공유하니 자연히 책에 관련된 대화가 오가지만, 학습적으로는 요구하지 않았습니다. 다만 글밥이 늘고, 다양한 분야의 책을 섞어 읽을 수 읽도록 아이 취향과 엄마 안목을 3:2 정도로 맞췄습니다. 그게 두 번째 비법입니다.

아이랑 놀아줄 시간이 많이 부족하니, 퇴근 후에는 최대한 모든 걸 같이 했어요. 우리 아이는 책에 나온 캐릭터나 동물 그림을 그렇게 그려달라고 하더라구요. 집에 스케치북 20권씩 쌓아놓고 비슷하게 그려줬어요. 어느 정도 책읽기가 잡히기까지 전략적으로 한 1년은 노력해야 스스로 읽습니다. 그전까지는 엄마의 노력과 관심이 필요합니다.

지금은 저랑 등 맞대고 하루에 30분에서 1시간씩 각자 책을 읽습니다. 그러니까 스스로 속독을 하더라구요. 서로 다른 책이라도 꼭 엄마 옆에서 읽어야 좋아해요. 이렇게 초등 고학년까지 함께하고 싶어요. 현재 초1인데 엄마 마음으로는 계속 같이 책 읽는 시간 가지면서 어른이 되어갔음 좋겠어요!

저는 책의 힘을 믿어요. 정말 믿어요! 간절히 마음속으로 바라면 온 우주가 나를 도와준다는 말도 믿어요! 엄마의 책에 대한 긍정적인 힘과 이야기 자체의 신비스러운 힘을 믿는 마음이 제가 생각하는 세 번째 비법입니다.

초등 1학년, 이렇게 하면 국어실력 기초가 탄탄해져요

• • •

모든 공부에는 배우고(學) 익히는(習) 과정이 필수입니다. 국어라고 다르지 않습니다. 다른 과목과 차이가 있다면 언어의 특성상 학교에서 배우는 것은 빙산의 일각일 뿐, 집에서 부모와 배우고 익힐 부분이 굉장히 많다는 점입니다. 학교에서 국어시간은 일주일에 고작 몇 시간밖에 없는데 비해, 잘 때 빼고 하루 종일 부대끼며 듣고 말하고 읽고 쓰는 모든 과정이 집에서 이루어지니까요.

국어교과서의 학습목표를 달성하기 위해 준비하면 좋을 것들을 하나씩 짚어보겠습니다.

※ 초등 국어교과서는 국어(주교과서)와 국어활동(보조교과서)으로 구성되어 있습니다. 학기당 국어 2권, 국어활동 1권씩 1년간 총 6권입니다.

1. 바른 자세

1학년 1학기 1단원의 학습목표가 '바른 자세로 낱말을 읽고 쓰기'입니다. 구체적으로는 '허리 곧게 펴기, 책과 눈의 거리 알맞게 하기, 의자 당겨서 앉기, 두 발은 바닥에 닿게 앉기' 같은 생활태도를 가르칩니다. 첫 국어 시간에 읽기나 쓰기가 아닌 자세를 강조하는 것은 부모들이 유념해야 할 부분입니다. 학교수업을 들을 기본 자세가 안 된 채 학교에 입학하는 아이들이 많다는 의미거든요. 건성으로 교과서를 보지 말고 생활에서 실천하도록 도와주는 것이 부모의 할 일인 셈입니다.

2. 연필 똑바로 잡기와 획순대로 글씨 쓰기

1학년 1학기 1단원에는 연필 잡는 방법도 나옵니다. 연필을 바르게 잡고 획순에 따라 쓰는 연습만 제대로 해도 글씨가 예쁘게 써지는데, 이조차 안 되는 아이들이 많다는 이야기입니다. 4학년 국어활동에까지 기름종이로 글씨 베껴 쓰기가 있을 정도입니다. 글씨를 알아보기 좋고 반듯하게 쓰면 각종 시험에서 매우 유리합니다. 보기 좋은 글씨체로 쓰인 답안은 채점자가 호의를 갖고 보게 됩니다. 습관 들이기 제일 좋은 시기가 1학년입니다. 획순이 틀리거나 알아보기 어렵게 쓴다면 꼭 고치도록 도와주세요.

3. 아이의 말에 귀 기울여 주기

1학년 2학기 4단원에서는 '다른 사람의 말을 바른자세로 듣기'가 나옵니다. 바른 자세로 듣기란 '말하는 사람을 바라보며 상대방의 이야기에 귀를 기울이는 것'입니다. 공부를 잘하는 아이들을 보면 듣기 습관이 잘 잡혀 있습니다. 수업시간에 선생님이 말씀하는 것을 흘려버리지 않습니다. 자기 말만 하는 사람보다 잘 들어주는 사람에게 끌리는 것은 아이들도 마찬가지입니다. 사회에서도 상대방의 말에 경청하는 사람은 인간관계가 좋습니다. 업무도 원활하게 할 수 있습니다. 아이가 말할 때는 아이를 바라보며 귀 기울여 들어주세요. 부모가 다른 일을 하며 건성으로 대답하면 아이도 부모가 말할 때 딴청을 피우게 됩니다. 대화할 때 집중하지 않는 아이라면 이야기를 나눌 때 "엄마가 뭐라고 말했을까?" 하고 살짝 물어보세요. 귀 기울여 듣는 태도를 자연스럽게 익힐 수 있습니다.

4. 인사 잘하기, 존댓말 쓰기

1학년 1학기 5단원에는 '상황에 어울리는 인사말 하기' '인사말을 할 때의 바른 자세와 마음가짐에 대하여 알아보기'가 나옵니다. 평소 덜렁거리던 사람이라도 정장이나 한복같이 갖춰 입으면 행동부터 다소곳해집니다. 말도 마찬가지입니다. 예절교육의 시작은 인사 잘하기와 존댓말 쓰기입니다. 인사를 잘하면 상대방을 존중하는 마음이 생깁니다. 존댓말을 쓰면 행동이나 말투가 차분해집니다. 나중에 사춘기가 되어서도 부모에게 막말을 하거나 함부로 행동하지 않게 됩니다. 인성교육이 저절로 되는 셈이지요. 부모가 먼저 오가며 만나는 어른들께 인사하는 모습을 보여주면 아이도 따라 합니다. 아이가 반말을 하면 (웃으면서) 뒷말을 존댓말로 바꿔 말해주고 따라 말하게 해보세요. (아이)"내 공책 어디 있어?"→ (부모)"어디 있어요?" 하는 식으로요.

5. 듣는 사람을 생각해서 자기 기분 말하기

1학년 2학기 4단원에는 친구나 선생님, 어른들과 대화할 때 어떻게 듣고 말해야 하는지 잘 나와 있습니다. 아이들이 교과서 내용대로만 말한다면 친구와 다툼 없이 지낼 수 있겠다 싶습니다. 부모도 교과서에 나온 것처럼 아이와 대화한다면 따로 부모교육을 받으러 다닐 필요가 없을 정도입니다. 물론 교과서대로 한다는 것이 쉽지 않을 겁니다. 그래도 아이가 학교에서 수업하고 오면 '이때다!' 하고 실천하려 노력해 보세요. 습관이 될 때까지 꾸준히 애써 보고요. 학교와 사회에서 현명하게 살아가기 위한 중요한 덕목을 익히는 기회가 될 것입니다.

6. 자신 있게, 큰 소리로, 끝까지 말하기

1학년 2학기 4단원을 보면 '여러 사람 앞에서 말할 때에는 듣는 사람이 알아들을 수 있게 말해야 해요'라고 알려줍니다. 학교에서 발표할 때 큰 소리로 씩씩하게 말하는 아이는 선생님과 친구들에게 인정받습니다. 다른 사람들에게 인정받으면 자신감이 생깁니다. 학교생활이 즐거워집니다. 식구나 친구들과 이야기할 때는 신나게 이야기하다가도 남 앞에 서면 웅얼웅얼 기어들어가는 목소리로 말하는 아이, 기질적으로 부끄러움이 많은 아이라면 가족 앞에서 책을 읽거나 노래, 춤 등을 발표하는 시간을 갖게 해보세요. 조금 익숙해지면 친척 모임 등 남 앞에 서는 기회를 자주 마련해 주고요. 다른 사람 앞에서 말하는 기회가 많을수록 실수에 대한 두려움이 줄고 자신감이 생깁니다. 말할 때는 말끝을 흐리지 않고 완성된 문장으로 끝까지 분명하게 말해야 상대방이 잘 알아들을 수 있습니다. 부모가 완성된 문장을 써야 아이도 흉내 내서 말합니다. 아이에게 말할 때 되도록이면 완성된 문장을 사용하세요.

7. 소리 내어 읽기 (정확성)

1학년 교과서에서는 〈소리 내어 읽기〉를 매우 강조합니다. 1학기에 '자음자, 모음자, 글자의 짜임, 받침이 있는 글자'를 익힐 때 소리 내어 읽기'가 꼭 들어갑니다. 8단원은 아예 '소리 내어 또박또박 읽어요'가 단원명입니다.

2학기 5단원 '알맞은 목소리로 읽어요'에서도 '소리 내어 시 읽기, 알맞은 목소리로 이야기 읽기, 좋아하는 글을 찾아 친구들에게 읽어주기' 등 다양한 방식으로 소리내어 읽기를 학습합니다.

'소리 내어 읽기'를 해보면 아이가 제대로 읽는지 확인이 가능합니다. 발음에 문제가 있는지, 띄어 읽기는 잘하는지 알 수 있습니다. 내용을 이해하고 읽는지 여부도 바로 드러납니다. 이해가 잘 안 되는 부분은 속도가 느려지거나 발음이 뭉개집니다. 뜻을 모르는 낱말은 더듬거리며 읽기 쉽습니다. 묵독으로 책을 잘 읽는 아이라도 소리 내어 읽기를 시키면 구멍이 숭숭 나있을지도 모릅니다.

소리 내어 읽기는 책의 내용을 제대로 이해하기 위해 꼭 필요한 과정입니다. 똑바로 소리 내 읽어야 묵독할 때도 정확하게 읽습니다. 학교에서 소리 내어 읽기를 계속 배우지만 그것만으로는 부족합니다. 정확한 발음으로 능숙하게 책을 읽을 때까지 집에서 연습하게 해주세요. 수학문제를 엉뚱하게 읽어 틀리는 일이 잦은 아이 역시 소리 내어 읽기로 낱말을 빼먹거나 다르게 읽는 습관을 고쳐주는 것이 바람직합니다. 이때 아이가 잘 읽는 책보다 약간 쉬운 수준을 선택하는 것이 좋습니다. 하루 한 쪽씩 꾸준히 읽게 하세요. 소리 내어 읽을 때는 조사나 토씨 하나하나까지 정확하게 읽어야 합니다. 소리 내어 읽기가 서툴면 부모가 먼저 읽고 따라 읽는 방법을 써보세요.

8. 책 읽어주기

부모가 책을 읽어주면 아이가 국어교과서의 학습목표를 익히는 데 큰 도움이 됩니다. 〈소리 내어 읽기〉가 들어가는 단원 모두 부모가 정확한 발음으로, 감정을 실어 읽어주기만 해도 별 어려움 없이 이해할 수 있습니다. 1학년 1학기 8단원의 학습목표인 '문장 부호를 생각하며 글을 띄어 읽기'도 많이 들은 아이들은 금방 이해합니다. 읽어주는 소리를 들으며 띄어 읽기 연습을 수없이 한 셈이니까요.

이 외에도 책 읽어주기의 이점은 많습니다. 감정을 실어 재미있게 읽어주면 아이는 책 속의 상황을 머릿속에서 쉽게 그려냅니다. 내용을 상상할 수 있으면 주인공이나 등장인물에게 일어난 사건의 흐름을 빠르게 이해할 수 있습니다. 엄마아빠가 읽어준 책은 묵독하더라도 빼먹고 읽거나 대충 읽는 현상이 많이 줄어듭니다. 내용을 상상하기 쉽기 때문이죠. 주인공이 겪는 어려움, 모험, 기쁨을 같이 겪으며 아이의 감성도 발달합니다. 책읽기가 참 재미있다는 것을 알게 되고, 책을 읽어주는 엄마아빠를 좋아하는 마음이 깊이 뿌리내립니다.

언제쯤 책을 읽어주기에서 벗어나나 손꼽아 기다리는 분들이 많으시죠? 초등 저학년은 읽기보다 듣는 능력이 훨씬 뛰어난 시기입니다. 아이들은 혼자 읽을 때보다 부모가 읽어줄 때 더 잘 이해합니다. 아이가 더 안 듣겠다고 할 때까지 꾸준히 읽어주세요.

9. 일기 쓰는 습관 잡기

일기 쓰기는 1학년에 두 단원이 있습니다. 1학기 9단원의 '겪은 일을 떠올려 그림일기 써보기'와 2학기 9단원의 '겪은 일이 잘 드러나게 글쓰기(일기)'입니다. 사실 일기 쓰기를 좋아하는 아이들은 별로 없습니다. 어른도 글 쓰는 것을 좋아하는 사람이 드문데 아이들이라고 다를 바 없을 테지요. 교과서에 나오듯 기억에 남는 일이나 인상 깊었던 일로 일기를 쓰려면 쓸거리가 별로 없습니다. 다양한 방법으로 즐겁게, 부담 없이 쓸 수 있도록 도와주세요.

그림일기의 그림에 색칠까지 꼼꼼하게 하지 않아도 됩니다. 쓰는 것을 부담스러워 하면 그림이나 사진을 붙이고 설명 한 줄 정도만 적어도 좋고, 재미있게 본 책의 장면을 그림으로 그린 뒤 그 이유를 간단하게 써보는 방법도 있습니다. 그마저도 부담스러워하면 어떤 느낌, 어떤 생각이 들었는지 이야기해 보라고 하세요. 아이가 말한 것을 일기에 적으면 됩니다. 동시를 베껴 쓰거나 자작시를 써도 됩니다. 만화영화나 책을 본 뒤 아이와 이야기를 나누고 써보게 하는 것도 좋은 방법입니다. 일기 쓰기 습관이 정착되면 앞으로 글쓰기 걱정은 안 해도 됩니다. 일기 숙제가 없는 학교라도 일기는 꾸준히 쓰도록 해주세요.

잠수네 톡

저 같은 경우는 아이에게 같은 1학년이 쓴 일기책을 보여주었어요.

작성자: 초록웃음 (초1, 5세)

초록이는 학기 중에는 일주일에 한 번 일기를 썼는데 처음엔 무엇을 어떻게 쓰는지 몰라 하더라구요. 선생님 말씀이 일기거리에 대해 충분히 이야기를 나눈 후 연습장 같은 곳에 쓰게 하래요(맘대로 편하게). 그다음 일기장에 옮길 때는 엄마가 맞춤법이나 어순 등을 조금씩 조정해 주라고 하시네요. "이건 좀 뒤로 가고 이 부분이 앞으로 오면 어떨까?" 이런 식으로요. 이렇게 몇 번 하다 보니 자신감이 붙었는지 그다음부터는 일기장에 바로 쓰기도 합니다(그러다가 한 쪽을 다 지우고 다시 쓰기도 하지만).

그리고 주말에 일기 쓸 거리를 만들어 주는 것도 부모의 역할이라네요. 주말에 일기 써온 거 보면 죄다 '○○마트 갔다 왔다. ★★마트 갔다 왔다'와 같은 내용뿐이래요. 주제 잡기 어려워하는 아이들을 위해서 일기거리를 풍부하게 제공해 주어야 한대요.

그렇게 진행하면서 저는 같은 초등학교 1학년 아이들이 실제로 쓴 일기가 책으로 나와있길래 그 책을 읽혔어요. 일기책을 2권 보며 같은 상황은 비슷하게 쓰기도 하면서 자신감이 많이 붙은 거 같더라구요. 지금도 침대 머리맡에 이 두 권을 놓고 자기 전에 수시로 조금씩 읽어요. 남의 일기 보는 것처럼 재미있나 보더라구요.^^ 아무튼 그렇게 해서 초록이는 일기 쓰는 건 어려워하지 않게 되었네요.

1학년이라면 일기가 숙제나 과제가 아닌 자신의 생활을 기록하는 즐거운 것으로 받아들이게 하는 게 제일 중요할 것 같아요. 처음엔 문맥이 좀 이상하고 본인의 생각이 드러나지 않게 쓴다 해도 그냥 두시고 1학년이 쓴 일기를 슬쩍 들이밀어 보는 건 어떨까 싶네요.

잠수네 톡

확실히 '독서량'이 중요해요. 하지만 읽어주기로도 어휘량과 이해력이 좋아져요.

작성자: 웃어요 (초1)

아이들마다 타고나는 게 있더라고요. 수학을 잘하는 아이, 국어를 잘하는 아이. 그런데 국어가 약하면 손해 보는 면이 많은 것 같아요. 특히 고학년이 될수록 어휘량과 추상적인 것을 이해하고 받아들이는 능력이 점점 중요해지더라고요.

제 주변에서도 국어가 약해 고민하는 친구들이 있는데요. 제가 느낀 것은 확실히 '독서량'에 따라 다르다는 사실이에요. 아이 스스로 책을 읽지 않아도 엄마가 매일 2~3권이라도 읽어주는 아이는 어휘량이나 문장을 읽고 이해하는 능력이 그렇지 않은 아이에 비해 좋더라고요. 당연한 얘기라고 하실지 모르겠지만, 국어 학습지는 풀려도 매일 동화책을 직접 읽어주는 엄마는 생각보다 많지 않더라고요. 문제집을 풀리는 건 국어공부에 큰 도움이 되지 않는 것 같아요. 말 그대로 문제를 푸는 요령을 배우는 데만 도움이 된다고 생각해요.

제 아들도 책을 혼자 읽으려 하지 않아 매일 5~10권 정도 읽어줍니다. 덕분에 이번 독서퀴즈 대회 결과 반에서 남자로는 유일하게 금상을 탔어요(애궁 자랑해서 죄송. 너무 좋아서 ㅎㅎ). 요즘은 호흡이 긴 글들도 조금씩 섞어서 읽어주고 있어요. 언젠가는 스스로 찾아 읽겠죠. 그전까지는 엄마가 애쓰는 수밖에 없는 것 같아요.

초등 2학년, 이렇게 하면 국어실력이 쑥쑥 자라요

1. 동시 읽기

국어교과서에는 매 학년마다 시를 읽고 이해하는 방법이 한두 단원씩 들어 있습니다. 2학년에서도 1학기 1단원, 2학기 1단원에 시가 나옵니다. 2학년 교과서에 나온 학습목표와 소제목을 볼까요?

(2-1) 인물의 마음을 상상하며 시를 읽어봅시다.

- 시를 여러 가지 방법으로 읽기
- 장면을 떠올리며 시 읽기
- 시 속 인물의 마음 상상하기

- 좋아하는 시 낭송하기

(2-2) 시를 읽고 장면을 떠올리며 생각이나 느낌을 말해 봅시다.

- 시를 읽고 생각이나 느낌 말하기
- 시를 찾아 읽고 여러 가지 방법으로 전하기

시를 좋아하는 사람도 있지만 싫어하는 사람도 있습니다. 아이들도 마찬가지입니다. 시를 싫어하는 아이는 중고등학생이 되어서도 시만 나오면 고생합니다. 수업 내용도 이해가 안 되고 시험에 시가 나오면 영락없이 틀립니다. 물론 마음 잡고 열심히 공부하면 좋은 점수를 받을 수도 있겠지요. 그러나 점수와 시를 즐기고 사랑하는 마음을 갖게 되는 것은 별개의 문제입니다. 꼭 학교시험만을 위해 시를 읽어야 하는 것은 아닙니다. 시는 응축된 단어로 감정을 표현하는 문학작품입니다. 시를 듣고 읽다 보면 시를 감상하는 능력이 자라납니다. 함축된 표현을 이해할 수 있고 감성도 풍성해집니다. 의성어, 의태어를 많이 접하면서 상상력도 커집니다. 글을 쓰거나 말할 때 표현력도 늘고요. 팍팍하고 힘든 마음이 시 한 줄로 위로를 받기도 합니다.

부모가 시를 좋아한다면 아이들도 자연스럽게 시를 접할 기회가 많을 겁니다. 그러나 엄마아빠가 시를 좋아하지 않는다고 아이에게도 시를 접해주지 않으면 아이 역시 시와 멀어집니다. 그림책, 동화책을 즐겨 읽는 아이라도 동시집을 먼저 꺼내오지는 않습니다. 기승전결 구도가 확실한 이야기책에 비해 재미가 떨어지기 때문입니다.

이야기책 이상으로 재미있는 동시집이 많습니다. 스스로 동시집을 읽지 않으면 하루 한 편씩 읽어주는 시간을 가져보세요. 한 번은 감정을 넣어서, 한 번은 무미건조하게 읽어줘 보세요. 아이가 먼저 재미있게 읽어달라고 투덜댈 것입니다. 다른 방식으로 읽어주며 느낌을 물어보는 것도 좋습니다. 시를 읽고 부모의 느낌을 이야기해 주면 아이도 쉽게 따라 할 거예요. "이 부분은 어떻게 읽으면 좋을까?" 아이의 의견을 구하는 것도 좋아요. 아이한테 재미있게 읽어달라고 요청도 해보고요. 글을 읽을 때 한두 단어를 빼먹거나 조사를 바꾸기가 일쑤인 아이라면 동시 읽기가 집중력을 키우는 기회가 될 수 있습니다. 느낌을 살려 동시를 소리 내어 읽게 해보세요. 낱말 하나, 조사 하나의 의미가 굉장히 중요하다는 사실을 저절로 깨우칩니다. 교과서의 학습목표를 이해하고 습득하게 되는 것은 덤이고요.

잠수네 추천 동시집

[JK3] 최승호 시인의 말놀이 동시집 1 (비룡소)

[JK3] 맨날 맨날 우리만 자래 (보리)

[JK4] 초코파이 자전거 (비룡소)

[JK4] 신발 속에 사는 악어 (사계절)

[JK4] 엄마 옆에 꼬옥 붙어 잤어요 (웅진주니어)

[JK4] 콧구멍만 바쁘다 (창비)

2. 고운 말 쓰기, 즐거운 대화 연습

2학년 2학기 10단원의 학습목표는 '바르고 고운 말을 사용해 칭찬하는 말을 하고 칭찬하는 글을 써 봅시다'입니다. 학교에서 친구들이 하는 욕을 자꾸 듣고 사용하다 보면 무의식 중에 거친 말이 튀어나옵니다. 일기를 쓰거나 학교에서 글을 쓸 때도 '존나 싫어' 같은 속어나 비어를 의식 없이 사용하게 되고요. 어떤 말이 옳은지 모르면 '짱 좋아, 열나 좋아, 매우 좋아' 중 바른말을 고르라는 시험 문제의 정답을 맞추지 못합니다. 국어교과서가 도덕교과서 같다고 무시하지 말고 아이의 언어습관을 유심히 살펴보세요. 무조건 욕하지 말라고 다그치면 다른 아이들도 다 쓰는데 왜 나만 야단치느냐고 반발하기 쉽습니다. 교과서를 보여주며 "여기 봐, 교과서에서 고운 말을 쓰라고 했는데?" 하면 아이도 순순히 납득하게 됩니다.

1학기 10단원에서는 다른 사람을 생각해서 대화하는 방법을 배웁니다. '듣는 사람의 기분을 생각하며 대화를 나누어 봅시다'가 학습목표입니다. 교과서를 보면 대화의 기술을 조목조목 알려줍니다. 아이만 탓하지 말고 나부터 아 이에게 말할 때 주의해야겠다는 마음이 들 것입니다.

3. 말놀이 (어휘력 향상)

초등 저학년 아이들은 말놀이를 좋아합니다. '끝말잇기' 정도는 많이 하는 놀이죠? 그러나 생쥐, 손수레처럼 뒷말을 이어 받을 낱말이 없으면 금방 끝나는 경우가 많아 아쉽습니다. 교과서를 들춰보세요. 여러 가지 재미있는 말놀이 방법이 나옵니다.

2-1. 4단원

1) 꽁지 따기 말놀이
   - 사과는 빨개 → 빨가면 딸기 → 딸기는 작아

2) 주고 받는 말놀이
   - 하나는 뭐니? → 빗자루는 하나, 둘은 뭐니? → 안경알 둘
   - 별은 뭐니? → 하늘에 사는 불가사리, 동그라미는 뭐니? → 아침에 뜨는 햇님, 세모는

3) 말 덧붙이기 놀이
   - 과일 가게에 가면 사과도 있고 → 과일 가게에 가면 사과도 있고 바나나도 있고.

4) 포함되는 낱말 말하기 놀이
   - 과일가게 → 사과, 수박, 복숭아…

2-2. 3단원

1) 같은 글자로 끝나는 낱말 말하기
   가지 → 강아지 → 바지 → 도라지…

2) 다섯고개 놀이

3) 수수께끼 만들기
   - 이름을 이용하여 만들기(예: 말은 말인데 타지 못하는 말은?)
   - 특징을 이용하여 만들기(예: 닦으면 닦을수록 더러워지는 것은?)
   - 서로 다른 점을 생각하여 만들기(예: 여름에는 일하고 겨울에는 쉬는 것은?)

4) 끝말 잇기
   - 사과 → 과일 → 일기 → 기차
   ※ 두음법칙을 적용하면 좋아요.(예: 교량 = '양'으로 시작하는 말 찾기

교과서에는 안 나오지만 재미있는 낱말 수수께끼

1) 말 잇기
   - 말머리로 잇기(예: 나무 → 나비 → 나이테 → 나팔꽃......)
   - 말허리로 잇기(예: 무지개 → 지우개 →우체국 → 체육복......)

2) 말 찾기
   - 첫말에 'ㄱ'이 들어가는 말 찾기(예: 고구마 → 고래 → 고무신 → 고추......), 첫말에 'ㄴ'이 들어가는 말 찾기 등
   - 끝말에 'ㄱ'이 들어가는 말 찾기(예: 기러기 → 기중기 → 비행기......), 끝말에 'ㄴ'이 들어가는 말 찾기 등
   - 첫말과 끝말에 각각 'ㄱㄹ'이 들어가는 말 찾기(예: 고래 → 고랑 → 기린......), 첫말과 끝말에 'ㄷㅎ'이 들어가는 말 찾기 등

이런 말놀이는 아이들의 어휘를 폭발적으로 증가시켜 줍니다. 말놀이를 하면서 아이들은 자기가 아는 단어를 확인하기도 하고, 새로운 단어를 알아가는 재미도 느낍니다. 위 형제나 엄마아빠와 말놀이를 하면 새로운 단어를 접할 기회가 많아집니다. 아이가 모르는 단어를 부모가 말했을 때는 꼭 뜻을 설명해 주세요.

4. 학교에서 있었던 일 이야기해 보기

2학년 1학기 6단원의 학습목표는 '일이 일어난 차례를 생각하며 겪은 일을 이야기로 표현해 봅시다.'입니다. 이 단원의 내용을 활용해 보세요. 아이에게 학교에서 있었던 일을 이야기해 달라고 하는 거죠. "오늘은 학교에서 뭘 배웠어? 친구들과 어떤 일이 있었니?" 하면서요. 때로는 아이가 선생님이 되어 학교에서 배운 것을 부모나 동생에게 가르쳐 주는 방법도 좋습니다(선생님 놀이를 하며 가르쳐도 좋아요). 아이가 말하는 것을 싫어하거나 부모가 귀찮다면 쉽지 않은 일일 겁니다. 그러나 이렇게 말해보는 시간을 갖는 것은 여러모로 이점이 많습니다. 어릴 때부터 부모와 이야기하는 습관이 잘 다져진 경우, 말 잘하는 아이로 자랄 가능성이 높습니다. 아이의 학교생활도 자세하게 알 수 있고 아이와 부모 사이 정도 돈독해집니다. 배운 내용을 복습하는 기회가 되기도 합니다. 아이가 이야기할 때는 환하게 웃는 얼굴로 "우와, 그랬어?" 하고 맞장구치며 들어주세요. 궁금한 점은 물어보기도 하고요. 손 번쩍 들고 아이에게 "선생님 질문 있어요!" 하면 뒤로 넘어갈걸요?

5. 말로 하는 독후활동

2학년 1학기 1,8단원과 2학기 1,4단원에서는 글쓴이의 경험과 자신의 경험을 비교하여 글 읽기를 배웁니다. 경험을 떠올리며 글을 읽으면 재미도 있고 글의 내용과 인물의 마음을 잘 이해할 수 있다고요. 글을 읽는 방법, 즉 정독하는 방법을 배우는 과정이죠. 학교에서 배운 것을 아이가 재미있게 읽는 책에서 활용해 보세요. 백희나의 《장수탕 선녀님》을 읽었다면 목욕탕에 가서 요구르트도 먹어보고, 엄마의 어릴 적 경험도 이야기해 주세요. 아플 때 엄마의 엄마가 머리를 짚어주면 어떤 마음이 들었는지도 이야기해 보고요. 이렇게 이야기를 나누다 보면 경험을 떠올리며 책을 읽는 방법을 저절로 알게 됩니다. 어찌 보면 책을 많이 읽는 것 이상으로 다양한 경험을 해보는 것이 글쓴이의 생각과 느낌을 이해하는 데 도움이 된다고 볼 수도 있습니다. 독후감 쓰기를 어려워한다고 고민하지 마세요. 독후감 쓰기를 좋아하지 않는 이유는 책을 읽고 느낌과 생각을 표현하는 방법에 서툴기 때문입니다. 학교에서 독후감 쓰기 숙제가 나오면 같이 이야기해 보세요. 혼자 쓰라고 하면 힘든 아이라도 술술 쓸 수 있습니다.

6. 다양하게 일기 쓰기

2학년 1학기 6단원을 보면 겪은 일을 차례대로 글로 쓰는 방법을 알려줍니다. '언제 어디에서 누구와 있었던 일인가? 아침/점심/저녁에는 각각 어떤 일이 있었나? 그때 어떤 생각이나 느낌이 들었는가?'를 생각해보고, 차례대로 정리하면 된다고 알려줍니다. 일기 쓸 때도 마찬가지입니다. 아이가 쓸거리가 없다고 하면 오늘 어떤 일을 했는지, 본 것과 들은 것을 같이 이야기해 보세요. 그중 한 가지로 쓰면 됩니다. 선택한 글의 주제에 맞는 제목을 짓는 습관을 들여주면 읽기와 쓰기능력이 같이 올라갑니다. 제목을 정하며 다른 글을 읽을 때 주제와 중심내용을 파악하는 힘이 생기고, 주제에 맞는 글을 쓰려고 노력하면서 글쓰는 능력도 자라거든요.

일기는 꼭 겪은 일이나 생각, 느낌을 써야 하는 것은 아닙니다. 일기장을 다양한 글을 써보는 공간으로 활용해 보세요. 교과서에 나온 글쓰기 방법을 참조해 쓰는 것도 한 방법입니다. 교과서를 워크북이라고 생각하고 읽어보세요. 글쓰기 팁이 구석구석 들어있습니다.

초등 2학년 교과서의 글쓰기 방법 정리

1) 마음을 전하는 글 쓰기 (2-1, 5단원)	• 알맞은 낱말을 사용해 마음을 전하는 글쓰기 • 마음을 전하는 편지 쓰기
2) 일이 일어난 차례대로 글 쓰기 (2-1, 6단원)	• 겪은 일을 차례대로 글로 쓰기 • 미래 일기 쓰기
3) 생각을 생생하게 쓰기 (2-1, 9단원)	• 꾸며 주는 말을 사용해 짧은 글쓰기 • 자신의 생각을 나타내는 짧은 글쓰기
4) 다른 사람을 생각하며 쓰기 (2-1, 6단원)	• 경험을 떠올려 일기 쓰기
5) 인물의 마음을 상상하며 쓰기 (2-1, 11단원) (2-2, 4단원)	• 이야기에 대한 생각과 느낌을 글로 쓰기 • 글을 읽고 인물에게 하고 싶은 말 쓰기 • 인물의 마음을 생각하며 글쓰기
6) 인상 깊었던 일 쓰기 (2-2, 2단원)	• 인상 깊었던 일을 생각이나 느낌이 잘 드러나게 글로 쓰기 • 인상 깊었던 일을 쓴 글로 책 만들기
7) 주변사람을 소개하는 글 쓰기 (2-2, 6단원)	• 소개하는 글 쓰기 • 인물을 소개하는 신문 만들기
8) 글을 읽고 주요 내용을 찾아 쓰기 (2-2, 9단원)	• 주요 내용을 확인하고 자신의 생각을 까닭을 들어 글로 쓰기

잠수네 추천 일기책

[JK3] 학교 가는 날: 오늘의 일기 (보림)

[JK3] 일기 쓰고 싶은 날 (천개의바람)

[JK4] 내 일기 훔쳐보지 마 (노란우산)

[JK4] 내가 처음 쓴 일기 (보리)

[JK5] 신통방통 일기쓰기 (좋은책어린이)

[JK5] 나, 오늘 일기 뭐 써! (파란정원)

7. 소리 내어 읽기 (정확하게 읽기 + 실감 나게 읽기)

2학년에서는 실감 나게 소리 내어 읽기(낭독)를 두 단원에서 공부합니다. 학습목표를 볼까요?

단원	학습목표
2-1, 1단원	• 시의 장면을, 인물의 마음을 상상하며 시 읽기 • 좋아하는 시 낭송하기
2-1, 11단원	• 인물의 마음에 어울리는 목소리로 이야기 읽기

교과서에서 소리 내어 읽기를 계속 공부하는 목적은 글을 이해하는 능력(정독)을 키워주기 위함입니다. 1학년의 소리 내어 읽기가 '정확하게 읽기'라면 2학년의 소리 내어 읽기는 '느낌을 살려서 읽기, 인물의 마음을 생각하며 실감 나게 읽기'입니다. 2학년이라도 1학년에서 다룬 '정확하게 소리 내어 읽기'가 안 되는 아이들이 많습니다. 한두 글자를 빼먹거나 다르게 읽기 일쑤입니다. 정확하게 읽기가 안 되면 시험 볼 때 치명적입니다. 국어는 물론 수학까지 문제를 잘못 읽어 틀리는 일이 다반사입

니다. 이런 아이들은 지금부터라도 정확하게 읽는 연습을 꾸준히 해야 합니다.

국어교과서의 학습목표인 '글에 나타난 인물의 마음을 실감 나게 읽기'가 안 되는 아이들도 많습니다. 지금이라도 재미있게 책을 읽어주세요. 감이 안 온다면 두 가지 방법으로 책을 읽어주고 아이의 반응을 살피면 됩니다. 한 번은 감정을 실어 무서운 장면이나 말은 인상을 험하게 하고 으스스한 목소리를 내고, 기쁜 장면은 활짝 웃으며 어깨도 들썩거리면서 밝은 목소리로 읽어주는 거예요. 또 한 번은 무미건조하게 읽어주고요. 십중팔구 왜 재미없게 읽어주느냐고 아이가 먼저 투덜거릴 겁니다. 부모가 생동감 넘치게 읽어주면 아이도 글에 나타난 인물의 마음을 생각하며 실감 나게 읽을 수 있습니다. 교과서의 학습목표를 저절로 습득하게 되는 거죠.

8. 편독하는 아이, 책을 싫어하는 아이를 위한 책 읽어주기

책 읽어주기는 실감 나게 읽는 본보기도 되지만 안 읽는 영역, 살짝 어려운 책을 읽도록 이끄는 마중물입니다. 책을 싫어하는 아이를 책을 즐기는 아이로 변하게 하는 길잡이가 되기도 합니다.

❶ 지식책만 읽는 아이라면 창작책을 읽어주세요

과학, 사회 영역의 책을 좋아하는 아이들은 상상의 세계, 지어낸 이야기가 들어있는 창작책 읽기는 썩 좋아하지 않는 경향이 있습니다. 어릴 때 창작그림책, 동화책을 싫어하던 아이는 커서도 소설을 안 봅니다. 그림책이나 동화책을 안 읽어도 저학년 때는 국어성적이 높을 수 있습니다. 시험 지문이 짧고 쉽기 때문입니다. 그러나 중고등 국어는 글의 수준도 올라가고 문제도 어려워집니다. 문학작품을 안 읽으면 갈수록 국어점수가 떨어지게 됩니다. 시의 이해, 인물의 심경을 묻는 문제가 나오면 답을 못 찾고, 지문이 길어지면 독해하는 데 시간이 오래 걸리니까요.

아이가 창작책을 안 좋아하면 고민하지 말고 책을 읽어주세요. 단, 무조건 쉽고 재밌어야 합니다. 재미를 느껴야 스스로 책을 잡을 테니까요. "우리 아이는 왜 창작책을 읽어줘도 재미없어할까요?" 질문하는 분을 보면 십중팔구 권장도서나 학년별 필독도서를 읽어준 경우입니다. 아이들은 어려운 책을 재미없다고 표현합니다. 어른의 눈으로 고른 목록은 '좋은 책'일지는 몰라도 창작책을 안 읽은 아이에게는 '어려운 책'일 뿐입니다. 책을 읽어줄 때는 인물의 마음에 어울리는 표정, 목소리, 몸짓을 하며 읽어주세요. 마트의 시식코너에서 맛을 보면 그 음식을 한번 사볼까 하는 마음이 들죠? 아이도 '어? 창작책도 재미있잖아?' 하는 마음이 들 때가 옵니다.

❷ 창작책만 읽는 아이는 지식책을 읽어주세요

세상의 모든 글(책)은 문학(창작책)과 비문학(지식책), 두 종류로 나뉩니다. 어릴수록 창작책을 많이 읽다, 커가면서 지식책의 비중이 늘어나죠? 국어교과서도 마찬가지입니다. 초등 1, 2학년 국어교과서에 실린 글은 문학영역인 시, 이야기가 대부분입니다. 지식영역의 글은 학기당 1~2단원 정도지만 3, 4학년이 되면 학기당 3~4단원으로 늘어납니다. 초등 고학년, 중고등은 비문학 지문이 절반 가까이 됩니다. 평소 창작책만 읽던 아이라면 점점 교과서가 어렵다는 느낌을 받을 수밖에 없는 구조입니다. 창작책만 읽는 아이라도 중학교까지는 국어를 잘한다는 소리를 들을 수 있습니다. 국어교과서 내용을 달달 외우면 되니까요. 그러나 고등학교부터는 국어점수가 하락세를 보입니다. 비문학 지문이 등장하면서 독해에 어려움을 겪기 때문입니다.

창작책을 안 읽는 아이는 쉽고 흥미로운 책을 읽어주는 것으로 재미를 붙일 수 있습니다. 그러나 지식책 읽어주기는 그렇게 간단하지 않습니다. 아는 것(배경지식)이 별로 없는 분야는 읽어줘도 무슨 소리인지 모릅니다. 관심 없는 영역은 읽어줘 봐야 흥미를 보이지 않고요. 해법은 다양한 경험을 통해 배경지식을 쌓고, 관심 영역을 넓혀가는 겁니다. 과학관이나 과학전시회에도 가보고, 박물관이나 역사유적지를 다니며 배경지식을 쌓고 관심도 불러일으켜 보는 거예요. 창작책을 잘 읽는 아이라면 이야기와 지식을 접목한 책으로 친숙하게 접근하는 방법도 있습니다. 탐정과학동화, 역사동화 등 이야기 속에 지식을 버무린 책들로요.

또 하나의 방법은 교과 연계도서입니다. 학교에서 배울 예정인 내용을 담은 책은 아이도 관심을 갖기 마련입니다. 이미 배운 내용이라면 약간의 배경지식이 있을 테고요. 초등 1, 2학년 통합교과서는 어느 정도 배경지식이 있다면 쉽게 느껴집니다. 그냥 상식인 거죠. 그러나 별로 접해본 적 없는 분야라면 교과서에 나오는 그림이나 글이 낯설게 느껴질 수 있습니다. 이 책에 실린 통합교과 연계도서를 읽어주세요. 교과서 내용을 이해하는 데도 도움이 되고, 교과서의 내용을 좀 더 심도 있게 알아보는 효과도 있습니다. 사회, 과학 지문이 많아지는 3학년 국어교과 준비도 겸할 수 있습니다. 통합교과 연계도서는 대부분 지식책입니다. 꾸준히 연계도서를 읽어주세요. 아는 것이 많아지고 흥미를 느끼는 분야가 넓어지면 사회, 과학지식책도 재미있게 읽게 됩니다.

❸ 책을 안 읽는 아이는 책 읽어주기와 책읽기를 병행해야 합니다

책을 싫어하는 아이는 없습니다. 아이가 책을 안 읽는다면 책읽는 환경을 제공해 주지 못한 부모의 책임이 큽니다. 책을 잘 읽는 아이를 보면 주변에서(주로 부모) 책 읽는 모습을 많이 봤거나 손을 뻗으면 재미있는 책을 구할 수 있는 환경이 구비되었기 때문입니다.

먼저 책읽기에 방해되는 것을 치워주세요. 한글TV 시청, 게임 등 유혹거리가 많으면 책에 집중하기 어렵습니다. 과도한 사교육을 정리하지 않고서는 한글책을 즐겨 읽기 힘듭니다. 책읽기를 북돋아 주는 환경도 만들어 주세요. 제일 좋은 방법은 스스로 읽을 때까지 매일 일정 시간에 책을 읽어주는 것입니다. 책을 안 읽는 아이에게 읽어줄 때는 쉽고 재미있는 창작책이 좋습니다. 지식책은 창작책을 잘 읽게 되면 그때 읽어줘도 늦지 않습니다. 책을 읽어주는 것은 좋아하지만 스스로 읽지 않는 아이라면 하루 중 제일 좋은 시간대를 책읽기 시간으로 정해보세요. 그 시간에는 모든 식구가 무조건 책을 읽기로 약속하는 것이 좋습니다.

잠수네 톡

> **매일 일기 쓰는 습관을 들여야 해요. 엄마가 옆에서 질문을 해주면 퀄리티 높은 일기가 나온답니다.**
>
> 작성자: 비우기 (초2, 6세, 4세)

저학년 때 습관 들이지 않으면 정말 정말 힘든 부분이에요. 중요성을 알면서도 학습해야 할 것들에 치여 은글슬쩍 넘어가기 쉬운 것이 일기이기도 하죠. 이건 엄마가 먼저 각성해야 합니다. 매일 쓰는 것을 생활화하지 않으면 학년이 올라갈수록 일기 쓰기는 슬그머니 사라지지요. 나비꽃밭은 일기 쓰는 것 또한 영어 진행만큼 꼭 해야 하는 것으로 생각합니다.

매일 쓰는 일기~ 어떻게 하면 더 재미나게 쓸 수 있을까 찾아보다 〈잠수네 프린트센터〉를 적극 이용했어요. 주제별로 잘 정리가 돼있어 프린트하여 제본한 다음 책으로 만들어 나비꽃밭에게 주었어요.

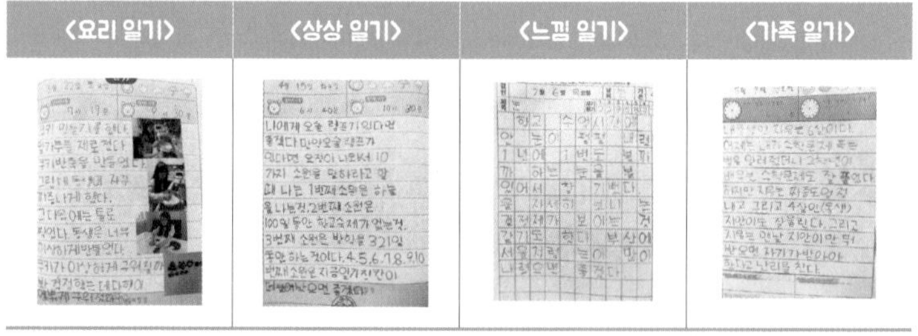

〈요리 일기〉
〈상상 일기〉
〈느낌 일기〉
〈가족 일기〉

나비꽃밭도 고집이 있으셔서 엄마의 제안에 끄떡도 안 할 때가 많아요. 자기가 내켜야지만 쓰지요. 하지만 책을 통해 일기의 종류에

여러 가지가 있음을 알고 나면 좀 더 다양한 일기가 나오지요. 그래도 막상 일기 쓰려면 생각이 안 나잖아요. 이럴 때를 대비해 책상 유리나 비닐(저희 집은 두꺼운 비닐 깔고 써요) 밑에 여러 가지 일기의 주제들을 출력해 넣어놓아요. 그러면 생각나는 게 없다고 하다가도 책상에 있는 일기의 주제들을 보고 쓰곤 하네요.^^ 더 좋은 건 엄마가 옆에서 가끔 질문을 던져주는 거예요. 예를 들면 "오늘 슈퍼에 가서 동생이랑 사탕을 사 먹었다"라고 적었다면 "엄마가 궁금한 게 있어. 그 사탕 맛이 무척 궁금해. 김치맛? 그리고 무슨 색깔이었을까? 혹시 검정색이야? 또, 혹시 10원 주고 산 거야?"라고 여러 가지 조금은 엉뚱한 질문을 해봅니다. 그러면 나비꽃밭은 막 웃지요. 김치맛 사탕이 어딨느냐고. 검정 사탕 따윈 안 먹는다고. 그러면서 설명합니다. "내가 먹은 사탕은 딸기맛이 나면서도 새콤한 사탕이었고, 흰색이랑 빨강색이 반반씩 섞인 사탕"이라고 말이죠. 그리고, "10원짜리 사탕이 어딨어? 200원 주고 샀지"라고 얘길 해요. 그럼, 그 다음은 아시겠죠? "아, 나비꽃밭. 어찌 그리 표현을 잘하니? 일기에도 그렇게 적어주면 나중에 다시 이 일기를 볼 때 훨씬 더 재미나고 기억도 잘 날 것 같아~." 이렇게까지 대화가 오가면 다음번엔 그렇게 써보겠노라며 이야기하곤 합니다.

잠수네 톡

만화책만 찾는 우리 아이를 위해 재미있는 책을 찾아서 읽게 했어요. 그랬더니 지금은 책에 재미를 느낍니다.

작성자: 나비문 (초2, 6세)

전 애들이랑 도서관 안 가요. 애들이 재미없어하거든요. 탐험하듯 이 책 저 책 구경하고 보는 그런 애들도 있겠죠. 하지만 저희 애들은 아니거든요. 저희 큰애는 가끔 도서관 가면 만화책만 찾아봐요. 보고 또 보고 계속 반복했죠. 작년엔 한글책을 매일 학교에서 한 권씩 읽는 걸로 만족했고, 집에서는 조건을 걸어 몇 권씩 읽게 했구요. 그러다 한글책 읽기가 정말 중요하다는 걸 깨닫고 책읽기 시간을 만든 건데, 당연히 애는 안 좋아했지요.

그러던 저희 큰애가 요즘 책을 좋아해요. 하교 후에 한글책을 보고 싶어하고, 만화책을 먼저 안 꺼내고 한글책을 보려 하구요. 오늘은 아침에 엄마아빠가 늦게 일어난 사이 한글책 문고를 내리 5권을 읽어버렸더라구요(흥미를 끌 만한 제목의 책들이었거든요). 그런 모습을 보면서 정말 책의 재미를 느끼나 보다, 하고 있어요. 좋아하는 책은 저학년 창작 문고예요. 재미있다며 반복해서 보려고도 하고, 뒷표지 날개의 책 소개글을 보고 책을 빌려달라고도 하네요.

대략 올해부터 제가 한 건, 월수금 1시간씩 책 보는 시간을 만든 거예요(그전에는 만화책만 보려했거든요). JK4(2학년 수준의 책) 〈책나무〉 베스트 다 빌려서 읽게 하고, JK5 베스트 조금 보다가, JK4 이하 잠수네 콘텐츠 책들 다 읽히고, 우리말책의 태그수첩 추천책 중 JK4

이하 수준으로 좀 읽히고, 저학년 문고 중 JK4를 다 읽게 했어요. 그러고 지금은 JK5를 보고 있어요.

(※ 저자 주: 〈잠수네 책나무〉의 베스트 한글책은 부록을 참조해 주세요.)

이 순서는 그냥 하다 보니 그렇게 된 거구요, 꾸준히 책을 보게 하고, 재미있는 책(전래동화도 좋아했어요)으로 빌려다 주었더니 책을 좋아하는 단계까지 오지 않았나 싶어요. 얼마 전까지도 1시간을 못 채우고 지겨워하곤 했는데, 책에 재미를 붙인 지금은 아주 잘 봐요. 전 도서관 같이 안 가고 혼자 가서 빌려와요. 책이 안 떨어지게 부지런히 빌리고, 재미있는 책을 찾는 게 제가 할 일이에요. '재미있는 책 빌려다 주기'가 중요한 것 같아요.

잠수네 톡

초등 2학년 남자아이의 한글책 읽기 적응기 한번 들어봐 주실래요?

작성자: 후빈화이링 (초2, 초1)

초등 2학년 남자아이의 한글책 읽기 적응기 한번 들어봐 주실래요?

(1) 먼저 아이에 대해서(초2, A형, 자신감 부족, 왕소심, 이해력 부족, 집중력 부족)

축구 좋아하고, 친구랑 노는 거 좋아하고, 스스로 하지 않고, 해라 하면 딴짓하기 좋아하는 전형(?)적인 아들입니다. 엄마가 책 읽자 하지 않으면 스스로 읽는 날 별로 없구요, 글자 많은 책은 기겁하고 쪽수

많은 책은 울면서 어떻게 보느냐고 하던 아들입니다. 아이는 7살 수준의 책을 무척 좋아합니다. 올 초《구름빵》을 보고는 진~짜 재밌다고 도서관에 가서 빌려 매일 몇 번씩 읽었어요. 이웃집 6살이 좋아하는 책을…… 켁켁~.

(2) 엄마의 책 읽히기(많이 부끄럽네요)

저는 모든 일에 때가 있다고 보고 애가 원하지 않으면 시키지 않았습니다. 어릴 때 어찌나 열쇠를 좋아하고 끼우는 걸 좋아하던지, 그래서 퍼즐과 블록을 사줬구요. 어린이집 다니며 문구점에서 학습지 사달라 하면 사줬고, 어느 날은 10칸 공책 사달라더니 첫 줄에 단어 쓰고 따라 쓸 거라더군요(어린이집에서 이렇게 했나 봐요). 책은 자기 전에 한두 권 읽어주고 중간에 읽어달라 하면 저녁에 읽자고 거부하던(아잉~ 부끄러워) 그런 엄마였습니다. 결혼하고 직장 생활 그만두고 육아만 하다가 아이가 4살 되던 해부터 어린이집 종일반 보내고 주말엔 할머니집 보내면서 공부하고 직장 생활 다시 시작했지요(정말 미안하다, 아들~). 게다가 연년생 여동생, 뭐든 잘하는 그런 여동생까지 있습니다.

(3) 잠수네를 알게 되다

올 1월 지인 소개로 〈잠수네〉를 알게 되고 책나무 베스트를 뽑았습니다. 1학년 동생도 있으니 JK3~JK4단계 베스트 목록을 뽑고 도서관에 있는 책은 죄다 빌려 보았습니다. 우리 가족이 4명이니 20권,

영어책도 같이해서 거의 매주 도서관에 갔습니다. 동생 보라고 빌린 3단계 책만 들입다 보더군요. 그러더니 정말정말 마르고 닳도록 보는 책은 좋은책어린이 저학년문고 시리즈(JK4)입니다. 길고 글밥이 제법 많기는 했지만 울 아들 많이 발전했네. 요즘 하루에 3권 이상 읽어주십니다. 〈책나무〉에서 제목들 한번 들어보세요. '엄마 몰래 선생님 몰래, 나쁜 엄마, 말 잘 듣는 약, 아드님 진지드세요, 용돈지갑에 구멍났나' 등 제목만 보아도 매우 재밌을 거 같지 않나요? 저는 별 100만 개라도 주고 싶습니다.

처음에는 주저하며 보더니 이제는 푸~욱 빠졌습니다. 특히 《말 잘 듣는 약》은 말 잘 듣는 약을 개발하여 상까지 받았으나 애들이 웃음을 잃어버려 상을 도로 빼앗기는 내용입니다. 그래서 우리 아들, 말 잘 안 듣는 약을 개발하시겠다는……. 허걱. 쪽수도 60쪽이구요, 간간이 그림이 있긴 해도 한바닥이 다 글입니다. 정말 눈물이 날 정도입니다. 요즘 학교에서도 100쪽 되는 책을 이틀에 걸쳐 읽고 왔다는 이야기도 하고 매우 감격스럽습니다.

국어 시험공부는 이렇게 해요

• • •

1. 평소 국어공부는 이렇게

책을 잘 읽고 수업시간에 집중하는 아이라면 초등 1, 2학년 국어는 공부할 것이 그다지 없습니다. 그러나 믿는 도끼에 발등 찍힌다고 생각지도 못한 구멍이 있을 수 있습니다. 학교에 교과서를 두고 다닌다면 정기적으로 집으로 갖고 오게 해서 아래의 방법대로 해보세요. 빈 구멍이 보이면 매주 복습 삼아 국어교과서의 내용을 확실하게 이해하고 짚고 가는 것이 좋습니다.

※ 국어교과서 맨 앞의 '이렇게 활용해 보세요'를 보면 교과서의 구조를 쉽게 이해할 수 있습니다. 국어활동 교과서 맨 뒤에 국어교과서의 답지가 붙어 있습니다. 국어교과서의 질문 중 답이 궁금할 때 찾아보면 됩니다.

첫째, 엄마가 학습목표를 숙지하고 아이가 알아들을 수 있게 설명해 주세요

단원의 학습목표가 각 단원에서 배울 내용입니다. 아이와 같이 학습목표를 읽고 무엇을 배우는지 알려주세요. 각 페이지 맨 위에 '~에 대하여 알아봅시다' '~을 해봅시다'로 적힌 글이 소주제입니다. 각 페이지의 소주제도 다 읽으며 무엇을 알아야 하는지, 해야 하는지 확인합니다.

둘째, 내용 이해를 잘하고 있는지 살펴봅니다

교과서의 모든 글자를 소리 내어 읽습니다. 그러고 나서 교과서의 질문에 답이나 아이의 의견을 말해보라고 하세요. 아무 생각 없이 읽거나 학교에서 배웠는데 잘 모른다고 답하는 아이들이 많을 겁니다. 같이 이야기를 나누다가 이해 못 하는 부분이 보이면 자세하게 설명해 주세요. 모르는 어휘가 있는지도 살피고요.

※ 소주제마다 맨 마지막에 공부할 내용을 정리하는 질문이 있습니다. 질문의 답이 그 단원에서 알아야 할 내용입니다. 그림, 말풍선의 내용도 살펴보며 잘 알고 있는지 물어보세요. 학습도우미(책 선생님, 연필 친구, 지우개 친구)들이 하는 말도 놓치지 말고 읽어야 합니다. 개념을 정리해 줄 때도 있고, 배우는 내용을 쉽게 설명해 줄 때도 있으니까요. 교과서의 그림, 질

문, 도표, 말풍선의 모든 내용이 시험에 나옵니다. 시험 전에 외워야 할 내용도 체크해 보세요.

이렇게 평상시에 국어공부를 해두면 시험공부할 것이 별로 없습니다. 자꾸 연습하다 보면 학교 수업도 잘 이해할 수 있습니다. 효과적인 공부 방법을 익히면 초등 고학년, 중고등학생이 되어서도 자기주도학습을 할 수 있습니다.

2. 국어 시험공부는 이렇게

평소에 잘해 두었다면 3가지만 하면 됩니다.

❶ 학습목표, 단원목표를 소리 내서 다시 한 번 읽어봅니다.

❷ 교과서를 읽고 질문에 답해보게 합니다.

❸ 필요하다면 교과서의 개념을 외웁니다.

Q1 전과나 국어문제집이 필요할까?

'초등 1, 2학년인데 국어문제집과 전과가 필요한가?'란 질문에는 의견이 분분합니다. 전과나 문제집은 교과서를 설명하는 교재입니다. 교과서보다 글이 많고 내용도 훨씬 어렵습니다. 교과서 외의 교재까지 보는 것은 불필요한 학습이 될 수 있습니다. 어휘력, 독해력을 키워야 국어실력이 올라간다는 점에서 재미없는 전과나 문제집을 볼 시간에 차라리 책을 읽는 편이 훨씬 낫습니다.

일단 1학년은 전과, 문제집 모두 필요 없습니다. 참고교재를 볼 정도로 교과서가 어렵지 않거든요. 2학년도 교과서 공부를 제대로 한다면 굳이 구입하지 않아도 됩니다. 다만 부모가 교과서를 봐도 잘 모르겠거나 설명해 줄 자신이 없다면 참고용으로 구입하는 것은 나쁘지 않습니다. 자신감 확보 차원에서도 괜찮고요.

학교에 따라 시험문제가 어렵게 나오는 곳도 간혹 있습니다. 시험이 어렵게 나오는 학교라면 문제집을 풀어야 할 수도 있습니다. 이때도 어렵다는 소문만 듣고 무작정 문제집을 풀리는 것은 시간 낭비입니다. 부모가 교과서의 내용을 잘 알면 시험내용과 결과만 봐도 교과서 공부로 충분할지, 문제집까지 풀어야 할지 판단이 섭니다. 첫 시험은 교과서만으로 공부하게 해보세요. 시험 결과를 보고 그때 가서 아이의 공부를 어느 수준까지 도와줘야 할지 판단해도 늦지 않습니다.

Q2 국어교과서 수록도서를 다 읽혀야 하나요?

국어교과서에 실린 지문은 전문이 들어가는 경우도 있지만 일부만 발췌한 경우가 더 많습니다. 전문이 들어가는 책이라도 몇 쪽 분량을 한 쪽에 줄여 담아 책 자체의 맛을 느끼지 못하는 경우가 대부분입니다. 원본의 감동을 제대로 느끼게 해주고 싶다면 원본을 읽는 것이 답입니다. 그러나 수록도서라고 해서 다 읽어야 하는 것은 아닙니다. 유아 때 이미 읽은 책이라 따로 읽힐 필요를 못 느낄 수 있습니다. 너무 쉽거나 재미없는 책도 들어있을 수 있습니다.

책을 잘 안 읽는 아이는 수록도서라도 읽히면 교과서를 공부할 때 낯선 느낌을 덜 수 있습니다. 그러나 재미없거나 어려워서 혼자 안 읽으려 하는 경우, 억지로 시키지 말고 엄마가 읽어주세요. 다음 학기나 한 학년 위의 수록도서를 미리 구비해 두고 자연스럽게 읽도록 하는 방법도 괜찮습니다.

잠수네 톡

국어 100점 맞는 우리 아이, 선생님도 궁금해하는 국어성적 올리기 노하우를 공개해요.

작성자: 위대한예술가 (초2)

제 딸은 초등 입학 2년 동안 단 한 번도 국어성적이 90점 미만은 없었습니다. 두 번에 한 번 꼴로 100점~. 학교에 상담하러 갔더니 선생님께서 저를 붙잡고 이번 시험에서 혼자 100점이라고, 어떻게 공부시켰느냐고, 뭐 이런 소리 듣고 왔습니다. 그럼 지금부터 아무것도 아닌, 국어시험 성적 올리는 소소한 방식을 대공개하겠습니다.

1단계: 마음가짐

학교 국어시험의 범위는 "교과서다!" 교과서 안에서 답을 찾는다(대부분 초등학교 저학년 아이들이 교과서를 벗어난 범위에서 생각하고 답을 적기 때문에 틀리는 경우가 종종 있다)! 이런 부분에서 답답할 때도 있다. 왜 교과서에 나온 답만 요구하는가, 아이가 자유롭게 사고해서 쓴 답은 왜 인정해 주지 않는가. 그런 고차원적인 생각은 일단 꾹 접고, 국어시험 성적은 단지 국어교과서를 복습했는가 확인하는 점수라는 사실을 명심하자. 그러므로 성적을 당장 올리기 위해서는 교과서가 중요하다. 객관식 문제는 교과서를 바탕으로 한 수렴적 사고를 요하는 것임. 쉽게! 답은 교과서에 있다.

예) 초등 2학년 국어 시험: '친구를 칭찬하는 방법 3가지를 쓰시오.' 헉! 어렵다. 막연하다. → 그런데 교과서에 딱 3가지 제시되어 있다. 전 우주를 포괄해서 답을 생각하지 말고, 국어시험 답은 국어교과서를 기준으로 하는 걸로.

공부하는 데 문제집부터 들이밀면 절~대 안 된다. 문제집은 내용이 너무 많고 복잡해 눈에 피로감을 줌과 동시에 짜증이 확 나게 한다.

2단계: 본격적인 공부

국어공부하기 위해선 교과서를 펼친다. 그러고 나서 교과서를 소리 내어 읽힌다! 뭐야~ 겨우 이거야, 라고 생각하면 안 된다. 쉽지만 어려운 방법이다. 소리 내어 읽히면 좋다는 연구 결과도 있다. 뇌가 3배로 활성화된단다.

자! 그럼 구체적인 읽기 방법. 우선 단원 제목부터 글자라고 생긴 것은 모두~ 읽힌다. 특히, 학습목표 같은 것은 꼭 읽힌다. 집중력 떨어지는 아이들은 글자를 생략하고 읽는 경우가 많다. 우리 아이 상태를 진단했다는 것만으로도 큰 수확. 이제부터 연습시키면 된다. 이렇게 교과서를 읽다 보면 교과서의 구성 원리에 대해서도 터득하게 되고, 그러다 보면 시험문제와 답이 보이는 지경에 이른다.

3단계: 한 단원 단위로 끊어 읽기

이렇게 아이가 교과서를 읽고 난 다음에는 엄마와 교과서 내용에 대해 대화한다. 한마디로 교과서를 갖고 논다. 내용에 어울리는 그림을 교과서에 그려보게 한다거나, 중요하다고 생각하는 단어에 동그라미를 쳐보라고 한다든지, 읽은 내용에 대해 퀴즈를 낸다거나. 이런 식으로 한 단원을 시험치기 전에 2~3번 정도 읽히면 아이들은 신기하게도 다 외운다. 그리고 자연스럽게 습득한다. '공부는 교과서부터 하는 거구나.' 이렇게 하면 기본 독서를 좀 한 친구들은 90점, 95점은 쉽게 나온다.

아참. 우리 아이는 읽기가 서툴러요, 라고 말하는 엄마는 스마트폰으로 아이가 읽는 것을 녹음해서 들려줘 봐라. 처음엔 까르르 웃으며 (자기가 들어도 이상함) 장난하면서 읽지만, 사실은 그게 다 공부다. 아이도 읽은 내용을 기억한다. 그리고 어느 순간엔 자세부터 바로 하고 읽는다.

4단계 : 자! 여기서 '난 100점 아니면 안 돼'라고 생각하는 엄마!

국어 성적 90점은 받기 쉬워도 100점 받기는 어렵다. 그러나 100점

받는 방법은 따로 있다!! 문제집 2권(종류 다른 걸로) 풀면 가능하다 (우리 아이에게는 문제집 2권 잘 안 풀린다. 100점 받아올까 봐. 그래서 김연아처럼 국어에서 빨리 은퇴하겠다며 교과서 덮을까 봐. 100점은 천천히 맛보게 해도 된다).

잠수네 톡

아이에게 누누이 말했던 게 '문제에 답이 있다'입니다. 1학년 때는 문제 푸는 요령이 없어서 그러니 너무 걱정마세요. 시간이 해결해준답니다.

작성자: 행복서 (초2)

파워서가 1학년 때 같은 반 여자아이들을 보며 든 생각이 '얘네들은 3학년쯤 되나?'였답니다. 여자아이들 보다가 우리 아들내미를 보면 지진아 같고 왜 이리 덜떨어져 보이기만 했는지……. 제가 지독히 앓기도 하고 아이를 닥달해 봤습니다만 결국은 엄마가 해탈하는 편이 가장 나은 듯해요.

단원평가. 일단, 문제 푸는 요령이 없어서 그런 것일 수도 있어요. 제가 파워서에게 누누이 말하고 또 말했던 게 '문제에 답이 있다' 였습니다. 문제를 어찌나 후루룩 말아드시던지, 문제만 꼼꼼히 읽어도 다 맞을 문제를……. 애를 또 잡았지요. 문제에서 뭘 구하라는 거냐. 뭐를 찾는 거냐. 잘 모른다고 하거나 웅얼거리면 문제를 소리 내어 3번 읽기, 아닌 것에 동그라미, 중간중간 끊어 읽는 표시하기 등등 별짓을 다했어요.

근데 별별 짓을 다해도 잘 안 되던 그게, 2학년이 되니 조금씩 나아지네요. 1년 반 이상 학교물을 먹고 엄마의 갖은 잔소리와 담임선생님의 조언을 듣다 보니 본인도 슬슬 깨닫는 듯해요. 이젠 잔소리를 10%만 해도 본인이 알아서 꼼꼼히 체크하네요. 이 부분은 어느 정도 시간이 해결해 줄 듯해요. 아마 1학년 남자아이들은 어지간하면 잘 안 될 수도 있어요. 너무 걱정은 마세요.

다만 한 가지. 제가 1학년 때보다는 2학년 때 한글책을 좀 더 많이 읽어줬습니다. 네, 지금이 그나마 전보단 많이 읽어주고 있는 겁니다. 다급해서리……. 아이 잡지 마세요. 잡으면 당장은 반짝 좋은 결과가 나올지 몰라도 길게 보면 손해입니다. 정말 공부에 매진해야 할 때 질려서 엇나갈 수 있어요. 그저 매일 꾸준히, 조금씩이라도 꾸준히 해나가는 습관만 잡아주세요. 엉덩이 힘, 그거 갑자기 안 생깁니다. 조금씩 조금씩 연습해야 생긴답니다.

국어는 교과서를 읽었어요. 그나마도 싫다 해서 제가 3~5줄 읽으면 파워서가 1줄 읽는 형식으로요. 본문 읽기 끝나면 나오는 교과서 문제를 제가 읽고 파워서가 말로 답하는 걸로요. 그렇게만 해도 어지간한 문제는 거의 다 잡을 수 있을 거예요. 단, 한 가지 요령이라면 각 단원의 목표를 아이에게 숙지시키는 거예요. 그냥 읽으면 아이가 귓등으로 흘려버리니 엄마가 중요한 것만 요약해서 강조하거나 단원 끝날 때 가볍게 짚어주시는 게 좋을 듯해요.

국어교과 수록도서

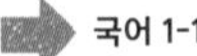
국어 1-1

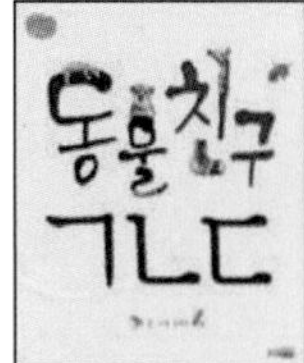

[2단원] [JK1]
동물 친구 ㄱㄴㄷ
(웅진주니어)

[2단원] [JK1]
소리치자 가나다
(비룡소)

[2단원] [JK1] 손으로
몸으로 ㄱㄴㄷ
(문학동네)

[2단원] [JK1]
숨바꼭질 ㄱㄴㄷ
(현북스)

[2단원] [JK2]
표정으로 배우는
ㄱㄴㄷ (소금과후추)

[2단원] [JK3]
생각하는 ㄱㄴㄷ
(논장)

[2단원] [JK6] 라면
맛있게 먹는 법
(문학동네)

[3단원] [JK2]
최승호·방시혁의
말놀이 동요집
(비룡소)

[4단원] [JK2] 이가
아파서 치과에 가요
(받침없는동화)

[4단원] [JK6] 어머니
무명치마 (창비)

[6단원] [JK1] 구름
놀이 (아이세움)

[6단원] [JK1] 동동
아기 오리 (다섯수레)

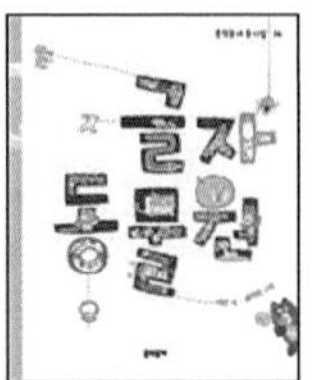

[6단원] [JK5]
글자동물원
(문학동네)

[7단원] [JK3] 아가
입은 앵두 (보물창고)

[8단원] [JK3] 강아지
복실이 (국민서관)

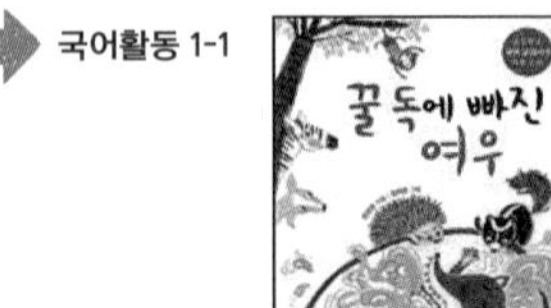

[8단원] [JK4] 꿀
독에 빠진 여우
(보물창고)

국어 1-2

[1단원] [JK1] 난 책이
좋아요 (웅진주니어)

[1단원] [JK2] 숲 속의
모자 (아이세움)

[1단원] [JK3] 까르르
깔깔 (미세기)

[1단원] [JK3] 꼬리
이모 나랑 놀자
(아이세움)

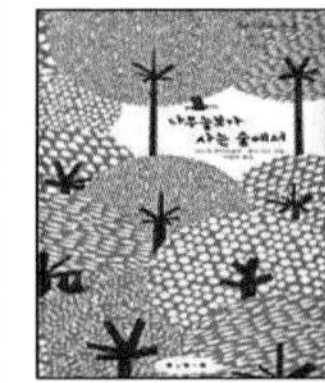
[1단원] [JK3]
나무늘보가 사는
숲에서 (보림)

[1단원] [JK3] 책이 꼼지락 꼼지락 (미래아이)

[2단원] [JK1] 구슬비 (문학동네)

[3단원] [JK3] 가을 운동회 (사계절)

[4단원] [JK3] 딴생각하지 말고 귀 기울여 들어요 (상상스쿨)

[5단원] [JK3] 1학년 동시 교실 (주니어김영사)

[5단원] [JK5] 몰라쟁이 엄마 (우리교육)

[6단원] [JK1] 도토리 삼 형제의 안녕하세요 (길벗어린이)

[7단원] [JK2] 나는 자라요 (창비)

[7단원] [JK3] 솔이의 추석 이야기 (길벗어린이)

[7단원] [JK4] 내가 좋아하는 곡식 (호박꽃)

[8단원] [JK2] 숲 속 재봉사 (창비)

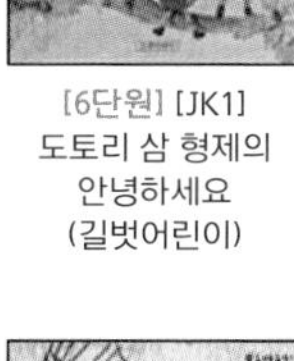

국어활동 1-2

[2단원] [JK4] 초코파이 자전거 (비룡소)

[4단원] [JK3] 아빠가 아플 때 (리틀씨앤톡)

[5단원] [JK3] 내 마음의 동시: 1학년 (계림북스)

[8단원] [JK8] 씨앗: 역사를 바꾼 위대한 알갱이 (미래아이)

[10단원] [JK2] 붉은 여우 아저씨 (시공주니어)

국어 2-1

[1단원] [JK4] 내 별 잘 있나요 (상상의힘)

[1단원] [JK4] 딱지 따먹기 (보리)

[1단원] [JK4] 아니, 방귀 뽕나무 (사계절)

[1단원] [JK5] 우산 쓴 지렁이 (현암사)

[1단원] [JK6] 아빠 얼굴이 더 빨갛다 (리젬)

[2단원] [JK3] 으악, 도깨비다! (느림보)

국어교과 수록도서

[2단원] [JK4] 아주 무서운 날: 발표는 두려워! (찰리북)

[3단원] [JK2] 오늘 내 기분은… (키즈엠)

[3단원] [JK3] 기분을 말해 봐요 (다림)

[3단원] [JK4] 내 꿈은 방울토마토 엄마 (키위북스)

[4단원] [JK2] 께롱께롱 놀이 노래 (보리)

[6단원] [JK4] 까만 아기 양 (푸른그림책)

[6단원] [JK4] 작은 집 이야기 (시공주니어)

[9단원] [JK4] 선생님, 바보 의사 선생님 (웅진주니어)

[9단원] [JK5] 큰턱 사슴벌레 vs 큰뿔 장수풍뎅이 (스콜라)

[11단원] [JK3] 신기한 독 (보리)

[11단원] [JK3] 치과 의사 드소토 선생님 (비룡소)

국어활동 2-1

[1단원] [JK5] 동무 동무 씨동무 (창비)

[1단원] [JK5] 우리동네 이야기 (푸른책들)

[1단원] [JK5] 짝 바꾸는 날 (도토리숲)

[3단원] [JK4] 42가지 마음의 색깔 (레드스톤)

[4단원] [JK3] 머리가 좋아지는 그림책: 창의력 (길벗스쿨)

[8단원] [JK6] 내가 조금 불편하면 세상은 초록이 돼요 (토토북)

[10단원] [JK4] 내가 도와줄게 (비룡소)

[11단원] [JK3] 7년 동안의 잠 (어린이작가정신)

국어 2-2

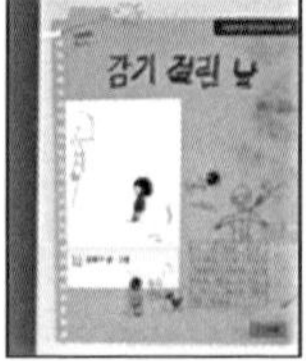
[1단원] [JK3] 감기 걸린 날 (보림)

[1단원] [JK3] 김용택 선생님이 챙겨 주신 1학년 책가방 동화 (파랑새어린이)

[1단원] [JK3] 훨훨 간다 (국민서관)

[1단원] [JK4] 나무는 즐거워 (비룡소)

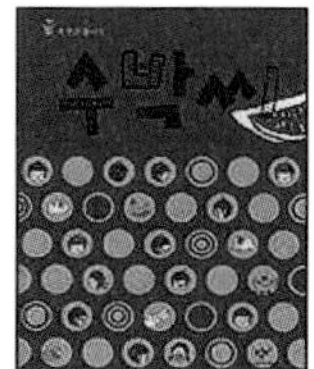

[1단원] [JK4] 수박씨 (창비)

[1단원] [JK5] 참 좋은 짝 (푸른책들)

[2단원] [JK2] 바람 부는 날 (비룡소)

[3단원] [JK4] 신발 속에 사는 악어 (사계절)

[4단원] [JK3] 크록텔레 가족 (교학사)

[4단원] [JK4] 신발 신은 강아지 (스콜라)

[4단원] [JK4] 아홉 살 마음 사전 (창비)

[5단원] [JK4] 산새알 물새알 (푸른책들)

[5단원] [JK5] 저 풀도 춥겠다 (보리)

[5단원] [JK5] 호주머니 속 알사탕 (문학과지성사)

[7단원] [JK3] 종이 봉지 공주 (비룡소)

[7단원] [JK4] 콩이네 옆집이 수상하다! (문학동네)

[7단원] [JK6] 불가사리를 기억해 (사계절)

[9단원] [JK6] 나무들이 재잘거리는 숲 이야기 (풀과바람)

[10단원] [JK4] 언제나 칭찬 (사계절)

[11단원] [JK3] 팥죽 할멈과 호랑이 (시공주니어)

국어활동 2-2

[1단원] [JK3] 원숭이 오누이 (한림출판사)

[4단원] [JK4] 개구리와 두꺼비는 친구 (비룡소)

[6단원] [JK1] 엄마를 잠깐 잃어버렸어요 (보림)

[7단원] [JK3] 소가 된 게으름뱅이 (비룡소)

통합교과 연계도서

학교

[JK3] 학교 가는 날 (보림)

[JK3] 학교는 즐거워 (키다리)

[JK3] 학교 처음 가는 날 (국민서관)

[JK3] 멋대로 학교 (비룡소)

[JK3] 난 학교 가기 싫어 (국민서관)

[JK3] 엠마가 학교에 갔어요! (비룡소)

[JK3] 딸꾹이는 1학년 (대교출판)

[JK3] 1학년이 최고야! (좋은책어린이)

[JK3] 학교 다녀오겠습니다 (웅진주니어)

[JK3] 학교가 뭐가 무섭담! (비룡소)

[JK3] 1학년이 나가신다! (미세기)

[JK3] 학교에서 똥이 마려우면? (노란우산)

[JK3] 틀려도 괜찮아 (토토북)

[JK3] 짝꿍 바꿔 주세요! (웅진주니어)

[JK3] 싸워도 돼요? (길벗어린이)

[JK4] 티라노 초등학교 (키다리)

[JK4] 학교 가는 길을 개척할 거야 (사계절)

[JK4] 콩쥐 짝꿍, 팥쥐 짝꿍 (비룡소)

[JK4] 꺼벙이 억수 (좋은책어린이)

[JK4] 춤추는 책가방 (좋은책어린이)

봄

[JK2] 구리와 구라의 대청소 (한림출판사)

[JK2] 봄맞이 대청소 (한림출판사)

[JK2] 씨앗은 어디로 갔을까? (주니어RHK)

[JK2] 나무는 좋다 (시공주니어)

[JK3] 아빠, 꽃밭 만들러 가요 (사계절)

[JK3] 나의 봄 여름 가을 겨울 (베틀북)

[JK3] 아기 너구리네 봄맞이 (길벗어린이)

[JK3] 마가목의 봄 여름 가을 겨울 (한림출판사)

[JK3] 봄날, 호랑나비를 보았니? (길벗어린이)

[JK3] 나무하고 친구하기 (비룡소)

[JK3] 할아버지의 이야기 나무 (문학동네어린이)

[JK3] 들꽃이 핍니다 (한솔수북)

[JK3] 오소리네 집 꽃밭 (길벗어린이)

[JK3] 봄을 찾은 할아버지 (한림출판사)

[JK3] 할아버지의 벚꽃 산 (청어람미디어)

[JK3] 생명을 꿈꾸는 씨앗 (웅진주니어)

[JK4] 할머니, 어디 가요? 쑥 뜯으러 간다! (보리)

[JK4] 와, 달콤한 봄 꿀! (주니어파랑새)

[JK4] 가로수 밑에 꽃다지가 피었어요 (비룡소)

[JK4] 꽃장수와 이태준 동화나라 (웅진주니어)

통합교과 연계도서

가족

[JK3] 막대기 아빠 (비룡소)

[JK3] 세상에서 제일 좋은 우리 집 (중앙출판사)

[JK3] 아빠와 아들 (길벗어린이)

[JK3] 부루퉁한 스핑키 (비룡소)

[JK3] 아빠랑 캠핑 가자! (웅진주니어)

[JK3] 내 방은 엉망진창! (미래아이)

[JK3] 행복한 우리 가족 (문학동네어린이)

[JK3] 바가지꽃 (웅진주니어)

[JK3] 우리 집 일기 예보 (책속물고기)

[JK3] 난쟁이 할아버지의 집짓기 (사파리)

[JK3] 화분을 키워 주세요 (웅진 주니어)

[JK3] 애완동물을 갖고 싶어 (보물창고)

[JK3] 애완동물 뽐내기 대회 (비룡소)

[JK3] 꼬마 발명가 앤드루의 모험 (비룡소)

[JK3] 집 (어린이아현)

[JK3] 삐딱이를 찾아라 (비룡소)

[JK3] 돌잔치 (보림)

[JK4] 우리 가족입니다 (보림)

[JK4] 마음대로가 자유는 아니야 (웅진주니어)

[JK4] 집짓기 (사파리)

여름

[JK2] 여름 숲 모뽀리 소리 (파란자전거)

[JK2] 촉촉한 여름 숲길을 걸어요 (시공주니어)

[JK3] 달 샤베트 (책읽는곰)

[JK3] 여름 휴가 (국민서관)

[JK3] 풀싸움 (사파리)

[JK3] 버들치랑 달리기했지 (웅진주니어)

[JK3] 반딧불이 (한림출판사)

[JK3] 여름이 좋아 물이 좋아! (문학동네어린이)

[JK3] 여름 (푸른숲주니어)

[JK3] 마법의 여름 (아이세움)

[JK3] 바다는 잘 있을까요? (휴이넘)

[JK3] 벌꿀 이야기 (한림출판사)

[JK3] 엉뚱하고 재미있는 구름 이야기 (아이세움)

[JK3] 냇물에 뭐가 사나 볼래? (보리)

[JK3] 산타 할아버지의 휴가 (비룡소)

[JK3] 앗! 모기다 (비룡소)

[JK4] 냉장고의 여름방학 (북뱅크)

[JK4] 기적의 시간 (문학과지성사)

[JK4] 누가 우리 아빠 좀 말려 줘요! (웃는돌고래)

[JK4] 더위야, 썩 물렀거라! (웅진주니어)

통합교과 연계도서

이웃

[JK3] 단추 수프 (국민서관)

[JK3] 빨간 줄무늬 바지 (보림)

[JK3] 송이의 노란우산 (대교출판)

[JK3] 어제저녁 (책읽는곰)

[JK3] 우당탕탕, 할머니 귀가 커졌어요 (비룡소)

[JK3] 새 친구가 이사 왔어요 (주니어RHK)

[JK3] 이웃이 생겼어요! (키위북스)

[JK3] 감자 이웃 (고래이야기)

[JK3] 이웃사촌 (파랑새어린이)

[JK4] 가장 멋진 크리스마스 (풀빛)

가을

[JK2] 가을을 만났어요 (보림)

[JK3] 바빠요 바빠 (보리)

[JK3] 달이네 추석맞이 (푸른숲주니어)

[JK3] 멋진 사냥꾼 잠자리 (길벗어린이)

[JK3] 의좋은 형제 (국민서관)

[JK3] 책 읽기 좋아하는 할머니 (파랑새어린이)

[JK3] 페르디의 가을나무 (느림보)

[JK4] 도서관 (시공주니어)

[JK4] 엄마 반 나도 반 추석 반보기 (웅진주니어)

[JK4] 더도 말고 덜도 말고 한가위만 같아라 (책읽는곰)

우리나라

[JK3] 백두산 이야기 (보림)

[JK3] 임금님 집에 예쁜 옷을 입혀요 (노란돼지)

[JK3] 찰떡 콩떡 수수께끼떡 (웅진주니어)

[JK3] 그림 그리는 새 (보림)

[JK3] 윷놀이 이야기 (한림출판사)

[JK3] 아무도 모를거야 내가 누군지 (보림)

[JK3] 오늘은 우리집 김장하는 날 (보림)

[JK3] 봉산탈사자춤 (초방책방)

[JK4] 꿈꾸는 도자기 (책읽는곰)

[JK4] 경복궁 (초방책방)

[JK4] 고인돌: 아버지가 남긴 돌 (웅진주니어)

[JK4] 우리나라가 보여요 (아이세움)

[JK4] 경주: 천 년의 이야기를 품은 땅 (파란자전거)

[JK4] 효재 이모와 전통 놀이 해요 (살림어린이)

[JK4] 태극기 다는 날 (한솔수북)

[JK4] 지도를 따라가요 (웅진주니어)

[JK4] 북촌 나들이: 정겨운 한옥마을 (낮은산)

[JK4] 꽃신 찾아 우리 집 한 바퀴 (중앙출판사)

[JK4] 아름다운 우리 옷 (꿈꾸는달팽이)

[JK4] 너도나도 숟갈 들고 어서 오너라 (대교출판)

통합교과 연계도서

겨울

[JK3] 세상에서 가장 맛있는 자장면 (주니어RHK)

[JK3] 우리끼리 가자 (보리)

[JK3] 겨울잠 자니? (보리)

[JK3] 나는 잠만 잤는걸 (보리)

[JK3] 동물의 사육제 (토토북)

[JK3] 이야기 담요 (국민서관)

[JK3] 쪽매 (한림출판사)

[JK4] 누더기 외투를 입은 아이 (아이세움)

[JK4] 독수리의 겨울나기 (소년한길)

[JK4] 금동이네 김장 잔치 (비룡소)

나

[JK3] 사자는 주사를 무서워하지 않아요 (루크북스)

[JK3] 입을 크게 벌려라 (미래아이)

[JK4] 우리 몸에서 무슨 일이 일어나고 있을까? (파랑새어린이)

[JK4] 책 속으로 들어간 공룡 (주니어김영사)

[JK4] 갈아 입는 피부 (아이세움)

[JK4] 움직이는 몸 (웅진주니어)

[JK4] 똥 속에 빠진 돼지 (내인생의책)

[JK4] 콜록콜록 감기에 걸렸어요 (비룡소)

[JK4] 우글 와글 미생물을 찾아봐 (대교출판)

[JK4] 나는 어떻게 자랄까요? (그린북)

[JK4] 혼자서도 할 수 있어요 (사계절)

[JK4] 내 꿈은 100개야! (살림어린이)

[JK4] 내 꿈은 개그맨 (계림북스)

[JK4] 니 꿈은 뭐이가?: 비행사 권기옥 이야기 (웅진주니어)

[JK4] 나는 꿈이 너무 많아 (다림)

[JK4] 내 꿈이 제일 좋아 (키다리)

[JK4] 네 손가락의 피아니스트 (대교출판)

[JK5] 떡볶이 따라 몸 속 구경 (대교출판)

[JK5] 난 꿈이 없는 걸 (스콜라)

[JK5] 꿈의 궁전을 만든 우체부 슈발 (진선출판사)

통합교과 연계도서

봄

[JK3] 두근두근 꽃시장 나들이 (웅진주니어)

[JK3] 들나물 하러 가자 (보리)

[JK3] 고사리야 어디 있니? (보리)

[JK3] 꽃가루의 여행 (그린북)

[JK3] 우리 집에 나무가 있다면 (곧은나무)

[JK4] 풀꽃 친구들 (바다어린이)

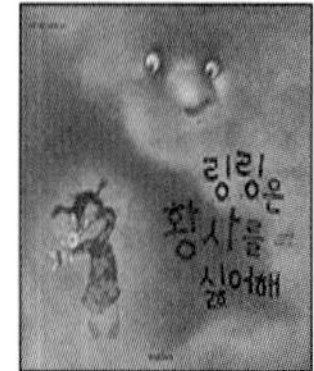
[JK4] 링링은 황사를 싫어해 (미래아이)

[JK4] Green: 내가 먼저 만드는 푸른 지구 (푸른날개)

[JK4] 봄이 좋아! (키다리)

[JK4] 날씨 (길벗어린이)

[JK4] 짝 잃은 실내화 (현암사)

[JK4] 할머니 농사일기 (소나무)

[JK4] 나무 심으러 몽골에 간다고요? (웃는돌고래)

[JK4] 웅덩이 관찰일기 (웅진주니어)

[JK4] 쓰레기를 먹는 공룡 (꿈동산)

[JK4] 봄 이야기 (마루벌)

[JK4] 쓰레기 소탕 대작전 (미래아이)

[JK4] 보물이 된 쓰레기 (휴이넘)

[JK5] 어진이의 농장 일기 (창비)

[JK5] 쓰레기의 행복한 여행 (사계절)

가족

[JK3] 나는 누구인가요? (그린북)

[JK3] 우리 가족이야 (토토북)

[JK4] 동그란 지구의 하루 (아이세움)

[JK4] 세계의 친구들 (아이세움)

[JK4] 오른발, 왼발 (비룡소)

[JK4] 북적북적 우리 가족 (키다리)

[JK4] 잔소리쟁이 고모가 좋아 (크레용하우스)

[JK4] 가족 나무 만들기 (미래아이)

[JK4] 5대 가족 (바우솔)

[JK4] 육십고개 넘으셨다! 우리 할머니 (학고재)

[JK4] 동갑인데 세배를 왜 해? (웅진주니어)

[JK4] 이웃집에는 어떤 가족이 살까? (스콜라)

[JK4] 샛별이랑 한별이의 가정예절 배우기 (대교출판)

[JK4] 촌수 박사 달찬이 (비룡소)

[JK4] 도대체 뭐라고 말하지? (한솔수복)

[JK5] 나도 아홉 살, 삼촌도 아홉 살 (시공주니어)

[JK5] 내 이름은 나답게 (사계절)

[JK6] 우리는 몇 촌일까?: 쉽게 배우는 가족 호칭책 (아이세움)

[JK6] 내 가족을 소개합니다! (초록우체통)

[JK6] 지구촌 사람들의 별난 음식 이야기 (채우리)

통합교과 연계도서

여름

[JK3] 바다에 간 마녀 위니 (비룡소)

[JK4] 한여름 밤의 마법 (아이세움)

[JK4] 시끌벅적 여름 캠핑 (키다리)

[JK4] 프란츠의 방학 이야기 (비룡소)

[JK4] 시간 도둑과 사라진 방학 (키다리)

[JK4] 더위야, 썩 물렀거라! (웅진주니어)

[JK4] 여름이 좋아 (어린이작가정신)

[JK5] 늑대할배산밭 참외서리 (고인돌)

[JK5] 어린이가 꼭 알아야 할 곤충이야기 (영교)

[JK5] 까만 콩에 염소 똥 섞기 (국민서관)

이웃

[JK3] 우리 동네 한 바퀴 (웅진주니어)

[JK3] 뒷집 준범이 (보림)

[JK3] 우리 집이 더 높아! (개암나무)

[JK3] 한이네 동네 시장 이야기 (진선아이)

[JK4] 우리동네 슈퍼맨 (창비)

[JK4] 어슬렁어슬렁 동네 관찰기 (웅진주니어)

[JK4] 일과 도구 (길벗어린이)

[JK4] 다 같이 돌자 직업 한 바퀴 (주니어김영사)

[JK4] 이웃이 수상해 (키다리)

[JK4] 일과 사람 시리즈 (사계절)

가을

[JK2] 나무는 변신쟁이 (비룡소)

[JK2] 가을 운동회 (사계절)

[JK3] 사물놀이 (길벗어린이)

[JK3] 빨강이 나무에서 노래해요 (살림어린이)

[JK3] 사물놀이 이야기 (사계절)

[JK4] 책 읽는 허수아비 (예꿈)

[JK4] 가을이네 장 담그기 (책읽는곰)

[JK4] 저절로 흥이 난다 (대교출판)

[JK4] 무당벌레가 들려주는 텃밭 이야기 (철수와영희)

[JK4] 나그네의 선물 (풀빛)

통합교과 연계도서

2학년 2학기

가을

[JK4] 가을은 풍성해 (키다리)

[JK4] 하늘공원에 맹꽁이가 살아요 (아이세움)

[JK4] 할머니, 어디 가요? 밤 주우러 간다! (보리)

[JK4] 나무 열매 친구들 (바다출판사)

[JK4] 고마워요, 행복한 왕자 (책읽는곰)

[JK5] 나 때문에 우리 반이 졌어! (내인생의책)

[JK5] 알밤 주우러 가자! (고인돌)

[JK5] 숲은 누가 만들었나 (다산기획)

[JK5] 사계절 생태놀이: 가을 (길벗어린이)

[JK6] 아낌없이 주는 나무 (시공주니어)

우리나라

[JK3] 거짓말 같은 이야기 (시공주니어)

[JK3] 나라마다 시간이 달라요 (그린북)

[JK3] 바바의 세계여행 (국민서관)

[JK4] 동그란 지구의 하루 (아이세움)

[JK4] 침 뱉으며 인사하는 나라는? (웅진주니어)

[JK4] 우리는 아시아에 살아요 (웅진주니어)

[JK4] 세계의 어린이 우리는 친구 (한림출판사)

[JK4] 쉬운 사회 그림책 1 (주니어김영사)

[JK5] 나는 자랑스러운 이태극입니다 (파란정원)

[JK6] 우리 엄마는 여자 블랑카 (중앙출판사)

겨울

[JK3] 눈 속 아이 (시공주니어)

[JK4] 연못 이야기 (웅진주니어)

[JK4] 겨울아 놀자! (키다리)

[JK4] 큰달 작은달 달력의 비밀 (한솔수북)

[JK4] 버둥버둥 스키 수업 (시공주니어)

[JK5] 눈 내리는 저녁 숲가에 멈춰 서서 (살림어린이)

[JK5] 물회오리에 휘말린 번개 해적단 (뜨인돌어린이)

[JK5] 사계절 생태놀이: 겨울 (길벗어린이)

[JK5] 미리 쓰는 방학 일기 (사계절)

[JK6] 짱뚱아 까치밥은 남겨 둬 (파랑새어린이)

1년 독서플랜 (1개월차)

1주차

[JK3] 구두 전쟁 (한림출판사)
[JK3] 백만 년 동안 절대 말 안 해 (웅진주니어)
[JK3] 비밀 파티 (시공주니어)
[JK3] 이 사슴은 내 거야! (주니어김영사)
[JK3] 아무도 지나가지 마! (그림책공작소)
[JK3] 까르르 깔깔: 오감이 자라는 동시집 (미세기)
사회 [JK3] 설빔: 여자아이 고운 옷 (사계절)
과학 [JK3] 고구마는 맛있어 (보리)

2주차

[JK3] 엄마 아빠 기다리신다 (어린이작가정신)
[JK3] 민들레는 민들레 (이야기꽃)
[JK3] 생각연필 (논장)
[JK3] 모두 나를 쳐다봐요 (그린북)
[JK3] 만약에 꼬리가 있다면? (푸른숲주니어)
[JK3] 토끼와 호랑이 (사계절)
사회 [JK3] 가족은 꼬옥 안아 주는 거야 (웅진주니어)
과학 [JK3] 개구리가 알을 낳았어 (다섯수레)

3주차

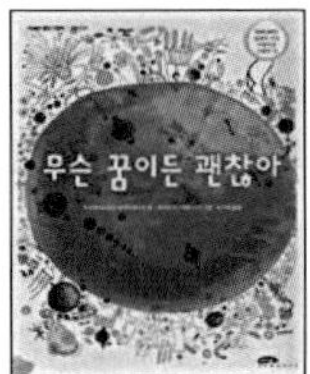

[JK3] 담 (반달)
[JK3] 나 때문에 (이야기꽃)
[JK3] 무슨 꿈이든 괜찮아 (마루벌)
[JK3] 우리 친구 하자 (현북스)
[JK3] 아트 & 맥스 (베틀북)
[JK3] 은혜 갚은 꿩 이야기 (한림출판사)
사회 [JK3] 임금님 집에 예쁜 옷을 입혀요 (노란돼지)
과학 [JK3] 물은 어디서 왔을까? (길벗어린이)

4주차

[JK3] 나의 아버지 (그림책공작소)
[JK3] 내 마음 (창비)
[JK3] 엉터리 아프리카 (바람의아이들)
[JK3] 안녕, 폴 (비룡소)
[JK3] 거짓말 (씨드북)
[JK3] 재주 많은 일곱 쌍둥이 (보리)
예술 [JK3] 꼬마 발레리나 타냐 (현암사)
학습 [JK3] 멍멍 씨, 찾아 주세요! (아이세움)

1년 독서플랜 (2개월차)

1주차

[JK3] 엄마의 선물 (상수리)
[JK3] 빨간 새 (문학과지성사)
[JK3] 나무의 아기들 (천개의바람)
[JK3] 머나먼 여행 (웅진주니어)
[JK3] 지난 여름 할아버지 집에서 (뜨인돌어린이)
[JK3] 석수장이 아들 (창비)
수학 [JK3] 숫자 전쟁 (파란자전거)
과학 [JK3] 진짜 나무가 된다면 (비룡소)

2주차

[JK3] 오빠 생각 (주니어파랑새)
[JK3] 사탕공장에 가지 마 (책과콩나무)
[JK3] 영원한 이별 (봄나무)
[JK3] 하얀 눈 환한 눈 (비룡소)
[JK3] 엄마가 유령이 되었어! (길벗어린이)
[JK3] 아기장수 우투리 (보리)
사회 [JK3] 세상에서 가장 큰 스케치북 (고인돌)
과학 [JK3] 겨울눈아 봄꽃들아 (한림출판사)

3주차

[JK3] 진정한 일곱 살 (만만한책방)
[JK3] 바가지꽃 (웅진주니어)
[JK3] 엄마를 위한 하루 (담푸스)
[JK3] 고 녀석 맛있겠다 (달리)
[JK3] 아버지의 보물 상자 (노란상상)
[JK3] 떡보먹보 호랑이 (한솔수북)
사회 [JK3] 막걸리 심부름 (사파리)
과학 [JK3] 땅속 생물 이야기 (진선아이)

4주차

[JK3] 종이 아빠 (웅진주니어)
[JK3] 나무처럼 (책고래)
[JK3] 생각하느라 그랬어요 (책과콩나무)
[JK3] 짧은 귀 토끼와 눈치 없는 친구 (고래이야기)
[JK3] 우리 할머니 (봄볕)
[JK3] 우리 집은 너무 좁아 (비룡소)
예술 [JK3] 모두 다르게 보여! (한솔수북)
학습 [JK3] ABC 3D (보림)

1년 독서플랜 (3개월차)

1주차

[JK3] 먼지깨비 (반달)
[JK3] 내 친구의 다리를 돌려 줘! (뜨인돌어린이)
[JK3] 우리 비밀 기지로 놀러 와 (길벗어린이)
[JK3] 성질 좀 부리지 마, 닐슨! (소원나무)
[JK3] 행복을 나르는 버스 (비룡소)
[JK3] 흰 눈 (바우솔)
사회 [JK3] 초등학생을 위한 욕심쟁이 딸기 아저씨 (노란돼지)
과학 [JK3] 사과가 주렁주렁 (비룡소)

2주차

[JK3] 달 샤베트 (책읽는곰)
[JK3] 깜장 병아리 (여우고개)
[JK3] 비클의 모험 (아르볼)
[JK3] 꿈꾸는 윌리 (웅진주니어)
[JK3] 또 마트에 간 게 실수야! (토토북)
[JK3] 저승에 있는 곳간 (한림출판사)
사회 [JK3] 돌잔치 (보림)
과학 [JK3] 강아지가 태어났어요 (비룡소)

3주차

[JK3] 아! 여우다 (고인돌)
[JK3] 가을 운동회 (사계절)
[JK3] 모자를 보았어 (시공주니어)
[JK3] 학교 참 멋지다 (북뱅크)
[JK3] 나무 도둑 (주니어김영사)
[JK3] 갑돌이와 용감한 여섯 친구 (길벗어린이)
사회 [JK3] 우산 도둑: 스리랑카 (보림)
학습 [JK3] 왜 또 닦아? (단비어린이)

4주차

[JK3] 국숫발, 쪽 후루룩 (책먹는아이)
[JK3] 똥호박 (책읽는곰)
[JK3] 멋진 뼈다귀 (비룡소)
[JK3] 내가 영웅이라고? (사계절)
[JK3] 뿔쇠똥구리와 마주친 날 (내인생의책)
[JK3] 빛을 가져온 갈까마귀: 북서태평양 옛이야기 (열린어린이)
예술 [JK3] 꼬마 예술가 라피 (비룡소)
학습 [JK3] 두근두근 1학년을 부탁해: 입학준비 (풀빛)

1년 독서플랜 (4개월차)

초1

1주차

[JK3] 벽 (비룡소)
[JK3] 미안하고 고맙고 사랑해 (길벗어린이)
[JK3] 동생이 미운 걸 어떡해! (국민서관)
[JK3] 부엉이와 보름달 (시공주니어)
[JK3] 아모스 할아버지가 아픈 날 (별천지)
[JK3] 병아리 싸움 (바우솔)
사회 [JK3] 희망 (노란돼지)
과학 [JK3] 수달이 오던 날 (시공주니어)

2주차

[JK3] 잘 가, 안녕 (보림)
[JK3] 나와 우리 (글로연)
[JK3] 빨강이 나무에서 노래해요 (살림어린이)
[JK3] 고래들의 노래 (비룡소)
[JK3] 우리 가족의 비밀 (북스토리아이)
[JK3] 이야기 주머니 이야기 (보림)
사회 [JK3] 쓰레기 행성을 구하라! (푸른숲주니어)
과학 [JK3] 우리 몸 털털털 (웅진주니어)

3주차

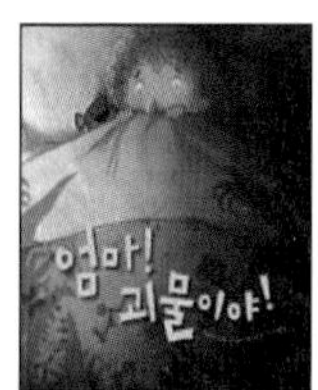

[JK3] 언제나 널 사랑한단다 (비룡소)
[JK3] 눈 행성 (책읽는곰)
[JK3] 꼬리가 생긴 날에는? (천개의바람)
[JK3] 엄마! 괴물이야! (다림)
[JK3] 발표하기 무서워요! (두레아이들)
[JK3] 팥이 영감과 우르르 산토끼 (길벗어린이)
사회 [JK3] 국시꼬랭이 (사파리)
과학 [JK3] 딸꾹 토끼 (씨드북)

4주차

[JK3] 이 세상에서 제일 예쁜 못난이 (어린이작가정신)
[JK3] 달을 삼킨 코뿔소 (모래알)
[JK3] 뽀뽀는 무슨 색일까? (옐로스톤)
[JK3] 난 네 엄마가 아니야! (고래뱃속)
[JK3] 푸른 개 (주니어파랑새)
[JK3] 꾀주머니 토끼 조모: 서아프리카 옛이야기 (열린어린이)
예술 [JK3] 벤의 트럼펫 (비룡소)
과학 [JK3] 개미에게 배우는 협동: 잎꾼개미의 버섯 농사 (리잼)

1년 독서플랜 (5개월차)

1주차

[JK3] 가슴이 콩닥콩닥 (노란돼지)
[JK3] 점프 점프 (고래뱃속)
[JK3] 아기 오리들한테 길을 비켜 주세요 (시공주니어)
[JK3] 세상에서 가장 멋진 옷을 만들었어요 (북스토리아이)
[JK3] 멋쟁이 우리 할아버지 (열린어린이)
[JK3] 누가 누구를 먹나 KTO KOGO ZJADA (보림)
사회 [JK3] 짚 (사계절)
과학 [JK3] 똥 먹는 벌레 쇠똥구리 (시공주니어)

2주차

[JK3] 여름 휴가 (국민서관)
[JK3] 피아노 치는 곰 (길벗어린이)
[JK3] 바다가 그리울 때 (산하)
[JK3] 옛날에 오리 한 마리가 살았는데 (시공주니어)
[JK3] 아빠를 화나게 하는 10가지 방법 (어린이작가정신)
[JK3] 게와 원숭이와 냠냠 시루떡 (길벗어린이)
사회 [JK3] 행복한 초록섬 (파란자전거)
과학 [JK3] 생명이 숨쉬는 알 (웅진주니어)

3주차

[JK3] 조금 다른 꽃눈이 (책읽는곰)
[JK3] 크리스마스 선물 (북극곰)
[JK3] 엄마의 손뽀뽀 (스푼북)
[JK3] 물의 공주 (크레용하우스)
[JK3] 불만이 있어요 (봄나무)
[JK3] 씨실 공주 날실 공주 (꿈터)
사회 [JK3] 죽음의 먼지가 내려와요 (미래아이)
과학 [JK3] 바닷속 뱀장어의 여행 (비룡소)

4주차

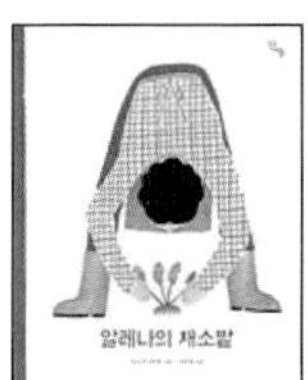

[JK3] 거짓말 (길벗어린이)
[JK3] 탐정 백봉달, 빨간 모자를 찾아라! (책읽는곰)
[JK3] 프랑켄크레용 (봄봄)
[JK3] 알레나의 채소밭 (단추)
[JK3] 집이 날아가 버렸어요! (밝은미래)
[JK3] 거미 아난시 (열린어린이)
수학 [JK3] 개미 100마리 나뭇잎 100장 (웃는돌고래)
학습 [JK3] 문장 부호 (고래뱃속)

1년 독서플랜 (6개월차)

1주차

[JK3] 거울속으로 (비룡소)
[JK3] 호랑이를 탄 엄마 (느림보)
[JK3] 일곱 마리 눈먼 생쥐 (시공주니어)
[JK3] 도서관에 괴물이 나타났어요! (미디어창비)
[JK3] 이제 곧 이제 곧 (천개의바람)
[JK3] 달팽이 학교 (바우솔)
사회 [JK3] 우리 동네 한 바퀴 (웅진주니어)
과학 [JK3] 으랏차차 흙 (길벗어린이)

2주차

[JK3] 나의 작은 집 (상수리)
[JK3] 오잉? (웃는돌고래)
[JK3] 불 끄지 마 (길벗어린이)
[JK3] 이제 그만 일어나, 월터! (소원나무)
[JK3] 우아, 배꼽이다 (크레용하우스)
[JK3] 재주꾼 동무들 (길벗어린이)
사회 [JK3] 북극곰에게 냉장고를 보내야겠어 (휴먼어린이)
과학 [JK3] 바다거북, 생명의 여행 (천개의바람)

3주차

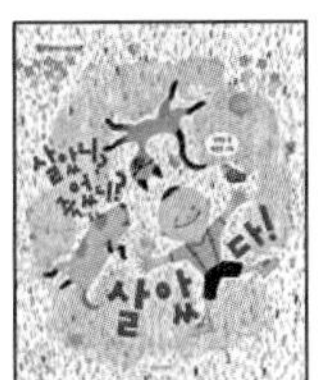

[JK3] 아빠 몰래 할머니 몰래 (글로연)
[JK3] 착한 아이 사탕이 (글로연)
[JK3] 달려라 왼발 자전거 (씨드북)
[JK3] 인어와 사랑에 빠진 거인들 (아이위즈)
[JK3] 잘 혼나는 방법 (풀과바람)
[JK3] 요술 항아리 (비룡소)
사회 [JK3] 십장생을 찾아서 (창비)
과학 [JK3] 살았니? 죽었니? 살았다! (길벗어린이)

4주차

[JK3] 꿈꾸는 우산 (푸른숲주니어)
[JK3] 옆집 아이는 로봇 (책과콩나무)
[JK3] 이제 그만 돌아와 (지양어린이)
[JK3] 독수리와 굴뚝새 (토토북)
[JK3] 나무 위에 올라가는 아주 별난 꼬마 얼룩소 (사파리)
[JK3] 모기는 왜 귓가에서 앵앵거릴까? (보림)
수학 [JK3] 즐거운 이사 놀이 (비룡소)
과학 [JK3] 소금이 온다 (보리)

1년 독서플랜 (7개월차)

1주차

[JK3] 모르는 척 공주 (책읽는곰)
[JK3] 집안일 (주니어파랑새)
[JK3] 물을 싫어하는 아주 별난 꼬마 악어 (사파리)
[JK3] 세상에서 가장 소중한 너에게 (다림)
[JK3] 소년과 장난감 (찰리북)
[JK3] 거짓말 (길벗어린이)
수학 [JK3] 크림빵이 늘었다 줄었다: 연산 덧셈과 뺄셈 (아이세움)
과학 [JK3] 난 신기하고 이상한 것이 참 좋아! (길벗어린이)

2주차

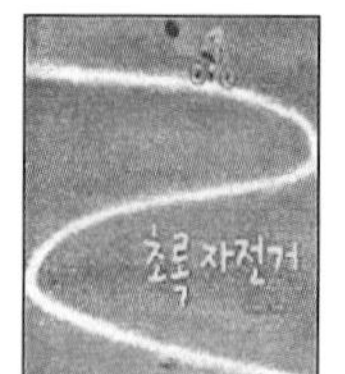

[JK3] 책이 꼼지락 꼼지락 (미래아이)
[JK3] 아빠가 달라졌어요 (책과콩나무)
[JK3] 나부댕이! (봄나무)
[JK3] 이렇게 멋진 날 (비룡소)
[JK3] 생각이 켜진 집 (책과콩나무)
[JK3] 토끼와 자라 (비룡소)
사회 [JK3] 초록 자전거 (사파리)
과학 [JK3] 머릿니 (씨드북)

3주차

[JK3] 우리 엄마는 회사에 다녀요 (아이들판)
[JK3] 시골쥐와 감자튀김 (웅진주니어)
[JK3] 빨강: 크레용의 이야기 (봄봄)
[JK3] 어느 날, 고양이가 왔다 (트리앤북)
[JK3] 할머니 주름살이 좋아요 (미디어창비)
[JK3] 에퉤퉤! 똥된장 이야기 (휴먼어린이)
사회 [JK3] 봄날, 호랑나비를 보았니? (길벗어린이)
과학 [JK3] 멋진 사냥꾼 잠자리 (길벗어린이)

4주차

[JK3] 우리 아빠는 알 로봇 (책속물고기)
[JK3] 요 알통 좀 봐라 (주니어파랑새)
[JK3] 딱 하나 고를게 (국민서관)
[JK3] 흔한 자매 (그림책공작소)
[JK3] 책 밖으로 나온 늑대 (그린북)
[JK3] 토끼 꼬리는 누가 가져갔을까? (책고래)
사회 [JK3] 지렁이 할아버지 (웅진주니어)
학습 [JK3] 내 똥에 가시가 있나 봐! (책먹는아이)

1년 독서플랜 (8개월차)

1주차

[JK3] 그리미의 하얀 캔버스 (상출판사)
[JK3] 도도, 싹둑! (사계절)
[JK3] 책 읽는 강아지 (그린북)
[JK3] 왜 인사해야 돼? (노란상상)
[JK3] 아주아주 특별한 집 (시공주니어)
[JK3] 준치가시 (창비)
수학 [JK3] 숫자 1의 모험 (봄나무)
과학 [JK3] 동물들은 어떻게 겨울나기를 하나요? (다섯수레)

2주차

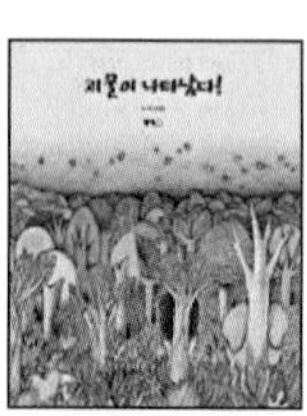

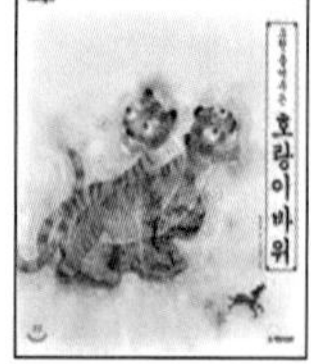

[JK3] 괴물이 나타났다! (북극곰)
[JK3] 어수룩 호랑이 (바람의아이들)
[JK3] 우리 형이니까 (아이세움)
[JK3] 1등이 아니어도 괜찮아 (정글짐북스)
[JK3] 나는 이야기입니다 (소원나무)
[JK3] 소원 들어주는 호랑이 바위 (국민서관)
사회 [JK3] 사랑 (노란돼지)
과학 [JK3] 민들레 (크레용하우스)

3주차

[JK3] 별난 요리사의 행복 레시피 (노란돼지)
[JK3] 너의 날 (책읽는곰)
[JK3] 내 이름을 불러 주세요 (크레용하우스)
[JK3] 우리들의 특별한 버스 (시공주니어)
[JK3] 도서관에 나타난 해적 (봄볕)
[JK3] 도사 전우치 (보리)
사회 [JK3] 한이네 동네 이야기 (진선아이)
과학 [JK3] 고래똥 향수 (한솔수북)

4주차

[JK3] 축구치 하람이, 나이쓰! (천개의바람)
[JK3] 물차 오는 날 (키다리)
[JK3] 나의 봄 여름 가을 겨울 (베틀북)
[JK3] 천만의 말씀 (북뱅크)
[JK3] 엄마 배 속엔 뭐가 숨어 있을까? (책과콩나무)
[JK3] 빈 화분 (사계절)
사회 [JK3] 우리 마을이 사막으로 변해 가요 (미래아이)
과학 [JK3] 로켓 펭귄과 끝내주는 친구들 (그림책공작소)

1년 독서플랜 (9개월차)

1주차

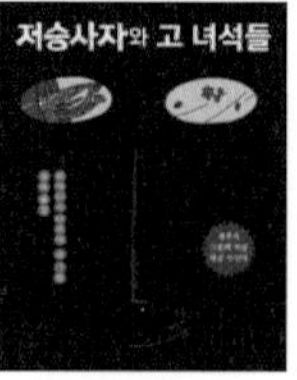

[JK3] 대단한 고양이 포포 (길벗어린이)
[JK3] 빗방울이 후두둑 (사계절)
[JK3] 저승사자와 고 녀석들 (북뱅크)
[JK3] 뭐든 될 수 있어 (스콜라)
[JK3] 가스통은 달라요 (뜨인돌어린이)
[JK3] 다 먹어 버릴 테다! (담푸스)
수학 [JK3] 하늘 100층짜리 집 (북뱅크)
과학 [JK3] 누구의 알 일까요? (키즈엠)

2주차

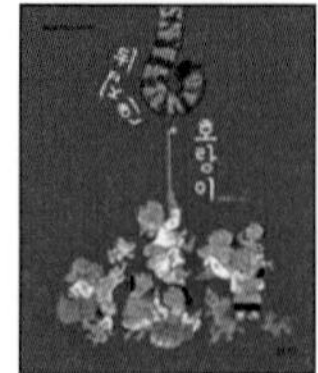

[JK3] 위대한 가족 (천개의바람)
[JK3] 책벌레 (노란상상)
[JK3] 투명 인간의 저녁 식사 (도토리나무)
[JK3] 밀리의 판타스틱 모자 (불광)
[JK3] 악어 씨의 직업 (한솔수북)
[JK3] 뒤집힌 호랑이 (보리)
시회 [JK3] 평화란 어떤 걸까? (사계절)
과학 [JK3] 부끄럼쟁이 해마 (비룡소)

3주차

[JK3] 혼자 남은 착한 왕 (계수나무)
[JK3] 얼음 땡! (웅진주니어)
[JK3] 나는 티라노사우루스다 (달리)
[JK3] 양심 팬티 (꿈터)
[JK3] 으르렁 아빠 (그림책공작소)
[JK3] 이야기보따리를 훔친 호랑이 (우리아이들)
사회 [JK3] 달이네 추석맞이 (푸른숲주니어)
과학 [JK3] 보글보글 지구가 끓고 있어요 (명진출판)

4주차

[JK3] 소년과 코끼리 (고래가숨쉬는도서관)
[JK3] 효재의 보자기 놀이 (마루벌)
[JK3] 보이지 않는다면 (웅진주니어)
[JK3] 그래, 책이야! (문학동네)
[JK3] 구름으로 만든 옷 (키즈엠)
[JK3] 불새 (보림)
사회 [JK3] 우리집 (북극곰)
학습 [JK3] 스마트폰 없으면 어때? (소담주니어)

1년 독서플랜 (10개월차)

1주차

[JK3] 바보와 머저리 (파란자전거)
[JK3] 삼촌이 왔다 (사계절)
[JK3] 비밀 친구가 생겼어 (비룡소)
[JK3] 내 마음을 누가 알까요? (노란상상)
[JK3] 늑대가 나는 날 (한림출판사)
[JK3] 징금 징금 징금이 (창비)
사회 [JK3] 나는 누구일까요? (웅진주니어)
과학 [JK3] 종이비행기 (한림출판사)

2주차

[JK3] 알사탕 (책읽는곰)
[JK3] 진짜 일 학년 책가방을 지켜라! (천개의바람)
[JK3] 아주 특별한 달나라 여행 (개암나무)
[JK3] 잠자는 할머니 (북극곰)
[JK3] 게임을 안 해도 심심하지 않아! (두레아이들)
[JK3] 이야기 귀신 (비룡소)
사회 [JK3] 빨간불과 초록불은 왜 싸웠을까? (개암나무)
과학 [JK3] 꼼짝 마 호진아, 나 애벌레야! (웅진주니어)

3주차

[JK3] 두더지의 소원 (사계절)
[JK3] 우진이의 일기 (파란자전거)
[JK3] 동생만 예뻐해! (다림)
[JK3] 소리 산책 (불광)
[JK3] 악어야 악어야 우리 집에 왜 왔니? (베틀북)
[JK3] 서천꽃밭 한락궁이 (봄봄)
사회 [JK3] 나무늘보가 사는 숲에서 (보림)
과학 [JK3] 마술 가루 (다섯수레)

4주차

[JK3] 상추씨 (사계절)
[JK3] 내동생 김점박 (예림당)
[JK3] 내 얘기를 들어주세요 (한울림어린이)
[JK3] 엄마가 말이 됐어요 (듬뿍)
[JK3] 완벽한 아이 팔아요 (길벗스쿨)
[JK3] 돌멩이 수프 (시공주니어)
예술 [JK3] 앤서니 브라운의 행복한 미술관 (웅진주니어)
과학 [JK3] 우아, 똥이 나왔어요 (아이세움)

1년 독서플랜 (11개월차)

1주차

[JK3] 고양이 손을 빌려 드립니다 (웅진주니어)
[JK3] 수염 할아버지 (보림)
[JK3] 눈을 감고 느끼는 색깔 여행 (고래이야기)
[JK3] 어떡하지? (웅진주니어)
[JK3] 도서관 생쥐 (푸른날개)
[JK3] 둥그렁 뎅 둥그렁 뎅 (창비)
수학 [JK3] 바다 100층짜리 집 (북뱅크)
과학 [JK3] 약수터 가는 길 (비룡소)

2주차

[JK3] 고구마구마 (반달)
[JK3] 할머니 엄마 (웅진주니어)
[JK3] 구덩이에서 어떻게 나가지? (북뱅크)
[JK3] 작은 새 (리젬)
[JK3] 가랑잎 대소동 (보물창고)
[JK3] 꼭두와 꽃가마 타고 (한림출판사)
사회 [JK3] 나도 이제 학교 가요 (시공주니어)
과학 [JK3] 왜 지렁이는 비가 오면 나타날까? (시공주니어)

3주차

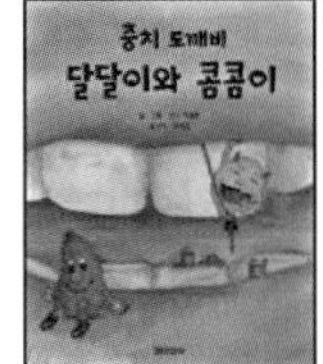

[JK3] 엄마는 해녀입니다 (난다)
[JK3] 아빠 얼굴 (이야기꽃)
[JK3] 그날, 어둠이 찾아왔어 (문학동네)
[JK3] 까만 토끼 (주니어RHK)
[JK3] 모모의 동전 (토토북)
[JK3] 호랑 감투 (보리)
사회 [JK3] 그림 옷을 입은 집 (사계절)
과학 [JK3] 충치 도깨비 달달이와 콤콤이 (현암사)

4주차

[JK3] 못생긴 호박의 꿈 (코끼리아저씨)
[JK3] 할머니의 여름휴가 (창비)
[JK3] 메아리 (현북스)
[JK3] 늑대가 위험하다는 게 사실인가요? (봄나무)
[JK3] 고함쟁이 엄마 (비룡소)
[JK3] 용감무쌍 염소 삼 형제 (비룡소)
사회 [JK3] 열두 띠 이야기 (보림)
학습 [JK3] 무서운 꿈을 꿀 땐 어떻게 해요? (상상스쿨)

1년 독서플랜 (12개월차)

1주차

[JK3] 엄마는 회사에서 내 생각 해? (길벗어린이)
[JK3] 메리 (사계절)
[JK3] 판다 목욕탕 (노란우산)
[JK3] 돼지 루퍼스, 학교에 가다 (국민서관)
[JK3] 도서관 탐구 생활 (북뱅크)
[JK3] 빈집 (시공주니어)
사회 [JK3] 인절미 시집가는 날 (국민서관)
과학 [JK3] 도토리는 왜? (책과콩나무)

2주차

[JK3] 배고픈 거미 (그림책공작소)
[JK3] 간질 간질 (사계절)
[JK3] 괴롭히는 친구 무찌르는 법 (정글짐북스)
[JK3] 말하면 힘이 세지는 말 (책속물고기)
[JK3] 오싹오싹 당근 (주니어RHK)
[JK3] 신기한 독 (보리)
사회 [JK3] 날아라, 뿔논병아리! (꿈터)
과학 [JK3] 사라지는 동물 친구들 (그림책공작소)

3주차

[JK3] 점복이 깜정이 (웅진주니어)
[JK3] 내가 태어난 숲 (청어람주니어)
[JK3] 안 돼! (시공주니어)
[JK3] 부릉이의 시간 여행 (개암나무)
[JK3] 책 도둑 토끼 (주니어김영사)
[JK3] 견우와 직녀 (현북스)
사회 [JK3] 연이네 설맞이 (책읽는곰)
과학 [JK3] 우와, 이만큼 컸어! (시공주니어)

4주차

[JK3] 돼지꿈 (북극곰)
[JK3] 연탄집 (키다리)
[JK3] 색깔 손님 (한울림어린이)
[JK3] 숨지마! 텀포드 (내인생의책)
[JK3] 토끼 인형 배빗 구하기 (상상스쿨)
[JK3] 일곱 마리 까마귀 (비룡소)
예술 [JK3] 침대 밑 그림 여행 (창비)
과학 [JK3] 북극곰 윈스턴, 지구온난화에 맞서다! (한울림어린이)

1년 독서플랜 (1개월차)

1주차

[JK4] 점 잘 치는 훈장 (사파리)
[JK4] 이야기 기차 (뜨인돌어린이)
[JK4] 빕스의 엉뚱한 소원 (비룡소)
[JK4] 행운을 찾아서 (살림어린이)
[JK4] 굴비 한 번 쳐다보고 (가교)
사회 [JK4] 901호 띵똥 아저씨 (노란돼지)
과학 [JK4] 무당벌레가 들려주는 텃밭 이야기 (철수와영희)

2주차

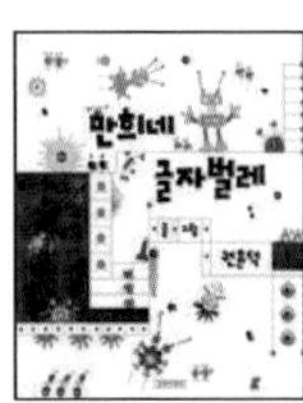

[JK4] 만희네 글자벌레 (길벗어린이)
[JK4] 꼬마 생쥐 샘과 줄리아: 우리 집에 놀러 올래? (문학수첩리틀북스)
[JK4] 내 동생 버지니아 울프 (산하)
[JK4] 책으로 집을 지은 아이 (그린북)
[JK4] 꼬리 달린 두꺼비, 껌벅이 (해와나무)
사회 [JK4] 한 땀 한 땀 손끝으로 전하는 이야기 (보림)
과학 [JK4] 명품 가방 속으로 악어들이 사라졌어 (와이즈만북스)

3주차

[JK4] 아버지의 자전거 (아이세움)
[JK4] 꿈을 나르는 책 아주머니 (비룡소)
[JK4] 커다란 나무 같은 사람: 식물을 사랑하는 소녀와 식물학자의 이야기 (청어람미디어)
[JK4] 추 선생님의 특별한 미술 수업 (책과콩나무)
[JK4] 뻥이오, 뻥 (문학동네어린이)
사회 [JK4] 나의 소원: 마음 좋은 사람, 백범 김구 (비움과채움)
과학 [JK4] 보인다! 우리 몸 (밝은미래)

4주차

[JK4] 귀신이 가득한 집 (밝은미래)
[JK4] 마음이 아플까봐 (아름다운사람들)
[JK4] 칠판 앞에 나가기 싫어! (비룡소)
[JK4] 똥으로 종이를 만드는 코끼리 아저씨 (책공장더불어)
[JK4] 빈 집에 온 손님 (비룡소)
사회 [JK4] 곤충화가 마리아 메리안 (담푸스)
예술 [JK4] 소리를 그리는 마술사 칸딘스키 (톡)

1년 독서플랜 (2개월차)

1주차

[JK4] 울산에 없는 울산바위 (봄봄)
[JK4] 뱀파이어 소녀 반다 (글로연)
[JK4] 여왕 기젤라 (풀빛)
[JK4] 3일 더 사는 선물 (씨드북)
[JK4] 삼총사가 나가신다! (천개의바람)
사회 [JK4] 할머니, 어디 가요? 쑥 뜯으러 간다! (보리)
과학 [JK4] 코끼리와 숲과 감자 칩 (도토리나무)

2주차

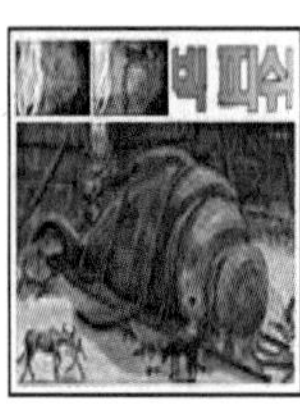

[JK4] 빅 피쉬 (비룡소)
[JK4] 지바는 보트를 타고 왔어요 (봄봄)
[JK4] 아주 먼 바다 외딴 곳 작고 작은 섬에 (책과콩나무)
[JK4] 내가 책이라면 (국민서관)
[JK4] 선생님 길들이기 (별숲)
사회 [JK4] 오, 멋진데! (이마주)
과학 [JK4] 참나무는 참 좋다! (비룡소)

3주차

[JK4] 만남 (봄봄)
[JK4] 아주 무서운 날: 발표는 두려워! (찰리북)
[JK4] 그 녀석 슈라에겐 별별 일이 다 있었지 (문학동네)
[JK4] 우리 집 한 바퀴 (창비)
[JK4] 우리 집 괴물 친구들 (사계절)
사회 [JK4] 소금꽃이 피었어요 (보림)
과학 [JK4] 짝 잃은 실내화 (현암사)

4주차

[JK4] 깔끔쟁이 빅터 아저씨 (책속물고기)
[JK4] 섬 (키즈엠)
[JK4] 나의 특별한 장소 (북뱅크)
[JK4] 생쥐를 초대합니다 (다산기획)
[JK4] 진짜 진짜 착한 어린이 상: 나는 내가 자랑스러워! (노루궁뎅이)
사회 [JK4] 검은 땅에 핀 초록빛 꿈 (베틀북)
학습 [JK4] 출동 119! 우리가 간다: 소방관 (사계절)

1년 독서플랜 (3개월차)

1주차

[JK4] 고구려를 세운 영웅, 주몽 (웅진주니어)
[JK4] 두루미 아내 (비룡소)
[JK4] 눈 (창비)
[JK4] 쌍둥이 빌딩 사이를 걸어간 남자 (보물창고)
[JK4] 내 꿈은 100개야! (살림어린이)
사회 [JK4] 우리가 원주민 마을에 간 이유는? (초록개구리)
과학 [JK4] 내가 좋아하는 곡식 (호박꽃)

2주차

[JK4] 어느 날 (보림)
[JK4] 시작 다음 (한솔수북)
[JK4] 위니를 찾아서 (창비)
[JK4] 할아버지의 낡은 타자기 (국민서관)
[JK4] 용구 삼촌 (산하)
사회 [JK4] 다 같이 돌자 직업 한 바퀴 (주니어김영사)
과학 [JK4] 큥큥이가 간다! 2: 고기를 좋아하는 동물 (보리)

3주차

[JK4] 찬다 삼촌 (느림보)
[JK4] 존경합니다, 선생님 (아이세움)
[JK4] 수다쟁이 물고기 (씨드북)
[JK4] 할아버지 손 (꿈교출판사)
[JK4] 다리 밑에서 주워 온 아이 (어린이작가정신)
사회 [JK4] 조선 선비 유길준의 세계 여행 (비룡소)
과학 [JK4] 달은 어디에 떠 있나? (웅진주니어)

4주차

[JK4] 병하의 고민 (한울림스페셜)
[JK4] 세상에서 가장 큰 나무 (봄의정원)
[JK4] 지렁이 일기 예보 (비룡소)
[JK4] 윌리 이야기 (보림)
[JK4] 멍청한 두덕 씨와 왕도둑 (미세기)
사회 [JK4] 철부지 형제의 제사상 차리기 (푸른숲주니어)
예술 [JK4] 알록달록 오케스트라 (비룡소)

1년 독서플랜 (4개월차)

1주차

[JK4] 고요한 나라를 찾아서 (북극곰)
[JK4] 완벽한 계획에 필요한 빈칸 (노란상상)
[JK4] 12명의 하루 (밝은미래)
[JK4] 미스 럼피우스 (시공주니어)
[JK4] 1등 봉구 (교학사)
사회 [JK4] 노도새 (우리아이들)
과학 [JK4] 우리 집 베란다에 방울토마토가 자라요 (살림어린이)

2주차

[JK4] 꿈틀 (한울림스페셜)
[JK4] 미랜디와 바람 오빠 (열린어린이)
[JK4] 100만 번 산 고양이 (비룡소)
[JK4] 우리 동네 정원 만들기 (나무상자)
[JK4] 물결 시험지 (파란정원)
사회 [JK4] 할머니, 어디 가요? 앵두 따러 간다! (보리)
과학 [JK4] 너에겐 고물? 나에겐 보물! (창비)

3주차

[JK4] 서로 달라 재미있어! (토토북)
[JK4] 똥산아, 내게 보물을 줘 (씨드북)
[JK4] 여우의 전화박스 (크레용하우스)
[JK4] 용감한 내 친구 태엽 쥐 (노란돼지)
[JK4] 무지개 똥을 찾아서 (푸른나무)
사회 [JK4] 남사당 놀이: 곰뱅이 텄다! (웅진주니어)
예술 [JK4] 소원을 말해 봐: 꿈이 담긴 그림, 민화 (비룡소)

4주차

[JK4] 감은장아기 (봄봄)
[JK4] 빨간 모자의 여동생 (씨드북)
[JK4] 태양이 뀐 방귀 (양철북)
[JK4] 리사벳이 콧구멍에 완두콩을 넣었어요 (논장)
[JK4] 2학년 6반 고길희 선생님 (현암사)
사회 [JK4] 불이 번쩍! 전깃불 들어오던 날: 전기 (밝은미래)
학습 [JK4] 이럴 땐 싫다고 말해요! (문학동네)

1년 독서플랜 (5개월차)

1주차

[JK4] 쑥갓 꽃을 그렸어 (낮은산)
[JK4] 이해의 선물 (길벗어린이)
[JK4] 책으로 전쟁을 멈춘 남작 (북뱅크)
[JK4] 다시 만날 수 있을까요? (천개의바람)
[JK4] 나보다 어린 우리 아빠 (좋은책어린이)
사회 [JK4] 배운다는 건 뭘까? (미세기)
과학 [JK4] 안녕, 여긴 천문대야! (비룡소)

2주차

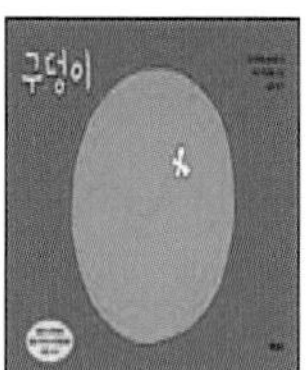

[JK4] 노각 씨네 옥상 꿀벌 (창비)
[JK4] 내가 쓰고 그린 책 (책속물고기)
[JK4] 잘 가, 작은 새 (북뱅크)
[JK4] 구덩이 (북뱅크)
[JK4] 우리는 걱정 친구야 (웅진주니어)
사회 [JK4] 동에 번쩍 (사파리)
과학 [JK4] 분홍공주의 베란다 텃밭 (어린이나무생각)

3주차

[JK4] 레오의 특별한 꿈 (노란상상)
[JK4] 둥지 아파트 이사 대작전 (씨드북)
[JK4] 깜깜한 어둠, 빛나는 꿈 (다림)
[JK4] 방학 때 뭘 했냐면요...... (토토북)
[JK4] 수염 전쟁 (파란자전거)
사회 [JK4] 마음대로가 자유는 아니야 (웅진주니어)
과학 [JK4] 누에가 자라고 자라서 (한울림)

4주차

[JK4] 거인이 사는 섬 (리젬)
[JK4] 친해질 수 있을까? (스콜라)
[JK4] 맛있는 동시 요리법 (장수하늘소)
[JK4] 심술쟁이 내 동생 싸게 팔아요! (어린이작가정신)
[JK4] 훈이 석이 (문학동네어린이)
사회 [JK4] 마사, 마지막 여행비둘기 (산하)
학습 [JK4] 어른들은 하루 종일 어떤 일을 할까? (주니어RHK)

1년 독서플랜 (6개월차)

1주차

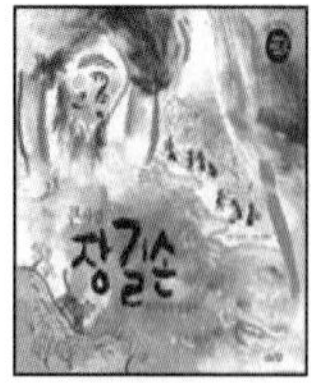

[JK4] 큰사람 장길손 (도토리숲)
[JK4] 노인과 바다 (책고래)
[JK4] 얼음 왕국 이야기 (지양어린이)
[JK4] 빛의 용 (봄나무)
[JK4] 담구멍 친구 할래요? (좋은책어린이)
사회 [JK4] 약속 (사계절)
수학 [JK4] 점이 뭐야? (만만한책방)

2주차

[JK4] 하나가 된 사랑나무 (봄봄)
[JK4] 안녕, 나의 장갑나무 (주니어김영사)
[JK4] 너, 무섭니? (논장)
[JK4] 안전 대장 리시토 (봄볕)
[JK4] 힘내라! 힘찬 왕자 (아이앤북)
사회 [JK4] 태극기 다는 날 (한솔수북)
과학 [JK4] 도시 땅속이 궁금해 (와이즈만북스)

3주차

[JK4] 산이 코앞으로 다가왔다 (사계절)
[JK4] 대통령 아저씨, 엉망진창이잖아요! (밝은미래)
[JK4] 심심해 심심해 (주니어김영사)
[JK4] 선생님을 화나게 하는 10가지 방법 (어린이작가정신)
[JK4] 고제는 알고 있다 (낮은산)
사회 [JK4] 금동이네 김장 잔치 (비룡소)
예술 [JK4] 미술관 그림 도둑을 잡아라! (킨더랜드)

4주차

[JK4] 파랑새가 산다 (웅진주니어)
[JK4] 긴 여행 (풀빛)
[JK4] 친구와 헤어져도 (책속물고기)
[JK4] 납작이가 된 스탠리 (시공주니어)
[JK4] 꿈꾸는 꼬마 돼지 욜 (휴먼어린이)
사회 [JK4] 먼지가 지구 한 바퀴를 돌아요 (웅진주니어)
학습 [JK4] 맥을 짚어 볼까요?: 한의사 (사계절)

1년 독서플랜 (7개월차)

1주차

[JK4] 애기 해녀 옥랑이 미역 따러 독도 가요! (파란자전거)
[JK4] 보름달 뜨는 밤에 (아이세움)
[JK4] 나누면서 채워지는 이상한 여행 (고래이야기)
[JK4] 도우니까 행복해! (아이세움)
[JK4] 달리기 왕 (책과콩나무)
사회 [JK4] 말랄라, 우리가 세상을 바꿀 수 있어요! (푸른숲주니어)
과학 [JK4] 한밤의 박물관 (찰리북)

2주차

[JK4] 아빠, 미안해하지 마세요! (한울림스페셜)
[JK4] 자수라: 주만지, 두 번째 이야기 (키위북스)
[JK4] 나는 죽음이에요 (마루벌)
[JK4] 그 아이가 바로 나야! (포이에마)
[JK4] 그날 밤 이후 이영준 (낮은산)
사회 [JK4] 탁한 공기, 이제 그만 (노란돼지)
사회 [JK4] 푸릇 파릇 가로수를 심어 봐 (대교북스주니어)

3주차

[JK4] 나는 지하철입니다 (문학동네)
[JK4] 꼬맹 씨 (북뱅크)
[JK4] 어젯밤에 누나하고 (한마당)
[JK4] 너도 화가 났어? (분홍고래)
[JK4] 엄마 몰래 (좋은책어린이)
사회 [JK4] 내가 만난 꿈의 지도 (시공주니어)
과학 [JK4] 공룡 엑스레이 (한림출판사)

4주차

[JK4] 수박이 먹고 싶으면 (이야기꽃)
[JK4] 밍로는 어떻게 산을 옮겼을까? (길벗어린이)
[JK4] 여름 이야기 (마루벌)
[JK4] 개구리와 두꺼비는 친구 (비룡소)
[JK4] 너 때문에 못 살아! (살림어린이)
사회 [JK4] 세상을 감싸는 우리 보자기 (마루벌)
학습 [JK4] 책 만드는 이야기, 들어볼래?: 책 만드는 사람 (사계절)

1년 독서플랜 (8개월차)

1주차

[JK4] 밥 · 춤 (고래뱃속)
[JK4] 도서관이 키운 아이 (그린북)
[JK4] 눈을 감아 보렴! (한울림스페셜)
[JK4] 동물 학교 한 바퀴 (창비)
[JK4] 맨날 맨날 화가 나! (좋은책어린이)
사회 [JK4] 밤을 지키는 사람들 (창비)
과학 [JK4] 뚝딱뚝딱 집 짓는 동물들 (개암나무)

2주차

[JK4] 강변 살자 (책고래)
[JK4] 까만 아기 양 (푸른그림책)
[JK4] 너는 특별하단다 (고슴도치)
[JK4] 이 고쳐 선생과 이빨투성이 괴물 (시공주니어)
[JK4] 세상에서 고구마를 가장 맛있게 먹는 방법 (노란돼지)
사회 [JK4] 세상을 바꾼 아이 (밝은미래)
과학 [JK4] 우리 교실에 벼가 자라요 (살림어린이)

3주차

[JK4] 찬이가 가르쳐 준 것 (한울림스페셜)
[JK4] 목요일 덕분이야! (미래아이)
[JK4] 찰리, 샬럿, 금빛 카나리아 (사계절)
[JK4] 대머리 사자 (뜨인돌어린이)
[JK4] 화해하기 보고서 (사계절)
사회 [JK4] 소원을 그리는 아이 (책읽는곰)
과학 [JK4] 모든 것을 끌어당기는 힘: 중력 이야기 (봄의정원)

4주차

[JK4] 새끼 표범 (한울림어린이)
[JK4] 아빠, 쟤들은 언제 가요? (문학과지성사)
[JK4] 내 탓이 아니야 (고래이야기)
[JK4] 거북이가 2000원 (천개의바람)
[JK4] 아빠 냄새 (책고래)
사회 [JK4] 똥 먹은 사과: 지구를 살리는 먹을거리 (휴이넘)
학습 [JK4] 코끼리 똥으로 종이를 만든 나라는? (시공주니어)

1년 독서플랜 (9개월차)

1주차

[JK4] 모이소, 들어 보소, 으라차차 홍대권! (국민서관)
[JK4] 마법의 가면 (불광)
[JK4] 운석은 어떻게 박물관에 갔을까? (키즈엠)
[JK4] 아니, 방귀 뽕나무 (사계절)
[JK4] 욕심 한 보따리 웃음 한 보따리 돈 이야기 (미래아이)
사회 [JK4] 논다는 건 뭘까? (미세기)
수학 [JK4] 무한대를 찾아서 (웅진주니어)

2주차

[JK4] 열일곱 살 자동차 (낮은산)
[JK4] 왕의 빵을 드립니다 (주니어김영사)
[JK4] 라신 아저씨와 괴물 (비룡소)
[JK4] 엄마 아빠가 없던 어느 날 (해와나무)
[JK4] 짝꿍 바꿔 주세요! (씨즐북스)
사회 [JK4] 안녕, 태극기! (푸른숲주니어)
과학 [JK4] 봄 여름 가을 겨울 계절아, 사랑해! (찰리북)

3주차

[JK4] 꼭꼭 숨어라 용꼬리 보일라 (씨드북)
[JK4] 넌 참 우스꽝스럽게 생겼구나! (보물창고)
[JK4] 투발루: 사라지는 섬 (북스토리아이)
[JK4] 말해 버릴까? (보림)
[JK4] 아빠의 일기장 (좋은책어린이)
사회 [JK4] 마음을 담은 상차림 (사계절)
과학 [JK4] 아빠하고 나하고 봄나들이 가요 (보리)

4주차

[JK4] 안녕, 친구야 (웅진주니어)
[JK4] 사자 사냥꾼 클로이의 끝없는 이야기 (다산기획)
[JK4] 곰이 된 아빠와 스트레스 선생 (고래이야기)
[JK4] 귀여운 아기 고양이의 가족이 되어 주세요! (키위북스)
[JK4] 아빠는 내가 지킨다! (살림어린이)
사회 [JK4] 안성맞춤 (사파리)
학습 [JK4] 아홉 살 마음 사전 (창비)

1년 독서플랜 (10개월차)

1주차

[JK4] 돌려줘요, 스마트폰 (고래뱃속)
[JK4] 왜 숙제를 못 했냐면요…… (토토북)
[JK4] 날아라, 고양이 (분홍고래)
[JK4] 월수금과 화목토 (계수나무)
[JK4] 학교 가는 길을 개척할 거야 (사계절)
사회 [JK4] 친구란 어떤 사람일까? (미세기)
과학 [JK4] 때가 되면 자연으로 돌아가요 (한울림어린이)

2주차

[JK4] 김치 가지러 와! (씨드북)
[JK4] 막스와 마르셀 (책빛)
[JK4] 엄마 왜 그래 (단비어린이)
[JK4] 엄마 아빠를 바꿔 주는 가게 (예림당)
[JK4] 나랑 밥 먹을 사람 (책읽는곰)
사회 [JK4] 남극에서 날아온 펭귄의 모험 (아주좋은날)
과학 [JK4] 따르릉! 야생동물 병원입니다 (길벗어린이)

3주차

[JK4] 얼굴나라 (계수나무)
[JK4] 이게 정말 천국일까? (주니어김영사)
[JK4] 캘빈의 마술쇼 (사계절)
[JK4] 친구가 자꾸 놀려요! (고래이야기)
[JK4] 엄마는 마녀 아니 미녀 (아이세움)
사회 [JK4] 가을이네 장 담그기 (책읽는곰)
미술 [JK4] 드로잉 탐정단: 도서관 책 도둑을 잡아라! (한림출판사)

4주차

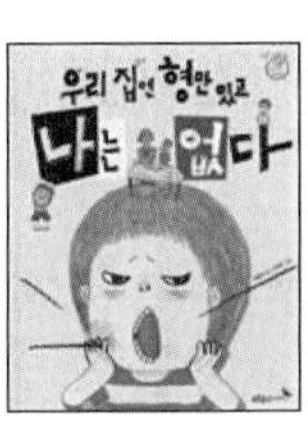

[JK4] 우리 집엔 형만 있고 나는 없다 (푸른숲주니어)
[JK4] 여자 남자, 할 일이 따로 정해져 있을까요? (고래이야기)
[JK4] 내 동생과 할 수 있는 백만 가지 일 (한울림스페셜)
[JK4] 밀림을 지켜라! (책속물고기)
[JK4] 웃어요, 공주님 (꿈꾸는초승달)
사회 [JK4] 여섯 개의 점: 점자를 만든 눈먼 소년 루이 브라유 이야기 (함께자람)
학습 [JK4] 건강을 책임지는 책 (토토북)

1년 독서플랜 (11개월차)

1주차

[JK4] 그림 없는 화가, 곰 아저씨 (재미마주)
[JK4] 변신 (보림)
[JK4] 할머니의 기억은 어디로 갔을까? (키득키득)
[JK4] 내 맘도 모르면서 (책읽는곰)
[JK4] 목기린 씨, 타세요! (창비)
사회 [JK4] 고마워 한글 (푸른숲주니어)
과학 [JK4] 소금쟁이가 들려주는 물속 생물 이야기 (철수와영희)

2주차

[JK4] 마당을 나온 암탉 (사계절)
[JK4] 머리가 자라는 동안 (한겨레아이들)
[JK4] 안 버려, 못 버려, 모두 소중해! (씨드북)
[JK4] 뜀틀 넘기 숙제 (상상의집)
[JK4] 꼼지락 공주와 빗자루 선생님 (국민서관)
[JK4] 큰 머리 선생님은 조금 다를 뿐이야: 차이 (개암나무)
과학 [JK4] 눈은 보기만 할까? (내인생의책)

3주차

[JK4] 밤밤이와 안녕 할 시간 (스콜라)
[JK4] 같이 놀자, 루이! (한울림스페셜)
[JK4] 압둘 가사지의 정원 (베틀북)
[JK4] 게으른 고양이의 결심 (주니어김영사)
[JK4] 앵그리 병두의 기똥찬 크리스마스 (사계절)
사회 [JK4] 지도는 언제나 말을 해 (논장)
음악 [JK4] 음악이 가득한 집 (밝은미래)

4주차

[JK4] 마이볼 (문학동네어린이)
[JK4] 나도 가족일까? (풀빛)
[JK4] 달리는 나눔 가게 (북비)
[JK4] 학교 울렁증 (내인생의책)
[JK4] 우리 집엔 할머니 한 마리가 산다 (상상의집)
사회 [JK4] 뚜벅뚜벅 우리 신 (보림)
학습 [JK4] 아홉 살 함께 사전 (창비)

1년 독서플랜 (12개월차)

1주차

[JK4] 콩숙이와 팥숙이 (비룡소)
[JK4] 바바야가 (비룡소)
[JK4] 어린이 (한솔수북)
[JK4] 내가 누구게? (사계절)
[JK4] 안녕, 내 비밀번호! (다림)
사회 [JK4] 큰달 작은달 달력의 비밀 (한솔수북)
과학 [JK4] 흰긴수염 고래 (고래뱃속)

2주차

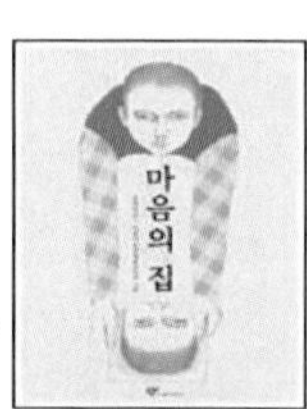

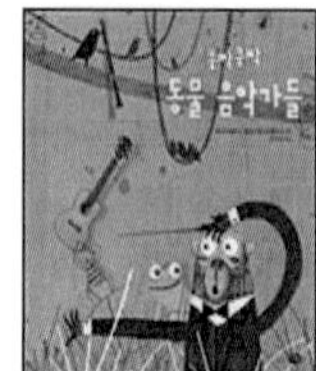

[JK4] 마음의 집 (창비)
[JK4] 찰리가 온 첫날 밤 (시공주니어)
[JK4] 별이 빛나는 크리스마스 (씨드북)
[JK4] 용도 바이올리니스트가 될 수 있나요? (책속물고기)
[JK4] 선생님 미워! (크레용하우스)
사회 [JK4] 엄마꼭지연 (보림)
과학 [JK4] 쿵짝쿵짝 동물 음악가들 (다림)

3주차

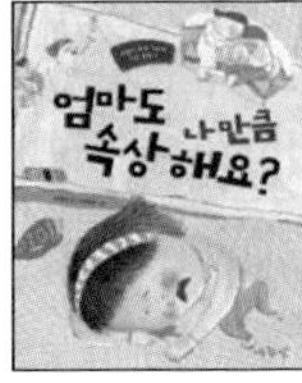

[JK4] 알 (비룡소)
[JK4] 행복을 찾아서 (봄봄)
[JK4] 아름다운 실수 (나는별)
[JK4] 책가방의 봄 소풍 (북뱅크)
[JK4] 엄마도 나만큼 속상해요? (아주좋은날)
사회 [JK4] 매호의 옷감: 생활 (창비)
미술 [JK4] 몬드리안을 본 적이 있니? (톡)

4주차

[JK4] 별명 그리는 아이 (정글짐북스)
[JK4] 선생님, 기억하세요? (씨드북)
[JK4] 초강력 아빠 팬티 (아름다운사람들)
[JK4] 나를 찾아 줘! (푸른숲주니어)
[JK4] 고양이 카페 (시공주니어)
사회 [JK4] 세계문화유산 우리 풍어제 (마루벌)
학습 [JK4] 안전: 나를 지키는 법 (사계절)

초등 1, 2학년이 좋아하는 시리즈

창작

[JK3-그림책] 지원이와 병관이 시리즈 (9권/길벗어린이)

[JK3] 지하철을 타고서
[JK3] 용돈 주세요
[JK3] 손톱 깨물기
[JK3] 두발자전거 배우기
[JK3] 거짓말

[JK3-그림책] 민들레 그림책 시리즈 (9권/길벗어린이)

[JK3] 강아지똥
[JK3] 오소리네 집 꽃밭
[JK3] 바위나리와 아기별
[JK3] 고양이
[JK3] 황소 아저씨

[JK3-그림책] 도토리 계절 그림책 시리즈 (4권/보리)

[JK3] 우리 순이 어디 가니: 봄
[JK3] 심심해서 그랬어: 여름
[JK3] 바빠요 바빠: 가을
[JK3] 우리끼리 가자: 겨울

[JK3-그림책] 지니비니 그림책 시리즈 (6권/상상북스)

[JK3] 밥 한 그릇 뚝딱!
[JK3] 치카치카 군단과 충치 왕국
[JK3] 케이크 파티
[JK3] 배꼽시계가 꼬르륵!
[JK3] 엄마 손은 약손 아기 배는 똥배

[JK3-그림책] 상상의 동물 시리즈 (6권/길벗어린이)

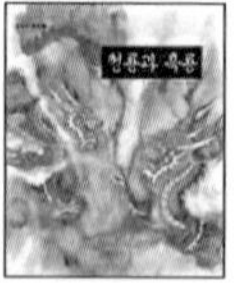

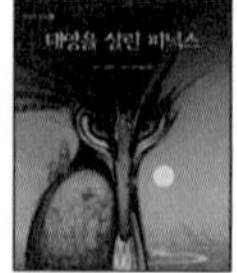

[JK3] 해치와 괴물 사형제
[JK3] 쇠를 먹는 불가사리
[JK3] 청룡과 흑룡
[JK3] 영원한 황금 지킴이 그리핀
[JK3] 태양을 살린 피닉스

[JK3-그림책] 그림책이 참 좋아 시리즈 (23권/책읽는곰)

[JK3] 장수탕 선녀님
[JK3] 달 샤베트
[JK3] 지옥탕
[JK3] 삐약이 엄마
[JK3] 모르는 척 공주

[JK3-그림책] 우리 그림책 시리즈 (16권/국민서관)

[JK3] 길 아저씨 손 아저씨
[JK3] 똥자루 굴러간다
[JK3] 맛있는 구름콩: 두부 이야기
[JK3] 나는 괴물이다!
[JK3] 방귀 똥꼬 박사 아니야!

[JK3-그림책] 책콩 그림책 시리즈 (52권/책과콩나무)

[JK3] 주전자 엄마와 이불 아빠
[JK3] 아무도 듣지 않는 바이올린
[JK3] 아빠가 달라졌어요
[JK3] 까마귀가 친구하자고 한다고?
[JK3] 옆집 아이는 로봇

[JK3-그림책] 가치만세 시리즈 (10권/휴이넘)

[JK3] 거짓말은 무거워!
[JK3] 꼴찌라도 괜찮아!
[JK3] 왜 나만 따라 해!
[JK3] 으악! 늦었다!
[JK3] 절대 말하면 안 돼!

[JK3-그림책] 네버랜드 우리 걸작 그림책 시리즈 (35권/시공주니어)

[JK3] 망태 할아버지가 온다
[JK3] 도둑을 잡아라!
[JK3] 둥글 댕글 아빠표 주먹밥
[JK3] 토끼와 늑대와 호랑이와 담이와
[JK3] 난 노란 옷이 좋아!

[JK3-그림책] 비룡소 창작 그림책 시리즈 (47권/비룡소)

[JK3] 입이 똥꼬에게
[JK3] 이모의 결혼식
[JK3] 어처구니 이야기
[JK3] 엄마의 여행 가방
[JK3] 색깔을 훔치는 마녀

[JK3-그림책] 사계절 그림책 시리즈 (50권/사계절)

[JK3] 똥벼락
[JK3] 눈물바다
[JK3] 세 엄마 이야기
[JK3] 커졌다!
[JK3] 신기한 붓

초등 1, 2학년이 좋아하는 시리즈

JK3

창작

[JK3-그림책] 웅진 우리 그림책 시리즈 (22권/웅진주니어)

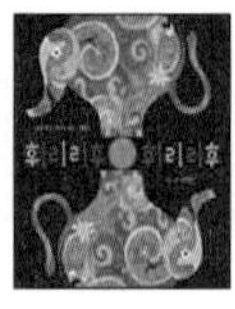

[JK3] 백만 년 동안 절대 말 안 해
[JK3] 휘리리후 휘리리후
[JK3] 아빠랑 캠핑 가자!
[JK3] 바가지꽃
[JK3] 엄마의 특별한 선물

[JK3-그림책] 우리시 그림책 시리즈 (15권/창비)

[JK3] 넉 점 반
[JK3] 시리동동 거미동동
[JK3] 영이의 비닐우산
[JK3] 선생님 과자
[JK3] 석수장이 아들

[JK3-그림책] 노란돼지 창작그림책 시리즈 (36권/노란돼지)

[JK3] 도깨비 살려!
[JK3] 고릴라 코딱지
[JK3] 이 잘 닦아 공주와 이 안 닦아 왕자
[JK3] 초등학생을 위한 욕심쟁이 딸기 아저씨
[JK3] 사탕괴물

[JK3-그림책] 느림보 그림책 시리즈 (48권/느림보)

[JK3] 으악, 도깨비다!
[JK3] 장화 쓴 공주님
[JK3] 건물들이 휴가를 갔어요
[JK3] 오른쪽이와 동네 한 바퀴
[JK3] 옛날에는 돼지들이 아주 똑똑했어요

[JK3-그림책] 너른세상 그림책 시리즈 (19권/파란자전거)

[JK3] 우진이의 일기
[JK3] 꼼꼼 의사와 덜렁 조수의 수상한 병원
[JK3] 공짜표 셋 주세요!
[JK3] 두근두근 엘리베이터
[JK3] 아홉 형제 용이 나가신다

[JK3-그림책] 단비어린이 그림책 시리즈 (24권/단비어린이)

[JK3] 되지 엄마
[JK3] 지구를 떠나라!
[JK3] 무지개떡 괴물
[JK3] 라쌤 껌딱지
[JK3] 친할머니 외할머니

[JK3-동화책] 콩깍지 문고 (8권/아이세움)

[JK3] 내 동생 싸게 팔아요
[JK3] 쌀밥 보리밥
[JK3] 나 안 할래
[JK3] 토끼가 그랬어
[JK3] 외딴 마을 외딴 집에

옛이야기

[JK3-그림책] 비룡소 전래동화 시리즈 (26권/비룡소)

[JK3] 김수한무 거북이와 두루미 삼천갑자 동방삭
[JK3] 흰 쥐 이야기
[JK3] 호랑이 잡는 법
[JK3] 신기한 그림족자
[JK4] 아씨방 일곱 동무

[JK3-그림책] 옛이야기 그림책 까치 호랑이 시리즈 (26권/보림)

[JK3] 팥죽 할머니와 호랑이
[JK3] 이야기 주머니 이야기
[JK3] 재주 많은 다섯 친구
[JK3] 반쪽이
[JK3] 호랑이 잡은 피리

[JK3-그림책] 네버랜드 우리 옛이야기 시리즈 (30권/시공주니어)

[JK3] 팥죽 할멈과 호랑이
[JK3] 재주꾼 오 형제
[JK3] 거짓말 세 마디
[JK3] 먹보장군
[JK3] 도깨비 감투

[JK3-그림책] 옛이야기 그림책 시리즈 (9권/사계절)

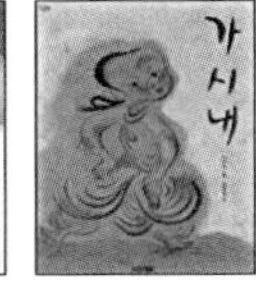

[JK3] 줄줄이 꿴 호랑이
[JK3] 호랑이 뱃속 잔치
[JK3] 방귀쟁이 며느리
[JK3] 좁쌀 반 됫박
[JK3] 가시내

초등 1, 2학년이 좋아하는 시리즈

옛이야기

[JK3-그림책] 옛날옛적에 시리즈 (15권/국민서관)

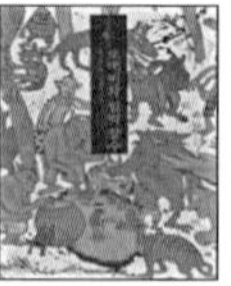

[JK3] 훨훨 간다
[JK3] 신선바위 똥바위
[JK3] 호랑이와 곶감
[JK3] 거울 속에 누구요?
[JK3] 도깨비와 범벅 장수

[JK3-그림책] 방방곡곡 구석구석 옛이야기 시리즈 (16권/사파리)

[JK3] 난쟁이 범사냥
[JK3] 예쁜이와 버들이
[JK3] 연이와 칠성이
[JK3] 개가 된 범
[JK4] 점 잘 치는 훈장

[JK3-그림책] 두껍아 두껍아 옛날옛적에 시리즈 (23권/웅진주니어)

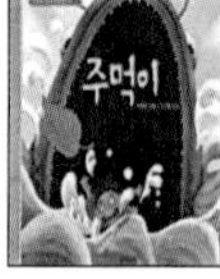

[JK3] 꿀꿀 돼지
[JK3] 쥐와 게
[JK3] 신통방통 세 가지 말
[JK3] 까치와 호랑이와 토끼
[JK3] 주먹이

[JK3-그림책] 온 겨레 어린이가 함께 보는 옛이야기 시리즈 (17권/보리)

[JK3] 정신없는 도깨비
[JK3] 딸랑새
[JK3] 신기한 독
[JK3] 불씨 지킨 새색시
[JK3] 생쥐 신랑

[JK3-그림책] 길벗어린이 옛이야기 시리즈 (16권/길벗어린이)

[JK3] 밥 안 먹는 색시
[JK3] 팥이 영감과 우르르 산토끼
[JK3] 노랑각시 방귀 소동
[JK3] 옛날에 여우가 메추리를 잡았는데
[JK3] 갑돌이와 용감한 여섯 친구

[JK3-그림책] 옛이야기는 내친구 시리즈 (5권/한림출판사)

[JK3] 저승에 있는 곳간
[JK3] 종이에 싼 당나귀
[JK3] 호랑이가 준 보자기
[JK3] 도깨비 대장이 된 훈장님
[JK3] 바보 도깨비와 나무꾼

사회

[JK3] 국시꼬랭이 동네 시리즈 (20권/사파리)

[JK3] 똥떡
[JK3] 싸개싸개 오줌싸개
[JK3] 고무신 기차
[JK3] 야광귀신
[JK3] 쌈닭

[JK3] 솔거나라: 전통문화그림책 시리즈 (39권/보림)

[JK3] 갯벌이 좋아요
[JK3] 숨 쉬는 항아리
[JK3] 아무도 모를거야 내가 누군지
[JK3] 열두 띠 이야기
[JK3] 오늘은 우리집 김장하는 날

[JK3] 우리문화그림책 시리즈 (15권/사계절)

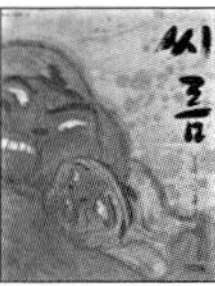

[JK3] 설빔: 남자아이 멋진 옷
[JK3] 설빔: 여자아이 고운 옷
[JK3] 씨름
[JK3] 그림 옷을 입은 집
[JK3] 사물놀이 이야기

[JK3] 베틀북 그림책: 아델과 사이먼 시리즈 (3권/베틀북)

[JK3] 아델과 사이먼
[JK3] 아델과 사이먼, 미국에 가다!
[JK3] 아델과 사이먼의 두근두근 중국여행

[JK3] Safe Child Self 안전동화 시리즈 (8권/소담주니어)

[JK3] 자연이 화가 났어요
[JK3] 엄마, 이젠 걱정 마세요
[JK3] 알고 타면 안전해요
[JK3] 안돼 안돼 다치면 안돼
[JK3] 안녕히 다녀왔습니다

[JK3] 환경지킴이 시리즈 (5권/사파리)

[JK3] 지렁이다
[JK3] 도둑 잡은 고물들
[JK3] 무시무시한 버거 대왕
[JK3] 초록 자전거
[JK3] 마지막 큰뿔산양

초등 1, 2학년이 좋아하는 시리즈

사회

[JK3] 아빠가 들려주는 그림책 시리즈 (2권/한림출판사)

[JK3] 똥장군
[JK3] 장터나들이

[JK3] 6·7·8 안전그림책 시리즈 (10권/문학동네어린이)

[JK3] 먹기 대장 축구 대장
[JK3] 동수야, 어디 가니?
[JK3] 여름이 좋아 물이 좋아!
[JK3] 바람타고 달려라
[JK3] 끼빅끼빅 악당과 자동차 대작전

[JK3] 곰돌이의 경제놀이 시리즈 (3권/큰나)

[JK3] 마트 구경 간 달코미
[JK3] 장터에 간 새코미
[JK3] 매끄니의 신기한 휴게소

[JK3] 진주 시리즈 (5권/주니어RHK)

[JK3] 봉주르, 학교에 가요!
[JK3] 꼬레, 우리는 친구예요!
[JK3] 보나페티, 음식이 달라요!
[JK3] 노엘, 즐거운 크리스마스예요!
[JK3] 울랄라, 남자친구가 생겼어요!

과학

[JK3] 자연과 만나요 시리즈 (3권/다섯수레)

[JK3] 개구리가 알을 낳았어
[JK3] 개미가 날아 올랐어
[JK3] 지렁이가 흙똥을 누었어

[JK3] 어린이 갯살림 시리즈 (6권/보리)

[JK3] 소금이 온다
[JK3] 갈치 사이소
[JK3] 갯벌에 뭐가 사나 볼래요
[JK3] 야, 미역 좀 봐
[JK3] 뻘 속에 숨었어요

[JK3] 튼튼아이 건강그림책 시리즈 (6권/웅진주니어)

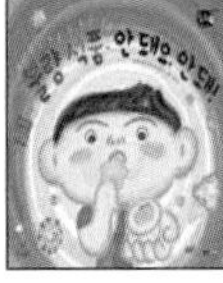

[JK3] 황금똥을 눌 테야!
[JK3] 똥이는 날씬해
[JK3] 이닦기 대장이야!
[JK3] 불량 식품 안 돼요, 안 돼!
[JK3] 밥맛이 꿀맛이야

[JK3] 어린이 들살림 시리즈 (7권/보리)

[JK3] 벼가 자란다
[JK3] 똥 똥 귀한 똥
[JK3] 다 콩이야
[JK3] 고구마는 맛있어
[JK3] 뿌웅~ 보리 방귀

[JK3] 웅진 지식그림책 시리즈 (40권/웅진주니어)

[JK3] 방귀 방귀 나가신다
[JK3] 찰떡 콩떡 수수께끼떡
[JK3] 빵이 빵 터질까?
[JK3] 우리 몸 털털털
[JK3] 똥은 참 대단해!

[JK3] 네버랜드 자연그림책 시리즈 (7권/시공주니어)

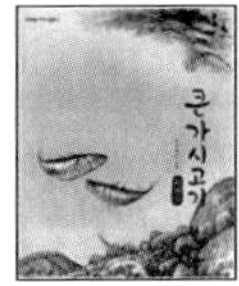

[JK3] 수달이 오던 날
[JK3] 까불지 마, 난 개미귀신이야!
[JK3] 아빠 만날 준비됐니?
[JK3] 일곱 번째 생일
[JK3] 큰가시고기 이야기

[JK3] 현암사 인체 그림책 시리즈 (3권/현암사)

[JK3] 충치 도깨비 달달이와 콤콤이
[JK3] 뱃속 마을 꼭꼭이
[JK3] 살갗 나라 두리

초등 1, 2학년이 좋아하는 시리즈

[JK3] 좋은 수가 있어 시리즈 (3권/비룡소)

[JK3] 야, 머리에 껌 붙었잖아: 온도의 변화
[JK3] 이것 봐, 내가 또 뚫었어: 고무의 탄성
[JK3] 쉿, 지마 귀신이 온다 : 정전기

[JK3] 과학이 잘잘잘 시리즈 (4권/한솔수북)

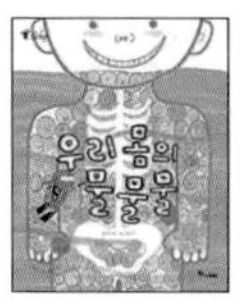

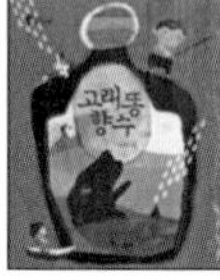

[JK3] 우리 몸의 물물물
[JK3] 나무늘보 쿨쿨이와 코코는 어느 날
[JK3] 치과에 갔어요
[JK3] 고래똥 향수

창작

[JK4-그림책] 행복한 관찰 그림책 시리즈 (2권/웅진주니어)

[JK4] 나의 엉뚱한 머리카락 연구
[JK4] 어슬렁어슬렁 동네 관찰기

[JK4-그림책] 웃는돌고래 그림책 시리즈 (5권/웃는돌고래)

[JK4] 누가 우리 아빠 좀 말려 줘요!
[JK4] 우리 집에 놀러 오세요
[JK4] 나무 심으러 몽골에 간다고요?
[JK4] 우리 마을에 놀러 오세요
[JK5] 궁궐에 나무 보러 갈래?

[JK4-그림책] 외계인 셀미나의 특별 임무 시리즈 (5권/느림보)

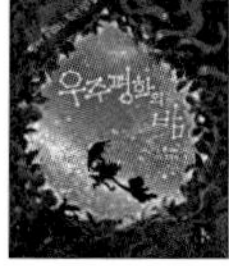

[JK4] 그만 좀 먹어, 초코루다!
[JK4] 도리깽이 되고 싶어
[JK4] 오라 마녀의 초대
[JK4] 위대한 쭈랑 장군
[JK4] 우주 평화의 밤

[JK4-그림책] 리리 이야기 시리즈 (5권/시공주니어)

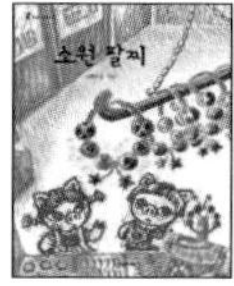

[JK4] 소원 팔찌
[JK4] 3일 늦은 선물
[JK4] 돼지 궁전
[JK4] 코끼리 방귀
[JK4] 바위 집

[JK4-동화책] 좋은책어린이 저학년문고 시리즈 (69권/좋은책어린이)

[JK4] 춤추는 책가방
[JK4] 말 잘 듣는 약
[JK4] 엄마~ 5분만~
[JK4] 잔소리 없는 엄마를 찾아주세요
[JK5] 아드님, 진지 드세요

[JK4-동화책] 꺼벙이 억수 시리즈 (5권/좋은책어린이)

[JK4] 꺼벙이 억수
[JK4] 꺼벙이 억수와 축구왕
[JK4] 꺼벙이 억수랑 아나바다
[JK4] 꺼벙이 억수와 꿈을 실은 비행기
[JK4] 꺼벙이 억수와 방울 소리

초등 1, 2학년이 좋아하는 시리즈

JK4

창작

[JK4-동화책] 몰래 시리즈 (5권/좋은책어린이)

[JK4] 엄마 몰래
[JK4] 선생님 몰래
[JK4] 친구 몰래
[JK4] 아빠 몰래
[JK4] 언니 몰래

[JK4-동화책] 사각사각 책읽기 2단계 시리즈 (25권/주니어김영사)

[JK4] 일년 내내 벌 받는 1학년
[JK4] 책 읽는 유령
[JK4] 텔레비전 시청 금지
[JK4] 번개처럼 학교로
[JK4] 멍청한 마녀들

[JK4-동화책] 병만이와 동만이 그리고 만만이 시리즈 (15권/보리)

[JK4] 밥 먹을 때 똥 얘기 하지 마
[JK4] 동생을 하나 더 낳겠다고요?
[JK4] 동생이 생겼어요
[JK4] 만만이는 사고뭉치
[JK4] 예방 주사 맞기 싫어!

[JK4-동화책] 빛나는 어린이 문학 시리즈 (10권/웅진주니어)

[JK4] 개구쟁이 노마와 현덕 동화나라
[JK4] 아기소나무와 권정생 동화나라
[JK4] 귀머거리 너구리와 백석 동화나라
[JK4] 꽃장수와 이태준 동화나라
[JK4] 우체통과 이주홍 동화나라

[JK4-동화책] 꼬마 다람쥐 두리 시리즈 (5권/사계절)

[JK4] 끝내주는 생일 선물
[JK4] 가시괴물의 비밀
[JK4] 깜빡해도 괜찮아
[JK4] 심부름은 정말 싫어
[JK4] 아빠가 필요해

[JK4-동화책] 명탐정 두덕 씨 시리즈 (3권/미세기)

[JK4] 멍청한 두덕 씨와 왕도둑
[JK4] 탐정 두덕 씨와 보물창고
[JK4] 명탐정 두덕 씨와 탈옥수

[JK4-동화책] 아이앤북 인성동화 시리즈 (10권/아이앤북)

[JK4] 놀기 대장 1학년 한동주
[JK4] 호기심 대장 1학년 무름이
[JK4] 이르기 대장 1학년 나최고
[JK4] 들통난 거짓말
[JK4] 힘내라! 힘찬 왕자

[JK4-동화책] 생각이 자라는 키다리 교과서 시리즈 (8권/키다리)

[JK4] 봄이 좋아!
[JK4] 시끌벅적 여름 캠핑
[JK4] 가을은 풍성해
[JK4] 겨울아 놀자
[JK4] 북적북적 우리 가족

[JK4-동화책] 사계절 웃는 코끼리 시리즈 (11권/사계절)

[JK4] 보물 상자
[JK4] 달을 마셨어요
[JK4] 나도 편식할 거야
[JK4] 나도 예민할 거야
[JK4] 나랑 화장실 갈 사람?

[JK4-동화책] 보림어린이문고 시리즈 (20권/보림)

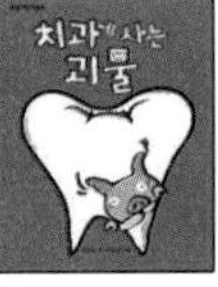

[JK4] 할아버지는 요리사
[JK4] 할머니 집에서
[JK4] 말해 버릴까?
[JK4] 치과에 사는 괴물
[JK4] 용감한 꼬마 생쥐

[JK4-동화책] 저학년을 위한 꼬마도서관 시리즈 (49권/주니어김영사)

[JK4] 책으로 집을 지은 악어
[JK4] 책 속으로 들어간 공룡
[JK4] 책 읽어 주는 로봇
[JK4] 책 만드는 마법사 고양이
[JK4] 책을 사랑한 꼬마 해적

[JK4-동화책] 학교는 즐거워 시리즈 (10권/키다리)

[JK4] 발표왕 나가신다!
[JK4] 꼬마 사서 두보
[JK4] 줄임말 대소동
[JK4] 시간 도둑과 사라진 방학
[JK4] 우리 반 인기 스타 나반장

초등 1, 2학년이 좋아하는 시리즈

옛이야기

[JK4-그림책] 한림 신화그림책 시리즈 (5권/한림출판사)

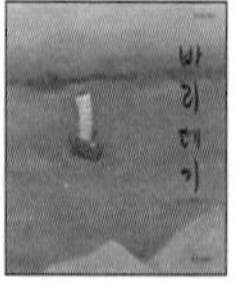

[JK4] 저승사자가 된 강림도령
[JK4] 성주신 황우양
[JK4] 대별왕 소별왕
[JK4] 바리데기
[JK4] 마마신 손님네

[JK4-그림책] 빛나는 우리고전그림책 시리즈 (8권/황제펭귄)

[JK4] 장화홍련전
[JK4] 전우치전
[JK4] 옹고집전
[JK4] 토끼전
[JK4] 장끼전

[JK4-동화책] 잘잘잘 옛이야기 마당 시리즈 (11권/미래아이)

[JK4] 배꼽 빠지게 웃기고 재미난 똥 이야기
[JK4] 무서운 호랑이들의 가슴 찡한 이야기
[JK4] 오싹오싹 서늘한 여우 이야기
[JK4] 신통방통 도깨비들의 별별 이야기
[JK4] 욕심 한 보따리 웃음 한 보따리 돈 이야기

사회

[JK4] 우리문화그림책 온고지신 시리즈 (18권/책읽는곰)

[JK4] 할머니의 할머니의 할머니의 옷
[JK4] 시골집이 살아났어요
[JK4] 장승 벌타령
[JK4] 가을이네 장 담그기
[JK4] 내 더위 사려!

[JK4] 할머니, 어디 가요? 시리즈 (4권/보리)

[JK4] 할머니, 어디 가요? 쑥 뜯으러 간다!
[JK4] 할머니, 어디 가요? 앵두 따러 간다!
[JK4] 할머니, 어디 가요? 굴 캐러 간다!
[JK4] 할머니, 어디 가요? 밤 주우러 간다!

[JK4] 역사 속 우리 이야기 달마루 시리즈 (17권/웅진주니어)

[JK4] 책 빌리러 왔어요
[JK4] 새우젓 사려
[JK4] 배다리는 효자 다리
[JK4] 동갑인데 세배를 왜 해?
[JK4] 밥상마다 깍둑깍둑

[JK4] 빛나는 유네스코 우리 유산 시리즈 (12권/웅진주니어)

[JK4] 창덕궁: 임금님의 집
[JK4] 고인돌: 아버지가 남긴 돌
[JK4] 석굴암: 돌로 지은 절
[JK4] 종묘: 신과 인간이 만나는 곳
[JK4] 경주: 천 년의 도시

[JK4] 우리 유물 나들이 시리즈 (10권/중앙출판사)

[JK4] 나는 주워 온 아이인가 봐
[JK4] 동궁마마도 힘들었겠네!
[JK4] 우리 누나 시집 가던 날
[JK4] 메주 꽃이 활짝 피었네: 음식 유물
[JK4] 개똥이 첫돌 잔치

[JK4] 학고재 대대손손 시리즈 (7권/학고재)

[JK4] 책 씻는 날
[JK4] 나는 뭐 잡았어?
[JK4] 여우 제삿날
[JK4] 네가 세상에 처음 왔을 때
[JK4] 육십고개 넘으셨다! 우리 할머니

[JK4] 알콩달콩 우리 명절 시리즈 (6권/비룡소)

[JK4] 귀신 단단이의 동지 팥죽
[JK4] 분홍 토끼의 추석
[JK4] 신발 귀신 앙괭이의 설날
[JK4] 청개구리 큰눈이의 단오
[JK4] 칠월칠석 견우 직녀 이야기

[JK4] 우리 얼 그림책 시리즈 (2권/푸른숲주니어)

[JK4] 안녕, 태극기!
[JK4] 아리랑

초등 1, 2학년이 좋아하는 시리즈

사회

[JK4] 똑똑똑 사회그림책 시리즈 (30권/웅진주니어)

[JK4] 지구 마을 친구들에게 천 원이 있다면?
[JK4] 알뜰쟁이의 돈 쓰는 법
[JK4] 지도를 따라가요
[JK4] 마음대로가 자유는 아니야
[JK4] 온 세상 국기가 펄럭펄럭

[JK4] 사람이 보이는 사회그림책 시리즈 (5권/창비)

[JK4] 누가 초콜릿을 만들까?
[JK4] 우리동네 슈퍼맨
[JK4] 밤을 지키는 사람들
[JK4] 누가 집을 지을까?
[JK4] 삐오삐오 병원 24시

[JK4] 로렌의 지식 그림책: 사회 시리즈 (6권/미래아이)

[JK4] 초롱이와 함께 지도 만들기
[JK4] 괴물 나라 경제 이야기
[JK4] 멋진 내 책 만들기
[JK4] 털북숭이 신문이 나왔어요
[JK4] 가족 나무 만들기

[JK4] 이야기 박물관 시리즈 (3권/비룡소)

[JK4] 호동 왕자와 낙랑 공주: 고구려
[JK4] 서동과 선화 공주: 백제
[JK4] 효녀 지은과 화랑 효종랑: 신라

[JK4] 창의력을 길러주는 역사 인물 그림책 시리즈 (13권/머스트비)

[JK4] 박제가는 똥도 궁리해
[JK4] 초희가 썼어
[JK4] 조신선은 쌩쌩 달려가
[JK4] 쩌렁쩌렁 박자청, 경회루를 세우다
[JK4] 변상벽, 말은 더듬지만 그림은 완벽해

[JK4] 아이세움 감정 시리즈 (7권/아이세움)

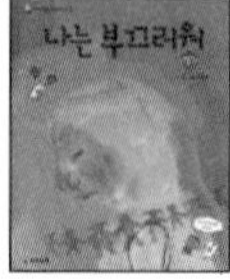

[JK4] 거짓말이 찰싹 달라붙었어
[JK4] 올통볼통 화가 나
[JK4] 출렁출렁 기쁨과 슬픔
[JK4] 질투는 나의 힘
[JK4] 나는 부끄러워

[JK4] 고구려 이야기 그림책 시리즈 (3권/창비)

[JK4] 태양의 새 삼족오: 신화
[JK4] 매호의 옷감: 생활
[JK4] 달기의 흥겨운 하루: 축제

[JK4] 우리나라 바로 알기 시리즈 (14권/대교출판)

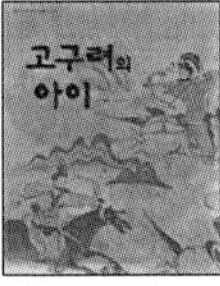

[JK4] 너도나도 숟갈 들고 어서 오너라
[JK4] 고구려의 아이
[JK4] 공주
[JK4] 아름다운 우리 옷
[JK4] 슬기둥 덩뜰당뜰 저 소리 들어보오

[JK4] 스콜라 꼬마지식인 시리즈 (10권/스콜라)

[JK4] 미움 일기장
[JK4] 이웃집에는 어떤 가족이 살까?
[JK4] 아빠는 내 마음 알까?
[JK4] 나는 커서 어떤 일을 할까?
[JK4] 세계와 반갑다고 안녕!

[JK4] 보물이다 삼국유사 시리즈 (4권/현암사)

[JK4] 주몽: 주몽, 고구려를 세우다
[JK4] 단군 신화: 단군, 첫 나라 조선을 세우다
[JK4] 연오랑 세오녀
[JK4] 박혁거세: 박혁거세, 신라를 세우다

[JK4] 아름다운 우리 생활 문화 시리즈 (3권/살림어린이)

[JK4] 효재 이모와 전통 놀이 해요
[JK4] 효재 이모처럼 지구를 살려요
[JK5] 효재 이모의 사계절 뜰에서

[JK4] 아름다운 우리 땅 우리 문화 시리즈 (6권/파란자전거)

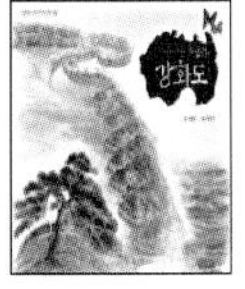

[JK4] 창덕궁 나들이: 봄 여름 가을 겨울
[JK4] 인사동 가는 길
[JK4] 제주도: 바람을 품은 섬
[JK4] 경주: 천 년의 이야기를 품은 땅
[JK5] 강화도: 아름다운 보물섬

초등 1, 2학년이 좋아하는 시리즈

사회

[JK4] 창비 호기심 그림책 시리즈 (3권/창비)

[JK4] 100원이 작다고?
[JK4] 째깍째깍 시간 박물관
[JK4] 용감한 유리병의 바다 여행

[JK4] 웅진 인물그림책 시리즈 (10권/웅진주니어)

[JK4] 까만 나라 노란 추장
[JK4] 선생님, 바보 의사 선생님
[JK4] 니 꿈은 뭐이가?
[JK4] 참 이상한 사장님
[JK4] 나를 찍고 싶었어!

[JK4] 어떤 날일까요? 시리즈 (2권/주니어김영사)

[JK4] 국경일은 어떤 날일까요?
[JK4] 명절은 어떤 날일까요?

[JK4] 예절 배우기 시리즈 (3권/대교출판)

[JK4] 해찬이의 학교 예절 배우기
[JK4] 샛별이랑 한별이의 사회예절 배우기
[JK4] 샛별이랑 한별이의 가정예절 배우기

[JK4] 일과 사람 시리즈 (20권/사계절)

[JK4] 짜장면 더 주세요!: 중국집 요리사
[JK4] 내가 만든 옷 어때?: 패션 디자이너
[JK4] 책 만드는 이야기, 들어볼래?: 책 만드는 사람
[JK4] 노야네 목장은 맨날 바빠!: 목장 농부
[JK4] 얘들아, 학교 가자!: 초등학교 선생님

과학

[JK4] 똑똑똑 과학그림책 시리즈 (27권/웅진주니어)

[JK4] 플라스틱 공장에 놀러 오세요
[JK4] 고무랑 놀자
[JK4] 모두 에너지야!
[JK4] 움직이는 몸
[JK4] 유리만 한 것도 없을걸

[JK4] 이야기 과학 탐험 시리즈 (5권/대교북스주니어)

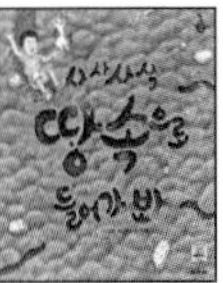

[JK4] 우글 와글 미생물을 찾아봐
[JK4] 꾸물 꼬물 지렁이를 키워 봐
[JK4] 사사사삭 땅속으로 들어가 봐
[JK4] 푸릇 파릇 가로수를 심어 봐
[JK5] 찌릿찌릿 전자랑 달려 봐

[JK4] 진짜 진짜 재밌는 그림책 시리즈 (14권/부즈펌)

[JK4] 진짜 진짜 재밌는 바다 그림책
[JK4] 진짜 진짜 재밌는 파충류 그림책
[JK4] 진짜 진짜 재밌는 육식동물 그림책
[JK4] 진짜 진짜 재밌는 공룡그림책
[JK4] 진짜 진짜 재밌는 거미그림책

[JK4] 코 앞의 과학 시리즈 (3권/웅진주니어)

[JK4] 숨은 쥐를 잡아라
[JK4] 뚱보는 괴로워
[JK4] 딴지는 멋쟁이

[JK4] 머리에서 발끝까지 시리즈 (9권/아이세움)

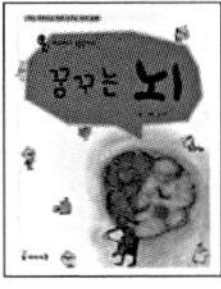

[JK4] 재주 많은 손
[JK4] 꿈꾸는 뇌
[JK4] 살아 있는 뼈
[JK4] 아주 바쁜 입
[JK4] 영리한 눈

[JK4] 와이즈만 환경과학그림책 시리즈 (8권/와이즈만북스)

[JK4] 똥장군 토룡이 실종 사건
[JK4] 명품 가방 속으로 악어들이 사라졌어
[JK4] 1억년 전 공룡오줌이 빗물로 내려요
[JK4] 우주쓰레기
[JK4] 누가 숲을 사라지게 했을까?

초등 1, 2학년이 좋아하는 시리즈

과학

[JK4] 지구살림그림책 시리즈 (5권/창비)

[JK4] 잘 먹겠습니다
[JK4] 너에겐 고물? 나에겐 보물!
[JK4] 지렁이 울음소리를 들어 봐!
[JK4] 나야 나, 공기!
[JK4] 반짝이는 물을 보았니?

[JK4] 돼지학교 과학 시리즈 (20권/내인생의책)

[JK4] 똥 속에 빠진 돼지: 소화와 배설
[JK4] 우주로 날아간 돼지: 태양계와 별
[JK4] 물속에 빠진 돼지: 물의 순환
[JK4] 뇌 속에 못 들어간 돼지: 뇌의 구조와 기능
[JK4] 개미 지옥에 빠진 돼지: 곤충의 한살이

[JK4] 킁킁이가 간다! 시리즈 (3권/보리)

[JK4] 킁킁이가 간다! 1: 아무거나 잘 먹는 동물
[JK4] 킁킁이가 간다! 2: 고기를 좋아하는 동물
[JK4] 킁킁이가 간다! 3: 벌레와 풀을 먹는 동물

[JK4] 자연과 함께하는 살림 생태 학습 시리즈 (3권/살림어린이)

[JK4] 우리 교실에 벼가 자라요
[JK4] 우리 집 베란다에 방울토마토가 자라요
[JK4] 우리 집에 배추흰나비가 살아요

[JK4] 민들레 자연과학동화 시리즈 (12권/파랑새어린이)

[JK4] 똥덩이가 좋아요
[JK4] 여왕이 세우는 개미 나라
[JK4] 고슴도치 꼬슬이가 밤송이가 되었네
[JK4] 나풀나풀 팔랑팔랑 아름다운 나비일기
[JK4] 거무야 거미야 왕거미야

[JK4] 권혁도 세밀화 그림책 시리즈 (6권/길벗어린이)

[JK4] 세밀화로 보는 사마귀 한살이
[JK4] 세밀화로 보는 곤충의 생활
[JK4] 세밀화로 보는 나비 애벌레
[JK4] 세밀화로 보는 호랑나비 한살이
[JK4] 세밀화로 보는 왕잠자리 한살이

창작

[JK5-그림책] 길벗어린이 작가앨범 시리즈 (12권/길벗어린이)

[JK5] 나비를 잡는 아버지
[JK5] 메아리
[JK5] 들꽃 아이
[JK5] 소나기
[JK6] 만년샤쓰

[JK5-동화책] 낮은산 어린이 시리즈 (13권/낮은산)

[JK5] 비나리 달이네 집
[JK5] 이 세상에는 공주가 꼭 필요하다
[JK5] 괜찮아
[JK5] 늑대왕 핫산
[JK5] 오늘은 기쁜 날

[JK5-동화책] 푸른숲 작은 나무 시리즈 (15권/푸른숲)

[JK5] 나보다 작은 형
[JK5] 멀쩡한 이유정
[JK5] 꿈꾸는 인형의 집
[JK5] 우리 집에 온 마고 할미
[JK5] 붕어빵 한 개

[JK5-동화책] 사계절 저학년문고 시리즈 (54권/사계절)

[JK5] 가방 들어주는 아이
[JK5] 일기 도서관
[JK5] 내 이름은 나답게
[JK5] 오줌 멀리싸기 시합
[JK5] 벌렁코 하영이

[JK5-동화책] 가장 멋진 대결 시리즈 (7권/국민서관)

[JK5] 나를 뽑아 줘!
[JK5] 싫지만 어떡해!
[JK5] 겁나지 않아!
[JK5] 친구 구출 작전!
[JK5] 폭력은 나빠!

[JK5-동화책] 초등 저학년을 위한 책동무 시리즈 (17권/우리교육)

[JK5] 선생님도 한번 봐 봐요
[JK5] 영호 엄마, 학교에 뜨다!
[JK5] 내일 또 만나
[JK5] 엄마 생각
[JK5] 개나리반 금보

초등 1, 2학년이 좋아하는 시리즈

창작

[JK5-동화책] 네버랜드 꾸러기문고 시리즈 (49권/시공주니어)

[JK4] 나는 싸기 대장의 형님
[JK5] 내 고추는 천연 기념물
[JK5] 바나나가 뭐예유?
[JK5] 엄마, 세뱃돈 뺏지 마세요!
[JK5] 우리 아빠는 내 친구

[JK5-동화책] 신나는 책읽기 시리즈 (39권/창비)

[JK5] 마법사 똥맨
[JK5] 엄마 사용법
[JK5] 들키고 싶은 비밀
[JK5] 검정 연필 선생님
[JK5] 신기하고 새롭고 멋지고 기막힌

[JK5-동화책] 웅진 푸른교실 시리즈 (17권/웅진주니어)

[JK5] 애벌레가 애벌레를 먹어요
[JK5] 까막눈 삼디기
[JK5] 일기 감추는 날
[JK5] 초대받은 아이들
[JK5] 오 시큰둥이의 학교생활

[JK5-동화책] 김 배불뚝이의 모험 시리즈 (5권/웅진주니어)

[JK5] 1: 먹기 대장이 떴다
[JK5] 2: 선생님 팔기 대작전
[JK5] 3: 놀기 대장 나가신다
[JK5] 4: 잃어버린 양 한 마리
[JK5] 5: 배불뚝이야, 안녕

[JK5-동화책] 아이앤북 창작동화 시리즈 (30권/아이앤북)

[JK5] 엄마가 사랑하는 책벌레
[JK5] 민우야, 넌 할 수 있어!
[JK5] 키가 작아도 괜찮아
[JK5] 가짜 독서왕
[JK5] 똥 봉투 들고 학교 가는 날

[JK5-동화책] 비룡소 걸작선: 호첸플로츠 시리즈 (3권/비룡소)

[JK5] 왕도둑 호첸플로츠
[JK5] 호첸플로츠 다시 나타나다
[JK5] 호첸플로츠 또 다시 나타나다

[JK5-동화책] 고재미 이야기 시리즈 (4권/다림)

[JK5] 6월 1일 절교의 날
[JK5] 우당탕탕 재강이 구출 작전
[JK5] 애완동물 키우기 대작전
[JK5] 고오마워! 탐정단

[JK5-동화책] 초승달문고 시리즈 (34권/문학동네어린이)

[JK4] 뻥이오, 뻥
[JK5] 멋지다 썩은 떡
[JK5] 잘한다 오광명
[JK5] 황 반장 똥 반장 연애 반장
[JK5] 딱 걸렸다 임진수

[JK5-동화책] 삼백이의 칠일장 시리즈 (2권/문학동네어린이)

[JK5] 얘야, 아무개야, 거시기야!
[JK5] 삼백이는 모르는 삼백이 이야기

[JK5-동화책] 작은 도서관 시리즈 (40권/푸른책들)

[JK5] 지우개 따먹기 법칙
[JK5] 방귀 스티커
[JK5] 우리는 한 편이야
[JK5] 최기봉을 찾아라!
[JK5] 시험 괴물은 정말 싫어!

[JK5] 나무 집 시리즈 (7권/시공주니어)

[JK5] 13층 나무 집
[JK5] 26층 나무 집
[JK5] 39층 나무 집
[JK5] 52층 나무 집
[JK5] 65층 나무 집

[JK5-동화책] 내친구 작은거인 시리즈 (45권/국민서관)

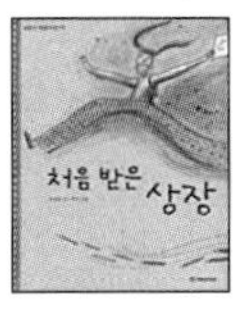

[JK4] 꼼지락 공주와 빗자루 선생님
[JK5] 엄마에게는 괴물 나에게는 선물
[JK5] 위대한 마법사 호조의 수상한 선물 가게
[JK5] 처음 받은 상장
[JK5] 도서관에 가지 마, 절대로

초등 1, 2학년이 좋아하는 시리즈

JK5

창작

[JK5-동화책] 저학년 어린이를 위한 인성동화 시리즈 (28권/소담주니어)

[JK5] 세상에서 제일 잘난 나
[JK5] 우리 반 암행어사
[JK5] 강아지로 변한 날
[JK5] 너 때문에 행복해
[JK5] 깜빡 깜빡 깜빡이공주

[JK5-동화책] 맛있는 책읽기 시리즈 (32권/파란정원)

[JK5] 엄마 껌딱지
[JK5] 꾀병 한 번, 거짓말 두 번!
[JK5] 돌똥아, 나와라!
[JK5] 잘난 척 대마왕 강유리
[JK5] 우리 집이 더 비싸거든

[JK5-동화책] 좋은습관 길러주는 생활동화 시리즈 (26권/스콜라)

[JK5] 나쁜 말은 재밌어!
[JK5] 엄마가 치워
[JK5] 왜 아껴 써야 해?
[JK5] 못하면 어떡해?
[JK5] 나도 책이 좋아

옛이야기

[JK5-동화책] 옛 이야기 보따리 시리즈 (10권/보리)

[JK5] 두꺼비 신랑
[JK5] 호랑이 뱃속 구경
[JK5] 나귀 방귀
[JK5] 박박 바가지
[JK5] 꽁지 닷 발 주둥이 닷 발

[JK5-동화책] 김용택 선생님이 들려주는 옛이야기 시리즈 (3권/푸른숲주니어)

[JK5] 호랑이 뱃속에서 고래 잡기
[JK5] 장승이 너무 추워 덜덜덜
[JK5] 도깨비가 밤마다 끙끙끙

사회

[JK5] 신통방통 우리나라 시리즈 (10권/좋은책어린이)

[JK5] 신통방통 태극기
[JK5] 신통방통 거북선
[JK5] 신통방통 경복궁
[JK5] 신통방통 독도
[JK5] 신통방통 한글

[JK5] 우리 문화 속 수수께끼 시리즈 (4권/사파리)

[JK5] 숫자 3의 비밀
[JK5] 귀신 씻나락 까먹는 이야기
[JK5] 터줏대감
[JK5] 와글와글 용의 나라

[JK5] 안녕? 한국사 시리즈 (6권/풀빛)

[JK5] 우리 조상이 곰이라고?: 선사 시대
[JK5] 최후의 승자는 누구일까?: 삼국 시대
[JK5] 우리나라는 왜 코리아일까?: 고려 시대
[JK5] 조선에 에디슨이 살았다고?: 조선 시대
[JK5] 조선은 왜 망했을까?: 조선 시대 2

[JK5] 전통문화 즐기기 시리즈 (17권/문학동네어린이)

[JK5] 경복궁에서의 왕의 하루
[JK5] 바다 전쟁 이야기
[JK5] 나이살이
[JK5] 탑: 하늘 높이 솟은 간절한 바람
[JK5] 조선 화원의 하루

[JK5] 우리 가족 인권 선언 시리즈 (4권/노란돼지)

[JK5] 딸 인권 선언
[JK5] 아들 인권 선언
[JK5] 엄마 인권 선언
[JK5] 아빠 인권 선언

[JK5] 옛 물건으로 만나는 우리 문화 시리즈 (9권/해와나무)

[JK5] 복주머니랑 그네랑 신나는 명절 이야기
[JK5] 가마솥과 뚝배기에 담긴 우리 음식 이야기
[JK5] 마루랑 온돌이랑 신기한 한옥 이야기
[JK5] 장승과 솟대가 들려주는 우리 풍속 이야기
[JK5] 청사초롱이랑 꽃상여랑 관혼상제 이야기

초등 1, 2학년이 좋아하는 시리즈

사회

[JK5] 오십 빛깔 우리 것 우리 얘기 시리즈 (50권/주니어중앙)

[JK5] 신나는 열두 달 명절 이야기
[JK5] 관혼상제, 재미있는 옛날 풍습
[JK5] 나라를 지킨 호랑이 장군들
[JK5] 머리에 쏙쏙 선조들의 공부법
[JK5] 신토불이 우리 음식

[JK5] 왜 안 되나요? 시리즈 (38권/참돌어린이)

[JK5] 왜 게임에 빠지면 안 되나요?
[JK5] 왜 공부 안 하면 안 되나요?
[JK5] 왜 욕하면 안 되나요?
[JK5] 왜 거짓말하면 안 되나요?
[JK5] 왜 폭력을 쓰면 안 되나요?

[JK5] 열린 마음 다문화 시리즈 (12권/한솔교육)

[JK5] 내 이름은 쏘카
[JK5] 으라차차 바야르
[JK5] 태권팥쥐와 베트콩쥐
[JK5] 우정의 섬 일로일로
[JK5] 쿵후 소년 장비

[JK5] 위대한 책벌레 시리즈 (7권/개암나무)

[JK5] 초희의 글방동무
[JK5] 귀양 선비와 책 읽는 호랑이
[JK5] 까막눈이 산석의 글공부
[JK5] 고집쟁이 초정의 작은 책
[JK5] 간서치 형제의 책 읽는 집

[JK5] 책마을 인물이야기 시리즈 (8권/웅진주니어)

[JK5] 칼날 눈썹 박제가
[JK5] 껄껄 선생 여행기
[JK5] 까닥선생 정약용
[JK5] 조선의 으뜸 화가 김홍도
[JK5] 백성을 사랑한 화가 윤두서

과학

[JK5] 저학년 스팀STEAM 스쿨 시리즈 (5권/다봄)

[JK5] 며느리 방귀는 수소가 한가득
[JK5] 섭씨 0도에 꼬리 잘린 호랑이
[JK5] 토끼와 거북이는 포유류와 파충류
[JK5] 검정소와 누렁소가 온난화를 일으켜
[JK5] 도깨비감투로 레이더를 속여라

[JK5] 웅진 사이언스빅: 집요한 과학씨 시리즈 (30권/웅진주니어)

[JK5] 오리너구리의 정체를 밝히다
[JK5] 모든 버섯의 정체를 밝히다
[JK5] 청소부 곰팡이와 여행하다
[JK5] 잠의 비밀을 풀다
[JK5] 침팬지에게 말을 가르치다

[JK5] 비호감이 호감 되는 생활과학 시리즈 (9권/스콜라)

[JK5] 오늘부터 NO 채소 클럽
[JK5] 외계인을 위한 주사기 사용 설명서
[JK5] 방귀 스타 전학 오다!
[JK5] 미생물 탐정과 곰팡이 도난 사건
[JK5] 착한 지방은 억울해!

[JK5] 앗! 스타트 시리즈 (30권/주니어김영사)

[JK5] 삐긋삐긋 우리 몸 출렁출렁 혈액
[JK5] 화끈화끈 화학 번쩍번쩍 반응
[JK5] 말랑말랑 뇌 초롱초롱 기억
[JK5] 울렁울렁 위장 꿀꺽꿀꺽 음식
[JK5] 뒹굴뒹굴 동물 알록달록 생물

[JK5] 전통과학 시리즈 (4권/보림)

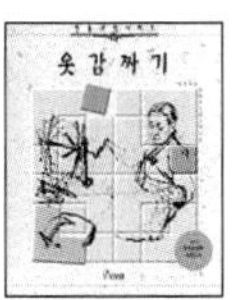
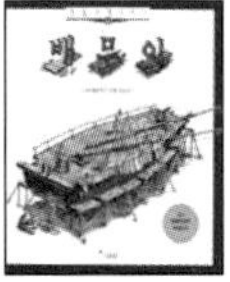

[JK5] 고기잡이
[JK5] 집짓기
[JK5] 옷감짜기
[JK5] 배무이

[JK5] 신기한 스쿨 버스 시리즈 (12권/비룡소)

[JK5] 태양계에서 길을 잃다
[JK5] 물방울이 되어 정수장에 갇히다
[JK5] 눈, 귀, 코, 혀, 피부 속을 탐험하다
[JK5] 허리케인에 휘말리다
[JK5] 바닷속으로 들어가다

초등 1, 2학년이 좋아하는 시리즈

과학

[JK5] 몬스터 과학 시리즈 (6권/해그림)

[JK5] 공주의 뇌를 흔들어라
[JK5] 우주의 끝이 어디야?
[JK5] 두몽이 유전의 비밀을 풀다
[JK5] 세포야, 쪼개져라! 많아져라!
[JK5] 세균, 보이지 않는 세계를 부탁해!

[JK5] 로스트! 어린이를 위한 신나는 과학 동화 시리즈 (18권/봄나무)

[JK5] 콧구멍으로 사라지다
[JK5] 시간 속으로 사라지다
[JK5] 변기 속으로 사라지다
[JK5] 공룡시대로 사라지다
[JK5] 박쥐를 타고 동굴로 사라지다

작가별 베스트 한글책

강무홍

[JK4] 선생님은 모르는 게 너무 많아 (사계절)
[JK4] 까만 나라 노란 추장 (웅진주니어)
[JK4] 나도 이제 1학년 (시공주니어)
[JK4] 그래도 나는 누나가 좋아 (논장)
[JK5] 우당탕 꾸러기 삼 남매 (시공주니어)

고정욱

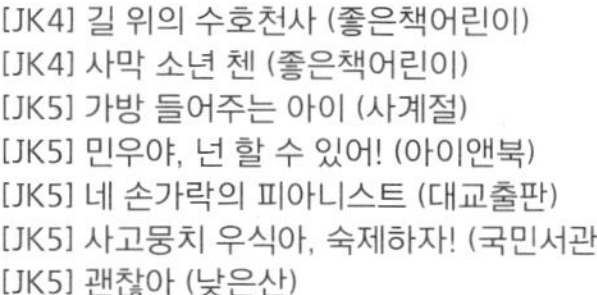
[JK4] 길 위의 수호천사 (좋은책어린이)
[JK4] 사막 소년 첸 (좋은책어린이)
[JK5] 가방 들어주는 아이 (사계절)
[JK5] 민우야, 넌 할 수 있어! (아이앤북)
[JK5] 네 손가락의 피아니스트 (대교출판)
[JK5] 사고뭉치 우식아, 숙제하자! (국민서관)
[JK5] 괜찮아 (낮은산)
[JK5] 우리 아빠 (시공주니어)
[JK5] 고양이에게 책을 읽어 줘! (한림출판사)
[JK5] 엄마 아빠를 바꾸다 (아이앤북)

권윤덕

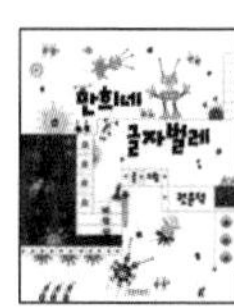

[JK3] 만희네 집 (길벗어린이)
[JK3] 고양이는 나만 따라 해 (창비)
[JK3] 시리동동 거미동동 (창비)
[JK3] 엄마, 난 이 옷이 좋아요 (길벗어린이)
[JK4] 만희네 글자벌레 (길벗어린이)

권정생

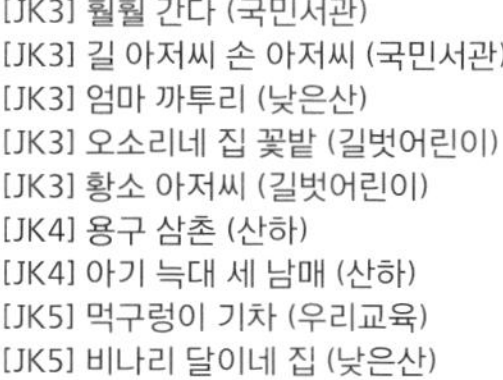
[JK3] 강아지똥 (길벗어린이)
[JK3] 훨훨 간다 (국민서관)
[JK3] 길 아저씨 손 아저씨 (국민서관)
[JK3] 엄마 까투리 (낮은산)
[JK3] 오소리네 집 꽃밭 (길벗어린이)
[JK3] 황소 아저씨 (길벗어린이)
[JK4] 용구 삼촌 (산하)
[JK4] 아기 늑대 세 남매 (산하)
[JK5] 먹구렁이 기차 (우리교육)
[JK5] 비나리 달이네 집 (낮은산)

작가별 베스트 한글책

김기정

[JK4] 장승 벌타령 (책읽는곰)
[JK4] 명탐정 두덕 씨 시리즈 (미세기)
[JK5] 바나나가 뭐예유? (시공주니어)
[JK5] 신기하고 새롭고 멋지고 기막힌 (창비)
[JK5] 고얀 놈 혼내 주기 (시공주니어)

김리리

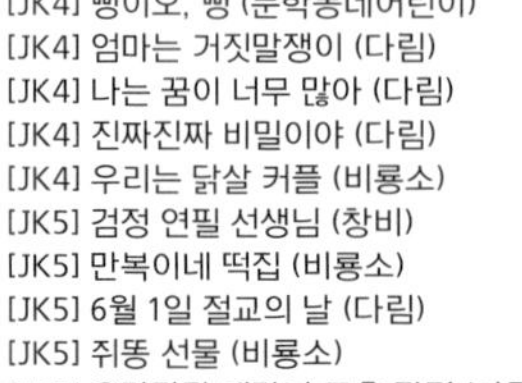

[JK4] 뻥이오, 뻥 (문학동네어린이)
[JK4] 엄마는 거짓말쟁이 (다림)
[JK4] 나는 꿈이 너무 많아 (다림)
[JK4] 진짜진짜 비밀이야 (다림)
[JK4] 우리는 닭살 커플 (비룡소)
[JK5] 검정 연필 선생님 (창비)
[JK5] 만복이네 떡집 (비룡소)
[JK5] 6월 1일 절교의 날 (다림)
[JK5] 쥐똥 선물 (비룡소)
[JK5] 우당탕탕 재강이 구출 작전 (다림)

김영주

[JK4] 짜장 짬뽕 탕수육 (재미마주)
[JK4] 똥줌오줌 (재미마주)
[JK4] 거꾸로 알림장 (아이앤북)
[JK5] 바보 1단 (웅진주니어)
[JK5] 우유 귀신 딱지 귀신 (문학동네어린이)

김향이

[JK3] 울보 떼쟁이 못난이 (비룡소)
[JK4] 우리 집엔 형만 있고 나는 없다 (푸른숲주니어)
[JK5] 내 이름은 나답게 (사계절)
[JK5] 나답게와 나고은 (사계절)
[JK5] 붕어빵 한 개 (푸른숲주니어)

김혜리

[JK4] 엄마 친구 딸은 괴물 (좋은책어린이)
[JK5] 바꿔버린 성적표 (주니어김영사)
[JK5] 난 키다리 현주가 좋아 (시공주니어)
[JK5] 나도 아홉 살, 삼촌도 아홉 살 (시공주니어)
[JK5] 너만 아는 내 초특급 비밀 (시공주니어)

노경실

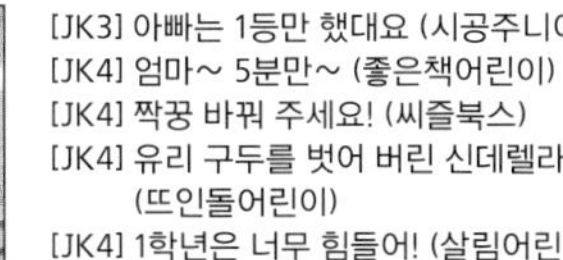
[JK3] 아빠는 1등만 했대요 (시공주니어)
[JK4] 엄마~ 5분만~ (좋은책어린이)
[JK4] 짝꿍 바꿔 주세요! (씨즐북스)
[JK4] 유리 구두를 벗어 버린 신데렐라 (뜨인돌어린이)
[JK4] 1학년은 너무 힘들어! (살림어린이)
[JK5] 우리 아빠는 내 친구 (시공주니어)
[JK5] 때리지 마! 때리지 마! (해와나무)
[JK5] 동화책을 먹은 바둑이 (사계절)
[JK5] 엄마 친구 아들 (어린이작가정신)
[JK5] 열 살이면 세상을 알 만한 나이 (크레용하우스)

박기범

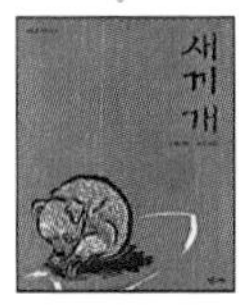

[JK5] 새끼 개 (낮은산)
[JK5] 어미 개 (낮은산)
[JK5] 미친개 (낮은산)

박현숙

[JK4] 엄마는 게임 수업 중 (좋은책어린이)
[JK4] 울랄라 아줌마 밴드 (좋은책어린이)
[JK4] 쉿! 너만 알고 있어 (좋은책어린이)
[JK4] 미루기 아들 미루기 엄마 (아이앤북)
[JK4] 새우눈 가족 (좋은책어린이)
[JK4] 너는 들창코 나는 발딱코 (좋은책어린이)
[JK4] 우리 아빠는 대머리예요 (시공주니어)
[JK5] 우리 동네 나쁜 놈 (아이앤북)
[JK5] 신통방통 독도 (좋은책어린이)
[JK5] 오천원은 없다 (문공사)

작가별 베스트 한글책

백석

[JK3] 준치가시 (창비)
[JK3] 집게네 네 형제 (소년한길)
[JK3] 개구리네 한솥밥 (보림)
[JK4] 귀머거리 너구리와 백석 동화나라 (웅진주니어)
[JK4] 산골총각 (산하)

백희나

[JK3] 구름빵 (한솔수북)
[JK3] 장수탕 선녀님 (책읽는곰)
[JK3] 달 샤베트 (책읽는곰)
[JK3] 삐약이 엄마 (책읽는곰)
[JK3] 알사탕 (책읽는곰)

서정오

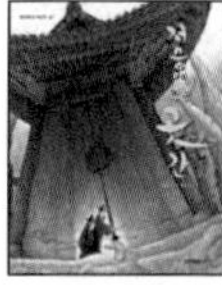

[JK3] 저승에 있는 곳간 (한림출판사)
[JK3] 정신없는 도깨비 (보리)
[JK3] 종이에 싼 당나귀 (한림출판사)
[JK3] 딸랑새 (보리)
[JK3] 호랑이가 준 보자기 (한림출판사)
[JK4] 삼신할미: 서정오 선생님이 들려주는 우리 신화 (봄봄)
[JK4] 감은장아기 (봄봄)
[JK4] 오늘이: 서정오 선생님이 들려주는 우리 신화 (봄봄)
[JK5] 도토리 신랑 (보리)
[JK5] 옛 이야기 보따리 시리즈 (보리)

송언

[JK3] 학교 가는 날: 오늘의 일기 (보림)
[JK4] 춤추는 책가방 (좋은책어린이)
[JK4] 힘내라! 힘찬 왕자 (아이앤북)
[JK4] 꼼지락 공주와 빗자루 선생님 (국민서관)
[JK5] 멋지다 썩은 떡 (문학동네어린이)
[JK5] 잘한다 오광명 (문학동네어린이)
[JK5] 마법사 똥맨 (창비)
[JK5] 김 배불뚝이의 모험 1~5 (웅진주니어)
[JK5] 황 반장 똥 반장 연애 반장 (문학동네어린이)
[JK5] 딱 걸렸다 임진수 (문학동네어린이)

심윤경

[JK4] 화해하기 보고서 (사계절)
[JK4] 개구리 폭탄 대결투 (사계절)
[JK4] 슈퍼스타 우주 입학식 (사계절)
[JK4] 화산 폭발 생일 파티 (사계절)
[JK4] 반짝 구두 대소동 (사계절)

원유순

[JK4] 늦둥이 이른둥이 (좋은책어린이)
[JK4] 타임머신을 타고 온 선생님
(좋은책어린이)
[JK4] 여자애들은 왜? (좋은책어린이)
[JK4] 남자애들은 왜? (좋은책어린이)
[JK5] 까막눈 삼디기 (웅진주니어)

유은실

[JK4] 나도 편식할 거야 (사계절)
[JK4] 나도 예민할 거야 (사계절)
[JK5] 우리 집에 온 마고할미 (바람의아이들)
[JK5] 멀쩡한 이유정 (푸른숲주니어)
[JK5] 내 머리에 햇살 냄새 (비룡소)

윤수천

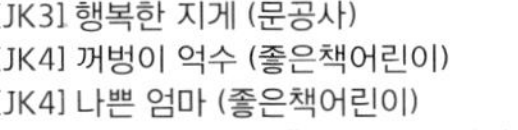

[JK3] 행복한 지게 (문공사)
[JK4] 꺼벙이 억수 (좋은책어린이)
[JK4] 나쁜 엄마 (좋은책어린이)
[JK4] 꺼벙이 억수와 축구왕 (좋은책어린이)
[JK4] 꺼벙이 억수랑 아나바다 (좋은책어린이)
[JK4] 꺼벙이 억수와 꿈을 실은 비행기
(좋은책어린이)
[JK4] 꺼벙이 억수와 방울 소리 (좋은책어린이)
[JK4] 놀기 대장 1학년 한동주 (아이앤북)
[JK5] 인사 잘하고 웃기 잘하는 집 (시공주니어)
[JK5] 고래를 그리는 아이 (시공주니어)

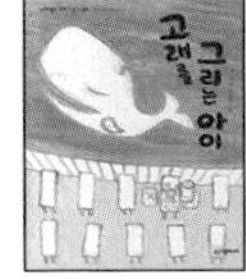

작가별 베스트 한글책

윤구병

[JK3] 우리 순이 어디 가니 (보리)
[JK3] 심심해서 그랬어 (보리)
[JK3] 바빠요 바빠 (보리)
[JK3] 우리끼리 가자 (보리)
[JK4] 울보 바보 이야기 (휴먼어린이)

이금이

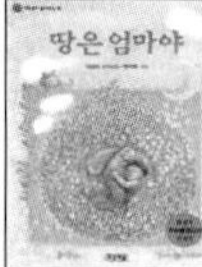

[JK4] 싫어요 몰라요 그냥요 (보물창고)
[JK4] 송아지 내기 (보물창고)
[JK4] 선생님은 나만 미워해 (보물창고)
[JK4] 선생님이랑 결혼할래 (보물창고)
[JK4] 푸르니와 고우니 (보물창고)
[JK4] 지붕 위의 내 이빨 (푸른책들)
[JK4] 내 말이 맞아, 고래얍! (푸른책들)
[JK5] 아이스케키와 수상 스키 (푸른책들)
[JK5] 내 친구 재덕이 (푸른책들)
[JK5] 땅은 엄마야 (푸른책들)

이상교

김향이

[JK3] 둥글 댕글 아빠표 주먹밥 (시공주니어)
[JK3] 빨간 부채 파란 부채 (시공주니어)
[JK3] 수염 할아버지 (보림)
[JK4] 좁쌀영감 오병수 (좋은책어린이)
[JK4] 노랑이가 싣고 오는 이야기 (좋은책어린이
[JK4] 엄마표 아들 (아이앤북)
[JK4] 하늘천 따지 가마솥에 누룽지 (책내음)
[JK5] 처음 받은 상장 (국민서관)
[JK5] 땡기 땡기 (시공주니어)
[JK5] 노는 게 공부야! (주니어RHK)

이영경

[JK3] 신기한 그림족자 (비룡소)
[JK4] 아씨방 일곱 동무 (비룡소)
[JK4] 콩숙이와 팥숙이 (비룡소)
[JK4] 오러와 오도 (길벗어린이)

이철환

[JK3] 세상에서 가장 맛있는 자장면 (주니어RHK)
[JK3] 송이의 노란 우산 (대교출판)
[JK4] 엄마가 미안해 (미래아이)
[JK4] 아버지의 자전거 (아이세움)
[JK4] 아빠의 우산 (대교출판)

이현주

[JK3] 누가 바보일까요? (아이세움)
[JK4] 친구를 사귀고 싶어
[JK4] 조아조아 할아버지 (산하)
[JK5] 우리 동네 방귀 스타 (주니어RHK)
[JK5] 외삼촌 빨강 애인 (낮은산)

이호백

[JK3] 세상에서 제일 힘센 수탉 (재미마주)
[JK3] 토끼 탈출 (재미마주)
[JK3] 쥐돌이는 화가 (비룡소)
[JK3] 도시로 간 꼬마 하마 (재미마주)
[JK3] 뽀끼뽀끼 숲의 도깨비 (재미마주)

임정자

[JK3] 내 동생 싸게 팔아요 (아이세움)
[JK4] 동동 김동 (문학동네어린이)
[JK4] 싸움괴물 뿔딱 (미세기)
[JK4] 어두운 계단에서 도깨비가 (창비)
[JK5] 당글공주 (문학동네어린이)

작가별 베스트 한글책

임정진

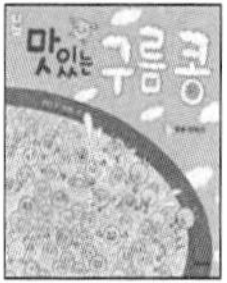

[JK3] 맛있는 구름콩: 두부 이야기 (국민서관)
[JK4] 배다리는 효자 다리 (웅진주니어)
[JK5] 용이 되기 싫은 이무기 꽝철이 (주니어R
[JK5] 나보다 작은 형 (푸른숲주니어)
[JK5] 자석 총각 끌리스 (해와나무)

정하섭

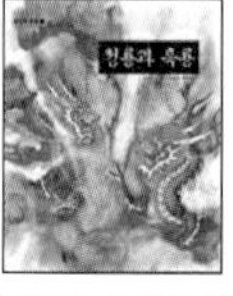

[JK3] 해치와 괴물 사형제 (길벗어린이)
[JK3] 열두 띠 이야기 (보림)
[JK3] 쇠를 먹는 불가사리 (길벗어린이)
[JK3] 청룡과 흑룡 (길벗어린이)
[JK3] 바가지꽃 (웅진주니어)
[JK3] 고양이 목에 방울 달기 (길벗어린이)
[JK4] 그림 그리는 아이 김홍도 (보림)
[JK4] 자린고비 (웅진주니어)
[JK5] 염라대왕을 잡아라 (창비)
[JK5] 삼신 할머니와 아이들 (창비)

조성자

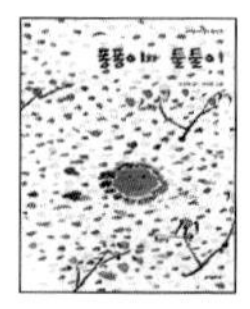

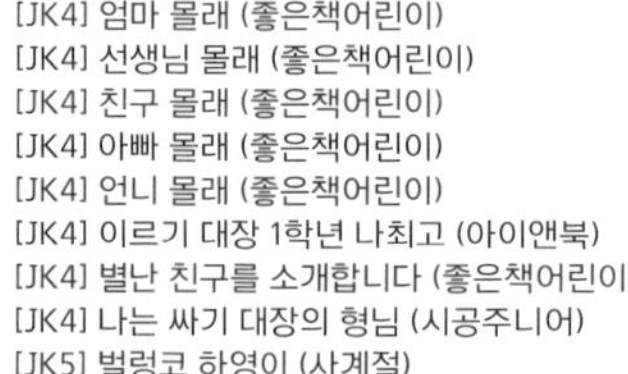
[JK3] 퐁퐁이와 툴툴이 (시공주니어)
[JK4] 엄마 몰래 (좋은책어린이)
[JK4] 선생님 몰래 (좋은책어린이)
[JK4] 친구 몰래 (좋은책어린이)
[JK4] 아빠 몰래 (좋은책어린이)
[JK4] 언니 몰래 (좋은책어린이)
[JK4] 이르기 대장 1학년 나최고 (아이앤북)
[JK4] 별난 친구를 소개합니다 (좋은책어린이)
[JK4] 나는 싸기 대장의 형님 (시공주니어)
[JK5] 벌렁코 하영이 (사계절)

채인선

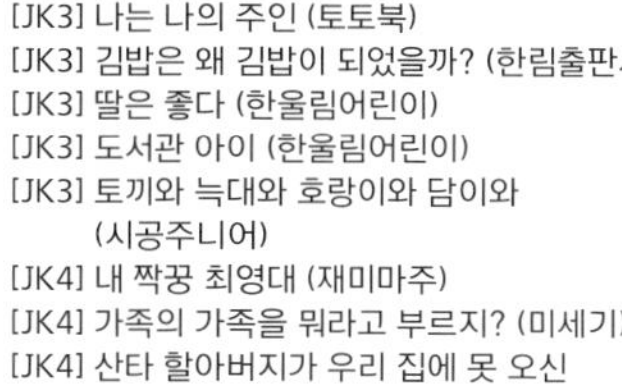

[JK3] 손 큰 할머니의 만두 만들기 (재미마주)
[JK3] 오늘은 우리 집 김장하는 날 (보림)
[JK3] 나는 나의 주인 (토토북)
[JK3] 김밥은 왜 김밥이 되었을까? (한림출판사)
[JK3] 딸은 좋다 (한울림어린이)
[JK3] 도서관 아이 (한울림어린이)
[JK3] 토끼와 늑대와 호랑이와 담이와 (시공주니어)
[JK4] 내 짝꿍 최영대 (재미마주)
[JK4] 가족의 가족을 뭐라고 부르지? (미세기)
[JK4] 산타 할아버지가 우리 집에 못 오신 일곱 가지 이유 (시공주니어)

허은순

[JK3] 딱지 딱지 내 딱지 (현암사)
[JK4] 밥 먹을 때 똥 얘기 하지 마 (보리)
[JK4] 동생을 하나 더 낳겠다고요? (보리)
[JK4] 예방 주사 맞기 싫어! (보리)
[JK4] 만만이는 사고뭉치 (보리)
[JK4] 동생이 생겼어요 (보리)
[JK4] 뱀이다! (보리)
[JK4] 만만이 빤쓰 구멍 난 빤쓰 (보리)
[JK4] 산책은 너무 힘들어 (보리)
[JK4] 귀신보다 더 무서워 (보리)

현덕

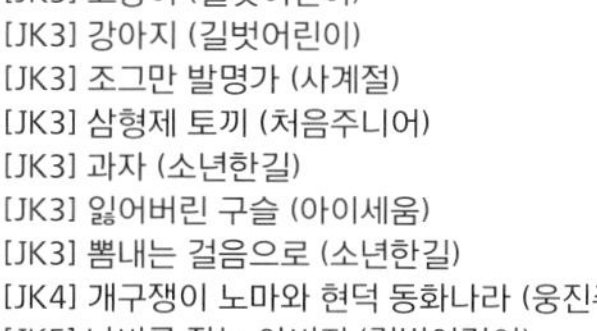

[JK3] 고양이 (길벗어린이)
[JK3] 강아지 (길벗어린이)
[JK3] 조그만 발명가 (사계절)
[JK3] 삼형제 토끼 (처음주니어)
[JK3] 과자 (소년한길)
[JK3] 잃어버린 구슬 (아이세움)
[JK3] 뽐내는 걸음으로 (소년한길)
[JK4] 개구쟁이 노마와 현덕 동화나라 (웅진주니어)
[JK5] 나비를 잡는 아버지 (길벗어린이)
[JK5] 너하고 안 놀아: 현덕 동화집 (창비)

작가별 베스트 한글책

황선미

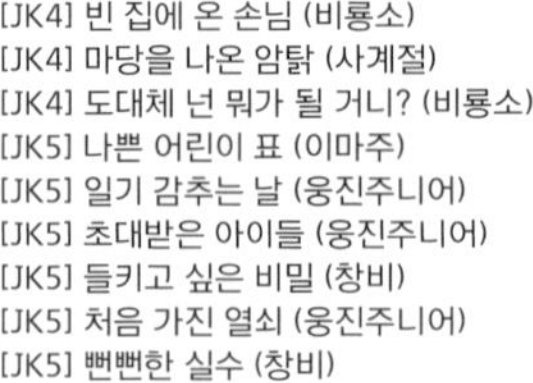
[JK4] 빈 집에 온 손님 (비룡소)
[JK4] 마당을 나온 암탉 (사계절)
[JK4] 도대체 넌 뭐가 될 거니? (비룡소)
[JK5] 나쁜 어린이 표 (이마주)
[JK5] 일기 감추는 날 (웅진주니어)
[JK5] 초대받은 아이들 (웅진주니어)
[JK5] 들키고 싶은 비밀 (창비)
[JK5] 처음 가진 열쇠 (웅진주니어)
[JK5] 뻔뻔한 실수 (창비)
[JK5] 도둑님 발자국 (베틀북)

부록

입학 전 알아두면
도움되는

초등 생활 가이드

초등 1, 2학년을 보낸
잠수네 선배들의 조언

스스로 계획하는 습관 들이는 법

작성자 포로릿

초등학교에 입학하는 아이가 있는 부모라면 많은 걱정이 들거라 생각됩니다. 이제 우리 아이가 자기 할 일은 스스로 챙겨서 해야 할텐데 하고요. 어떻게 해야 아이가 스스로 하는 습관을 기를 수 있을까요? 저희 아이 초등학교 입학하면서부터 1년에 걸쳐 만들었던 생활계획표와 점검표를 시기별로 정리해봤어요. 생활계획표와 점검표는 예비 초등학생과 초등 저학년에게 스스로 계획하는 습관을 기르도록 도와준답니다.

입학 초기

우선 입학 초기에는 〈일일 생활계획표〉를 작성해 보는 게 좋아요. 학교 입학하고 나니 시간을 짬짬이 낸다는게 쉽지 않더라구요. 그래서 생활계획표를 만들어 주방에 붙여두고 제가 수시로 확인하며 진행했어요. 두세 달 진행하고 나니 체화가 되어 이젠 계획표를 보지 않고도 척척입니다.

그리고 〈탁상달력 점검표〉도 만들었어요. 초등 입학 초기에 스스로 할 일을 체크하도록 하고 모두 성공하면 탁상달력의 해당 날짜에 별표를 해서 보상을 해주었네요. 몇달 진행하고 나면 아이가 스스로 자신이 해야 할 일이 무엇인지를 인지하게 되더라구요.

| 일일 생활계획표 |

_____________의 일일 생활계획표

1. 주중(월~금)

시간	내용	잠수네 및 기타
7:00	기상	
7:00~7:30	DVD 시청	DVD 흘려듣기 30분
7:30~8:30	식사 및 등교준비	
8:30~13:00	학교	
13:00~15:00	미술학원(월/금), 방과후(수)	
15:00~16:00	학교숙제, 영어 집중듣기&읽기	집중듣기&읽기 30분
16:00~18:00	동생 하원 후 놀기(CD 흘려듣기)	가베/맥포머스/놀이터/도서관 CD흘려듣기 1시간
18:00~19:00	저녁식사	
19:00~19:30	수학복습 or 문제집 풀기	복습 : 교과서&익힘책 문제집 : 우등생 해법수학&상위권 연산
19:30~20:30	DVD 시청	DVD 흘려듣기 1시간
20:30~21:00	샤워 및 양치	
21:00~22:00	한글 책 읽기	

2. 주말 및 휴일

시간	토요일	일요일
오전 중	DVD 흘려듣기 30분	DVD 흘려듣기 30분 나들이, 체험학습 or 도서관 가기
14:00~14:30	축구 (13:30~16:30-픽업&드랍시간)	한글책 읽기
14:30~15:00		영어 집중듣기&읽기
15:00~15:30		일기쓰기
15:30~16:00		
16:30~17:00	씻기	자유시간 & CD 흘려듣기 1시간
17:00~17:30	샤워 후 집중듣기	
17:30~18:30	놀이 및 CD 흘려듣기	
18:30~19:30	저녁식사&문제집	저녁식사&문제집
19:30~20;30	DVD 흘려듣기 1시간	DVD 흘려듣기 1시간
21:00~22:00	한글책 읽기	한글책 읽기

※주말은 나들이 및 체험학습 일정에 따라 조정 가능.

| 탁상달력 점검표 |

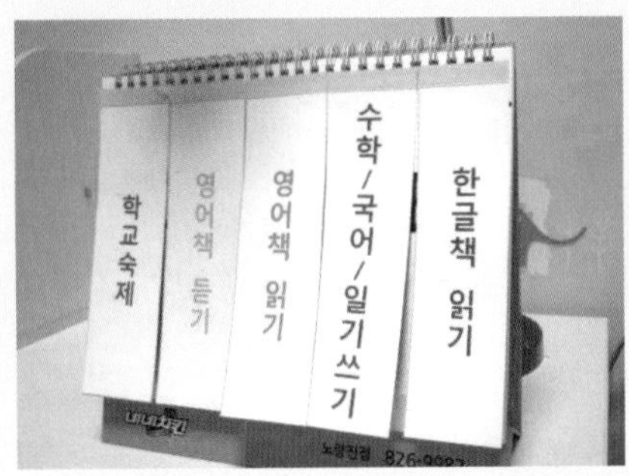

1학년 1학기

초등학교 적응이 어느 정도 끝나자 〈책상 위 확인표〉를 만들었습니다. 아이가 스스로 학교 다녀와서 할 일들을 순서대로 하고, 학교 가방을 챙길 수 있도록 만든 확인표인데요. 아이가 자주 볼 수 있는 공간인 책상 위에 비닐에 끼워 놓았습니다. 1학기만 해도 아이가 학교 다녀와서 이제 뭐 하냐고 계속 물었는데 2학기가 되니 책상 위의 확인표로 자신의 할 일을 챙겨요.

| 책상 위 확인표 |

잊지말고 챙겨요

※ 매일 '물' 챙겨가기!!

요일	학교	학원	할 것
월	체육	끝나고 바로 태권도	학교 갈 때 도복 입기, 띠 챙기기
화		수영	혼자 갈 때는 오후 3시 5분에 집에서 출발! 정문에서 차타기
수		끝나고 바로 태권도	받아쓰기 연습, 학교 갈 때 도복 입기, 띠 챙기기
목	받아쓰기 시험	수영	혼자 갈 때는 오후 3시 5분에 집에서 출발! 정문에서 차타기
금	체육	끝나고 바로 태권도	학교 갈 때 도복 입기, 띠 챙기기, 신발주머니 가져오기

★ 학교 다녀오면

① 필통 확인 후 연필 깎기
(빨간색 연필, 자, 지우개, 네임펜, 연필 5자루 확인하기)
② 복습 및 학교 숙제
③ 책 제목 쓰기, 학교 독서기록장 쓰기
④ 영어책 듣기, 영어책 읽기

★ 학교 가방에 챙길 것들

① 알림장, 우체통, 학교 독서기록장
② 받아쓰기, 바른 글씨 공책(집에 가져온 경우)
③ 숙제한 것(있을 때만)
④ 준비물(있을 때만)
⑤ 읽을 책!

1학년 2학기

위의 것들을 한 번씩 시행하면서 여러 가지 할 일들이 체화된 1학년 말에는 〈간단 체크표〉를 만들었어요. 말 그대로 간단한 표를 만들어 아이가 체크해보도록 하였어요.

1학년이 끝나가는 무렵에는 〈일일 점검표〉를 만들어 스스로 매일매일 일과를 검사해보도록 했어요. 겨울방학에 들어가면 엄마인 저도 아이도 해이해지기 쉬울 때고 곧 치르게 될 영어교실 테스트에 앞서 좀더 꼼꼼히 진행해보자는 취지였어요. 리스트는 ○, △, ×로 표시하고요.

그 밖에 초등학교 저학년이 챙기면 좋은 것들

- 국어책, 수학책(+익힘책)을 구입하여 활용하기

  국어책과 수학책은 집에 구비하여 두고 그날그날 배운 내용을 5분씩 복습합니다. 주말에는 한 주 분량을 간단히 복습합니다.

- 적은 양이라도 매일 연산문제집 or 잠수네 연산을 실시하기

  수학은 저학년때 연산을 잘 잡아두어야 해요. 쉬운 연산 문제집을 풀고 다 풀고 여유가 되면 상위권 연산 등으로 사고력까지 다져두면 좋아요. 그리고 현행 수학 문제집을 구입하여 꼼꼼히 풀면 단원 평가는 자동으로 해결된답니다.

- 읽은 책 제목을 기록하거나 북트리 만들기

  아이들이 스스로 얼마나 읽었는지 확인할 수 있도록 해야 합니다. 번거로워도 이런 것들이 책을 더 열심히 읽는 원동력이 됩니다. 목표치를 달성했을 때 상장이나 과자상자를 줘서 동기부여하는 것도 좋아요. 아이들은 상장과 오천원짜리 젤리 한 통에도 기뻐한답니다.

- 운동으로 체력다지기

  고학년이 되면 공부는 체력싸움이 됩니다. 저학년 때부터 운동을 시작하여 꾸준히 하면 좋아요.

- 보드게임/칠교놀이/펜토미노 등으로 놀이하며 머리쓰게 하기

  언젠가부터 보드게임을 사주는데 아이가 너무 좋아하고 재밌게 하네요.

입학하면서부터 수학 공부를 시키며 느꼈던 8가지

작성자 낭만일기

저는 아이가 초등학교에 입학하면서부터 매일 15분에서 30분 정도 수학 진행을 했습니다. 1학기에는 15분 진행이 목표였는데 친구들과 바깥에서 노는 시간이 많아지면서 빠지는 날이 많았어요. 그래도 잊지 않고 꾸준히 챙기긴 했습니다. 2학기가 되면서부터 30분 넘게 진행할 때도 있었는데 주말 빼고는 꾸준하게 잘 진행했습니다. 시간이 안되는 날은 연산이라도 챙기면서요. 그렇게 진행하며 느낀 점들이 몇 가지가 있습니다.

첫째, 초등 1학년은 연산과 함께 문제집도 푸는 게 좋습니다

잠수네에서도, 주변 엄마들한테도 많이 들었던 말이에요. 1학년을 보내고 나니 맞습니다. 초1 수학이 그리 어렵지 않습니다. 2학기에 받아올림, 받아내림 있는 연산에서 힘들진 몰라도 매일 연산해 온 친구라면 쉬워서 수업 시간에 재미가 없었을 거예요.

하지만 천부적인 수 감각, 수학 독해력이 있고, 머리가 팽팽 돌아가는 친구, 수학감이 있는 친구가 아니라면 연산만 해서는 안돼요.

연산과 개념서는 기본이구요. 문장제 문제집은 1권 정도 푸는 게 좋습니다. 개인적으로는 수학 수업에 익숙해진 2학기부터 푸는 것이 좋다고 생각합니다. 방학 중에 전 학기 문장제 문제집을 풀릴 경우는 〈문제 해결의 길잡이〉도 괜찮구요.

국어 독해력과 수학 독해력은 다릅니다. 맞춰 연습해야죠. 어려운 문장제 풀 때 끊어 읽는 법, 문제에서 구하는 것이 무엇인지, 알고 있는 것은 무엇인지, 조건에 맞춰 그림 그리는 방법을 알면 문장제 문제도 쉬워집니다. 문장제 문제는 1단계 문제집으로 꾸준히 연습시키면 됩니다. 응용단계 문제집 정답률이 높다면 문해길도 도전할만 하죠.

둘째, 학교에서 나가는 수학 진도 항상 체크하기와 교과서 검사는 필수입니다

주변 엄마들과 이야기하다 보니 아이들이 이번 주에 수학을 뭘 배우는지 아는 엄마가 저밖에 없더라구요. 내 아이의 수학 학습내용을 알고 있는 것은 중요합니다. 특히 1학년 아이들은 배운 것을 금방 잊어 버리기 때문에 학교진도에 맞춰 연산 연습을 해줘야 하고, 개념 복습도 계속 해야 개념서도 훨씬 잘 풉니다.

교과서 검사도 가끔 하세요. 교과서에 낙서가 되어 있어 왜 그런지 물으니 수업 시간에 다 알고 있는거라 재미가 없다고 하네요. 한 학기 예습만 했음에도요. 그래서 2학기에는 수학익힘책을 안 풀게 했습니다.

셋째, 개념을 이해하고 문제에 적용하는 시간은 아이에 따라 다릅니다

수학에 있어 개념이라는 것이 아주 중요하다는 건 다 알고 계시죠? 문제를 풀기 전에 수학 개념을 충분히 이해한다는 것이 중요하지만 모든 아이와 상황에 맞는 것은 아닙니다. 빠른 아이는 개념 A를 알려주면 바로 적용해서 탁 풀어내기도 하지만 문제 풀이를 통해 개념을 이해하는 아이도 있습니다. 어떤 개념은 문제를 풀어야만 쉽게 이해되기도 하고요.

내 아이가 어떤 유형인지 아는 것이 중요한 것 같습니다. 우리 아이가 개념서를 처음 시작할 때 교과서나 문제집의 개념 부분을 읽어주고 설명하고 나면 예제를 척척 잘 풀어낼 거라 생각했고 당연하다 여겼습니다. 그래서 앞부분의 기본 문제들을 틀리면 어찌나 화가 나던지요. 교과서 문제를 틀려도 정말 화가 나더라구요. '아, 이 아이는 수학 머리가 없구나. 큰일이다' 이런 생각을 많이 했었어요.

그런데 그게 아니었던 것 같습니다. 교과서 문제가 개념을 적용하는 방법을 알려주는 것이어서 문제를 처음 접할 때는 도움이 필요한데 혼자 못 푼다고 구박을 했던 거에요. 우리 아이는 여러번 연습을 해야 자기 것으로 만드는 아이였어요. 처음에는 좀 떠먹여 줘야지만 그제서야 혼자 먹는 아이였던 거죠. 입에서 우물우물 많이 씹기를 기다려줘야 하고, 삼킨 후에도 소화시킬 때까지 시간이 걸리는 아이였습니다. 그걸 2학기 말에 깨닫고 정말 실수를 많이 했구나 느꼈답니다. 다음 학기 예습할 때는 개념 적용시키는 방법을 친절하게 도와주려고 합니다.

넷째, 개념서 한 단원을 풀고난 후, 오답문제는 꼭 다시 풀게 해야 합니다

틀리는 문제는 다시 틀릴 확률이 높습니다. 개념이 잘 안 잡혀 있어서 그렇죠. 단원별로 오답문제 다시 풀고 나면 거기서 틀린 문제를 문제집 끝까지 진행 후에 풀게 해보세요. 제가 이 작업을 안해서 굉장히 후회하고 있어요. 실수로 틀린 거라면 다시 풀게 해주고, 몇 번을 풀려도 답이 안 잡힐 때는 교과서를 펼쳐서 개념을 설명 해주세요.

아이가 의외의 곳에서 개념이 안잡혀 있을 때가 많습니다. 기본적으로 알고 있을거라 생각한 곳에서 분명히 문제가 있습니다. 그런 문제는 이 작업을 해야만 알 수 있더라구요. 우리 아이와 저의 경험입니다. 참, 1학년이라 오답노트는 안 만들었고요. 문제집을 하나 더 사서 풀게 시키고 있습니다.

다섯째, 오답이 나왔을 때는 왜 그렇게 식을 쓰고 생각했냐고 물어보세요

아이에게 왜 틀렸냐고 직구 날리지 마시고 부드러운 목소리로 무엇 때문에 그렇게 했는지 궁금하다고 돌려서 물어보세요. 육아서에서 보니 아이들은 "왜?" 라고 물으면 사고회로가 경직되어서 제대로 이야기를 못하는 경우가 많다고 합니다.

아무래도 추궁하는 느낌이 강해서 그런 것 같아요. 그러니 '엄마가 잘 몰라서 그런다.', 혹은 '너처럼 푸는 방식도 있구나. 알고 싶어 그런다.' 등등 부드럽게 질문하도록 합니다.

그러면 어떤 개념이 부족한건지, 단순한 실수인지 오답의 원인을 자세히 알 수 있습니다. 저는 왜 그렇게 생각했는지 이유를 묻질 않아 많은 실수를 했습니다. 자꾸만 아이가 그것도 모르나 하는 마음이 들어 화부터 버럭 내곤 했죠. 화를 내면 우리 아이는 경직해서 더 오답이 나고, 저는 답답한 마음에 설명을 해주곤 했어요.

그러다 이번 수교 테스트 후부터는 이유를 자꾸 물었습니다. 대답을 들은 후, 모르는 부분이나 잘못 생각한 부분이 있으면 힌트를 살짝 주거나 교과서의 개념을 다시 읽게 했습니다. 이 과정에서 제 목소리 톤이 올라가기도 하고 울그락불그락하기도 하지만 무턱대고 화를 내는 건 없어졌어요. 아이가 왜 그렇게 생각하는지도 중요한 것 같습니다.

여섯째, 아이에게 자신감과 수학은 재미있다는 것을 심어줘야 합니다

2학기부터 연산쪽에 정확성과 속도감이 붙자 아이가 수학이 재밌다고 말하기 시작합니다. 학교에 상담갔더니 제일 좋아하는 과목에 수학이 쓰여있고, 자기가 반에서 수학을 제일 잘한다 생각하고 있네요. 1학년은 이런 마음만 심어줘도 잘한거죠. 수학이 싫지만 않으면 된 거라 생각합니다. 그러기 위해서는 매일 10분이라도 꾸준하게 진행해야 하고 무엇보다 엄마의 화내기, 버럭하기, 욱하기를 참아야 합니다.

지나고 보면 문제집에 있는 문제 하나가 뭐 중요하다고 애를 잡았나 하는 생각이 들어요. 시간이 지나면 머리 굵어져서 "이 문제들 왜 쉬워졌지?" 하는 애를 말이죠. 영어도 그렇지만 수학도 기다림의 미학입니다.

일곱째, 수교 테스트 꼭 보세요

초등학교 1학년이라 수학교실 가입을 안하신 분들이 많은데 그래도 꼭 가입하시고 수교 테스트 꾸준히 보세요. 내 아이의 위치가 어느 정도인지 알 수 있고, 어떤 단계로 공부해야 하는지 알 수 있어요.

여덟째, 다른 아이와 비교하지 마세요

영어도 마찬가지지만 수학은 더더!! 다른 아이와 비교 금지입니다. 수학은 어느 정도 수감각이 타고 나야 한다고 생각해요. 그런 애들이 있어요. 수를 막 갈기갈기 찢어서 갖고 노는 애들이요. 주변에 수학과외 쌤들이 많은데 다들 타고난 건 어쩔 수 없다 인정하더라구요. 그런 아이들은 쿨하게 인정해주자구요.

비교하지 말고 나와 내 아이만의 길을 만들어 봐요. 그리고 그 길을 뒤에 따라오는 후배 잠수맘들에게 보여줍시다. 이런 길도 있다고요. 그러다 보면 수학을 잘 하는 아이로 이끌 수 있으리라 확신합니다. 잠수의 힘, 매일의 힘을 믿으세요.

수학, 오답을 확실하게 잡는 법

작성자 호랑예니맘

수학은 하루 중 아이의 컨디션이 제일 좋을 때 수학문제를 풀게 하는 것이 가장 좋습니다. 그리고 바로 채점하고 틀린 문제 함께 확인하고 설명한 뒤, 다시 풀게 하고, 그 뒤에는 어떻게 해야 할까요?

저는 잘 모르겠더라고요. 아이가 지금 당장 아는 것처럼 보이지만 정말 아는 건가 싶기도 하고요. 그래서 잠수네 선배님들의 주옥같은 글들이나 〈잠수네 아이들의 소문난 수학공부법〉 에서 오답 관련 컨텐츠들을 찾아보았습니다. 저와 아이의 경험을 토대로 수학 오답 관리 비법을 정리했으니 참고해주세요.

그리고 주의할 점은요. 아직 초등학교 저학년이라서요. 절대 오답풀이에 목 메시면 안됩니다. 틀린다고 애 잡지 마시고요. 그냥 오답 관리는 이렇게 하는구나 정도로만 봐주세요. 약속!

그럼 오답 체크&오답노트부터 알아보겠습니다

수학을 잘 하는 첫 번째 비결은 오답을 확실하게 잡는 것입니다. 그러나 오답을 반드시 노트에 정리할 필요는 없습니다. 틀린 문제를 완전히 정복할 수만 있으면 되거든요. 초등학생에게 중고등학생처럼 오답을 노트에 베껴 쓰라고 하는 것도 무리입니다. 오답 처리를 할 때 중요한 점은 틀린 문제만이 오답이 아니라는 것입니다. 확실히 모르면서도 운이 좋아 찍어서 맞춘 문제도 오답의 범위에 속합니다. 오답 확인하는 벙법은 다음과 같습니다.

방법 ① 문제집에 틀린 문제를 표시하기

방법 ② 같은 문제집을 여러 권 사서 표시하기
(쉬운 1단계 문제집도 30% 이상 틀릴 경우)

방법 ③ 틀린 문제만 오려서 오답노트에 붙이기

방법 ④ 많이 틀리는 문제는 타이핑하거나 스마트 폰으로 찍어서 저장
(★중요!)
(풀이노트와 개념노트는 초등학교 4학년 이상부터 필요한 부분이라 생략합니다)

오답 확인 시 주의할 점

- 오답 확인하는 과정은 필요하나 과하지 않게(밑줄 그으시고요!)
- 오답 확인은 아이에 맞게 적용해야 합니다.
  보통은 채점할 때, 틀리면 동그라미나 별표(○, ☆)를 하는 정도면 됩니다. 다시 틀리면 한번 더(◎, ☆☆) 표시하면 되고요. 문제를 많이 틀리는 아이라면 오답 확인하는 것 자체가 스트레스입니다. 똑같은 문제집을 사서 틀린 문제만 다시 푸는 것이 낫습니다.

그리고 아이에게 적용해 봅시다

첫째, 오답확인 과정이 왜 필요한지 왜 중요한지 아이에게 설명해줍니다. 틀렸다고 혼내거나 비난하지 말고, 틀린 문제는 너의 실력을 올려줄 좋은 문제며, 아이 스스로 해결해야 할 대상으로 인식시키는 거지요. 사실 수십 수백개의 문제를 푸는 이유는 풀면서 개념을 적용하는 힘, 즉 응용력을 기르기 위함과 어느 부분이 취약한지를 체로 걸러내는 것이기 때문에 걸러진 약점을 오답 확인을 하면서 보완하는 데 의미가 있습니다.

둘째, 오답확인 시에는 해당문제를 '처음 보는 문제 대하듯이 새로운 마음으로' 문제 해석부터 다시 해서 풀라고 일러줍니다.

'내가 왜 틀렸지? 맞는 것 같은데?'의 마인드로 문제를 보면 기존 생각의 틀에 갇혀버려 해결이 잘 안됩니다. 새로 풀어서 맞추고 난 뒤에, 그 전에 내가 어떤 부분에서 틀렸는지를 확인시킨 후 문제 번호 옆에 쓰게 합니다. 연산 실수 문제를 대충 읽어서, 단위를 안써서, 내가 쓴 글씨 잘못 봐서 등을요.

셋째, 아이가 오답 확인에 지치지 않고 즐거움을 느끼도록 적절한 분량과 난이도 조절을 하여 진행합니다. 오답 확인이 가장 중요한 단계지만 아이 입장에서는 가장 힘들고 하기 싫은 과정이니 아이가 지치지 않을 정도의 적절한 분량으로 내줍니다. 난이도에 맞게 쉬운 건 몇 페이지 쫙 풀고 바로 옆에서 정답 확인해주고, 좀 어렵다 싶은 건 한 문제 단위로도 합니다. 아이가 오답 확인 할 때 쾌감을 느껴보는 경험도 중요합니다.

틀렸다고 그은 작대기 위(/)에 오답을 다시 풀어 맞추면 파란색 동그라미(○)를 덧붙여서 오답정리를 하기도 합니다.

넷째, 오답확인 시에도 잘못 푸는 문제는 대부분 설명해 주지 않고, "다음에 한 번 더 생각해 보면 풀 수 있을 거야."라고 말해주고 다음을 기약합니다. 힌트를 줘서 당장 푸는 것보다 1-2주 뒤에 모아서 풀리면 대부분 풀리기 때문이에요. 스스로 해결하게 놔두는 거지요. 단, 개념 이해를 잘못하고 있어서 그런 경우는 즉시 바로잡습니다.

그럼에도 불구하고 몇 번을 설명했는데 모르면 틀린 문제는 시간을 두고 2회 정도 더 풀어보게 합니다. 그래도 풀지 못하면 교과서의 해당 부분을 스스로 찾아 다시 읽도록 해야 합니다. 이렇게도 못 푸는 문제는 잠시 옆으로 치우세요. 시간이 지나면 풀 수도 있고, 꼭 다 풀어야 하는 것도 아니니까요. 문제는 문제일뿐 너그럽게 봅시다.

글쓰기 능력이 향상되는 일기 쓰기 비법

작성자 스텔라와소피

1학년 때는 선생님께서 학교에 적응하는 것이 최우선이라며 많은 과제가 없었어요. 다행인지 불행인지 그 흔한 그림일기조차 교과서 과정에서만 다루고 방학숙제도 내주지 않았거든요. 2학년이 되자 멘탈이 붕괴됩니다. 선생님의 레이더망에 아이들이 걸리게 됩니다. 학부모 총회 때 다른 것보다 글쓰기 능력에 초점을 맞춘다며 일기 주 2회, 독서록 주 2회, 받아쓰기 주 1회, 도서관 수업 주 1회는 사수하겠다는 선생님의 말씀으로 엄마들은 한 걱정하기 시작했지요.

결론은 일기로 논술공부가 되고 글쓰는 능력이 향상된 느낌이 들어요. 일단 엄마가 일기를 어떻게 써야 하는지 잘 알아야 할 것 같아서 일기와 관련된 어른책 3권을 읽었지요 '아, 일기가 좋은 기능이 있구나.' 마음의 정화를 하고 본격적으로 아이에게 적용할 일기교육 책을 2권 구입했습니다. 아이와 함께 책 뒤에 실제 학생들의 샘플을 보며 감탄도 하고 너도 할 수 있다며 화이팅을 외쳤지요.

일기는 촉박한 시간을 남겨놓고 쓰지 않아야 해요

일기는 다양한 표현력과 감정을 토대로 글을 다듬어 표현하는 과정이 필요합니다. 그러기에 처음에는 일기를 쓸 때 시간을 많이 갖고 아이와 대화를 해주고 엄마가 아낌 없는 칭찬을 해줘야 합니다. 저의 경우에는 대화하다 보면 일기 한 편에 1시간 정도 걸려요.

어휘력과 표현력 향상을 위해 〈감정카드〉를 활용합니다

저는 〈감정카드〉를 구입해서 감정 표현 놀이를 했어요. 우리 아이는 매번 '좋았다. 기뻤다. 힘들었다.' 등 감정 표현에 한계가 있더라구요. 인터넷을 검색해보니 〈감정카드〉가 있어서 구입했어요. 우리말이 어려운 점은 한 가지를 표현할 때도 표현할 어휘가 무한하다는 겁니다. 엄마도 몰랐던 감정 표현 방법이 있답니다. 〈감정카드〉를 보면서 기쁨에도 여러 종류의 감정이 있음을 익혔답니다. 다양한 감정을 표현한 벽보를 일기 쓸 때 보이는 곳에 개시하여 비슷하지만 다른 표현법을 사용할 수 있도록 하니 글이 좀더 풍부해 졌어요. 저는 카드를 다양하게 잘 활용하는데요, 일단 부피

〈감정카드〉 활용 범위

- 일기에서 감정을 써야할 때 좀더 세부적인 감정으로 표현하기
- 독서록에서도 마찬가지로 자신의 느낌을 표현할때 도움을 주고자 활용
- 기분을 표현할 때 사용하기
  예를 들어, '화난(angry)'이라는 감정카드를 선정했으면 화가 났으면 어떤 이유로 왜 화가 났는지에 대해 표현하기
- 카드에 적힌 영어 단어로 영어일기 작성하기
- 감정카드에 사용된 단어를 국어사전에서 찾아보고 유사 단어도 추가로 찾기
- 감정카드에 없는 내용들은 추가로 만들어 보기

도 작고 활용 범위가 넓고 가격도 저렴하고 가성비가 높다는 이점이 있습니다.

국어사전을 옆에 두고 일기를 써봅니다

일기를 쓸 때 단어를 한번 찾아보고 비슷한 말, 다른 말 등으로 표현하려고 노력해 봅니다. 예를 들어, 독보적인 일등인 '○○선수'를 쓰고자 알려주고 싶었다고 합시다. 아이가 "엄마 독보적인게 뭐예요?" 하고 물으면 국어사전을 찾아봅니다. 그럼 '독보적이다'와 비슷한 어휘가 무수히 많이

제시되어 있어요. 예시문도 있고요. 그걸 활용해도 좋고요. 다음에는 다른 비슷한 단어로 표현해도 좋습니다. 같은 표현법을 자꾸 사용하다 보면 그 단어를 사전에서 한번 찾아보게 되고 유사한 다른 단어들이 많이 있음을 알게 됩니다. 그러다 보면 일기의 수준이 높아지게 돼요. 학기 말, 담임선생님께서 아이가 쓴 일기가 맞나며 물어보시더라고요. 글쓰기 능력 향상 뿐만아니라 발표 능력도 향상됩니다. 아이가 국어시간에 발표하는 모습을 보면 선생님이 아이를 엄청 높이 평가하고 아이도 좋아라 합니다.

아이의 어휘력이 향상되면 〈감정카드〉에 사용된 단어를 국어사전에서 찾아보고 그것과 비슷한 단어를 추가로 찾아 보는 것을 진행해 보는 것도 좋아요. 〈감정카드〉에 없는 단어들을 추가로 만들어 보는 것도 어휘력 향상에 도움이 된답니다.

엄마가 경험거리를 제공해주는데 신경을 써야 해요

"우리 오늘 이걸로 일기 쓸까?" 하면 아이가 정말 신나게 "좋아요~" 하며 그때의 기분 생각들을 무한적으로 마인드맵하더라구요. 일기 때문에 도서관에서 책도 빌리고 집에 비치하고 계속 볼 책도 샀답니다. 일기를 쓰면서 우리 아이의 2학년의 생활도 남기고, 엄마와 대화도 많이 하고 글쓰기 실력도 향상되었어요. 추가로 글씨도 예쁘게 쓰고요. 국어학원이나 논술학원에 안 보내도 엄마로서 위안이 됩니다.

영어책 읽는 양을 늘리기 위한 놀이

작성자 마미랑에밀리

이제 막 잠수네영어를 시작하시는 단계라면 영어책 거부감 없애는데 참고하실 수 있지 않을까 해서 제가 놀이로 아이의 영어책 읽는 양을 늘려온 이야기를 해보겠습니다.

이게 아주 유치찬란하지만, 아이에게는 먹히더라고요. 당분간 이렇게 하다가 언젠가는 책의 재미를 알고 책읽기에 진정성이 더해져야 하겠죠.

이 놀이들은 잠수네 선배맘들께 배운거구요, 선배맘들 모방하다보니 저만의 방법을 만들게 되었어요.

하나, 종이컵 무너뜨리기

작은 공을 던져서 쓰러뜨린 종이컵 갯수만큼 책을 읽을 수 있고, 더 많이 읽은 사람이 승리하는 게임입니다. 잠수네에서 너무 유명한 놀이지요.

둘, 주사위 던져서 걸리는 책 읽기

영어책 이미지가 들어간 게임판에서 던진 주사위의 숫자만큼 인형으로 이동해서 자리에 걸린 책을 읽는 놀이입니다. 목적지까지 더 빨리가는 사람이 이기는 놀이입니다. 목적지에는 내일 먹을 수 있는 간식을 두었습니다. 그런데 안해도 될 군것질을 조장하는 것 같고 아이 몸에도 좋지 않을 것 같아 상품 선택을 물건으로 바꿨습니다. 책갈피, 메모지 등의 여자애들이 좋아할만한 것으로요.

셋, 바구니에 콩주머니 넣기

콩주머니를 던져서 바구니에 넣으면 원하는 책 한가지를 고를 수 있습니다. 역시 책을 더 많이 읽는 사람이 승리합니다. 던지는 거리를 잘 설정해야 합니다. 아이가 하고자 하는 의욕이 생기도록요. 이때 포인트는 엄마가 티안나게 져주는 것입니다.

넷, 숟가락 들고 이동하기

옥스포드 리딩트리(ORT)를 보다가 나온 아이디어인데요. 거실에 목표점 하나를 놓고 여러 가지 숟가락 중에서 하나를 골라 돌아서 오는 놀이입니다. 누가 더 빨리오나 내기를 해서, 더 빨리 도착한 사람은 책을 하나 읽을 수 있습니다. 이건 두 사람이 동시에 움직여줘야 하는 놀이인데요. 달리기처럼 활동성이 있는거라 안 다치게 주의해야 하고 주변 물건 정리가 번거롭긴 합니다. 숟가락 외에도 자기가 고른 것을 들고 이동하도록 진행하기도 했습니다. 물건에 따라 무게가 달라져서 다양하게 진행해 볼 수 있습니다.

다섯, 이빨 악어를 피하라

이빨 악어라는 장난감을 이용한 게임인데요. 이빨을 순서대로 누르다 보면 입이 닫히는 순간이 오는데, 걸리는 상대편이 책 한 권을 가져갈 수 있습니다. 아주 아픈건 아니지만 아주 안 아픈 것도 아니고 정말 순간적으로 입이 닫혀서 약간의 스릴감을 느낄 수 있습니다. 어질러진 책이 없으니 뒷정리 안할 수 있는 간단하게 할 수 있었던 놀이입니다.

여섯, 스피너를 돌려라

아이들이 즐겨 하는 장난감 스피너(spinner)를 책읽기에 이용했습니다. 한쪽 날개에 표시를 해두고 책을 둥글게 깔아줍니다. 스피너를 가운데 두고 돌린 다음 표시해둔 날개가 멈추는 위치의 책을 읽는 것입니다. 아이들이 재미있어 합니다. 돌아가는 속도가 빨라서 멈추는데 좀 오래 걸립니다. 그래서 살살 돌도록 해야 하더군요.

일곱, 빙고 게임

책을 하나씩 읽고 지울 수 있습니다. 먼저 5줄을 만든 사람이 승리하는 겁니다. 한때 잠수네에서 대히트를 친 방법입니다.

놀이 방식은 무궁무진하게 바꿀 수 있습니다. 그런데 하다보니 의외였던게 있었어요. 아이는 포인트, 용돈, 선물 등 어떤 것으로도 이긴 것에 대한 댓가를 바라지 않더군요. 이기는 것보다 엄마가 자기와 얼마나 같이 웃고 공감해주느냐를 중요하게 생각하고 있더라고요. 그런 시간이 좋아서 이런 유치찬란한 놀이를 한다는걸 느꼈습니다.

솔직히 무슨 재미겠어요. 저는 무조건 아이 비위 맞춰가며 어떻게 하면 영어책을 읽게 할까를 계속 고민하고 즉흥적으로 룰을 바꿔서 안 지루하게 하려고 노력했어요. 이렇게 하니 영어책 읽은 양이 계속 상향 발전 중입니다.

아이와 눈 맞추기, 아이의 말에 귀 기울이기, 아이의 기분 생각해보기, 아이와 많이 이야기 하기, 그러다가 한번쯤은 엄마인 내 기분 아이에게 이야기 해주기…

이러면서 아이는 엄마를 더 따르고 친구같은 사이로 커가고 있습니다.

우리 집 슈퍼 히어로 책들을 소개합니다

작성자 파워왕자

저희 집 잠수 대화명이 아이는 파워죠이, 저는 파워왕자입니다. 대화명에서도 풍기지만 죠이의 히어로 사랑은 오래 되었어요. 5세 때부터 시작된 사랑은 파워레인저부터 시작해서 트랜스포머, 슈퍼히어로까지 쭉 이어져 오고 있네요.

아이가 히어로물을 좋아해 잠수 가입 이후 꾸준히 이 분야 책들을 모아왔습니다. 처음에는 책나무 책들 중 구할 수 있는 책들을 모으다 나중엔 검색해서 나오는 히어로물이면 무조건 쟁여두고 보았지요. 책장에 이 책들만 모아두는 '히어로 칸'을 따로 만들어주었더니 수시로 꺼내서 보았습니다.

아이는 〈적응1〉단계부터 차곡차곡 올라오고 있어 초기에는 이 책들의 그림만 보았고요. 당시에 그림만 보는 아이에게 "엄마랑 열심히 선긋기(집중듣기를 저희는 이렇게 부릅니다)를 하면 이 책들을 읽을 수 있게 될거야~ 열심히 해보자!" 하고 이야기 해주고는 했습니다.

일년 가까이 차근차근 진행을 했더니 아이에게 이야기한 그 순간이 정말 왔고 그때 느낀 감동은 말할 수 없이 컸습니다. 우리 아이도 '잠수네 영어로 될 수 있구나….' 했지요.

잠수네 영어책 단계별 히어로책

히어로책들은 책나무에서는 그림책보다 리더스북이나 그림책 같은 리더스북 쪽에 많이 포진해있습니다. 저희 집에 보유한 책들을 하나씩 소개해보겠습니다. 저희처럼 히어로물을 사랑하는 아들을 두신 분들께 도움이 되었으면 좋겠습니다.

[J3] I Can Read! Phonics Fun 시리즈: Superman

[J3] I Can Read! Phonics Fun 시리즈: Batman

[J3] Marvel Super Hero Squad 시리즈: Sight Words

한두줄 글밥의 소리가 없는 손바닥 리더스북 시리즈들입니다. 소리가 없는 시리즈인데 저희 집은 집듣을 원해서 제가 읽어주면서 진행했습니다.

[J3] World of Reading 시리즈: X-Men

[J3] World of Reading 시리즈: Iron Man

[J3] World of Reading 시리즈: Marble Heroes

[J3] World of Reading 시리즈: Spider-Man

소리가 있는 시리즈입니다. 히어로물 중 소리가 있는 거의 유일한 시리즈 같습니다. 한두줄짜리 쉬운 책부터 초기첩터북 느낌이 나는 책까지 시리즈 내에서 체감하는 레벨 스펙트럼이 넓은 편입니다.

[J4] I Can Read Book 시리즈: Superman

[J4] I Can Read! 시리즈: Batman

[J5] I Can Read! 시리즈: Justice League

[J5] Superman Classic 시리즈

[J5] Batman Classic 시리즈

좌측 셋은 리더스북, 우측 둘은 그림책 같은 리더스북 시리즈입니다. 삽화 느낌은 비슷한데 그림책 같은 리더스북 시리즈가 더 사실적입니다. 단계가 차이가 나니 확실히 글밥, 단어 수준 차이가 납니다.

[J5] Read-Along Storybook 시리즈: Super Hero

[J5] Marvel Origin Story 시리즈

[J5] The Amazing Spider-Man Storybook Collection (Marvel Storybook Collection 시리즈)

[J5] 5-Minute Marvel Stories (5-Minute Stories 시리즈: Marvel)

Read-Along 스토리북 시리즈는 실사 영화가 삽화되어 있는 그림책 같은 리더스북입니다. 마블 오리진스토리 시리즈는 삽화 그림 보는 재미가 있으나 글밥, 페이지수 압박이 있는 시리즈들입니다. 스토리북 컬렉션 시리즈나 5-Minute 시리즈는 각 히어로 이름으로 검색하시면 각 히어로의 책들이 시리즈 내에 있습니다.

[J6] DK Readers 시리즈: X-men

[J7] DK Readers 시리즈: DC Super Hero

[J7] DK Readers 시리즈: Marvel SuperHero

히어로 이름으로 검색하면 팝업북도 있고, 플랩북도 있고 히어로 소재의 유머책도 있고 삽화느낌도 다양한 책들이 있습니다. 위에 책들은 그림 보는 재미는 있으나 글밥이 한가득입니다. 그럼에도 불구하고 히어로 책들이라 거품읽기로 몰아쳐서 읽고는 하네요.

[J4] Transformers 시리즈

[J4] Passport to Reading 시리즈: Transformers

[J4] Passport to Reading 시리즈: Rescue Bots

[J4] Passport to Reading 시리즈: Marvel

트랜스포머 시리즈와 레스큐봇 시리즈 그리고 마블 시리즈입니다. 시리즈로 구하기 힘들어 입고 문자오면 낱권으로 모으고 있습니다.

[J3] Step into Reading 시리즈: DC Super Friends

[J4] Little Golden Book 시리즈: DC Super Friends

동글동글 만화느낌 나는 슈퍼히어로 시리즈입니다. 글밥도 헐렁하고 단어도 쉬운 편이네요.

[J3] LEGO DC Super Heroes 시리즈: Phonics 1

[J3] LEGO DC Super Heroes 시리즈: Phonics 2

[J4] DK Readers 시리즈: LEGO DC Super Heroes

[J5] LEGO Comic Reader 시리즈

레고 슈퍼히어로 책들 모음입니다. 아이가 레고도 좋아하는데 히어로 레고 소재 책들이니 더욱 반응이 좋았습니다. 파닉스 시리즈부터, 챕터북, 캐릭터북, 만화까지 다양하네요. 4단계는 캐릭터북이고 5단계는 챕터북입니다. 〈LEGO Comic Reader 시리즈〉는 깨알같이 작은 텍스트의 만화책임에도 히어로물이라 그런지 아이가 극복 가능했답니다.

이외에도 My First 히어로 사전과 캐릭터 백과책 등이 있습니다. 히어로 사전책은 그림 보는 재미도 있고 글밥도 헐렁하고 단어도 쉬운 편입니다. 히어로물 좋아하는 남아들 사전 읽기용 책으로 강추드립니다. 캐릭터 백과책들은 가격대가 사악하네요. 그럼에도 불구하고 히어로 매니아 아들을 위해 1.000권 읽기 등 미션 달성 시 책들을 사주었습니다.

히어로 책이면 묻지도 따지지도 않고 샀더니 실패한 책들도 있었습니다. 글밥이 없는 수첩, 심하게 깨알 글씨인 만화책, 스티커북, 심하게 깨알 글씨인 챕터북 시리즈 책들이었습니다. 아이 수준에 맞춘 책으로 선별해서 구매해야겠습니다.

우리 아이 용돈 관리 이렇게 시작하자

작성자 서준승준맘

첫째, 용돈 계약서를 만든다.

빼도 박도 못 하게 문서화시켰습니다. 우리집은 집은 일주일 일기를 써야 용돈이 나옵니다. 일기를 쓰라고 아이에게 여러 번 말해도 안 써서 용돈과 연동시켰네요. 일주일에 용돈이 2,000원인데 500원은 저금하고 1,500원을 실제로 지급합니다. 미래를 위한 저축의 개념을 알려주고자 저금을 일정량 하도록 했습니다. 물론 500원은 〈Mom's Bank〉에 넣어 줍니다.

용 돈 계 약 서

이서준과 엄마, 아빠는 앞으로 용돈을 위해 아래의 내용을 지킨다.

1. 서준이는 용돈을 받으면 용돈 기입장을 작성한다.
2. 용돈을 받기 위해 일주일(7일)에 일기를 써야 한다.
3. 일기는 밀리지 않고, 성의를 다해 쓴다.
4. 엄마, 아빠는 용돈 기입장과 일기장을 확인하고 이상이 없으면 일주일 치 용돈 2,000원을 서준이에게 준다.
5. 용돈 중에 500원은 〈Mom's Bank〉에 저금을 한다.
6. 서준이는 세뱃돈이나 어른들께 받는 5만 원 이상의 용돈을 먼저 엄마에게 입금하고 허락된 돈만 사용한다.
7. 서준이는 용돈으로 과자, 음료수, 학용품, 5,000원 이내의 장난감을 살 수 있다.
8. 서준이는 엄마의 허락을 받으면 5,000원 이상의 장난감을 살 수 있다.
9. 서준이는 동생에게 친절하고 심부름을 잘하는 경우 등에 대해 보너스를 받을 수 있다.

위 내용을 모두 지키겠습니다.

년　　　월　　　일

이 서 준 (인)　　　　엄 마 (인)　　　　아 빠 (인)

둘째, 용돈 기입장을 쓴다.

사용한 용돈에 대해서 용돈 기입장을 씁니다. 교통카드도 자기 용돈으로 충전하고, 자기 좋아하는 간식도 이 용돈에서 삽니다. 아들의 소소한

취미는 문구점에서 불량식품 사 먹기였네요. 가끔 용돈이 남은 금액하고 안 맞을 때가 있습니다. 용돈 기입장에는 3,000원이 남았다고 썼는데 실제 지갑에는 2,500원만 있는 경우 한 30분쯤 내버려 둡니다. 그때그때 기록의 중요성을 온몸으로 느끼게요. 너무 오랜 시간을 끌면 손실과 이익으로 잡아서 기록하고 넘어갑니다.(잡손실, 잡이익) 몇 번 그랬더니 이제는 모닝에 다녀오면 바로바로 기록합니다. 친척들이 용돈을 주셔도 잊지 않고 기록하네요. 아이들은 실수를 통해 배운답니다.

셋째, 〈Mom's Bank〉 통장을 만든다.

쉽게 말해 엄마 통장입니다. 제가 은행 하나 만들었습니다. 세뱃돈이나 기타 아이들 저금 용도로 쓰고 있습니다. 정확하게는 '여기에 기록해 둔다'겠지요. 실제로 어디에 쓰는지는 모두가 아는 비밀~!

오우 그런데 〈Mom's Bank〉 여기 이자도 있어요. 한 달에 100원, 1년이면 1,200원입니다. 이자에 대한 개념을 알려주고, 저축하면 어떤 점이 좋은지 실제로 느끼도록 합니다. 나중에 이율개념으로 확장도 가능합니다.

Mom's Bank

성함	이서준 님
계좌번호	2010-03-25
서명	______________
이자율	한달 100원

시간	입금/출금	금액	잔액	비고
2017.01.02	+	200,000	200,000	할머니 입학선물
2017.01.17	+	17,650	217,650	-
2017.01.20	-	30,000	187,650	블루마블
2017.01.29	+	363,000	550,650	세뱃돈
2018.01.02	+	1,200	551,850	이자 지급
2018.03.12	+	50,000	601,850	저축
2018.03.12	+	500	602,350	용돈 저축

초등교사가 알려주는 초등 생활 꿀팁

작성자 스머페트맘, 루피랑

학교생활 적응을 위한 팁

첫째, 학교는 즐거운 곳이며 환경이 달라지는 아이에게 긍정적인 인상을 남기도록 합니다. 특히 선생님에 대한 인상을 엄마만의 상상으로 지어내지 않습니다. "글자를 모르고 가면 선생님이 싫어하실 거야.", "1학년 선생님은 무서워" 등과 같은 말이요.

둘째, 예의 바른 말투와 유아기적 용어 사용을 서서히 고쳐 나갑니다. "왜요?"라고 말끝을 올리는 반응보다는 "네, 선생님. 그런데 저는 이게 궁금해요."라고 말하는 게 좋고요.

"화장실 다녀오겠습니다."가 "쉬하고 싶어요." "응가 하고 싶어요." 보다

"그래, 빨리 다녀오렴."이라는 교사의 반응을 바로 끌어냅니다.

셋째, 아이 앞에서 절대 교사 또는 반 친구에 대한 부정적인 평가를 하지 않아야 합니다. 1학년 학생들은 부모님과 있었던 일을 교사에게 말해 줍니다. 월요일 아침마다 주말 동안 무엇을 했냐는 선생님의 질문에 아이가 답하는 시간이 있는데요. 선생님이 자신의 이야기를 다 들어준다고 판단되면 어머니의 모든 말을 전해주는 경향이 있어요.

넷째, 아이 스스로 할 수 있는 일을 늘려 나갑니다. 급식에서 못 먹는 음식이 있어도 하나는 꼭 먹어 보기, 우유 팩 혼자서 뜯기, 지퍼 내리고 옷 개고 반대로 해보기, 젓가락 연습하기, 물병 뚜껑 돌려 열기, 알림장과 가정통신문 등 학교 전달사항 엄마에게 바로 전달하기, 우산 접어서 끈 묶기, 필통 챙기기, 화장실에서 혼자 옷 입고 정리하기 등과 같은 사소하지만, 학교생활에서 혼자 해내야 하는 일들을 미리 연습하도록 합니다.

다섯째, 누구나 초등학교는 처음이기에 아이가 불안해하지 않도록 아이에게 항상 격려를 해 줍니다.

학습 적응을 위한 팁

첫째, 아이가 그림 그리기에 자신감을 느끼도록 집에서 많이 그려보도록 해 줍니다. 초등학교 1학년은 문자 사용이나 자기 표현이 서툴러서 그림으로 표현을 많이 하곤 합니다. 이때 잘 그린 그림보다는 자신감 있는 표현이 필요합니다. 자신감 있는 표현은 그리기를 한두 번 해서 되는 것이 아니라서요. 그림으로 표현하고 싶은 내용이 있으면 A4용지에 언제든지 그려보도록 합니다.

둘째, 바른 듣기 자세를 연습시킵니다. 아이에게 말하기보다 경청의 필요성을 설명해 주세요. 주제에 맞는 말하기를 하려면 자신의 이야기를 하기 전에 듣기가 우선입니다. 저는 학급 아이들에게 방송인 유재석 씨의 경청과 타인에 대한 배려를 이야기해 줍니다. 그가 국민 MC가 된 비결은 말하기에 있었던 것이 아니라 경청 즉, 바른 듣기와 적절한 반응에 있었음을요. 그리고 타인에 대한 배려를 우선하는 그의 이야기를 들려 주면 1학년 아이들도 다 이해하거든요. 어려운 말로 설명하지 않으셔도 됩니다. 실제로 학교에서 친구가 선생님과 이야기하고 있는 도중에도 끼어드는 친구들이 많습니다. 그러면 저는 "친구와 이야기를 하고 있으니 기다렸다가 이야기해요." 하는데요. 이 말을 하루에 10번 이상을 한답니다.

셋째, 가정에서 아이와 함께 보조 맞춰 매일 함께 책을 읽어줍니다. 문자에 대한 지도는 '초등 국어 교과서 1-1가'에서 계속 나옵니다. 학교에서도 글자는 아직 확실하게 알지 못한다는 전제 하에 초등 1학년을 지도하거든요. 개정 교육과정에서는 문자 지도에 대한 차시 확보가 예전보다 강화되었답니다.

넷째, 바른 획순으로 글자와 숫자 쓰기, 자 사용하기를 지도해줍니다. 저도 아이가 혼자 한글을 익히더니 어느 사이 글자를 잘못된 획순으로 써서 교정하는 데 애를 먹고 있습니다 학급에서는 바르게 교정될 때까지 파란색-빨간색-초록색-주황색으로 색연필을 사용하여 쓰기를 지도 중입니다.

초등 입학 준비물

- 학용품은 구매 후 모든 물건에 이름표를 붙여야 아이가 자기 물건을 잘 챙길 수도 있고 짝꿍과도 서로 분쟁이 없음
- 책가방 : 가볍지만 각이 잡혀 있어서 책가방을 세워 놓을 수 있는 것, 때가 덜 타는 짙은 색상, 아이가 좋아하는 무늬
- 필통 : 천 소재, 너무 크지 않고 적당한 크기(※주의: 화려한 디자인이나 재밌는 그림이 있으면 수업 시간 내내 필통 가지고 놀 수 있음)
- 지우개 : 말랑말랑 질감의 잘 지워지는 것
- 연필 : B 또는 2B 심 3~4자루(※주의: 뒤에 화려한 장식이 달린 연필은 노노)
- 색연필, 사인펜 : 24색 정도가 표현하기에 적당함. 책상 차지하는 면적을 줄이기 위해 돌려쓰는 형태가 좋음
- 크레파스 : 24~36색 정도가 표현하기에 적당함
  (※주의: 색깔 하나하나에 이름표 모두 붙여주어야 함)
- 딱풀 : 풀 뚜껑에도 이름표 붙이기(※주의: 딱풀을 떡칠하지 않고 적당량으로 똑바로 붙이는 연습해 둘 것)
- 가위 : 안전가위는 종이가 잘 안 잘리기 때문에 아이 손에 맞는 잘 잘리는 것. 새 것보다 집에서 손에 익은 가위가 더 안전함
- 공책 : 8칸의 보조선이 있는 쓰기 공책, 알림장, 받아쓰기장, 그림일기장
  (※주의: 꼭 쓰기 공책인지 확인하고 살 것. 아이들이 자형을 익히기 위해 보조선이 꼭 필요함. 그림 일기장은 A4크기로 7월경 매입)
- 그 외 준비물 : 담임선생님에 따라 필요한 준비물이 달라질 수 있으니 미리 구입하지 말고 안내장 받은 뒤에 살 것

첫 아이 초등학교 입학을 앞둔 맘들에게

작성자 은우비

잠수네 가입하여 여러 가지로 도움을 많이 받는 잠수 초보 맘이에요. 고1, 중2, 그리고 막내가 7세인데요. 아이 셋을 키우면서 학교에서 대처하는 법을 알게 되었어요. 겪고 나면 아무 일도 아니지만 처음 학교에 보내는 엄마들에게 조금이라도 도움이 될까 싶어 몇 자 적어봅니다.

참석해야 하는 학교 행사

학부모 총회, 1학기 첫 상담, 학부모 공개수업은 모두 참석해야 합니다. 〈학부모 총회〉는 담임선생님의 교육관과 1년 동안 학급운영방침을 들을 수 있으니 꼭 참석하셔야 합니다. 〈1학기 첫 상담〉은 담임선생님께 아이의 상황에 대한 상담을 듣는 시간이라고 생각하면 안됩니다. 선생님이 1달여 동안 관찰한 아이의 모습과 상담 시간에 학부모님이 아이에 관해 이야기한 것을 참고하여 1년의 교육 방향을 세우기 때문입니다. 이날 아이의 장점과 주의해서 보아야 할 부분 등을 진솔하게 이야기하면 선생님께 큰 도움이 되며 편견 없이 아이를 보게 됩니다. 〈학부모 공개수업〉은 선생님과 친구들 그리고 아이의 평소 태도를 관찰할 좋은 기회입니다. 선생님께 감사 인사하는 것도 잊지 마시고 아이에게 칭찬할 부분은 칭찬을 해주셔서 아이가 긍정적인 마음을 갖고 학교에 가도록 해주시면 됩니다.

체험활동과 학습 지도

초등학생은 다양한 경험을 바탕으로 지식을 스스로 확장해가는 시기이므로 박물관, 과학관, 미술관, 공연장 그리고 여행 등이 필요합니다. 관람 후에는 꼭 지도나 안내서, 공연팸플릿 등을 모아두시고 가능하다면 대표적인 사진 한두 장을 붙여 간단한 포트폴리오를 작성해두시면 여러 방면에 쓰일 곳이 있습니다.

독도, 통일안보, 왕따 문제 등이 신문 기사 주제로 나오면 따로 스크랩해두세요. 글짓기나 그림 그리기, 신문 만들기 등 과제에 유용하게 사용할 수 있습니다. 위의 주제는 중학교에 가서도 쭉 이어집니다.

매 학년 중간고사와 기말고사를 치르는 동안 항상 다른 방법으로 공부를 시도해보고 결과를 가지고 이야기 나눠 보세요. 그때그때 부족했던 점은 무엇인지 다음엔 어떻게 준비할 것인지에 대해서요. 아이마다 성향이 다르듯 몸에 맞는 공부방법도 분명 다를 수 있습니다. 5학년 정도에는 자기 주도학습이 정착될 수 있도록 차근차근 준비해가시면 좋겠습니다. 시험 기간은 보통 3주 정도 정하고 쉬엄쉬엄 준비해나가면 중학교에 가서도 바쁘지 않게 시험 준비를 할 수 있습니다.

완전 강추하는 유튜브 채널들

✱ 그림책 읽어주는 유튜브 채널

Barefoot Books

Barefoot 출판사에서 나온 대부분의 그림책 동영상을 볼 수 있는 유튜브 채널입니다. 익숙하면서도 톡톡 튀는 노래, 재미있는 동영상이 집중듣기 거부감을 없애주는데 일등 공신이었다는 후기입니다. 흘려듣기, 집중듣기 모두 활용 가능합니다.

Storyline Online

미국 배우협회(SAG-AFTRA) 소속 배우들이 그림책을 읽어주는 유튜브 채널입니다. 감정이 풍부한 배우들이 성심성의껏 읽어주기 때문에 잠자기 전 오디오 흘려듣기로 활용하기에도 좋습니다.

Children's Books

30년간 초1 아이들을 가르치고 있다는 선생님이 운영하는 채널입니다. 책을 한 장 한 장 넘겨주면서(사람 얼굴, 손 안 나옴) 깨끗한 목소리로 읽어줍니다. 잠수네 책나무 베스트 그림책들이 대부분 있다는 것이 최대 강점입니다.

✱ 미술, 만들기 유튜브 채널

Mister Maker

영국 BBC의 CBeebies 프로그램으로 아이들이 좋아할 만한 구성에 춤과 노래도 나옵니다. 그리기, 만들기 좋아하는 아이라면 동영상 보면서 이것저것 만들고 노느라 정신없을 거예요. 대사가 별로 없어 흘려듣기용으로 추천하지 않지만 휴식용으로는 강력추천합니다.

Art for Kids Hub

그림 그리기를 좋아하는 아이들을 위한 유튜브 채널입니다. 만화캐릭터, 강아지 등 아이들이 좋아하는 그림을 차근차근 그릴 수 있게 방법을 알려주는 동영상입니다. 영어를 못 알아들어도 흥미 있게 보고 따라 할 수 있습니다. 흘려듣기 효과는 크게 기대하지 마세요.

Artzooka!

폐품을 재활용할 수 있는 간단하지만 기발한 방법을 알려줍니다. Mister Maker와 비슷하지만 좀 더 잔잔하다는 평입니다. 다른 만들기 동영상처럼 시간 대비 흘려듣기 효과는 적습니다.

✱ Kids 과학 유튜브 채널

[JD5] Peekaboo Kids(The Dr. Binocs Show)

애니메이션으로 다양한 과학 원리를 알려주는 채널입니다. 10분 전후 영상이라 과학을 좋아하고 영어 말을 이해한다면 재미있게 볼 수 있습니다.

National Geographic Kids

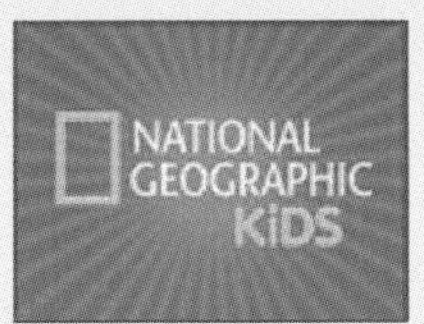

내셔널 지오그래픽의 어린이용 채널입니다. 과학 좋아하고 영어 듣기 실력이 있다면 강력추천합니다.

잠수네
초등 1,2학년
공부법

1판 1쇄 인쇄 2015년 3월 10일
2판 1쇄 인쇄 2019년 1월 14일
2판 11쇄 발행 2024년 7월 16일

지은이 이신애

발행인 양원석 **편집장** 김건희
디자인 강소정, 김미선 **영업마케팅** 조아라, 정다은, 한혜원

펴낸 곳 ㈜알에이치코리아
주소 서울시 금천구 가산디지털2로 53, 20층(가산동, 한라시그마밸리)
편집문의 02-6443-8902 **도서문의** 02-6443-8800
홈페이지 http://rhk.co.kr
등록 2004년 1월 15일 제2-3726호

ISBN 978-89-255-6554-5 (04370)